重刊老乞大諺解

國語國文學叢書 086

학자원

국어국문학총서 86
重刊老乞大諺解

2018년 9월 15일 초판 1쇄 발행

저　자 : 미 상
펴낸이 : 김병환
펴낸곳 : 학자원
주　소 : 134-814 서울시 강동구 천호대로 1121
전　화 : 02) 6403-1000
팩　스 : 02) 6338-1001
E-mail : hakjaone@daum.net
등　록 : 2011년 3월 24일 제324-2011-14호

HAKJAONE Publishing Co.
1121 Cheonho-Daero Kangdong-Gu Seoul

ISBN : 979-11-6247-055-8 93810

값 60,000원

「重刊老乞大諺解」 解題

金　文　雄

重刊老乞大解諺와 平壤監營重刊本인 老乞大諺解를 影印함에 있어서 이 文獻에 대해 간략히 解題하고자 한다。

I

예로부터 老乞大는 朴通事와 더불어 漢語를 학습하기 위한 教材로서 널리 보급되었던 책이다。그 體裁도 일상적인 會話형식으로 되어 있어 實用的인 目的을 염두에 두고 편찬된 것임은 말할 것도 없다。그런데 諺解의 底本이었던 漢語本 老乞大에 대해서는 과거 朝鮮時代에도 그 著者와 年代를 밝히지 못하고 있어 아직까지 이에 대한 분명한 사실을 알 수 없는 상태에 있다。다만 老乞大의 가장 오래된 것으로 推定되는 板本은 本文 중에 高麗라는 호칭이 자주 등장하는 사실로 미루어 漢語本의 처음 것은 이미 高麗 때부터 있어 왔던 것임을 넉넉히 짐작할 수 있다。그 후로 이는 本文의 改訂이 몇번 있었던 듯하나 이를 확인할 수 있는 舊本들이 모두 전해오는 것이 아니어서 改訂의 回數와 그 정도에 대해서도 확실히는 알 길이 없다。다만 현재 우리가 볼 수 있는 漢語本으로는 세 가지가 있는데 이 세 가지 사이에 一致되는 것이 하나도 없음을 보아 최소 한도 二次의 改訂이 있었던 것만은 분명한 사실로 남게 된다。

이제 세 가지의 漢語本을 소개하면 다음과 같다。

(가) 老乞大

이 板本의 정확한 刊行年代는 현재 알 수 없으나 다만 本文중에 우리나라의 호칭을 高麗라고 한 것을 보아 高麗代에 이루어진 것으로 推定한다。이것이 바로 모든 老乞大 중의 最初 板本인지는 확증할 수 없으나 現存하는 세 가지 漢語本 중에서는 가장 오래된 것으로 보여진다。다른 두 板本에서는 모두 高麗라는 호칭이 朝鮮으로 바뀌어 나타나기 때문이다。 여기 그 本文의 一例를 들어보이면 다음과 같다。

「我這高麗言語 只是高麗地面裏行的 過的義州 漢兒言語」

「這銀子裏頭 眞的假的 我高麗人不識」

(나) 老乞大新釋

이 板本은 卷頭에 洪啓禧의 序가 있어 이 책의 刊行 경위와 年代를 알 수 있다。

「…余嘗言 不可不大家釐正上可之 及庚辰銜命赴燕 遂以命賤臣焉 時譯士邊憲在行 以善華語名 賤臣請專屬於憲 及至燕舘逐條改證 別其同異 務令適乎時便於俗 而古本亦不可删沒 故併録之 蓋存羊之意 書成名之曰老乞大新釋 承上命也…

上之三十七年辛巳八月下澣 崇禄大夫行議政府左參贊兼弘文舘提學 洪啓禧謹書」

以上에서 「老乞大新釋」은 英祖37年(1761)에 洪啓禧가 譯士 邊憲과 더불어 직접 燕舘에까지 가서 時俗에 맞게 逐條改證한 것임을 알 수 있다。

(다) 重刊老乞大

이 板本은 「老乞大」를 다시 改修한 것으로서 비교적 現代 白話文体에 가깝게 되어 있다。 이 책은 正祖19年 乙卯(1795)에 司譯院에서 刊行한 것으로 그 卷末에 崇祿大夫行中樞府事 李洙등의 校檢官 7人과 校整官通訓大夫 前司譯院正 洪宅福 등의 10人 및 書寫官 監印官 등의 列名記가 붙어 있다。

이제 이 三種本의 漢語例를 비교해 보면 다음과 같다。

〈老〉 大哥你從那裏來 我從高麗王京來

〈新〉 阿哥你打那裏來 我從朝鮮王京來

〈重〉 大哥你從那裏來 我從朝鮮王京來

〈老〉 你幾時離了王京 我這月初一日離了王京

〈新〉 你多站在王京起身來着 我在這箇月初一日間離了王京

〈重〉 你幾時在王京起身來着　我在這箇月初一日離了王京

한편 이 세 가지 漢語本에 대한 諺解本도 그때그때 刊行되어 오늘에 전하고 있는 바 그 중에서「老乞大」에 대한 諺解는 崔世珍에 의해 이루어진 것과 그 후에 重刊된 것의 두 가지가 있어 모두 4種의 諺解本이 전하고 있는 셈이다.

(라) 飜譯老乞大

이 책은 (가)의「老乞大」를 中宗朝 崔世珍이 諺解한 것이다. 上下 兩卷으로 된 木板本인데 上卷이 71張, 下卷은 73張이다. 이 板本의 명칭은 原來 그대로「老乞大」로 되어 있으나 그렇게 되면 漢語本의 명칭과 구별이 되지 않고, 그렇다고 老乞大諺解로 하면 重刊本과의 혼란이 생기므로, 마침 四聲通解에 붙어있는「飜譯老乞大朴通事凡例」란 記錄에 의지해서「飜譯老乞大」로 通稱하게 된 것이다. 또한 이 책에는 序·跋이나 刊記가 없어 정확한 年代를 알 수 없었는데, 이 凡例로 인해 이 책이 적어도 四聲通解의 刊年인 中宗12年(1517)以前에는 완성되었으리라고 보는 것이다.

이 板本의 体裁는 句節 단위로 漢語의 原文을 먼저 쓰고 그 아래에 두 줄로 된 諺解文을 붙였는데 兩者의 경계는 圈標로써 표시하고 있다. 그리고 原文의 每漢字 아래에는 한글로 正俗音을 左右로 並記하고 있으며 諺解文에는 壬辰乱以前의 國語史的 특징을 그대로 보여주고 있어 이 時代의 國語를 파악하는 데 중요한 資料가 되고 있다. 上卷은 中央大 大學院에서, 下卷은 仁荷大人文科學研究所에서 각각 影印한 바 있다.

(마) 老乞大諺解

이 諺解本도 (가)의「老乞大」를 諺解한 책이다. 여기에도 序文이나 跋文 또는 刊記 등이 전혀 없어 그 年代를 판단할 수 없으나 通文舘志 卷八 書籍條에「內賜老乞大諺解二本」이라 했고 그 注에「康熙庚戌陽坡鄭相國啓 令芸閣鑄字印行」이라 한 記錄이 있어 이 板本이 顯宗11年(1670)에 刊行된 鑄字本임을 알게 된 것이다. 그 体裁나 特徵에 있어서「飜譯老乞大」와 거의 비슷하나 諺解 部分에 있어서 表記와 語彙 및 文法上의 變遷이 상당히 일어난 事實을 발견할 수 있다.

이외에도 (가)의「老乞大」를 諺解한 校正本으로 英祖21年(1745)에 刊行된「老乞大諺解」가 있는데, 卷頭에 卞熤의 序가 있으며 下卷의 끝에는「平安監營重刊」이라는 記錄이 붙어 있다. 그런데 顯宗朝와 英祖朝의「老乞大諺解」

사이에는 表音도 상당히 다르고 諺解部分에 있어서도 差異나는 部分이 제법 있어서 그 張數는 모두 같으나 行數나 字數에 있어서는 동일하지가 않음을 알 수 있다。 顯宗朝의 諺解本은 일찌기 京城大學에서 奎章閣叢書 第九로 影印한 바 있다。 여기에 影印하는 平安監營重刊本은 서울大 奎章閣 所藏이다。

(바) 老乞大新釋諺解

이는 漢語本의 「老乞大新釋」을 諺解한 本板本으로서 通文舘志 卷八 書籍條에 「新釋老乞大一本 諺解三本」이라 되어 있고 또 同 什物條에 「新釋老乞大板 諺解板 乾隆癸未 訓長邊憲修整芸閣刊板」이라 한 것을 보아 英祖39年(1763)에 刊行된 책임을 알 수 있다。 이 諺解本은 다른 것과 달리 三冊으로 되어 있으나 그 体裁는 다른 諺解本과 거의 비슷하다。

(사) 重刊老乞大諺解

漢語本 「重刊老乞大」를 그대로 諺解한 冊으로서 上下 兩卷으로 된 木板本이다。 諺解本에 관한 序・跋文이나 刊記가 없어 年代 및 諺解者에 대한 記録을 달리 알 길이 없다。 그런데도 이 諺解本이 漢語本과 같은 年代인 正祖 19年(1795)경에 刊行되었으리라고 推定하는 것은 앞의 「老乞大新釋」에서 경험하였듯이 原本의 改訂이 있을 때는 諺解本도 대개 같이 刊行된다는 事實에 말미암는다。 뿐만 아니라 鏤板考 卷四의 譯語類에서도 「老乞大一卷 諺解二卷 不著撰人氏名 雜叙華語 其諺解則 用之象鞮較藝之時 其諺解則 崔世珍撰 當宁乙卯司 譯院奉教重訂」이라 하여 正祖 乙卯(19年、1795)에 諺解를 重訂하였다고 했으니 이것은 바로 「重刊老乞大諺解」의 刊行年代를 가리키는 것임을 알 수 있다。 그 외에도 諺解部分에 나타난 國語史的 特徵으로 보아서도 이 때의 刊行임을 판단하기에 충분하리라 본다。

以上으로 諺解本 四種에 대한 간략한 소개를 마치려 하거니와 參考로 이 四種을 비교해 보기 위해 一例를 들어 보면 다음과 같다(表音은 생략)

〈飜老〉 他見將文引 제 이제 글월 가지고
〈老諺〉 他見將文引 제 시방 글월 가지고
〈新老〉 他現有帶的文引 제 시방 가진 글월이 잇고

〈重老〉 他現有文引 제 시방 글월이 잇고

Ⅱ

여기에 影印하는 資料는 老乞大에 관한 四種의 諺解本 중에서 가장 後代의 것에 속하는 (사)의 「重刊老乞大諺解」로서 서울大 奎章閣 所藏本이다。단 卷下의 마지막장이 부식되어 이 부분만은 筆者의 소장본으로 보충한 것이다。이 책의 体裁는 역시 다른 諺解本과 동일하다。二卷 二冊으로 된 木板本으로 張數는 上卷이 65、下卷이 67로 되어 있다。그 板式을 보면 板匡이 가로 16·4㎝ 세로 22·3㎝에 板心에는 上花紋魚尾를 가지고 있고、板心書名은 魚尾를 中心하여 그 위에 「重刊老乞大」、그 아래 「諺解上(下)」로 각각 분리하여 적어 놓았으며 每面은 10行 20字로 되어 있다。諺解部分은 두 줄로 記錄되어 있고 原文과 그의 諺解 사이에는 제법 큰 圈標로써 표시하고 있으며、特히 段落이 바뀔 때는 지금까지와는 달리 다시 行을 바꾸어 처음부터 올려 적는 방법을 취하여 現代的인 方式을 보여주고 있다。原文의 每漢字에는 모두 그 아래 두 가지 表音을 달아 두었는데 左側은 歷史的 表音으로 四聲通解를 그대로 따르고 있으며 右側은 當時의 俗音을 나타낸 것이라 하겠다。

그러면 「重刊老乞大諺解」가 그 原文과 諺解에 있어서 어떤 樣相으로 改訂이 이루어졌는가를 살펴보기 위해 顯宗朝의 「老乞大諺解」와 비교해 본 결과 다음과 같은 樣相이 나타났다。

(1) 原文과 諺解가 모두 同一한 例

除了這箇馬 이 ᄆᆞᆯ을 덜고ᄂᆞᆫ(老諺上11)

除了這箇馬 이 ᄆᆞᆯ을 덜고ᄂᆞᆫ(重老上11)

(2) 原文과 諺解가 모두 改訂된 例

那火伴如今赶上來了不曾 그 벗이 이제 미처 올가 못올가(老諺上1)

那朋友如今赶上赶不上啊 그 벗이 이제 밋ᄎᆞᆯ가 밋지 못ᄒᆞᆯ가(重老上1)

(3) 原文만 改訂된 例

微微的有些淡 져기 슴거옴이 잇다(老諺上20)

略略有些淡 져기 슴거옴이 잇다(重老上20)

(4) 諺解만 改訂된 例

下上肉 고기 녀허 뒤이즈며(老諺上19)

下上肉 고기ᄅᆞᆯ 넛코(重老上19)

이 중에서도 둘째번의 改正이 가장 많이 나타나고 있다。특히 諺解部分은 改訂의 次元에서도 또한 여러 面이 있는데 그것은 事例에 따라 表記上 語彙上 統辭上 表現上의 改訂들로 나누어 볼 수 있으나 그 例는 생략한다。

Ⅲ

이제 「重刊老乞大諺解」에 대해서 國語史的 側面에서 그 特徵을 略述하고자 한다。

(1) 諺解部分에서 漢字使用이 그 前보다 強勢로 나타나고 있다。여기에는 語彙 자체가 固有語에서 漢字語로 바뀜으로 인해 漢字로 表記하게 된 것과 漢字語彙를 한글로 적다가 다시 漢字로 적게 된 것의 두 가지가 있다。이의 逆現象도 있기는 하나 세력적으로 比할 바가 못된다。

홍졍ᄒᆞ라(老諺上 46)

買賣ᄒᆞ라(重老上 47)

글을 강ᄒᆞᄂᆞ뇨(老諺上 3)

글을 講ᄒᆞᄂᆞ뇨(重老上 3)

(2) 消失文字 중에서 「·」를 제외하고는 모두 消滅되었다。

(3) 初聲의 合用並書는 ㅂ系와 ㅅ系가 같이 쓰이고 있으나(三字는 二字로 전환됨)양쪽 다 硬音부호의 구실을 하게 됨으로써 사실상의 구별이 없어지고 말았다。그런데도 破裂音의 硬音은 ㅅ系가、磨擦音의 硬音은 ㅂ系가 각각 우세하게 쓰이고 있다。즉 ㅺ、ㅼ、ㅽ、이 ㅲ、ㅳ보다 우세하게、한편으로는 ㅄ、ㅶ이 ㅆ、ㅉ보다 훨씬 우세하게 쓰이고 있다는 것이다。

終聲의 合用並書는 ㄺ, ㄻ만이 쓰이고 있으며 종전의 ㅺ받침이 모두 ㄲ으로 바뀐 것을 볼 수 있다.

詩닑기(上3)　　여ᄃᆞᆲ냥(下11)

복가(上19)　　석거(上56)

(4) ㅅ이 속격기능을 가진 사잇소리로 쓰일 때는 두 形態素의 중간에 表記하는 방식을 취하고 있다.

ᄃᆞ리ㅅ보(上35)　　술위ㅅ방(上48)

(5) 母音으로 끝난 体言下의 主格表記를 한글表記에서도 분리하고 있다(指定詞도 포함)

작도ㅣ(上17)　　李가ㅣ(下1)

金딩ᄌᆞㅣ(下49)　　아모ㅣ라(下15)

이것은 「애, 에」등의 複母音이 單母音으로 바뀜에 따라 主格ㅣ의 音聲的 實現이 불가능해진 데서 이를 音聲的으로 분명히 하기 위함에서일 것이다.

(6) 体言과 助詞의 分離表記는 이미 다른 文獻에서도 보편화된 事實이지만 用言의 語幹과 語尾에 있어서는 이제까지 실험단계를 크게 벗어나지 못한 狀態이던 것이 여기에 와서 크게 伸張되었다. 이 경우도 語幹末音이 7終聲일 때 한해서 分離表記가 이루어졌다.

먹으라(上20)　　담아(上26)

닙으려(下25)　　ᄂᆞᆰ으니(下50)

단 ㅅ받침은 起源的으로 ㄷ받침이었던 것과 본래부터 ㅅ받침이었던 것의 두 가지로 나누어지는데 ㄷ과 ㅅ의 中和로 合流된 경험을 가지고 있다. 그런데 이에 대한 잠재의식이 表記上에서 드러나고 있음을 발견한다.

곳은(上11)　　곳이(上54)　　곳에(下26)

옷슨(下40)　　옷시오(下47)　　옷슬(下58)

(7) 文法意識의 발달로 종전의 表音爲主表記의 잔재가 모두 形態爲主表記로 整齊된 것을 볼 수 있다.

ᄠᅥ난노라(老諺上1)　　ᄠᅥ낫노라(重老上1)

초ᄒᆞᄅᆞᆫ날(老諺上1)　　초ᄒᆞᄅᆞᆺ날(重老上1)

ᄒᆞᆫ짓사ᄅᆞᆷ(老諺下6)　　ᄒᆞᆫ집사ᄅᆞᆷ(重老下7)

(8) tㅁ蓋音化가 完成된 表記를 보여주고 있다.

엇지(上2)　　치ᄂᆞ니라(上3)

죠흔(上44)　　쳬ᄒᆞ면(下51)

(9) 圓脣母音化가 산발적으로 나타나기 시작한다.

북녁(上15)　　무어시(上38)

머무러(上46)　　붓터(下40)

또한 語幹末音이 圓脣母音일 때 語尾「-아/어」가 연결되면 그 圓脣性의 영향으로 後續語尾에 〔W〕가 첨가되었던 것인데, 여기서는 〔W〕가 모두 消去된 형태로 나타난다.

두워두워(老諺上21)　　두어두어(重老上21)

보와시되(老諺上32)　　보아시되(重老上32)

여토와(老諺下30)　　여토아(重老下32)

(10) 末音이 有氣音인 語根에 母音의 接辭가 연결될 때, 有氣音을 다시 音素를 分解하여 表記하는 方式이 두드러지게 나타난다.

놉흐며(上8)　　東녁희(上44)

빗히(下48)　　ᄀᆞᆺ흔(下58)

이는 有氣音 계열을 /ㄱ, ㄷ, ㅂ, ㅈ/과 /ㅎ/의 複合音으로 再認識한 데서 온 表記法이라 하겠다.

(11) 語中에서의 流音 表記는 모두 ㄹㄹ로 表記하고 있다.

진실로(上32)　　불러시니(上55)

널러(上60)　　흘를(下51)

(12) 格助詞의 表記 중에서 두드러진 현상은 處格의 多樣하던 形態가 「-에」로 單一化했다는 점이다.

밤에(上9)　　집회에(上32)

거리에(上44)　　ᄆᆞ을에(下47)

그러나 처격조사로「-인/의」를 연결하던 特殊處格 語彙와 ㅎ終聲体言에는 종전대로 「-익/의」가 그대로 使用

되었다。

집의(上37)　밧긔(上40)

ᄯᅡ히(上27)　우희(下47)

(13) ㅎ終聲体言도 많이 자취를 감추었으나 몇몇 語彙의 終聲에 아직도 殘存하여 혼용되고 있다。

뒤히(上50)　둘히(上53)

ᄯᅡ흐로(下2)　길히(下6)

하ᄂᆞᆯ이(上43)　둘이(上62)

길에(上63)　ᄆᆞ올에(下47)

(14) 「ᄒᆞ다」動詞에 붙던 副動詞語尾「ㅣ야」와 過去時制「ㅣ얏ㅣ」이 모두「ㅣ여」와「ㅣ엿ㅣ」으로 바뀌었다。

향ᄒᆞ여(上7)　긔록ᄒᆞ엿다가(上21)

아니ᄒᆞ여시니(上39)　못ᄒᆞ엿더니(下61)

(15) 意圖法의「오/우」가 介入된 形態가 몇몇 語彙에 아직도 남아 있음을 볼 수 있다。

조심홈이(上24)　못홈으로(上49)

싱각호되(下45)　잔치호믈(下52)

먹으미(下34)　비브르미(下34)

무르되(下39)　닙으되(下47)

以上에서 본 여러 가지 特徵的인 現象들은 이 資料에 나타난 國語가 近代國語의 모습을 反映하면서도 現代國語에 많이 接近하고 있음을 분명히 알 수 있을 것이다。

參考文獻

方鍾鉉、一簑國語學論集、民衆書館、1963

張基槿、奎章閣所藏 漢語老乞大 및 諺解本에 對하여、亞細亞學報 1집、1965

南廣祐、國語學研究、宣明文化社、1975

최현배、고친 한글갈、정음사、1976

金完鎭、老乞大의 諺解에 대한 比較研究、韓國研究院、1976

重刊老乞大諺解

老乞大諺解 上

重충쭝刊칸칸老랖랗乞키킹大다때諺연연解계개上샹쌍

大[illegible]哥[illegible]你니녜從충쭝那나너裏리례來레래○큰형아네어드려로셔조[illegible]온

我오어從충쭝朝챺쟣鮮션션王왕왕京징깅來레래○내朝鮮ㅅ王京[illegible]로조차[illegible]노라

我오어如슈슈今긴김那나너裏리례去취큐○이제어듸로가ᄂᆞ다

我오어往왕왕北버븽京징깅去취큐○내北京으로향ᄒᆞ여가노라

你니녜幾지계時스씌在재째王왕왕京징깅起치계身신신來레래着져쨔○네언제王京셔ᄠᅥ나온다

我오어在재째這져져箇거거月워웡初추주一이힝日시싀離리례了랴럏王왕왕京징깅○내이ᄃᆞᆯ초ᄒᆞᄅᆞᆺ날王京셔ᄠᅥ낫노라

旣지계是시씌這져져箇거거月워웡初추추一이힝日시싀離리례了랴럏王왕왕京징깅○이미이ᄃᆞᆯ초ᄒᆞᄅᆞᆺ날王京셔ᄠᅥ나시면

到닾닿得더딓半반뷘箇거거月워웡怎즈즘麽[illegible]

重刊老乞大諺解上 一

마뭐 纔채째到닫닿這져져裏리레 ○반ᄃᆞᆯ에다ᄃᆞᆺ게야엇지ᄀᆞᆺ여긔오뇨 我오어有

우잉 一이힝箇거거朋픙삥友우잉落로랄後후흫了랴럏 ○내ᄒᆞᆫ벗이이셔ᄯᅥ저

시매 所소수以이이在재째路루루上샹썅慢만만慢만만的디딍走주즇着

져쨯 ○이러므로길히날호여녜여 等등딍候후흫他타터來레래 ○져ᄅᆞᆯ기ᄃᆞ려오

노라ᄒᆞ니 故구구此ᄎᆞ충來레래的디딍遲치찌了랴럏 ○그러므로오미더디여라

那나너朋픙삥友우잉如슈슈今긴김趕간건上샹썅趕간건不부붕上샹썅

呵아허 ○그벗이이제밋ᄎᆞ가밋지못ᄒᆞᆫ가 這져져箇거거朋픙삥友우잉就쥐쯓

是시씨他타터 ○이벗이곳긔니 昨조쨯兒을싈箇거거纔채째到닫닿來레래

了랴럏 ○어제ᄀᆞᆺ오니라 你니녜這져져箇거거月웨웡底디뎨 ○네이ᄃᆞᆯ금음ᄭᅴ

能능닝到닫닿北버븽京징깅麼마뭐 ○能히北京갈ᄊᆞ 到닫닿不부붕得더딍

○가지 못홀새 這(져저)話(홰화)我(어오)不(붕부)能(닝능)料(럏랴)○이 말을 내 能히 혜아리지 못ᄒᆞᄂᆞ니 萬(완만)一(잉이)天(텬텬)可(커커)憐(련련)見(견견)○萬一 하ᄂᆞᆯ이 어엿비 너기샤 身(신신)子(ᄌᆞ즈)平(삥핑)安(헌안)○몸이 平安ᄒᆞ면 想(샹샹)來(래레)也(여여)可(커커)到(닿닾)了(럏랴)○싱각건대 또 可히 가리로다

你(녜니)却(걓거)是(씨시)朝(쨯챺)鮮(션션)人(신인)○너ᄂᆞᆫ 또 이 朝鮮ㅅ사ᄅᆞᆷ이라 怎(즘즘)麼(뭐마)能(닝능)說(숴쉬)我(어오)們(문믄)的(딩디)官(권관)話(홰화)○엇지 能히 우리 한말을 니ᄅᆞᄂᆞᆫ다

我(어오)在(째재)中(즁중)國(궈궈)人(신인)根(근근)前(쪈쳔)學(햫효)書(슈슈)來(래레)○내 中國人 사ᄅᆞᆷ의게 글을 ᄇᆡ화시매 所(수소)以(이이)些(서셔)須(슈슈)知(징지)道(땋닾)官(권관)話(홰화)○이러므로 져기 한 말을 아노라

你(녜니)跟(근근)着(짷져)誰(쒸쉬)學(햫효)書(슈슈)來(래레)○네 누를 ᄯᆞ라 글을 ᄇᆡ혼다 我(어오)在(째재)

中즁중國궝궈人신인學햫효堂땅탕裏례리學햫효書슈슈來래레○내中

國ㅅ사ᄅᆞᄆᆡ學堂에서글을ᄇᆡ호라你녜니學햫효的딩디是씽시甚씸셔麼뭐마書

슈슈○네ᄇᆡ혼거시이므슴글고我어오曾찡층念념냔的딩디是씽시論룬른語

유위孟밍믕子즈즈小셯샾學햫효○내일ᄶᅥᆨ닑은거시이論語孟子小學이라你녜니

每뮈믜日ᅀᅵᆼᅀᅵ做주주甚씸셔麼뭐마工궁궁課쿼커○네每日므슴공부ᄒᆞᄂᆞ뇨

每뮈믜日ᅀᅵᆼᅀᅵ淸칭칭早잫잔晨씬친起켸치來래레○每日이른새ᄇᆡ니러師

싱스傳뿌부根근근前쪈쳔受씋식了령랸書슈슈○스승ᄭᅴ글ᄇᆡ호고放방방

學햫효○ᄒᆞᆨ당의셔노하든到닿닷家갸쟈裏례리喫킹치飯빤반○집의가밥

먹고再재재到닿닷學햫효裏례리寫셔셔倣방방○또ᄒᆞᆨ당의가셔픔쓰기ᄒᆞ고

寫셔셔倣방방後ᅘᅳᇢ후頭뚷투對뒤뒤句규귀○셔품쁜후에년구ᄒᆞ기ᄒᆞ고對

뒤뒤 句규귀後흫후頭뜰투念념난詩싱시 ○ 년구ᄒᆞᆫ 후에 詩닑기ᄒᆞ고 念념난詩싱시後흫후頭뜰투師싱스傅부부根근근前쪈쳔講걍쟝書슈슈 ○ 詩닑은 후에 스승 앏희셔 글을 講ᄒᆞ노라 講걍쟝甚씸셔麼뭐마書슈슈 ○ 므슴 글을 講ᄒᆞᄂᆞ뇨 講걍쟝的딩디是씽시小셯샾學햫효論룬른語유위孟밍믕子즣즈 ○ 講ᄒᆞᄂᆞᆫ 거ᄉᆞᆫ 이 小學 論語 孟子ㅣ라

講걍쟝書슈슈後흫후頭뜰투又잉우做주주甚씸셔麼뭐마工궁궁課쿼커 ○ 글을 講ᄒᆞᆫ 후에 ᄯᅩ 므슴 공부ᄒᆞᄂᆞ뇨 到당닾晩뫈완晌샹샹 ○ 나죄다ᄃᆞᆺ거든 師싱스傅부부面면면前쪈쳔抽칠착籤쳠쳔背뷔븨書슈슈 ○ 스승 앏희셔 사슬 ᄲᅡ혀 글 외오기ᄒᆞ여 背뷔븨得듸더熟쓩수的딩디 ○ 외오기 닉은 이ᄂᆞᆫ 師싱스傅부부給깅지免면면帖텽텨一힝이張쟝쟝 ○ 스승이 免帖 ᄒᆞᆫ 쟝을 주고 若얗ᅀᅣ背뷔븨

不부봉過고궈的디딩○만일외오지못ᄒᆞᄂᆞᆫ이ᄂᆞᆫ教쟌걓當당당直지찡的디딩

學효햫生승싱背븨뷔起치키來레래○當直學生으로ᄒᆞ여도로혀세오고打다다

三산삼下햐햐了랴럏○세흘치ᄂᆞ니라怎즘즘麼마뭐樣양양是시씌抽칙칭

簽천쳠背븨뷔書슈슈○엇지ᄒᆞᆯ손이사슬ᄲᅢ혀글외오기며怎즘즘麼마뭐樣양양

是시씌免면면帖텨텹○엇지ᄒᆞᆯ손이免帖고每믜뮈一이힝箇거거竹주즁簽

천쳠上샹썅○每ᄒᆞᆫ대뼉에寫셔셔着져쟣一이힝箇거거學효햫生승싱的

디딩姓싱싱名밍밍○ᄒᆞᆫ學生의姓名을쓰고衆중즁學효햫生승싱的디딩姓

싱싱名밍밍○모든學生의姓名을都두두一이힝樣양양寫셔셔着져쟣○다一

樣으로써一이힝箇거거簽천쳠筒퉁뚱裏리리盛칭찡着져쟣○ᄒᆞᆫ사슬통에담

아教쟌걓當당당直지찡的디딩學효햫生승싱○當直學生으로ᄒᆞ여拿나나

簽쳔쳠 筒퉁뚱 來레래 搖얀얗 一이힝 搖얀얗 ○ 사슬통가져다가흔드러 內늬뉘

中중즁 抽착칠 着져쨯 一이힝 箇거거 ○ 그중에ᄒᆞ나흘ᄲᅢ혀 便변뼌 教쟌걒 那

나너 人인인 來레래 背븨뷔 書슈슈 ○ 곳그사ᄅᆞᆷ으로ᄒᆞ여글외오되 背븨뷔 得더듸

過고궈 的디딍 ○ 외오ᄂᆞᆫ이ᄂᆞᆫ 師스싀 傅부부 給지깅 他타터 免면면 帖텨텽

一이힝 箇거거 ○ 스승이저ᄅᆞᆯ免帖ᄒᆞ나흘주ᄂᆞ니 那나너 免면면 帖텨텽 上샹썅

○ 그免帖에 寫셔셔 的디딍 是시씽 免면면 打다다 三산삼 下햐ᅘᅣ ○ ᄡᅳᆫ거시이

세번치믈免ᄒᆞ리라ᄒᆞ고 免면면 帖텨텽 上샹썅 師스싀 傅부부 畫화ᅘᅪ 着쟈쨯 花

화화 押야향 ○ 免帖에스승이슈례두고 若쇼샿 後후ᅘᅮᇢ 來레래 再재재 抽착칠 簽

쳔쳠 背븨뷔 不부붕 過고궈 的디딍 ○ 만일후에다시사슬ᄲᅢ혀외오지못ᄒᆞᄂᆞᆫ이ᄂᆞᆫ 拿

나나 出츄츙 免면면 帖텨텽 來레래 撕스ᄉᆞ 開캐캐 ○ 免帖을내여다가ᄣᅳᆺ고 便

변뼌 將쟝쟝 功궁궁 折져졍 過고궈 免면면 打다다 了랴럏 ○ 곳功을다가過에엇

겨치믈면ᄒᆞ고 若쇼샿 沒무몽 有우잉 免면면 帖텨텽 ○ 만일免帖이업스면 一이힝

定딩띵 喫치킹 打다다 三산삼 下하햐 ○ 一定세번치믈닙ᄂᆞ니라

儞니녜 是시씽 朝쟌쨯 鮮션션 人인인 ○ 너ᄂᆞᆫ이朝鮮ㅅ사ᄅᆞᆷ이라 學효햫 他타텨

官관권 話화홯 做주주 甚셔씸 麼마뭐 ○ 져한말을비화므슴ᄒᆞᆯᄯᅡ 儞니녜 說쉬숴

的디딍 話화홯 也여여 是시씽 ○ 네니ᄅᆞ는말도올커니와 但단딴 各거갛 自즈쯔

人인인 都두두 有우잉 箇거거 主쥬쥬 見견견 ○ 다만각각사ᄅᆞᆷ이다主見이잇ᄂᆞ니

라 儞니녜 有우잉 甚셔씸 麼마뭐 主쥬쥬 見견견 ○ 네므슴主見이잇ᄂᆞᆫ다 儞

니녜 說쉬숴 與위유 我오어 聽팅팅 ○ 네날러내게들리라 如슈유 今긴김 朝쟌쨯

廷팅띵 一이힝 統통통 天텬텬 下하햐 ○ 이제朝廷이天下ᄅᆞᆯ一統ᄒᆞ여시니 到다당

處츄츄用융융的디딩都두두是시씽官관권話화화○간곳마다쓰ᄂᆞᆫ거시다이

한말이오我오어這저져朝챠쟣鮮션션話화화○우리이朝鮮ᄉ말은只즈징可

커커在재째朝챠쟣鮮션션地디뎨方방방行힝힝得더듷去취큐○다만朝鮮

ᄯᅡ히만쓰고過고궈了랴럏義이이州쥐징○義州지나到닾당了랴럏中중즁

國궈궝地디뎨方방방○中國人ᄯᅡ히가면都두두是시씽官관권話화화○

다이한말이라儻탕탕有우잉人인ᅀᅵᆫ問운ᄆᆞᆫ一이힝句귀규話화화○만일사ᄅᆞᆷ

이ᄒᆞᆫ구말을무르리이셔든也여여說숴숭不부붕出츄츙來레래○또니ᄅᆞ지못ᄒᆞ

면別벼뼝人인ᅀᅵᆫ將쟝쟝我오어們믄문○다ᄅᆞᆫ사ᄅᆞᆷ이우리ᄅᆞᆯ다가看간컨作

조짷何허허如ᅀᅲᅀᅲ人인ᅀᅵᆫ○엇더ᄒᆞᆫ사ᄅᆞᆷ으로보리오你니녜這저져樣양양學

효햫中중즁國궈궝人인ᅀᅵᆫ的디딩書슈슈○네이리中國ᄉ사ᄅᆞᆷ의글을ᄇᆡ홀ᄲᅣ시면

是시씽 你니녜 自즈쯔 心신심 裏리레 要얀햘 學효햫 來레래 啊아허 ○ 이 네
ᄆᆞᅀᆞᆷ으로ᄇᆡ 호려ᄒᆞᆫ것가 還환훤 是시씽 你니녜 的디딩 父부뿌 母무무 敎쟌걍 你
니녜 去츄큐 學효햫 的디딩 麼마뭐 ○ 도로혀네父母ㅣ너로 ᄒᆞ여가ᄇᆡ호라ᄒᆞᆫ것가 是
시씽 我오어 父부뿌 母무무 敎쟌걍 我오어 去츄큐 學효햫 的디딩 ○ 올ᄒᆞ 니우
리父母ㅣ날로ᄒᆞ여 가ᄇᆡ호라ᄒᆞᆫ거시라 你니녜 學효햫 的디딩 多도더 少샾셯 時스씽
節져졍 了랴령 ○ 네ᄇᆡ환지언 머ᄃᆡ나ᄒᆞ뇨 我오어 學효햫 了랴령 半반뻔 年년년
有우잉 餘위유 了랴령 ○ 내ᄇᆡ환지반ᄒᆡ 남즉ᄒᆞ여라 你니녜 都두두 能능닝 懂
둥둥 得더듸 懂둥둥 不부붕 得더듸 ○ 네다能히아ᄂᆞ냐 아지몯ᄒᆞᄂᆞ냐 每믜뮈 日
이ᅀᅵᆼ 同룽뚱 漢한헌 學효햫 生승싱 們믄문 ○ 每日에漢ㅅ 學生들과 一이힝 處
츄츄 學효햫 習시씽 來레래 ○ ᄒᆞᆫᄃᆡ셔ᄇᆡ화 니여시매 所소수 以이이 略랴략 略

량랴 的 딩디 會 휘휘 得 듸더 ○ 이러므로 져기 아노라

你 녜니 的 딩디 師 싀스 傅 부부 是 씨시 甚 씸셔 麼 뭐마 人 신인 ○ 네 스승이 이 엇

던 사ᄅᆞᆷ고 是 씨시 漢 헌한 人 신인 ○ 이 漢ㅅ 사ᄅᆞᆷ이라 有 잉우 多 더도 大 때다 年

년년 紀 계기 ○ 나히 언머나 ᄒᆞ뇨 三 삼산 十 씽시 五 우우 歲 쉬쉬 了 려랴 ○ 셜흔

다ᄉᆞᆺ시라 用 융융 心 심신 教 갸쟈 你 녜니 們 문믄 ○ 힘써 너희를 ᄀᆞᄅᆞ치ᄂᆞ냐 還 햔환

是 씨시 不 부부 用 융융 心 심신 教 갸쟈 你 녜니 們 문믄 啊 허아 ○ 도로혀 힘써 너

희를 ᄀᆞᄅᆞ치지 아니ᄒᆞᄂᆞ냐 我 어오 師 싀스 傅 부부 性 싱싱 格 긔거 溫 운운 厚 흫후

○ 우리 스승이 셩품이 溫厚ᄒᆞ여 很 흔흔 用 융융 心 심신 教 갸쟈 我 어오 們 문믄 ○

ᄀᆞ장 힘써 우리를 ᄀᆞᄅᆞ치ᄂᆞ니라 你 녜니 那 너나 衆 즁중 學 햫효 生 싱승 內 뉘늬 中

즁중 ○ 네 져 모든 學生 즁에 有 잉우 多 더도 少 셔샤 中 즁중 國 귀궈 人 신인 ○ 언머

ᄂᆞᆫ中國ㅅ사ᄅᆞᆷ이 이시며 多도더 少샤셯 朝챠쟣 鮮션션 人인신 ○ 언머ᄂᆞᆫ 朝鮮ㅅ사ᄅᆞᆷ

고 大다때 緊개개 一이힝 半반붠 是시씽 中중즁 國귀궝 人인신 ○ 大緊一半

은 이 中國ㅅ사ᄅᆞᆷ이오 一이힝 半반붠 是시씽 朝챠쟣 鮮션션 人인신 ○ 一半은 이

朝鮮ㅅ사ᄅᆞᆷ이라 這져져 裏리례 頭투뜽 也여여 有우잉 皮피삐 頑완완 的디딩

麼마뭐 ○ 이즁에 또 ᄆᆞ래ᄂᆞᆫ이 잇ᄂᆞ냐 是시씽 內늬뉘 中중즁 也여여 有우잉 皮

피삐 頑완완 的디딩 ○ 올ᄒᆞ니 그 즁에 또 ᄆᆞ래ᄂᆞᆫ이 잇ᄂᆞ니 每믜뮈 日싀싕 學효햫 長

장쟝 ○ 每日 學長이 將장쟝 那나너 皮피삐 頑완완 的디딩 學효햫 生승싱 ○

져ᄆᆞ래ᄂᆞᆫ 學生을 다가 稟빈빈 了랴럏 師스싀 傅부부 就쟉찡 打다다 他타터 ○

스승ᄭᅴ 숣고 곳 져ᄅᆞᆯ 치되 他타터 只즈짛 是시씽 不부붕 怕파파 ○ 졔 그저 저퍼 아니ᄒᆞ

ᄂᆞ니 這저져 是시씽 漢한헌 小샤셯 廝스승 們믄문 十시씽 分븐분 皮피삐 頑

완완 的 딩디 ○ 이 漢ㅅ 아ᄒᆡ들은 ᄀᆞ장 ᄀᆞ래ᄂᆞᆫ 이어니와 朝 쟣챠 鮮 션션 小 샿샤 廝 숭스

們 믄믄 比 비비 他 터타 們 믄믄 略 랼랴 好 havehave

比컨대 져기 나으니라

大 때다 哥 거거 ○ 큰형아 你 녜니 如 유유 今 김긴 那 너나 裏 례리 去 큐츄 ○

네 이제 어ᄃᆡ로 가ᄂᆞᆫ다 我 어오 也 여여 往 왕왕 北 븽버 京 깅징 去 큐츄 ○ 나도 北京

을 向ᄒᆞ여 가노라 你 녜니 旣 계지 往 왕왕 北 븽버 京 깅징 去 큐츄 ○ 네 이믜 北京을

향ᄒᆞ여 갈 양이면 我 어오 是 씽시 朝 쟣챠 鮮 션션 人 신인 ○ 나ᄂᆞᆫ 이 朝鮮ㅅ 사ᄅᆞᆷ이라

中 즁중 國 귁궈 地 띠디 面 면면 素 수수 來 래레 行 힝힝 不 봉부 慣 관관 ○ 中國

ㅅ 따ᄒᆡ 본ᄃᆡ ᄃᆞ니기 닉지 몯ᄒᆞ니 你 녜니 好 항한 歹 대대 帶 대대 我 어오 ○ 네 모로미

나ᄅᆞᆯ ᄃᆞ려 作 잫조 箇 거거 同 뚱퉁 伴 뻔번 去 큐츄 ○ ᄒᆞᆫ가지로 벗지어 가쟈 這 져져

麼마뭐着져쨩○이러면咱자쟝們믄문一이힝同퉁뚱去취큐罷바빠○
우리ᄒᆞᆫ가지로가자大다대哥거거你니녀貴귀귀姓싱싱○큰형아네貴姓이여賤
젼쪈姓싱싱王왕왕○賤姓이王가ㅣ로라你니녀家자가在재째那나너裏리려
住쥬쮸○네집이어ᄃᆡ이셔사ᄂᆞᆫ다我오어在재째遼랸령陽양양城칭징裏리려
住쥬쮸○내遼陽ㅅ城인희이셔사노라你니녀往왕왕京징깅裏리려去취큐○
네셔울을향ᄒᆞ여갈양이면有우윙甚서씸麼마뭐勾구궁當당당○므슴일이잇ᄂᆞᆫ
다我오어將장쟝這저져幾지계箇거거馬마마賣매매去취큐○내이여러
ᄆᆞᆯ을가져ᄑᆞᆯ라가노라這져져麼마뭐的디딩呢니녀狠흔흔好한할○이러면ᄆᆞ
장죠타我오어也여여要약양去취큐賣매매這져져幾지계箇거거馬마마
○나도가이여러ᄆᆞᆯ을ᄑᆞᆯ려ᄒᆞ고這져져馬마마上샹썅馱토뚜着져쨩的디딩些

셔셔 少 셯샾 毛 맣맏 藍 람란 布 부부 ○ 간이 모몰 시세 뵈시 도른 약 一 힝이 併 삥빙

都 두두 是 씽시 要 햫얖 賣 매매 的 딩디 ○ ᄒᆞᄒᆞᆯ ᄂᆞᆫ더 거다 시ᄑᆞᆯ 니려 伱 녜니 旣 계지

要 햫얖 去 큐츄 賣 매매 馬 마마 ○ 올네 ᄑᆞᆯ이 려ᄆᆡ ᄒᆞ가 면몰 咱 잫자 們 믄믄 正 징징

好 ᄒᆞᇰ한 一 힝이 同 뚱퉁 去 큐츄 ○ 가우 미리 졍ᄒᆞᆫ 히가 죠지 타로

大 때다 哥 거거 可 커커 知 징지 道 땋닿 ○ 셔큰 시형 니이 알 京 깅징 裏 례리 馬

마마 價 갸갸 如 슈슈 何 허허 ○ 엇셔 더울 ᄒᆞᆫ몰 고갑 시 近 낀긴 有 잉우 相 샹샹 識

싱시 人 신인 來 래레 說 쉏쉬 ○ 이요 어ᄉᆞ 셔이 와아 니ᄂᆞᆫ 르사 되ᄅᆞᆷ 馬 마마 的 딩디 價

갸갸 錢 쪈쳔 這 져져 幾 계지 日 싕시 好 ᄒᆞᇰ한 ○ ᄉᆞᄆᆞᆯ 이갑 쇼시 하요 就 쯯직 這 져져

頭 뜽투 等 딍등 的 딍디 馬 마마 ○ 듬뭇 몰이 은웃 賣 매매 十 씽시 五 우우 兩 량량

以 이이 上 썅샹 ○ 上十 에五 꼴兩 고以 似 쑹스 這 져져 一 힝이 等 딍등 的 딍디 馬

마마 ○ 이ᄒᆞᆫ등ᄆᆞᆯᄆᆞᄐᆞᆫ이ᄂᆞᆫ 可 커커 賣 매매 十 시씽 兩 량량 以 이이 上 샹쌍 ○ 十兩

以上에ᄑᆞᆯ리라ᄒᆞ더라 却 거걍 知 지징 道 닾땅 布 부부 價 갸갸 的 디딩 高 갚강 低

디뎨 麼 마뭐 ○ 또빗갑시놉흐며ᄂᆞᄌᆞᄆᆞᆯ아ᄂᆞᆫ가 布 부부 價 갸갸 比 비비 往 왕왕 年

년년 差 차차 不 부붕 多 도더 ○ 빗갑슨往年에比컨대ᄂᆞ도치아니타ᄒᆞ더라 京 징깅 裏

리례 喫 치킹 食 시씽 貴 귀귀 賤 젼쪈 如 유유 何 허혀 ○ 셔울먹을쌔시貴賤이엇더ᄒᆞ

던고 我 오어 那 나너 相 샹샹 識 시싱 人 인신 曾 층쯩 說 쉬쒸 ○ 내저아ᄂᆞᆫ사ᄅᆞᆷ이일

즉니ᄅᆞ되 他 타터 來 래래 時 스씃 ○ 제올ᄯᅢ예 八 바방 分 븐분 銀 인인 子 즈즘 一

이힁 斗 두등 粳 징깅 米 미메 ○ 八分銀에ᄒᆞᆫ말粳米오 五 우우 分 븐분 銀 인인 子

즈즘 一 이힁 斗 두등 小 샤셩 米 미메 ○ 五分銀에ᄒᆞᆫ말小米오 乾 간건 麵 면면 十

시씽 斤 긴긴 一 이힁 錢 쳔쪈 銀 인인 子 즈즘 ○ 乾麵열근에ᄒᆞᆫ돈銀이오 羊 양양 肉

숭류 一잉이 斤긴긴 二싱을 分분분 銀인인 子즈즈 ○ 羊肉 ᄒᆞᆫ 근에 두 푼 銀이라 ᄒᆞ더

라 似쓰스 這져져 等텅등 看컨칸 起켸치 來래레 ○ 이리 볼 양이면 與유위 我

어오 當당당 年년년 在째재 京깅징 裏례리 時씽스 ○ 내 그ᄒᆡ예 셔울 이실 쎄와 價

갸갸 錢쪈쳔 都두두 是씽시 一힝이 樣양양 ○ 갑시 다 ᄒᆞᆫ가지로다

咱장자 們문믄 今김긴 夜여여 那너나 裏례리 去큐취 住쮸쥬 ○ 우리 오ᄂᆞᆯ 밤에

어듸가 머믈료 咱장자 們문믄 往왕왕 前쪈쳔 走쯓주 ○ 우리 앏흘 향ᄒᆞ여 녜여 十

씽시 多더도 里례리 路루루 ○ 十里 남즉 ᄒᆞᆫ 길ᄒᆡ 有잏우 箇거거 店뎜뎐 ○ ᄒᆞᆫ 店

이시니 名밍밍 叫걍쟌 尾와와 店뎜뎐 ○ 일홈을 尾店이라 브르ᄂᆞ니 咱장자 們

문믄 到당닫 那너나 裏례리 ○ 우리 져긔 가 或훵훠 早잠잔 或훵훠 晩완완 ○

或 일으나 或 느즈나 只징즈 在째재 那너나 裏례리 睡쒸쉬 覺걍쟌 罷빠바 ○ 그저

져긔셔 자쟈 若 샤요 再 재재 過 궈고 去 큐취 ○ 만일 또 지나가면 往 왕왕 前 쳔쳔

二 싱을 十 씽시 里 례리 地 뎨디 ○ 앏흘 향ᄒᆞ여 二十里 ᄯᅡ히 沒 뭉무 有 잉우 人 신인

家 갸쟈 了 럏랴 ○ 人家ㅣ 업ᄂᆞ니라 旣 계지 是 씽시 那 너나 麼 뭐마 着 짭져 ○

이믜 그러면 前 쪈쳔 不 봉부 着 짱쟈 村 춘춘 ○ 앏흐로 村에 다ᄃᆞᆮ지 못ᄒᆞ고 後 흫후

不 봉부 着 짱쟈 店 뎜뎐 ○ 뒤흐로 店에 다ᄃᆞᆮ지 못ᄒᆞ리니 咱 장자 們 문믄 又 잉우 投

투 뜽 那 너나 裏 례리 去 큐취 宿 숭수 ○ 우리 또 어듸 가 자리오 到 당닾 那 너나 裏

리 례 雖 쉬쉬 是 씽시 早 장잔 些 셔셔 兒 싱을 也 여여 好 황한 ○ 저긔 가 비록 져기 일

러도 죠흐니 歇 형혀 息 싱시 牲 싱승 口 쿻쿠 ○ 즘ᄉᆡᆼ을 쉬워 明 밍밍 日 싕시 早

잪 장 行 힝힝 ○ ᄂᆡ일 일 녜쟈 這 져져 裏 례리 到 닾당 京 깅징 裏 례리 ○ 여긔셔 셔울

가기 有 잉우 多 더도 少 섈샤 路 루루 ○ 언머 길히 잇ᄂᆞ뇨 咳 해해 有 잉우 五

우우 百버븽 多도더 里리례 ○咳 五百里남즉이 잇ᄂᆞ니 再재재 有위잉 五우우 六

뤼룽 日싀잉 可커커 以이이 到닾댷 了랴럏 ○ᄯᅩ 五六日만ᄒᆞ면 可히 가리라 咱자장

們믄문 到닾댱 京징깅 時스씽 ○우리 셔울 가면 那나너 裏리례 住쥬쮸 下햐햐

好한항 ○어듸 머므러야 죠ᄒᆞ료 咱자장 們믄문 往왕왕 順슌쓘 城칭찡 門믄문

官관권 店뎐뎜 裏리례 住쥬쮸 下햐햐 ○우리 順城門 官店에 가셔 머므쟈 那나너

裏리례 往왕왕 馬마마 市시씽 裏리례 去츄큐 却캬켜 近긴낀 些셔셔 ○져긔

셔 몰져제 가기 ᄯᅩ 져기 갓가오니라 你니녜 說슈숴 的디딩 是시씽 ○네 니ᄅᆞ미 올타 我

오어 也여여 心신심 裏리례 這져져 麼마뭐 想샹샹 着져쨯 ○나도 ᄆᆞᄋᆞᆷ에 이리 ᄉᆡᆼ

각ᄒᆞ엿더니 你니녜 說슈숴 的디딩 恰캬ᄏᆢ 合허ᅘᅥ 我오어 意이이 ○네 니ᄅᆞ미

맛치 내 ᄯᅳᆮ과 ᄀᆞᆺ다 就직찍 是시씽 那나너 裏리례 好한항 ○곳 져긔 죠ᄒᆞ니 大다때

槩개개遼럏랸東둥둥來래레的딍디客킝커人신인們문믄 ○ 大槩遼東으로

셔오ᄂᆞᆫ나그ᄂᆡ들이 別뼝벼處츄츄不붕부下햐하 ○ 다ᄅᆞᆫ듸브리오지아니ᄒᆞ고 都

두두在쨰재那너나裏례리住쥬쥬 ○ 다져긔머므ᄂᆞ니 我어오當당당年년년

也여여在쨰재那너나裏례리住쥬쥬 ○ 내그ᄒᆡ예도져긔머므니 十씽시分분븐

便뼌편當당당 ○ ᄀᆞ장便當ᄒᆞ더라

你녜니這져져幾계지箇거거牲싱승口큭쿠 ○ 네이여러즘싱이 每뮈믜夜

여여喫칭치多더도少셩샾草찰찬料럏랸 ○ 每夜에언멋집과콩을먹으며 共궁궁

用융융多더도少셩샾錢쪈쳔 ○ 대되언멋돈을쓰ᄂᆞ뇨 這져져六룽루箇거거

馬마마 ○ 이여ᄉᆞᆺᄆᆞᆯ에 每뮈믜一잉이箇거거五우우升싱싱料럏랸一잉이

綑쿤쿤草찰찬 ○ 每ᄒᆞ나히닷되콩과ᄒᆞᆫ뭇집히니 共궁궁計계지來래레 ○ 대되

혜니 大 때다 槩 개개 用 융융 盤 뻔판 纏 젼쳔 二 ᅀᅵᆼᅀᅳᆯ 錢 젼쳔 銀 인인 子 즈ᇰ즈 ○
大槩盤纏을 두 돈은을 쓰ᄂᆞ니 這 져져 六 룽릭 箇 거거 馬 마마 ○ 이 여ᄉᆞᆺ ᄆᆞᆯ이 每 뮈믜
夜 여여 喫 킹치 的 딩디 草 챃찬 料 럏랸 也 여여 不 붕부 一 힝이 樣 양양 ○ 每夜
에 먹ᄂᆞᆫ 집과 콩이 ᄯᅩ ᄒᆞᆫ가지 아니니라 草 챃찬 料 럏랸 貴 귀귀 處 츄츄 ○ 집과 콩이 貴ᄒᆞᆫ 곳은
用 융융 銀 인인 三 삼산 四 ᄉᆞᇰᄉᆞ 錢 젼쳔 ○ 은 서너 돈을 쓰고 草 챃찬 料 럏랸 賤
젼젼 處 츄츄 ○ 집과 콩이 賤ᄒᆞᆫ 곳은 用 융융 銀 인인 二 ᅀᅵᆼᅀᅳᆯ 錢 젼쳔 ○ 은 두 돈을 쓰ᄂᆞ
니라 這 져져 箇 거거 馬 마마 走 즇주 的 딩디 好 항한 ○ 이 ᄆᆞᆯ이 거름이 죠타 也 여여
有 잉우 幾 계지 步 뿌부 走 즇주 ○ ᄯᅩ 여러 거름이 잇ᄂᆞ니라 除 쮸츄 了 럏랸 這 져져
箇 거기 馬 마마 ○ 이 ᄆᆞᆯ을 덜고ᄂᆞᆫ 別 뼝벼 的 딩디 都 두두 不 붕부 好 항한 ○ 다ᄅᆞᆫ
이ᄂᆞᆫ 다 죠치 아니ᄒᆞ다 你 녜니 這 져져 馬 마마 與 유위 布 부부 ○ 네 이 ᄆᆞᆯ과 다ᄆᆞᆺ 뵈ᄅᆞᆯ

到닫당 北버븡 京징깅 賣매매 了랴럏 ○北京가 풀고 却커캳 買매매 些셔셔

甚셔씸 麼마뭐 貨호훠 物우뭉 ○뎌기 므슴 貨物을 사 回휘훼 到닫당 朝챠쟣

鮮션션 去취큐 賣매매 ○朝鮮에 도라 가 ᄑᆞᆫ뇨 我오어 要얀얄 往왕왕 山산산

東둥둥 濟지제 寧닝닝 府부부 東둥둥 昌챵챵 縣현현 高갚간 唐탕땅 縣현현

○내 山東濟寧府엣 東昌縣 高唐縣에 가 收식심 買매매 些셔셔 絹견견 子즈즈 綾

링링 子즈즈 涼량량 花화화 紬칙쥐 子즈즈 ○져기 깁과 綾과 소옴과 비단을 거두어 사

回휘훼 到닫당 王왕왕 京징깅 賣매매 去취큐 ○王京에 도라 가 풀려 ᄒᆞ노라 若

쇼얍 到닫당 儞니녜 那나너 地디뎨 方방방 ○만일 네 져 ᄯᅡ히 가면 也여여 有우우

些셔셔 利리례 錢쳔쳔 麼마뭐 ○또 져기 利錢이 잇ᄂᆞ냐 那나너 箇거거 也여여

好화향 ○그도 됴ᄒᆞ니 我오어 當당당 年년년 ○내 그ᄒᆡ예 跟근근 着져쟣 中

즁중國귁궈人신인○中國人사룸을ᄯᆞ라到당닫高갈갇唐땅당○高唐에가收

싱수買매매些셔셔綾링링絹견견○저기綾과깁을거두어사回휘휘到당닫王

왕왕京깅징賣매매了럏랴○王京에도라가프니也여여得더드些셔셔利례리

錢쪈쳔○또져기利錢을어들러라

你녜니那너나綾링링絹견견涼량량花화화○네져綾과깁과소옴을在쨰재

本븐븐地띠디多더도少셩샾價갸갸錢쪈쳔買매매來래레○밋ᄯᅡ히서언머

갑스로사와시며到당닫王왕왕京깅징多더도少셩샾價갸갸錢쪈쳔賣매매

○王京에가언머갑스로프ᄂᆞ뇨我어오買매매的디디價갸갸錢쪈쳔○내사논갑

손小셩샾絹견견一힝이疋핑피三삼산錢쪈쳔○小絹ᄒᆞᆫ필에서돈에ᄒᆞ여染

염연做주주小셩샾紅훙훙顏연연色싀서做주주裏례리絹견견○小紅빗드

려안깁 문돌고 綾 링링 子 즈즁 每 믜뮈 疋 피핑 二 을싀 兩 량량 ○ 綾每疋에 두냥에ᄒᆞ

여 染 연염 做 주주 鴉 야야 青 칭칭 小 샾셯 紅 홍훙 ○ 鴉青과小紅 을드리니 絹

견견 子 즈즁 每 믜뮈 疋 피핑 ○ 깁每 疋에 染 연염 錢 쳔젼 二 을싀 錢 쳔젼 ○ 믈 갑

시두돈 이오 綾 링링 子 즈즁 每 믜뮈 疋 피핑 ○ 綾每 疋에 染 연염 鴉 야야 青 칭칭

的 디딩 三 산삼 錢 쳔젼 ○ 鴉青드리는딕 는서돈이오 小 샾셯 紅 홍훙 的 디딩 二

을싀 錢 쳔젼 ○ 小紅에는 두돈이오 涼 량량 花 화화 每 믜뮈 一 이힝 斤 긴긴 ○ 소 옴

每ᄒᆞ 근에 價 갸가 銀 인인 二 을싀 錢 쳔젼 ○ 갑錢이두 돈이니 到 단돵 王 왕왕 京

징깅 ○ 王京 에가 絹 견견 子 즈즁 一 이힝 疋 피핑 ○ 깁ᄒᆞ 필에 換 환훤 細 시세 麻

마마 布 부부 兩 량량 疋 피핑 ○ 細麻布두필 을밧고와 折 져졍 銀 인인 一 이힝 兩

량량 二 을싀 錢 쳔젼 ○ 銀ᄒᆞ냥두 돈에치고 綾 링링 子 즈즁 一 이힝 疋 피핑 ○ 綾 ᄒᆞ

필에 鴉야야 青칭칭 的디딩 換환훤 布부부 六릭룽 疋피핑 ○鴉青은뵈 엿필을밧

고와 折져졍 銀인인 三산삼 兩량량 六릭룽 錢쳔쪈 ○銀석냥엿 돈에치고 小샤셜

紅홍훙 的디딩 換환훤 布부부 五우우 疋피핑 ○小紅은뵈닷 필을밧고와 折져졍

銀인인 三산삼 兩량량 ○銀석냥 에치고 涼량량 花화화 每믜뮈 一이힝 斤긴긴

○소옴每 훈근에 換환훤 布부부 一이힝 疋피핑 ○뵈훈필을 밧고와 折져졍 銀

인인 六릭룽 錢쳔쪈 ○銀엿돈 에쳐 通퉁퉁 共궁꿍 計지계 來레래 ○대되 혜오

니 除츄쮸 了랴ᅌᅩ령 牙야야 稅쉬쉬 脚교걍 價갸갸 之즈짐 外왜왜 ○즈름 갑셰

갑삭갑더 론밧긔 也여여 可커커 得더듷 加갸갸 五우우 的디딩 利리례 錢쳔쪈

○또可히혀지온利 錢을어들러라

你니녜 從충쭝 來레래 ○네본 뒤 到닫당 京징깅 裏리례 ○셔울 가 賣매매

了랴렬 貨호훠 物우뭉 ○貨物을풀고 就직찡 買매매 綾링링 絹견견 ○곳綾

과깁을사 到닾당 王왕왕 京징깅 去취큐 賣매매 ○王京에가ᄑᆞ노라ᄒᆞ면 前쳔쪈

後후훟 住쥬쮸 了랴렬 多도더 少샤셯 日시싕 子즈즇 ○前後에며날을머믈러뇨

我오어 從충쭝 年년년 時스씽 正징징 月워웡 裏리례 ○내샹년正月브터 將

쟝쟝 馬마마 匹피핑 與위유 布부부 ○馬匹과다뭇뵈롤가져 到닾당 京징깅 都

두두 賣매매 了랴렬 ○셔울가다폴고 五우우 月워웡 裏리례 到닾당 高갚강 唐

탕땅 ○五月에高唐에가 收수싱 買매매 些셔셔 綾링링 絹견견 ○저기綾과깁을

거두어사 到닾당 直지찡 沽구구 裏리례 上샹썅 船촨쭨 過고궈 海해해 ○直沽

에가ᄇᆡ타바다건너 十시씽 月워웡 裏리례 到닾당 王왕왕 京징깅 ○十月에王京에

가 到닾당 年년년 終중즁 ○年終에다ᄃᆞ라 這저져 些셔셔 貨호훠 物우뭉 都

두두 賣매매 了랴령 ○이 貨物을 다 풀고 又우잉 買매매 了랴령 這저져 幾지계

匹피핑 馬마마 ○또 이 여러 필 몰과 併빙뼹 毛모맣 藍란람 布부부 來레래 了

랴령 ○아오로 뫼시뵈롤 사오노라

這저져 三산삼 箇거거 火호훠 伴번뻔 ○이 세 벗이 是시씽 你니녜 親친친 眷

권권 麼마뭐 ○이 네 권당가 與위유 你니녜 同퉁뚱 來레래 的디딍 啊아허 ○

너와 흔가지로 오니가 都두두 不부붕 曾층쯩 問운문 ○다 일즉 뭇지 아니흐엿더니

姓싱싱 甚서씸 麼마뭐 ○姓이 므서시오 這저져 箇거거 姓싱싱 金긴김 ○이는

姓이 金가ㅣ니 是시씽 我오어 姑구구 舅구굴 哥거거 哥거거 ○이 내 姑舅의게 난 형

이오 這저져 箇거거 姓싱싱 李리례 ○이는 姓이 李가ㅣ니 是시씽 我오어 兩량량

姨이이 兄흉휭 弟디뎨 ○이 내 兩姨의게 난 아이오 這저져 箇거거 姓싱싱 趙쟢쨯

○이는 姓이 趙가ㅣ니 是씽시 我어오 街개개 坊방방 ○이내 이웃이라 你녀니 旣

계지 是씽시 他터타 姑구구 舅귛구 弟뗴디 兄휭흉 ○네 이믜 저 姑舅의게 난 弟兄이

면 誰쒸쉬 是씽시 舅귛구 舅귛구 的딩디 兒싱을 子증즈 ○누구는 이 舅舅의 아

돌이며 誰쒸쉬 是씽시 姑구구 姑구구 上썅샹 兒싱을 子증즈 ○누구는 이 姑姑

의게 난 아돌고 我어오 是씽시 姑구구 娘냥냥 生싱승 的딩디 ○나는 이 姑娘의게 난

이오 他터타 是씽시 我어오 舅귛구 舅귛구 養양양 的딩디 ○저는 이 내 舅舅의 나

흔 이라 你녀니 這져져 兩량량 姨이이 弟뗴디 兄휭흉 ○네 이 兩姨 弟兄이면 是

씽시 親친친 兩량량 姨이이 ○이 親兩 姨가 却캬커 是씽시 房빵방 分분븐 兩

량량 姨이이 ○또 이ᄉ촌에 갈린 兩姨가 是씽시 親친친 兩량량 姨이이 弟뗴디 兄

휭흉 ○이 親兩姨 弟兄이니 我어오 母무무 親친친 是씽시 姐져져 姐져져 ○우리

母親은 이 姐姐ㅣ오 他 타타 母 무무 親 친친 是 씨시 妹 믜믜 子 즈즈 ○ 저의 母親은 이

妹子ㅣ라 你 니녜 們 믄믄 旣 지게 是 시씨 姑 구구 舅 구꿍 兩 량량 姨 이이 弟 디뗴

兄 흉훵 ○ 너희 이의 姑舅兩姨에 난 弟兄이면 怎 즘즘 麼 마뭐 沿 연연 路 루루 上 샹썅

多 도더 有 우잉 戲 히히 言 연연 ○ 엇지 길희 戲言이 만ᄒᆞ고 我 오어 們 믄믄 不 부붕

會 휘훼 體 티톄 例 리례 的 디딩 人 인신 ○ 우리ᄂᆞᆫ 體例 모로ᄂᆞᆫ 사ᄅᆞᆷ이오 又 우잉 是

시씽 路 루루 上 샹썅 閑 현햔 話 화화 ○ ᄯᅩ 이 길ᄒᆡ 힘힘ᄒᆞᆫ 말이매 自 ᄌᆞᄍᆞ 然 연얀 不

부붕 能 능닝 廻 휘훼 避 비삐 了 랴럏 ○ 自然이 能히 廻避치 못ᄒᆞ여라

咱 자쟝 們 믄믄 閑 현햔 話 화화 且 쳐쳐 休 햑힝 說 숴쉬 ○ 우리 힘힘ᄒᆞᆫ 말 아직 니르

지 마자 那 나너 前 쳔쪈 頭 투뜽 的 디딩 便 변뼌 是 시씨 尾 와와 店 뎐뎜 ○ 져 앏ᄒᆡ

ᄒᆡ 새 시 곳이 尾店이니 尋 신씸 箇 거거 好 한함 乾 간건 淨 징찡 店 뎐뎜 房 방빵 住

쥬쮸 下햐햐 ○ ᄆᆞ장 乾淨ᄒᆞᆫ 店房을 어더 머믈고 歇허형 息시싱 牲승싱 口쿠킇 ○ 즘싱을 쉬오자

街개개 北버븽 這저저 箇거거 店뎐뎜 子ᄌᆞ즈 ○ 거리 북녁 이 店은

是시씽 我오어 舊쥐꿍 主쥬쥬 人인싄 家쟈갸 ○ 이 우리 녯 主人이니 咱자쟝 們

믄문 就직찍 到닾당 那나너 裏리레 下하햐 ○ 우리 곳 저긔 가 브리오쟈 主쥬쥬 人

인싄 家쟈갸 拜배배 揖이잉 了랸령 ○ 主人아 拜揖ᄒᆞ노라 噯애해 王왕왕 大다때

哥거거 來레래 了랸령 麼마뭐 ○ 噯 王가 큰 형 이 왓ᄂᆞ냐 久구깋 違위위 了랸령

○ 오래 보지 못ᄒᆞ엿더니 好한항 啊아허 ○ 편안ᄒᆞ냐 你니녀 這저저 幾지계 箇

거거 火호훠 伴번뻔 ○ 네 이 여러 벗이 從충쭝 那나너 裏리레 同퉁뚱 來레래 的

디딩 ○ 어ᄃᆡ로조차 ᄒᆞᆫ가지로 오니고 這저저 是시씽 我오어 沿연연 路루루 上샹쌍

○ 이ᄂᆞᆫ 내 길히셔 做주주 火호훠 伴번뻔 一이잉 同퉁뚱 往왕왕 北버븽 京징깅

去큐취的딍디 ○ 벗지어 ᄒᆞᆫ가지로 北京을 향ᄒᆞ여 가ᄂᆞᆫ이라 㑊녜니這져져店뎜뎐

裏례리草참찬料럏랸都두두有잉우沒뭉무有잉우 ○ 네 이 店에 집과 콩이 다 잇ᄂᆞ냐 업ᄂᆞ냐

草참찬料럏랸都두두有잉우 ○ 집과 콩이 다 이시되 料럏랸是씽시

黑흥희豆뜰두草참찬是씽시稈건간草참찬 ○ 콩은 이 거믄콩이오 집흔 이 조ᄉᆞ집히라

這져져稈건간草참찬好할한 ○ 이 조ᄉᆞ집히 죠타 着샹쇼是씽시稻땋닾

草참찬 ○ 만일 니ᄉᆞ집히면 牲싱승口킇쿠多더도有잉우不붕부喫킹치的딍디

○ 즘싱이 먹지 아니리 만히 이시리라 黑흥희豆뜰두多더도少셯샾一힝이斗듷두

○ 거믄콩은 언머에 ᄒᆞᆫ 말이며 草참찬多더도少셯샾一힝이綑쿤쿤 ○ 집흔 언머에 ᄒᆞᆫ 뭇고

黑흥희豆뜰두五우우十씽시箇거거錢쪈쳔一힝이斗듷두 ○ 거믄콩은 쉰낫 돈에 ᄒᆞᆫ 말이오 草참찬十씽시箇거거錢쪈쳔一힝이綑쿤쿤 ○ 집흔

열낫돈에ᄒᆞᆫ못시라 是시씽 實시씽 價갸갸 麼마뭐 ○ 이실다온갑ㅅ가 不부붕 要야ᇢ햫

說숴쉉 謊황황 ○ 거즛말니ᄅᆞ지말라 大다때 哥거거 說숴쉉 甚시씸 麼마뭐 話

화ᅘᅪ ○ 큰형아므슴말을니ᄅᆞ는다 你니녜 是시씽 熟수쑹 主쥬쥬 顧구구 ○ 너는

이닉은단골이라 咱자장 們믄문 與위유 你니녜 便변뼌 是시씽 自즈쯔 家쟈갸

人인신 一이힝 般번뻔 ○ 우리너와곳이집사ᄅᆞᆷᄒᆞᆫ가지라 我오어 怎즘즘 敢간감

說숴쉉 謊황황 ○ 내엇지감히거즛말을니ᄅᆞ리오 你니녜 若쇼샹 不부붕 信신신

我오어 的디딍 話화ᅘᅪ 麼마뭐 ○ 네만일내말을밋지아니커든 到닫당 別벼뼈 箇

거거 店뎐뎜 裏리례 問운문 問운문 去취큐 ○ 다른店에므ᄅᆞ라가 看간건 是시씽

說숴쉉 謊황황 不부붕 說숴쉉 謊황황 ○ 이거즛말인가거즛말아닌가보라 我오어

只즈징 這저져 麼마뭐 說숴쉉 ○ 나는그저이리니ᄅᆞ노라

我어오通퉁퉁共꿍궁十씽시一힝이箇거거馬마마 ○ 우리게 대되 열ᄒᆞᆫ낫 ᄆᆞᆯ이니

量량량着쨯져六룽릭斗둫두料럏랸十씽시一힝이綑쿤쿤草찰찬 ○ 혜아리니 엿말 콩과 열ᄒᆞᆫ 뭇 집히로다

這저져鍘짱자刀닿단不붕부快쾌쾌 ○ 이 쟉도ㅣ 드지 아니ᄒᆞ니

許휴쉬多더도草찰찬幾계지時씽스鍘짱자得듷더完훤완了럏랸 ○ 許多ᄒᆞᆫ 집흘 언제 싸ᄒᆞ러 ᄆᆞᆺ초리오

主쥬쥬人신인家갸쟈 ○ 主人아

你네니可커커往왕왕別뼈뼈處츄츄 ○ 네 可히 다ᄅᆞᆫ 곳에 가

借져져一힝이把바바快쾌쾌鍘짱자刀닿단來래레 ○ ᄒᆞᆫ ᄌᆞᄅᆞ 드ᄂᆞᆫ 쟉도ᄅᆞᆯ 비러오라

這저져麽뭐마着쨯져 ○ 이러면

我어오借져져去큐취 ○ 내 빌라 가마

這저져鍘짱자刀닿단是씽시我어오親친친眷권권家갸쟈的딍디 ○ 이 쟉도ᄂᆞᆫ 이 우리 권당의 집 거시라

他타다不붕부肯큥큰借져져 ○ 제 즐겨 빌리지 아니ᄒᆞ거ᄂᆞᆯ

是씽시我어오懇

큰큰 求 챡끔 他 타터 借 져져 來 레래 ○ 이 내 져의게 懇求ᄒᆞ여 비러 와시니 風 붕봉 霜
솽샹 一 이힝 樣 양양 狠 흔흔 快 쾌쾌 的 디딩 ○ 風霜ᄌᆞ치 ᄀᆞ장 드ᄂᆞᆫ 거시니 你 니녜
小 샨셥 心 신심 些 셔셔 ○ 네 져기 조심ᄒᆞ여 休 후휭 壞 홰홰 了 랴럏 他 타터 的
디딩 ○ ᄂᆞᆷ의 것 ᄒᆡ여ᄇᆞ리지 말라 這 져져 火 호훠 伴 번뻔 你 니녜 鍘 자짱 的 디딩 草
찬참 忒 티틍 麤 추추 ○ 이 벗아 네 ᄲᅡ흐ᄂᆞᆫ 집히 너무 굵으니 牲 승싱 口 쿠큳 怎 즘즘 麼
마뭐 喫 치킹 ○ 즘ᄉᆡᆼ이 엇지 먹으료 好 핳할 生 승싱 細 시세 細 시세 的 디딩 鍘 자짱
罷 바빠 ○ ᄀᆞ장 ᄀᆞᄂᆞᆯ게 ᄲᅡ흘미 무던ᄒᆞ다 這 져져 火 호훠 伴 번뻔 你 니녜 敢 간감 是
시씽 不 부봉 會 휘훼 煮 쥬쥬 料 랴럏 ○ 이 벗아 네 콩 ᄉᆞᆷ기 아지 못ᄒᆞᄂᆞᆫ ᄃᆞᆺᄒᆞ다 你 니녜
把 바바 鍋 고궈 燒 샾셥 滾 군군 了 랴럏 ○ 네 가마를 다가 블 ᄯᅵ더 ᄭᅳᆯ커든 下 하ᅘᅣ 上
샹썅 豆 두뜰 子 즈ᄌᆞ ○ 콩을 너허 두고 但 단딴 看 간권 水 쉬쉬 開 캐캐 了 랴럏 一

이잉 會휘훼 兒을싕 ○ 다만물이흐지 위쓸기로보아 把바바 那나너 鏾자짱 的디딩

草찬창 ○ 져빠흔집 흘다가 放방방 在재째 豆두뜽 子즈즈 上샹썅 ○ 콩우 희두

고 蓋개개 了랴령 鍋교궈 子즈즈 ○ 가마 덥고 不부붕 用융융 再재재 燒샤셩

火호훠 ○ 다시블뗏 지말고 別벼뼝 教쟌걍 走주쯩 了랴령 氣치켸 ○ 김내 지말

게ᄒᆞ 면 自ᄌᆞ쯔 然얀연 熟수쓩 了랴령 ○ 自然히닉 ᄂᆞ니라

客커컹 人인싄 們믄문 ○ 나그 ᄂᆡ들 你니녜 打다다 中중즁 火호훠 啊아허 ○

네中火 ᄒᆞᄂᆞ냐 不부붕 打다다 中중즁 火호훠 啊아허 ○ 中火ᄒᆞ지아 니ᄒᆞᄂᆞ냐 我

오어 不부붕 打다다 中중즁 火호훠 喝허헝 風봉봉 麽마뭐 ○ 내中火아 니ᄒᆞ고ᄇᆞ

ᄅᆞᆷ을마 시라 這저저 麽마뭐 你니녜 快쾌쾌 作조잗 五우우 箇거거 人인싄 的

디딩 飯반빤 來레래 ○ 이러면네셜리다ᄉᆞᆺ사 ᄅᆞᆷ의밥을지어오라 你니녜 喫치킹 甚

씸셔 麽 뭐마 飯 빤반 ○ 을네 먹므 을슴 ᄯᅡ밥 我 어오 五 우우 箇 거거 人 ᅀᅵᆫ인 ○ 리우

ᄅᆞᆷ다 에ᄉᆞᆺ 사 打 다다 三 삼산 斤 긴긴 麵 면면 的 딍디 餑 뽕보 餑 뽕보 ○ ᄀᆞᆯ서 릐근

차ᄯᅥᆨ 라을 我 어오 自 쯔즈 去 큐취 買 매매 下 ᅘᅣ햐 飯 빤반 菜 채채 ○ 가내 반손 찬조

쟈사 你 녜니 自 쯔즈 己 계기 買 매매 去 큐취 ○ 라네 가손 거조 든사 這 져져 間 갼간

壁 빙비 肉 ᅀᅮᇢ류 案 헌안 上 썅샹 ○ 肉이 案ᄉᆞ 上잇 에ᄇᆞ 람 買 매매 猪 쥬쥬 肉 ᅀᅮᇢ류

去 큐취 ○ 리猪 가肉 라을 사 是 씌시 今 김긴 日 ᅀᅵᆼᅀᅵ 殺 상사 的 딍디 新 신신 鮮

션션 的 딍디 好 함한 猪 쥬쥬 肉 ᅀᅮᇢ류 ○ 죠이 ᄒᆞᆫ오 猪ᄂᆞᆯ 肉잡 이은 라셩 ᄒᆞᆫ 多 더도 少

셜샨 錢 쪈쳔 一 힝이 斤 긴긴 ○ ᄒᆞᆫ언 근멋 고돈 에 二 ᅀᅵᆼ을 十 씽시 錢 쪈쳔 一 힝이

斤 긴긴 ○ ᄒᆞᆫ스 근므 이낫 라돈 에 主 쥬쥬 人 ᅀᅵᆫ인 家 갸쟈 ○ 아主 人 你 녜니 替

톄티 我 어오 買 매매 去 큐취 ○ 차네 사나 라ᄅᆞᆯ 가ᄆᆞ ᄅᆞ 買 매매 一 힝이 斤 긴긴 肉

류숑◯ᄒᆞᆫ근고기로사되 不부붕要얀햫十시씽分본본肥븨삥的디딩◯ᄆᆞ장
ᄉᆞᆯ진이란말라 帶대대肋리릉條탄턍的디딩就짇쯩好한향◯녑팔지브튼거사곳
죠ᄒᆞ니 大다때片편편切쳐쳥着져쨩炒찬챵來레래罷바빠◯편ᄀᆞᆰ게빠ᄒᆞ라
복가오라
主쥬쥬人인신家쟈갸◯主人아 你니녀們믄문若쇼샿不부붕會휘훼炒
찬챵肉류숭◯너희들이만일고기복기아지못ᄒᆞ거든 咱자장們믄문火호훠伴번뻔
裏리레頭투뚷◯우리벗즁에 敎쟌걓一이힝箇거거人인신去취큐炒찬챵
肉류숭◯ᄒᆞᆫ사ᄅᆞᆷ으로ᄒᆞ여가고기복게ᄒᆞ쟈 我오어是시씌朝챠졀鮮션션人인신
◯나ᄂᆞᆫ이朝鮮ㅅ사ᄅᆞᆷ이라 都두두不부붕會휘훼炒찬챵肉류숭◯다고기복기아
지못ᄒᆞ노라 有우잉甚시씸麼마뭐難난난處츄츄◯므슴어려온곳이이시리오

刷솨솽了랖령鍋고궈○가마긁 싯고 燒샨셯熱셔셩了랖령○블ᄶᅵ더 덥거든

放방방上샹썅半반뱐盞잔잔香향향油우잉○半盞ᄎᆞᆷ기 름을붓고 待대때油

우잉大다때熟수쓩了랖령○기름이잇긋닉 기롤기ᄃᆞ려 下햐뺘上샹썅肉류슝

○고기롤 넛코 着쟈쨯些셔셔鹽얀염○저기소 곰두고 把바바快쾌쾌子즈즈

攬쟌걍動둥뚱○저로다가 뒤저어 炒찬챵的디딩半반뱐熟수쓩了랖령○

복가반만 닉거든 調댜뗭上샹썅些셔셔醬쟝쟝水쉬쉬○저기장믈을 버므리고

把바바生승싱葱충충作조잪料랴령着쟈쨯上샹썅○파로고명을 민ᄃᆞ라넛코

蓋개개好한핳了랖령鍋고궈○가마두에 잘덥허 不부봉敎쟌걍出츄츙氣

치켸○김나게 말고 燒샤셯動둥뚱火호훠一이잉會휘휘兒을싱熟수쓩了

랖령○블ᄯᅵ더ᄒᆞᆫ지위만 ᄒᆞ면닉ᄂᆞ니라 你니녀再재재嘗챵쨩看칸컨○네ᄯᅩ 맛보

라 鹹혐현 淡땀단 如유유 何허허 ○ 鹹淡이 엇더ᄒᆞ뇨 我어오 嘗쨩챵 得듸더
○ 내 맛보니 略랼랴 略랼랴 有읻우 些셔셔 淡땀단 ○ 져기 슴거옴이 잇다 再재재
着쨩쟌 上썅샹 些셔셔 鹽염얀 ○ 다시 져기 소곰 두라 主쥬쥬 人신인 家갸쟈 ○
主人아 餑뽕보 餑뽕보 有읻우 了럏랴 不붕부 曾쯩층 ○ 석이 잇ᄂᆞ냐 못ᄒᆞ엿ᄂᆞ냐
立링리 刻킝킈 有읻우 了럏랴 ○ 즉금 이실새시니 你녜니 放방방 桌좝조 子
즁즈 先션션 喫킹치 ○ 네 상을 노코 몬저 먹으라 你녜니 喫킹치 了럏랴 時씡스 ○
네 먹을 쩍이면 我어오 也여여 就찍쟉 完훤완 了럏랴 ○ 나도 곳 ᄆᆞᄎᆞ리라
主쥬쥬 人신인 家갸쟈 ○ 主人아 我어오 明밍밍 日잉이 五우우 更깅깅 天
텬텬 就찍쟉 要얗얀 早잫잔 行힝힝 ○ 내 ᄂᆡ일 五更에 곳 일 가려ᄒᆞ니 咱쟝자 們믄믄
計계지 了럏랴 房빵방 錢쪈쳔 火훠호 錢쪈쳔 ○ 우리 방ᄉᆞ갑 블ᄉᆞ갑 혜쟈 這져져

一이힝夜여여住쥬쮸的디딩人인신馬마마◯이ᄒᆞ롯밤머믄人馬에盤판뻔

纏쳔쪈共궁꿍該개개多도더少샤셯◯盤纏이대되ᄒᆡ오니언머고你니녜稱

칭칭了랸령來레래的디딩三산삼斤긴긴麵면면◯네ᄃᆞ라온서근ᄀᆞᆯ리每믜뮈

斤긴긴十시씽箇거거錢쳔쪈◯每斤에열낫돈이니該개개三산삼十시씽錢

쳔쪈◯ᄒᆡ오니설흔낫돈이오切쳐쳥了랸령來레래的디딩一이힝斤긴긴猪

쥬쮸肉류슝◯ᄲᅡᄒᆞ라온ᄒᆞᆫ근猪肉에該개개二을싱十시씽錢쳔쪈◯ᄒᆡ오니스

므낫돈이오四스승箇거거人인신◯네사ᄅᆞᆷ에每믜뮈人인신房방빵錢쳔쪈

十시씽箇거거錢쳔쪈◯每人에房錢이열낫돈이니共궁꿍該개개四스승十

시씽錢쳔쪈◯대되ᄒᆡ오니마흔낫돈이오黑희흥豆두뜽六뤼룽斗두등◯거믄

콩엿말에每믜뮈斗[illegible]등五우우十시씽箇거거錢쳔쪈◯每斗에쉰낫돈이니該

개개三삼산百빙비錢쪈쳔○희오니三百낫돈이오草참찬十씽시一힝이細

쿤쿤○집열ᄒᆞ뭇세每뮈믜細쿤쿤十씽시箇거거錢쪈쳔○每뭇세열낫돈이니

該개개一힝이百빙비一힝이十씽시錢쪈쳔○희오니一百열낫돈이니通퉁퉁

共꿍궁五우우百빙비箇거거錢쪈쳔○대되五百낫돈이로다這져져草참찬

料럏랴麵면면○이집과콩과골리都두두是씽시你녜니家갸쟈裏리리賣

매매出츙츄來래레的딩디○다이네집의셔ᄑᆞ라낸거시니減걈견少셯샾些서셔

錢쪈쳔如슈슈何허허○져기돈을덜미엇더ᄒᆞ뇨罷빠바罷빠바○두어두어你

녜니只징즈給긩지四ᄉᆞ스百빙비五우우十씽시錢쪈쳔罷빠바○네그저四

百五十낫돈을주고려旣계지這져져般붠번說숴쉬○이믜이리니ᄅᆞ면火훠호

伴뻔번你녜니三삼산箇거거人신인○벗아너희세사ᄅᆞᆷ이一힝이齊쪠치都

拿두두 出나나 來츄츄 給래레 他긔지 ○ 흠ᄭᅴ 다내여 저룰 주고 記 계자 着

數쨩져 目수수 ○뭉무 數目을 긔록ᄒᆞ여 다가 到 닿닾 北 븽버 京 깅징 ○ 北京에 가

打 다다 總 중중 再 재재 計 계지 罷 빠바 ○ 대되 다시 혜쟈 這 져져 般 뷘번 我 어오

都 두두 給 긔지 他 타타 ○ 이러면 내 다 저룰 주마

火 훠호 伴 뻔번 伱 녜니 把 바바 料 럏랸 撈 랗랖 出 츙츄 來 래레 ○ 벗아 네 콩을 다

가건져 내여 冷 링릉 水 쉬쉬 裏 례리 拔 빵바 着 쨩져 ○ ᄎᆞᆫ물에 ᄎᆡ와 等 딍등 一

잉이 會 휘휘 慢 만만 慢 만만 的 딍디 喂 위위 馬 마마 ○ ᄒᆞᆫ지위 기ᄃᆞ려 날호여 ᄆᆞᆯ을 먹

이되 初 추추 喂 위위 的 딍디 時 씽스 候 흫후 ○ 처음 먹일 ᄢᅴ란 就 찡주 把 바바 料

럏랸 水 쉬쉬 拌 뻔번 草 챵찬 與 유위 他 타타 喫 킹치 ○ ᄀᆞᆺ 공믈을 다가 여믈에 버무려

저룰 주어 먹이고 到 당닾 五 우우 更 깅깅 再 재재 把 바바 料 럏랸 都 두두 添 렴텬

與(위 유) 他(타 터) 喫(치 킹) ○ 五更에다ᄃᆞᆺ거든또콩을다 가다져롤더주어먹이라 似(스 쓰ᇫ)

這(저 저) 般(번 번) 喂(위 휘) ○ 이러ᄐᆞ시 먹이면 那(나 너) 馬(마 마) 分(분 뿐) 外(왜 왜) 喫(치 킹)

得(더 듷) 飽(봐 밯) ○ 그몸이分外로먹 어브르려니와 若(쇼 샿) 是(시 씨) 先(션 션) 饋(긔 뀌)

他(타 터) 料(랴 럏) ○ 만일몬져 콩을주면 那(나 너) 馬(마 마) 只(즈 짛) 管(권 권) 揀(견 갼)

料(랴 럏) 喫(치 킹) ○ 그몸이그저ᄉᆞᄅᆞ여 콩만골희여먹고 把(바 바) 草(찬 창) 都(두 두) 抛(팦 팡)

撒(사 상) 了(랴 럏) ○ 여믈을다가다ᄒᆞ 터ᄇᆞ리ᄂᆞ니라 那(나 너) 馬(마 마) 勞(랖 랑) 苦(쿠 쿠)

的(디 딩) 時(스 씷) 候(후 흫) ○ 그몸이ᄀᆞᆺ 바ᄒᆞᆯ쩨란 不(부 붕) 要(얖 햫) 就(직 찧) 飮(인 힘)

水(쉬 쉬) ○ 즉시믈먹 이지말고 等(등 딍) 他(타 터) 喫(치 킹) 一(이 힝) 會(휘 휭) 草(찬 창) 再(재 재)

去(취 큐) 飮(인 힘) ○ ᄒᆞᆫ지위여믈먹기롤기 ᄃᆞ려다시가믈먹이라 咱(자 쟝) 們(믄 문) 各(거 갛)

自(즈 쯯) 睡(쉬 쒸) 覺(쟌 걓) ○ 우리각각 좀자고 輪(룬 룬) 着(져 쟣) 起(치 킈) 來(레 래)

勤 낀킨 喂 위위 馬 마마 ○ 돌려니러부즈런이몰먹이쟈 今 김긴 日 싀시 是 씌시 二

싀을 十 씌시 二 싀을 日 싀시 ○ 오늘은이스므이틀이니 五 우우 更 깅깅 時 씌스 正

징징 有 임우 月 웨워 亮 량량 ○ 五更에정히돌이밝을쎄시니 雞 계지 叫 걍쟈 起 계치

來 래레 走 증주 罷 빠바 ○ 돍이울거든니러가쟈 主 쥬쥬 人 신인 家 갸쟈 點 뎜뎐

燈 딍등 來 래레 ○ 主人아블혀오라 我 어오 好 할할 收 식싀 拾 씌시 睡 쒸쉬 覺

걍쟌 ○ 내잘收拾ᄒᆞ고자쟈 點 뎜뎐 燈 딍등 來 래레 了 럏랴 ○ 블혀왓다 壁 빙비 子

즈즈 上 썅샹 好 할할 掛 과과 ○ ᄇᆞ롬에잘걸라 這 져져 純 쓘츈 土 투투 炕 캉캉 上

썅샹 怎 즘즘 麽 뭐마 睡 쒸쉬 ○ 이민ᄒᆞᆰ구들에엇지자리오 有 임우 甚 씸셔 麽 뭐마

草 참찬 薦 젼젼 ○ 아므란집지즑잇거든 拿 나나 幾 계지 領 링링 來 래레 鋪 푸푸

上 썅샹 ○ 여러닙가져다가펴라 大 대다 嫂 삼산 ○ 大嫂ㅣ아 拿 나나 草 참찬 薦

젼젼 席씽시 子즈즈 來래레 ○ 집지즤과삿글가져다가 與유위 客킈커 人신인 們

믄믄 鋪푸푸 ○ 나그내들주어펴게ᄒ라 席씽시 子즈즈 沒뭉무 有잉우 ○ 삿근업고

這져져 三삼산 領링링 草참찬 薦젼젼 與유위 你네니 們믄믄 鋪푸푸 罷빠바

○ 이세닙집지즤을너희로주너펴라

主쥬쥬 人신인 家갸쟈 你네니 種즁즁 些셔셔 火훠호 ○ 主人아네져기블무드라

我어오 明밍밍 日싱시 五우우 更깅깅 天텬텬 起키치 來래레 ○ 내닐일五更에

니러 就찡직 要햠얀 早잠잔 走즘주 ○ 즉시일가려ᄒ노라 那너나 麼뭐마 的딍디

그러면 客킈커 人신인 們믄믄 請칭칭 歇혀허 息싱시 罷빠바 ○ 나그ᄂᆡ들

請권대쉬라 我어오 查짜차 看컨칸 了럏랴 門믄믄 戶후후 也여여 就찡직 去

큐취 睡쒸쉬 了럏랴 ○ 내門戶를보살피고또즉시가자리라 來래레 來래레 ○ 오라

오라 且 쳐쳐 休 힝힉 去 큐취 ○ 아직 가지 말라 我 어오 還 환환 問 문운 你 녜니 些
셔셔 話 화화 ○ 내 ᄯᅩ 네게 져기 말 뭇쟈 我 어오 前 쪈쳔 番 뱐반 從 쭝충 北 븽버 京
깅징 來 래레 時 씃스 ○ 내 前에 北京으로 조차 올 쎄 離 례리 你 녜니 這 져져 店 뎜뎬
裏 례리 約 향요 走 즇주 二 싱을 十 씽시 里 례리 來 래레 地 뗴디 ○ 네 이 店에 ᄯᅳ미
계요 二十里ᄯᅡ희 有 잎위 一 힝이 坐 쭤조 橋 꺌챠 塌 탕타 了 럏랴 ○ 훈 드리 문허지
미 잇더니 如 유유 今 김긴 修 싱식 起 켸치 了 럏랴 不 봉부 曾 쯩층 ○ 이제 고쳣ᄂᆞᆫ가
못ᄒᆞ엿ᄂᆞᆫ가 早 쟝잔 修 싱식 起 켸치 了 럏랴 ○ 블셔 고쳐시되 比 비비 在 째재 先
셴션 的 딩디 ○ 이 젼에 比컨대 高 강간 二 싱을 尺 칭치 濶 쾅쿼 三 삼산 尺 칭치 ○
두 자히 놉고 석 자히 너르니 越 웡워 發 봥바 做 주주 的 딩디 好 항한 ○ 더욱 ᄆᆞᆫᄃᆞᆯ기롤
잘ᄒᆞ엿ᄂᆞ니라 這 져져 麼 뭐마 我 어오 們 문믄 明 밍밍 日 싀시 一 힝이 早 쟝잔 好

한함 放방방 心신심 去취큐 了랴럏 ◯ 이러면 우리 ᄂᆡ일 일즉이 ᄆᆞ장 放心ᄒᆞ여 가리라

你니녜 們믄문 不부봉 要얀햠 十시씽 分븐뿐 早잘짷 行힝휭 ◯ 너희 ᄆᆞ장 일 가지 말라

我오어 聽팅팅 得더듷 ◯ 내 드르니 前쳔쪈 頭투뚷 路루루 澁서씃 有우잉 歹대대 人인신 ◯ 앏희 길히 머흐러 사오나온 사ᄅᆞᆷ이 잇다 ᄒᆞ더라 爲위위 甚셔씸

麼마뭐 有우잉 歹대대 人인신 ◯ 므슴 ᄒᆞ라 사오나온 사ᄅᆞᆷ이 잇ᄂᆞ뇨 你니녜 不부봉

知지징 道닾땋 ◯ 네 아지 못ᄒᆞᆫ다 因인힌 去취큐 年년년 年년년 成칭찡 荒황황

旱한현 ◯ 지난ᄒᆡ에 년ᄉᆞㅣ 荒旱ᄒᆞ여 田텬텬 禾호훠 沒무뭉 有우잉 收식싷 成칭찡 ◯ 田禾ᄅᆞᆯ 거둔 거시 업스므로 就직찍 生승싱 出츄츙 歹대대 人인신 來레래

了랴럏 ◯ 곳 사오나온 사ᄅᆞᆷ이 낫ᄂᆞ니라 怕파파 甚셔씸 麼마뭐 事스씃 ◯ 므슴 일이 저프리오

我오어 們믄문 只즈짓 赶간건 這저저 幾지계 箇거거 馬마마 ◯ 우리

[...]事 二   二十四

그저이여러몰을몰고 又잉위 沒뭉무 甚씸서 麽뭐마 銀인인 錢쪈쳔 帶대대 來
래레 的딍디 ○ 또아모란銀錢가져온거시업스니 就찡직 逢뽕풍 見견견 了럏랴 他
터타 也여여 不붕부 相샹샹 干건간 ○ 곳져롤만나도관계치아니ᄒ다 那너나 賊
쯩직 們문믄 要혛야 我어오 們문믄 做주주 甚씸서 麽뭐마 ○ 져도적들이우리롤
ᄒ여무엇ᄒ료 別뼝뼈 要혛야 這져져 般뷘번 說웡쉬 ○ 이리니ᄅ지말라 那너나
賊쯩직 們문믄 怎즘즘 知징지 你녜니 有잉우 錢쪈쳔 沒뭉무 錢쪈쳔 ○ 져도
적들이엇지네돈이시며돈업스믈알리오 只징즈 管권권 小셯샤 心심신 些셔셔 纔
쨰채 是씽시 ○ 그저ᄉᄅ여조심홈이마치올ᄒ니라
我어오 這져져 裏례리 前쪈쳔 年년년 六룽릭 月웡워 裏례리 ○ 우리여긔前年
六月에 有잉우 一힝이 箇거거 客킁커 人신인 ○ ᄒ나그늬이셔 搭당다 包방반

裏례리藏쨩창着쨔져一힝이打다다子즈즈紙징즈○젼대에흔권죠희롤너허

腰햫얖裏례리拴숸숸着쨔져○허리에미고在째재路루루傍빵팡樹쓔슈

底뎨디下햐하歇혛허凉량량矖쒸쉬○길겻나모밋서늘흔딕쉬며자더니被삐븨

一힝이箇거거賊찡즤到닿단那너나裏례리看컨칸見견견了럏랸○흔도

적이게와보믈닙으니只징즈道땋닿是씽시腰햫얖裏례리帶대대的딩디是

씽시錢쪈쳔物뭉우○그저니르되허리에띤거·시이錢物이라ᄒᆞ여生씽승起켸치歹

대대心심신來래레○사오나온ᄆᆞ음내여就찧직那너나裏례리拿나나起켸치

一힝이塊괘괘大때다石씽시頭뜰투○곳게셔흔덩이큰돌을가져다가把바바

那너나人신인頭뜰투上썅샹○그사ᄅᆞᄆᆡ마리롤다가打다다了럏랸一힝이

下햐하○흔번텨打다다出츄츄腦낳나漿쟝쟝來래레死스스了럏랸○

골치나 죽 은지ᄠᅡ

那(나너) 賊(지찡) 把(바바) 那(나너) 人(인싄) 的(디딩) 搭(다당) 包(반방)

解(계개) 下(하ᄒᆥ) 來(레래) 看(칸컨) ○ 그도적이그사ᄅᆞᆷ의 젼대로글러보니 却(커걓) 是(시씽)

紙(즈짐) ○ ᄯᅩ죠 희매 就(직찡) 在(재째) 那(나너) 裏(리레) 甩(룽릉) 了(랸럏) 走(주즘)

了(랸럏) ○ 곳거긔ᄇᆞ리 고ᄃᆞ라나니 官(관권) 府(부부) 撿(견겸) 了(랸럏) 屍(스싱) 埋(매매)

了(랸럏) ○ 구의죽엄을 검 시ᄒᆞ여뭇고 正(징징) 賊(직찡) 捉(조좋) 不(부봉) 住(쥬쮸) ○

정도적은 잡 지못ᄒᆞ고 單(단단) 把(바바) 地(디뎨) 主(쥬쥬) 併(빙빙) 左(조저) 近(긴낀) 人(인신)

拷(캎캄) 打(다다) ○ 다만地主와다ᄆᆺ겻희 사 ᄅᆞᆷ을다가텨셔주더니 後(후ᄒᆞᇢ) 頭(투ᄐᆞᇢ)

別(베뼝) 處(츄츄) 官(관권) 府(부부) ○ 후에다ᄅᆞᆫ곳 구의에셔 却(커걓) 捉(조좋) 住(쥬쮸)

那(나너) 賊(직찡) ○ ᄯᅩ그도 적 을잡아 發(바ᄫᅪᇰ) 到(단당) 這(저져) 裏(리레) 官(관권) 府(부부)

來(레래) ○ 보내여이구 의에왓더니 今(긴김) 年(년년) 就(직찡) 在(재째) 牢(란랑) 裏

리례 死스亽 了랴럏 ○올히 곳 옥에셔 죽으니라

舊직낑 年년년 又우읗 有우읗 一이힝 箇거거 客커킇 人인신 ○젼년에 ᄯᅩᄒᆞᆫ나

그네이셔 趕간건 着져쨯 一이힝 頭투뚷 驢뤼류 子즈즈 ○ᄒᆞ나귀롤 모라 兩량량

箇거거 荊징깅 籠룽룽 子즈즈 裏리례 ○두채롱에 盛칭찡 着져쨯 棗잔짱 兒

을싫 馳토떠 着져쨯 走주즉 ○대쵸담아싯고가더니 後후흫 頭투뚷 有우읗 一

이힝 箇거거 騎치끼 馬마마 的디딩 賊즤쯯 ○뒤헤ᄒᆞᆫ몰ᄐᆞᆫ도적이이셔 帶대대 着

져쨯 弓궁궁 箭잔젼 跟근근 着져쨯 走주즉 ○화살ᄎᆞ고ᄯᅡ라녜여 到닾당 箇거거

酸쉔쉔 棗잔짱 林린림 兒을싫 無우뭉 人인신 處츄츄 ○酸棗林이라ᄒᆞᄂᆞᆫ無人處

에다ᄃᆞ라 那나너 賊즤쯯 把바바 客커킇 人인신 脊지징 背븨뷔 上샹썅 ○그도

적이나그네등을다가 射시씽 了랴럏 一이힝 箭잔젼 ○ᄒᆞᆫ살로ᄡᅩ니 那나너 客

커킈 人 인신 就 작찍 倒 닫당 了 랴량 ○ 그 나그ᄂᆡ 곳 구러지거늘 那 나너 賊 즤찍

只 즈징 道 닫땅 是 시씽 死 스숭 了 랴량 ○ 그 도적이 그저 니ᄅᆞ되 이 죽으니라 ᄒᆞ여 就

직찍 赶 간건 着 져쨯 那 나너 驢 뤼류 子 즈ᄌᆞ 往 왕왕 前 쳔쪈 走 주즇 ○ 즉시 그 나

귀룰 모라 압ᄒᆞ로 향ᄒᆞ여 가더니 那 나너 客 커킈 人 인신 被 비삐 賊 즤찍 射 시씽 的

디딍 昏 훈훈 了 랴량 ○ 그 나그ᄂᆡ 도적의게 ᄡᅩ여 어즐ᄒᆞ엿다가 蘇 수수 醒 싱싱 回 휘훼

來 레래 ○ 되ᄭᆡ여 나니 恰 캬캬 好 한항 有 우잉 捕 부뿌 盜 닫땅 的 디딍 官 관권

○ 맛치 죠히 捕盜ᄒᆞᄂᆞᆫ 관원이 이셔 到 닫당 那 나너 裏 리례 巡 슌쓘 哨 산샿 ○ 게 와

슌경ᄒᆞ거늘 那 나너 客 커킈 人 인신 把 바바 這 져져 緣 연연 故 구구 告 간갛 了

랴량 ○ 그 나그ᄂᆡ 이 緣故로 다가 告ᄒᆞ니 捕 부뿌 盜 닫땅 官 관권 就 작찍 叫 쟢걓 官

관권 兵 빙빙 ○ 捕盜ᄒᆞᄂᆞᆫ 관원이 즉시 官兵을 불러 往 왕왕 前 쳔쪈 赶 간건 ○ 압흘 향ᄒᆞ

여와 또 約 요햪 到 닫당 二 을싱 十 시씽 里 리레 地 디뎨 ○ 계요 二十里 ᄯᅡ히 다ᄃᆞ라

趕 간건 上 샹썅 了 랴령 那 나너 賊 즤쯩 ○ 그도적을 밋처 要 얀향 捉 조좡 拿 나나

他 타터 ○ 저를 잡으려 ᄒᆞ더니 那 나너 賊 즤쯩 就 직찍 放 방방 一 이힝 箭 잔젼 ○

그 도적이 곳 ᄒᆞᆫ 살로 ᄡᅩ아 把 바바 一 이힝 箇 거거 弓 궁궁 手 식싷 射 시씽 下 하햐 馬

마마 來 레래 ○ ᄒᆞᆫ 弓手ᄅᆞᆯ 다가 ᄡᅩ아 ᄆᆞᆯ께 ᄂᆞ리치고 那 나너 賊 즤쯩 跑 퐌빵 去 취큐 了

랴령 ○ 그 도적이 돌려가니라

那 나너 捕 부뿌 盜 닫땋 官 관권 ○ 저 捕盜ᄒᆞᄂᆞᆫ 관원이 趕 간건 到 닫당 村 춘춘 裏

리례 ○ 村에 밋처가 差 채채 了 랴령 一 이힝 百 버빙 箇 거거 壯 좡장 漢 한헌 ○

一百壯漢을 시켜 帶 대대 着 져쨯 弓 궁궁 箭 잔젼 器 치계 械 혜ᄒᆡ ○ 弓箭器械 가지

고 把 바바 那 나너 賊 즤쯩 圍 위위 在 재째 一 이힝 箇 거거 山 산산 峪 유융 裏

레리 ○ 그도적을다가 ᄒᆞᆫ뫼ㅅ골에에위 纔째재 拿나나 着쨔져 廻훼휘 來래레 ○ 잡ᄌ

아도라와 看권칸 那너나 被삐븨 射씽시 的딍디 弓궁궁 手싱식 ○ 그살마 즌ᄅ手

룰보니 肐긍그 膊밥바 上썅샹 射씽시 上썅샹 ○ 풀똑에살 마잣고 却캬커 不

봉부 曾쯩층 傷샹샹 了럏랴 性싱싱 命밍밍 ○ 또일즉性命은샹 치아니ᄒᆞ엿더라 如

슈슈 今김긴 那너나 賊쯰즤 現현현 在째재 牢랗랖 裏레리 監갼견 禁김긴 着

쨔져 ○ 이제그도적이시방 옥에가쳣ᄂᆞ니라 旣계지 這져져 般붠번 路루루 上썅샹

有임우 歹대대 人신인 ○ 이믜이리길헤사오 나온사ᄅᆞᆷ이이시면 咱장자 們문믄 又

임우 沒뭉무 甚씸셔 麽뭐마 忙망망 勾긍구 當당당 ○ 우리또아모란 밧브리일이업스

니 何ᅘᅥ허 必삥비 要햫야 早장잔 行ᅘᅵᆼ힝 ○ 엇지반ᄃᆞ시일 가려ᄒᆞ리오 等딍등

到당단 天텬텬 明밍밍 ○ 하ᄂᆞᆯ이ᄇᆞᆰ기 롤기ᄃᆞ려 慢만만 慢만만 的딍디 去큐취

怕파파甚씸서麼뭐마○날회여 가면 므서시 저프리오 說숴쉬的딍디是씽시○니ᄅᆞ미 올타 依이이着쨩져你니녀○네 대로 天텬텬明밍밍了럏랼走즇주

罷빠바○하ᄂᆞᆯ이 ᄇᆞᆰ거든 가쟈

請칭칭安헌안息싱시○편안이 쉼을 請ᄒᆞᄂᆞ니 客컹거人신인好할할睡쒸쉬

罷빠바○나그ᄂᆡ 히 자라 죠 主쥬쥬人신인家갸쟈且쳐쳐休힐후去큐취○主人아 아직 가지 말라 我어오又잉우忘망왕了렬랼一힝이件꼔견勾긓구當당당○내 ᄯᅩ ᄒᆞᆫ 일을 니젓노라

我어오這져져馬마마不붕부曾쯩층喝헝허水쉬쉬○우리 이 ᄆᆞᆯ이 일즉 믈 먹지 못ᄒᆞ여시매 等딍등一힝이會휘휘要얏영拉라라

他터타喝헝허去큐취○ᄒᆞᆫ지위 기ᄃᆞ려 저를 잇그러 믈 먹이라 가려ᄒᆞ니 那나너裏레리

有잉우井징징○어듸 우믈이 잇ᄂᆞ뇨 那너나房빵방後흫후便뼌변是씽시

二十八

井 징징 ○ 져 집 뒤히 곳 이 우믈이라 有 읻우 轆 룽루 轤 루루 沒 뭉무 有 읻우 ○ 애즈

잇ᄂᆞ냐 업ᄂᆞ냐 那 너나 井 징징 不 붕부 大 때다 深 심신 ○ 져 우믈이 ᄀᆞ장 깁지 아니ᄒᆞ여

只 징즈 用 융융 繩 씽싱 桶 퉁퉁 打 다다 水 쉬쉬 ○ 그저 줄드레로 믈을 깃고 井 징징

邊 변변 上 썅샹 有 읻우 飲 힘인 馬 마마 的 딩디 石 씽시 槽 짬찬 ○ 우믈ᄀᆞ에 ᄆᆞᆯ 믈

먹이ᄂᆞᆫ 돌귀유 잇ᄂᆞ니라 既 계지 這 저져 般 뷘번 ○ 이믜 이러면 你 녜니 收 심식 拾

씽시 柳 림릭 罐 권관 井 징징 繩 씽싱 出 츙츄 來 래레 ○ 네 드레와 줄을 收拾ᄒᆞ여 내여

오라 那 너나 井 징징 邊 변변 頭 뜽투 ○ 져 우믈ㅅᄀᆞ에 柳 림릭 罐 권관 井 징징 繩

씽싱 都 두두 有 읻우 ○ 드레와 줄이 다 잇ᄂᆞ니라 我 어오 又 읻우 囑 쥭쥬 咐 부부 你

녜니 些 셔셔 話 화화 ○ 내 ᄯᅩ 네게 저기 말을 당부ᄒᆞ쟈 那 너나 柳 림릭 罐 권관 不 붕부

沉 찜친 水 쉬쉬 ○ 져 드레 믈에 ᄌᆞᆷ기지 아니ᄒᆞ니 你 녜니 不 붕부 會 훼휘 擺 배배 ○

네뒤치기아지못ᄒᆞ거든 柳릳루 罐권관 上쌍샹 拴솬솬 着쨯져 一힝이 塊쾌쾌 磚

줜줜 頭뜰투 纔째채 好할한 ◯ 드레에 ᄒᆞᆫ 덩이 벽을 ᄆᆡ면 맛치 죠ᄒᆞ니라 這저져 麼뭐마

的딍디 ◯ 이러면 我어오 自쯔즈 會휘휘 的딍디 ◯ 나도 아ᄂᆞ니 不붕부 要

얗얀 你니니 敎걓쟢 ◯ 네 ᄀᆞᄅᆞ치지 말라

咱쟝자 們문믄 輪륜륜 着쨯져 起키치 來래레 ◯ 우리 돌려니러 好할한 勤낀킨

喂위위 馬마마 ◯ ᄆᆞ장 브즈러니 ᄆᆞᆯ 먹이쟈 常짱챵 言연연 道땋닾 ◯ 常言에 니ᄅᆞ되

人신인 不붕부 得딓더 橫훵훙 財째채 不붕부 富붕부 ◯ 사ᄅᆞᆷ이 橫財ᄅᆞᆯ 얻지 못ᄒᆞ

면 가ᄋᆞ며지 못ᄒᆞ고 馬마마 不붕부 得딓더 夜여여 草찰찬 不붕부 肥뻬뷔 ◯ ᄆᆞᆯ이

밤 夜草를 얻지 못ᄒᆞ면 ᄉᆞᆯ지지 못ᄒᆞᄂᆞ니 你니니 別뼈벼 槽짷잪 兒ᅀᅵᆯ을 裏리리 多더도

饋귀괴 他타타 到닾닾 天텬텬 明밍밍 ◯ 네 구유에 만히 주어 ᄇᆞᆰ으매 다ᄃᆞᆺ게 말고 咱

자장們믄문先션선拌번뻔些셔서草찬창○우리몬져져기여믈버무려馬마마

喫치칭一이잉會휘훼再재재去취큐飮인힘水쉬쉬○몰이ᄒᆞᆫ지위먹거든ᄯᅩ가

믈먹이자盛칭찡草찬창的디딩筐광광也여여沒무뭉有우잉○여믈담을광주

리도업스니拿나나甚서씸麽마뭐盛칭찡草찬창去취큐○므어ᄉᆡ여믈을담아

가리오旣지계沒무뭉有우잉筐광광○이믜광주리업거든且쳐쳐把바바衣

이히襟긴김抱반빵些셔서草찬창去취큐○아직옷자락에져거여믈을안아가라

我오어取츄쥬料랴령水쉬쉬去취큐○나ᄂᆞᆫ콩믈을가져가마這져져主쥬쥬

人인신家쟈갸好한향不부붕整징징齊치쪠○이主人이ᄀᆞ장整齊치몯ᄒᆞ다連

련련攬쟌걍料랴령棒방빵也여여沒무뭉有우잉一이잉箇거거○콩버무릴

막대조차ᄯᅩᄒᆞ나히업다快쾌쾌拿나나咱자장們믄문的디딩拄쥬쥬杖장쨩來

래레 攬 걍쟌 料 력랸 ○ 샐리 우리 집 허온 막대 가져다가 콩 버무리라 且 쳐쳐 到 닿닫 房

빵방 裏 례리 去 큐츄 ○ 아직 房에 가 一 힁이 會 훼회 等 딍등 着 쨯져 馬 마마 喫

킹치 了 령랸 這 져져 草 창찬 ○ ᄒᆞᆫ지위 ᄆᆞᆯ이 이 여믈 먹기롤 기ᄃᆞ려 好 항한 拉 랑라 他

러타 飮 힌인 水 쉬쉬 去 큐츄 ○ 져로 ᄆᆞᆯ 잇그러 믈 먹이라 가미 죠타 這 져져 馬 마마 喫

킹치 了 령랸 草 창찬 也 여여 ○ 이 ᄆᆞᆯ이 여믈 먹어다 飮 힘인 水 쉬쉬 去 큐츄 罷 빠바

○ 믈 먹이라 가쟈

咱 쟝자 們 믄믄 都 두두 去 큐츄 了 령랸 麼 뭐마 ○ 우리 다 가면 這 져져 房 빵방

子 즈즈 敎 걍쟌 誰 쒸쉬 看 컨칸 守 싷슈 着 쨯져 ○ 이 집을 눌로 ᄒᆞ여 보게 ᄒᆞ리오 留

링리 一 힁이 箇 거거 看 컨칸 房 빵방 子 즈즈 ○ ᄒᆞ나흘 머므러 집을 보게 ᄒᆞ고 着 쨯쟌

兩 량량 箇 거거 拉 랑라 馬 마마 去 큐츄 罷 빠바 ○ 둘로 ᄒᆞ여 ᄆᆞᆯ을 잇그러 가쟈 怕

파파 甚씸서 麽뭐마 事씽스 ○ 므슴일이 저프리오 這저져 店뎜뎐 門문믄 都두두

關관관 上썅샹 了럏랴 ○ 이店門을 다 다드면 還햔환 怕파파 有일우 誰쒸쉬 進

진진 來래레 ○ 도로혀 뉘 드러 올싸 저프리오 你녜니 別뼈벼 那너나 般뷘번 說숴쉬

○ 네 그리 니르지 말라 小셯샤 心심신 的디디 好향한 ○ 조심홈이 죠ᄒ니라 常쨩챵

言연연 道땅단 ○ 常言에 니르되 常짱창 防빵방 賊쩍적 心심신 ○ 덧덧이 도적 모

옴을 막고 莫맙모 偷틍투 他터타 物웅우 ○ 남의 것 도적질 말라 ᄒ니 依이이 我어오

的디디 話화화 ○ 내 말대로 必빙비 要얗야 留릳루 一잉이 箇거거 看칸간 房

빵방 子즈즈 纔째채 是씽시 ○ 반ᄃ시 ᄒ나흘 머무러 집을 보게 홈이 맛치 올타 既계지

是씽시 這저져 麽뭐마 ○ 이믜 이러면 咱장자 們믄믄 留릳루 誰쒸쉬 看칸간

房빵방 子즈즈 ○ 우리 누로 머무러 집을 보게 ᄒ리오 你녜니 三삼산 箇거거 裏례리

頭 듷투 ○ 너희 셋 즁에 着 짷쟈 這 져져 箇 거거 老 랄랖 秊 년년 的 딍디 看 컨칸

着 짷져 罷 빠바 ○ 이 늙은이로 ᄒᆞ여 보게 ᄒᆞ쟈 自 쯓즈 古 구구 道 땋닾 ○ 녜브터 니

ᄅᆞ되 三 삼산 人 신인 同 뚱퉁 行 힝힝 少 셯샾 的 딍디 苦 쿠쿠 ○ 세 사ᄅᆞᆷ이 ᄒᆞᆫ가지로

가매 졈은이 슈고ᄒᆞᆫ다 ᄒᆞ니 我 어오 們 문믄 三 삼산 箇 거거 人 신인 去 큐큐 罷 빠바

○ 우리 세 사ᄅᆞᆷ이 가쟈

這 져져 衚 후후 衕 뚱둥 窄 쥉재 ○ 이 골이 좁으니 牽 견견 了 럏랴 多 더도 馬 마마

過 궈고 不 붕부 去 큐큐 ○ 만흔 ᄆᆞᆯ을 잇글면 지나가지 못ᄒᆞᆯ새시니 咱 짱자 們 문믄 做

주주 兩 량량 回 훼휘 牽 견견 罷 빠바 ○ 우리 두 즈레에 잇그쟈 那 너나 麼 뭐마 着

쨩져 ○ 그러면 你 녜니 慣 관관 會 훼휘 打 다다 水 쉬쉬 ○ 네 믈 깃기 니이 아ᄂᆞᆫ다

我 어오 不 붕부 會 훼휘 打 다다 水 쉬쉬 ○ 내 믈 깃기 아지 못ᄒᆞ니 你 녜니 打 다다

水쉬쉬去취큐○네믈길라가라我오어兩량량箇거거牽켠켠馬마마去취큐

○우리들히몰잇그려가마那나너麼마뭐着져쟣○그러면我오어打다다水

쉬쉬去취큐○내믈길라가니你니니拉라랑馬마마來레래○네몰잇그러오라

這져져槽찬짭裏리레我오어纔채째剛강강打다다兩량량洒사사子즈즈

水쉬쉬○이귀유에내ᄀᆞᆺ두드레믈을기러시니可커커勾구긍馬마마喫치킹麼

마뭐○몰먹기넉넉ᄒᆞ랴這져져水쉬쉬小샾셤○이믈이젹으니再재재打다다

一이힝洒사사子즈즈○또ᄒᆞᆫ드레롤길으라拿나나洒사사子즈즈來래레○

드레가져오라我오어也여여學효햪打다다打다다看칸컨○나도깃기롤빅화기

러보자這져져洒사사子즈즈是시싱不부봉沉친찜水쉬쉬○이드레믈에좀

기지아니ᄒᆞ니怎즘즘麼마뭐得더듷滿만뭔盛칭찡了랴렬水쉬쉬○엇지ᄒᆞ여

믈을ᄀᆞ득ᄠᅳ리오 我오어 敎쟌걓 與위유 伱니녜 ○내너롤ᄀᆞᄅᆞ치마 把바바 柳

릭링 鑵관권 提티뎨 起치계 來레래 ○드레롤다가드러 離리례 水쉬쉬 面면면

擺배배 倒닫닿 ○믈우희ᄠᅴ워배쳐것구로쳐 撞좡장 下햐ᅘᅣ 水쉬쉬 去취큐 ○

믈에맛바다ᄂᆞ려가면 就직찡 能능닁 滿만뭔 盛칭찡 了랴려 水쉬쉬 了랴려 ○

곳能히믈이ᄀᆞ득ᄠᅳ이ᄂᆞᆫ이라 果고궈 真진진 的디딩 麽마뭐 ○과연진실로야 向향향

來레래 常챵쨩 見견견 人인신 打다다 水쉬쉬 ○져적의건너사ᄅᆞᆷ의믈깃기롤보아

시되 從충쭝 不부붕 曾층찡 試스싱 ○일즉시험치몯ᄒᆞ엿더니 今긴김 日시싱 却

커걓 會휘ᅘᅱ 了랴려 ○오ᄂᆞᆯᄯᅩ알괘라

伱니녜 們믄문 朝챤쟝 鮮션션 地디띠 方방방 ○너희朝鮮ᄯᅡ희 有우잉 井

징징 沒무뭉 有우잉 ○우믈이잇ᄂᆞ냐업ᄂᆞ냐 怎즘즘 不부붕 會휘ᅘᅱ 打다다 水

쉬쉬 ○ 엇지믈깃기ᄅᆞᆯ아지못ᄒᆞᄂᆞ뇨 我어오 那너나 裏례리 井징징 ○ 우리져긔우믈

은 不봉부 似쓰ᇫ스 這져져 般뷘번 ○ 이ᄀᆞᆺ지아니ᄒᆞ니 這져져 井징징 是씨ᇫ시

磚줜줜 砌체치 的딍디 ○ 이우믈은이벽으로무은거시라 狠흔흔 小셩샨 有잉우

二ᅀᅵᆼ을 丈쨩쟝 深심신 ○ ᄆᆞ장적어야二丈깁희잇거니와 我어오 那너나 裏례리

井징징 ○ 우리져긔우믈은 都두두 是씨ᇫ시 石씨ᇫ시 頭뜰투 壘뤼릐 的딍디 ○

다이돌로무은거시라 狠흔흔 深심신 的딍디 沒뭉무 有잉우 一힝이 丈쨩쟝 ○

ᄆᆞ장깁흐니도一丈이업서 不봉부 過궈고 七칭치 八방바 尺칭치 深심신 ○ 七八

尺깁희에지나지못ᄒᆞᄂᆞ니라 我어오 那너나 裏례리 男남난 人신인 不봉부 打다다

水쉬쉬 ○ 우리져긔ᄉᆞ나희믈깃지아니ᄒᆞ고 都두두 是씨ᇫ시 女뉴뉴 人신인 們문믄

打다다 水쉬쉬 ○ 다이계집들이믈깃ᄂᆞ니 把바바 箇거거 銅뚱퉁 盔퀴퀴 放방방

在재째頭투뜰上샹썅頂딩딩水쉬쉬 ○ 동회로다가마리에노하믈을이되各거각

自즈쯔帶대대箇거거打다다水쉬쉬的디딍瓢퍞뺭 ○ 각각믈깃ᄂᆞᆫ박을가지고

瓢퍞뺭上샹썅絟숸숸着져쟣一이힝條툐뜡細시셰繩싱씽子즈쯔 ○ 박에

ᄒᆞᆫ오리ᄀᆞᄂᆞᆫ노흘ᄆᆡ여却키캬與위유這저져裏리례的디딍井징징繩싱씽酒

사사子즈쯔一이힝般번붠取츄츄水쉬쉬 ○ 또여긔줄드레와ᄒᆞᆫ가지로믈깃고原

원원來레래沒무뭉有우잉男난남人인신拿나나匾변변担단단挑탼턍水

쉬쉬的디딍規귀귀矩귀규 ○ 본ᄃᆡᄉᆞ나희변대로가져믈깃ᄂᆞᆫ법이업ᄂᆞᆫ이라爲위위

甚셔씸麼마뭐那나너般번붠打다다水쉬쉬 ○ 므슴ᄒᆞ라져리믈깃ᄂᆞ뇨我오어

却키캬不부붕理리례會휘휘 ○ 내또아지못ᄒᆞ리로다我오어們믄믄只즈짛

道단댱 ○ 우리그저니ᄅᆞ되與위유我오어這저져裏리례一이힝般번붠打

다다 水쉬쉬 ○ 우리여긔와ᄒᆞᆫ가지로 믈깃ᄂᆞᆫ가ᄒᆞ더니라

你녜니 牽켠켠 迴훼휘 這져저 馬마마 去큐취 ○ 네이ᄆᆞᆯ잇그 러도라가고 再재재

牽켠켠 別뼤베 的딍디 來래레 飲힘인 水쉬쉬 ○ 또다ᄅᆞᆫ거슬잇그 러와믈먹이라

這져저 馬마마 都두두 喝헝허 水쉬쉬 了령랴오 ○ 이ᄆᆞᆯ다믈 먹어다 這져저 擈

양양 黑흥희 地뗴디 裏례리 ○ 이리어두 온ᄯᅡ히 茅망마오 房빵방 裏례리 難난난

去큐취 ○ 뒷간에가기 어려오니 咱쟝자 們믄믄 就찍쥐 到닿다오 後흫후 園원원

裏례리 去큐취 ○ 우리곳뒷 동산에가 出츙츄 恭궁궁 不붕부 好핳하오 麽뭐마 ○

뒤보미죠치 아니ᄒᆞ라 我어오 拉랑라 着쨯져 馬마마 ○ 내ᄆᆞᆯ을잇 글새시니 你녜니

自쯔즈 出츙츄 恭궁궁 去큐취 ○ 네ᄉᆞᄉᆞ로뒤 보라가라 我어오 不붕부 要향야오

出츙츄 恭궁궁 ○ 내뒤보 기마다 你녜니 要향야오 出츙츄 恭궁궁 去큐취 ○ 네뒤

보라가려ᄒᆞ거든 離리례 大다때 路루루 遠원원 些셔셔 ○큰길헤ᄠᅴ워멀즉이ᄒᆞ고

別벼뼝 在재째 路루루 邊변변 上샹썅 出츄츙 恭궁궁 ○길ᄀᆞ에셔뒤보지말라

明밍밍 日ᅀᅵᅀᅵᆼ 惹여ᅀᅥ 人ᅀᅵᆫᅀᅵᆫ 罵마마 了랴럏 ○ᄂᆡ일사ᄅᆞᄆᆡᄶᅮ지람나리라 咱

자쟝 們믄문 一이힝 箇거거 人ᅀᅵᆫᅀᅵᆫ ○우리ᄒᆞᆫ사ᄅᆞᆷ이 拉라랑 着져쨩 兩량량 箇

거거 馬마마 去취큐 ○두ᄆᆞᆯ을잇그러가 拴솬솬 的디딍 牢랖랗 着져쨥 ○ᄆᆡ기

ᄅᆞᆯᄃᆞᆫᄃᆞᆫ이ᄒᆞ쟈 這져져 馬마마 槽찬짱 寬권퀀 大다때 ○이ᄆᆞᆯ귀유너ᄅᆞ니 離리례

的디딍 遠원원 些셔셔 兒ᅀᅳᆯᅀᅵᆼ 拴솬솬 ○ᄠᅴ워멀즉이ᄆᆡ라 怕파파 繩싱씽 子

즈ᅎᅳᆼ 紐부닣 着져쨩 ○노히얼힐ᄡᅡ저페라 快쾌쾌 拿나나 草찬창 料랴럏 來래래

○셜리여믈과콩을가져다가 拌번뻔 上샹썅 饋긔뀌 他타타 ○버무려주어 且

쳐쳐 儘진진 他타타 喫치킹 着져쨩 ○또잇ᄊᆞᆺ먹게ᄒᆞ고 咱자쟝 們믄문 好한함

老乞大諺解上 三十四

去큐취睡쒸쉬 ○ 우리죠히 가자쟈

火훠호伴뻔번們문믄起계치來래레 ○ 벗들아 닐거라 雞계지叫걓쟌第떼디

三삼산遍변변了럏랴 ○ 돍이우런 지세홰니 不봉부久깋구東둥둥開캐캐了

럏랴 ○ 東오래지아녀 이트리라 快쾌쾌快쾌쾌的딍디起계치來래레洗셰시臉

렴련 ○ 셜리니러 ᄂᆞᆺ싯고 穿춴춴上썅샹衣히이裳썅샹 ○ 옷닙고 喝헝허幾

계지鍾즁중酒짛직 ○ 여러잔 술먹고 收싷수拾씽시行힝힝李레리鞴베븨馬

마마 ○ 行李룰收拾ᄒᆞ여 ᄆᆞᆯᄀᆞᄅᆞ마짓고 天텬텬亮량량了럏랴 ○ 하ᄂᆞᆯ이 ᄇᆞᆰ거든 告

강간辭쓰츠主쥬쥬人싄인家갸쟈去큐취罷빠바 ○ 主人의게하 직ᄒᆞ고가쟈 主

쥬쥬人싄인家갸쟈別뼝볘恠괘괘 ○ 主人아허 믈말라 我어오們문믄去큐취

了럏랴 ○ 우리가 노라 你녜니們문믄別뼝볘恠괘괘好핳한去큐취罷빠바

○ 너희 허믈 말고 죠히 가라 迴(회휘)來(래레)時(씽스)也(여여)到(당단)我(어오)店(뎜뎐)

裏(레리)來(래레)住(쮸쥬) ○ 도라올 쎄 또 우리 店에 와 머믈라 這(져져)坐(쭤조)橋(꺙챠)

○ 이 ᄃᆞ리ᄂᆞᆫ 就(찧직)是(씽시)我(어오)夜(여여)來(래레)說(숼숴)的(딩디)橋(꺙챠) ○

곳 이 내 어제 니ᄅᆞ던 ᄃᆞ리니 比(비비)從(쯍충)前(쪈쳔)十(씽시)分(분븐)收(싷수)拾(씽시)

的(딩디)好(항한)了(럏랴) ○ 前에 比컨대 ᄀᆞ장 고치기ᄅᆞᆯ 잘ᄒᆞ엿다 在(쨰재)先(션션)是(씽시)

土(투투)搭(탕타)的(딩디) ○ 在先은 이 흙친 거시러니 如(슈슈)今(김긴)都(두두)用(융융)

板(반반)幔(뭔먼)了(럏랴) ○ 이제ᄂᆞᆫ 다 널로 ᄭᆞᆯ랏고 這(져져)橋(꺙챠)梁(량량)橋(꺙챠)

柱(쮸쥬) ○ 이 ᄃᆞ리ᄉ 보와 ᄃᆞ리ᄉ 기동이 也(여여)比(비비)在(쨰재)前(쪈쳔)更(깅긍)

牢(랗랖)壯(장좡) ○ 또 在前에 比컨대 더옥 牢壯ᄒᆞ니 再(재재)過(궈고)十(씽시)幾(계지)

年(년년) ○ 다시 열아믄 ᄒᆡᄅᆞᆯ 지내여도 也(여여)不(붛부)壞(횅홰)了(럏랴) ○ 또 문허지

지아니ᄒᆞ리로다

日 싀시 頭 틓투 這 져져 般 븐번 高 강간 了 럎랸 ○ ᄒᆡ 이리 놉핫고 往 왕왕 前 쪈쳔

又 잉우 沒 뭉무 有 잉우 甚 씸셔 麼 뭐마 店 뎜뎐 ○ 앏흐로 향ᄒᆞ여 ᄯᅩ 아모란 店도 업스

니 咱 쟝자 們 문믄 且 쳐쳐 投 뜽투 那 너나 人 신인 家 갸쟈 ○ 우리 아직 져 人家에

드러 가 糴 띵디 些 셔셔 米 몌미 自 쯔즈 做 주주 飯 빤반 喫 킹치 ○ 져기 ᄡᆞᆯ 밧고아

손조 밥 지어 먹고 卸 셔셔 下 햐하 行 힝힝 李 례리 ○ 行李 부리오고 歇 혀혀 息 싀시

牲 싕승 口 킁쿠 ○ 즘싱 쉬오고 歇 혀혀 歇 혀혀 去 큐취 罷 빠바 ○ 쉬여 가쟈 那

너나 麼 뭐마 狠 흔흔 好 할한 ○ 그러면 ᄆᆞ 쟝 죠타 肚 뚜두 裏 례리 也 여여 餓 어어

了 럎랸 ○ ᄇᆡ ᄯᅩ ᄀᆞᆲ흐니 咱 쟝자 們 문믄 去 큐취 ○ 우리 가쟈 把 바바 這 져져 馬

마마 上 썅샹 行 힝힝 李 례리 卸 셔셔 下 햐하 ○ 이 ᄆᆞᆯ셰 行李ᄅᆞᆯ 다가 부리오고 鬆 숭숭

了 랼럏 肚 두뚜 帶 대대 ○ 오랑ᄂᆞ추고 去 츄큐 了 랼럏 嚼 쟌쨯 子 ᄌᆞᄌᆞᆼ ○ 마함

벗기고 就 작쭇 在 재째 這 저져 路 루루 傍 팡빵 放 방방 他 타터 喫 치킹 些 셔셔

草 찬참 ○ 곳이길ᄀᆞ에노하 져기풀먹게ᄒᆞ고 只 즈짗 敎 쟌걍 一 이힝 箇 거거 看 칸컨

○ 그저ᄒᆞᆫ나ᄒᆞ로ᄒᆞ여보게ᄒᆞ고 別 뼈뼝 的 디딩 都 두두 到 닿탕 那 나너 邊 변변 人

인신 家 쟈갸 問 운운 去 취큐 ○ 다ᄅᆞᆫ이ᄂᆞᆫ다저人家 에가무르라가쟈

主 쥬쥬 人 인신 家 쟈갸 ○ 主人 我 오어 們 믄믄 是 시씽 行 힝힝 路 루루 的

디딩 人 인신 ○ 우리ᄂᆞᆫ이길ᄃᆞᆫ 니ᄂᆞᆫ사ᄅᆞᆷ이라 這 저져 時 스씽 候 후흫 不 부붕 曾 층쯩

喫 치킹 早 잔장 飯 반빤 ○ 이ᄣᅢ도록일즉早飯 을먹지못ᄒᆞ엿고 前 쳔쪈 面 면면 又

우잉 沒 무뭉 店 뎐뎜 ○ 앏희ᄯᅩ店 이업스매 故 구구 此 츠츻 來 래레 借 져져 問 운운

你 니네 ○ 그러므로와 네게뭇ᄂᆞ니 你 니네 們 믄믄 若 쇼샿 有 우잉 米 미메 ○ 너희

만일 쌀 잇거든 糶텽탼些셔셔與유위我어오們문믄做주주飯뽠반喫칭치○져기 밧괴여 우리를 주어든 밥 지어 먹어지라 主쥬쥬人신인家갸쟈你녜니怎즘즘麼뭐마說숴쉬○主人아 네 엇지 니ᄅᆞᄂᆞ다 要향얖饋뀌긔就찡직說숴쉬饋뀌긔○주려 ᄒᆞ거든 곳 주리라 니ᄅᆞ고 要향얖不붕부饋뀌긔就찡직說숴쉬不붕부饋뀌긔○주지 아니려 ᄒᆞ거든 곳 주지 못ᄒᆞ리라 니ᄅᆞ라 你녜니們문믄不붕부用융융糶뗭디米몌미○너희 쌀을 밧고지 말라 我어오這져져裏례리飯뽠반熟쓩수了럏랴○우리 여긔 밥이 닉어시니 客킹커人신인們문믄喫칭치些셔셔去큐취罷빠바○나그ᄂᆡ들 져가 먹고 가라 這져져般번번說숴쉬○이리 니ᄅᆞ면 只짖즈怕파파少셯샤了럏랴你녜니們문믄喫칭치的딩디○그저 너희 먹을 ᄭᅵ시 적을싸 저페라 不붕부妨방방事씅스○일에 해롭지 아니타 便뼌변少셯샤些셔셔○곳 적으면

我어오再재재做주주也여여使싀시得듸더○내다시지어도ᄡᅳ리라拿나나

桌좋조子ᄌᆞ즈來래레○상가져다가敎걓쟌客킈커人신인們믄믄○나그

ᄂᆡ들로ᄒᆞ여就찡작在째재這져져棚뻥픙子ᄌᆞ즈底뎨디下햐하坐쭤조着

쨮져喫킹치飯빤반○곳이가개아ᄅᆡ셔안자밥을먹게ᄒᆞ라只짛즈是씽시淡땀단

飯빤반胡후후亂뤈뤈喫킹치些셔셔罷빠바○그저민밥을간대로져기먹으라

幇방방子ᄌᆞ즈們믄믄在째재那너나裏례리○죵들이어ᄃᆡ잇ᄂᆞ뇨有잉우甚

씸셔麽뭐마熟쑿수菜채채蔬수수○아모란닉은ᄂᆞ믈잇거든取츄츄些셔셔來

래레與유위客킈커人신인們믄믄喫킹치○져기가져와나그ᄂᆡ들주어먹이라客

킈커人신인們믄믄○나그ᄂᆡ들你녜니愛해애喫킹치甚씸셔麽뭐마飯빤반

菜채채○네므슴반찬을즐겨먹을ᄯᅡ不붕부用융융問문운他텨타○뭇지말고

三十七

家쟈갸裏리례有우잏的디딩拿나나來레래饋긔꿰他타터喫치킝○집의

잇ᄂᆞᆫ거슬가져다 져를주어먹이라 가沒무뭉甚셔씸麼마뭐該개개喫치킝的디딩

菜채채○아모란먹엄즉ᄒᆞᆫ菜업다有우잏蘿로러蔔부뻥生승싱葱충충茄켜겨

子즈즈拿나나來레래○댓무우와파와가지 잇거든가져오고取츄츄醬쟝쟝來

래레蘸잔잠着져쟣喫치킝○醬가져오라 직어먹쟈這져져菜채채都두두沒

무뭉有우잏○이菜다 업고只즈짗有우잏些셔셔鹽얀염瓜과과○다만 져기

저린외 이시니與위유客커킝人인신喫치킝○나그ᄂᆡ주어 먹게ᄒᆞ쟈客커킝人

인신們은믄別벼뼝恠괘괘○나그ᄂᆡ들 허믈말고將쟝쟝就직찍喫치킝些셔셔

罷바빠○두어라ᄒᆞ여 져기먹으라我오어們은믄與위유你니녜驟주쭈然연안

相샹샹會휘휘○우리너와졸연 이서ᄅᆞ만나大다때哥거거就직찍這져져般

번뷘見견견愛애애 ○ 큰형이 곳 이리 ᄉᆞ랑ᄒᆞ고 給지긩茶차짜飯반뽠喫치킹 ○

차반 주어 먹이니 怎즘즘麽마뭐敢간감怪괘괘呢니녜 ○ 엇지 감히 허믈ᄒᆞ리오

客커킁人인싄們믄문說숴숴甚셔씸麽마뭐話화홰 ○ 나그ᄂᆡ들 므슴 말 니ᄅᆞᄂᆞᆫ

다 量량량這져져般번뷘淡단땀飯반뽠 ○ 혜아리건대 이만 민밥이 打다다甚

셔씸麽마뭐緊긴긴 ○ 무어시 緊ᄒᆞ리오 偏편편我오어不부붕出츄츙外왜왜

○ 편벽히 내라 밧긔 나가지 아니ᄒᆞ라 若쇼샿出츄츙外왜왜時스씽候후흫 ○ 만일

밧긔 나갈ᄢᅢ면 也여여與위유你니녜們믄문一이힝般번뷘 ○ 또 너희와 ᄒᆞᆫ가지라

大다때哥거거說숴숴的디딩是시씽 ○ 큰형의 니ᄅᆞ미 올타 俗쉬쓩話화홰說

숴숴 ○ 속말에 니ᄅᆞ되 慣관관曾층쯩出츄츙外왜왜偏편편憐련련客커킁 ○

밧긔 나가기 닉으면 편벽히 나그ᄂᆡ를 어엿비 너기고 自ᄌᆞ쯔己기계貪탄탐杯븨뷔惜

사승 醉 쥐쥐 人 인인 ○ 이녁이술을貪ᄒᆞ면醉ᄒᆞᆫ 사ᄅᆞᆷ을앗긴다ᄒᆞ니라

你 니녜 們 믄문 外 왜왜 頭 투틓 還 환환 有 우잉 火 호훠 伴 번뻔 麼 마뭐 ○ 너희

밧긔도로혀 벗이잇ᄂᆞ냐 有 우잉 一 이힝 箇 거거 在 재ᄍᆡ 那 나너 裏 리레 ○ ᄒᆞᆫ나 히져

긔이 셔 看 칸컨 行 힝ᄒᆡᆼ 李 리례 放 방방 馬 마마 了 랴ᄅᆞᆼ ○ 行李보고ᄆᆞᆯ 을노핫ᄂᆞ니

라 他 타터 不 부붕 能 능ᄂᆞᆼ 來 레래 喫 치킈 飯 반빤 ○ 져能히와밥먹 지못ᄒᆞᆯ새시니

怎 즘즘 麼 마뭐 好 한함 ○ 엇지ᄒᆞ여야 죠ᄒᆞ리오 我 오어 們 믄문 喫 치킈 完 완훤

了 랴ᄅᆞᆼ ○ 우리먹 기못고 帶 대대 些 셔셔 去 취큐 給 지깅 他 타터 ○ 져기가 져가져

룰주 쟈 有 우잉 椀 완훤 給 지깅 一 이힝 箇 거거 ○ 사발잇거든 ᄒᆞ나주고려 就 직찡

盛 칭찡 出 츄츙 一 이힝 椀 완훤 飯 반빤 來 레래 ○ 곳ᄒᆞᆫ사발밥을 담아내여다가 帶

대대 與 위유 那 나너 箇 거거 火 호훠 伴 번뻔 喫 치킈 ○ 가져다가져벗 을주어먹게ᄒᆞ

쟈 且쳐쳐 隨쉬쒸 你니네 們믄문 喫치킹 着져쨯 ○아직 너희 대로 먹으라 家

쟈갸 裏리례 還환훤 有우잉 飯반뻔 ○집의 도로혀 밥이 이시니 喫치킹 完완훤 了

랼럏 再재재 給지깅 他타터 帶대대 去취큐 ○먹어 못거든 또 져롤 주라 가져가라 你

니네 們믄문 休휘힝 做주주 客커킝 ○너희 나그넨 체 말고 慢만만 慢만만 的디딩

飽반방 喫치킹 罷바빠 ○날호여 브르게 먹으라 我오어 們믄문 都두두 是시씽

行힝행 路루루 的디딩 客커킝 人인신 ○우리 다 길 ᄂᆞᆫ 나그네라 肯큰킹 做

주주 甚셔씸 麼마뭐 客커킝 ○즐겨 므슴 손 인 체 ᄒᆞ리오 喫치킹 得더딍 飽반방 不

부붕 飽반방 ○먹어 브르나 브르지 아니ᄒᆞ나 我오어 們믄문 喫치킹 得더딍 大다대

飽반방 了랼럏 ○우리 먹어 ᄀᆞ장 브르다 收쉬싱 拾시씽 了랼럏 椀완원 楪뎌뎡

罷바빠 ○사발 졉시 收拾ᄒᆞ라

三十九

客커킈人인신們믄문 ○ 나그너들 有우임一이힝箇거거看칸컨馬마마的

디딍 ○ ᄒᆞ나몰보ᄂᆞ니 잇다ᄒᆞ더니 不부붕曾층쯩來레래喫치킈飯반빤 ○ 일죽

와밥먹지아 니ᄒᆞ여시니 興힝힝兒을싱 ○ 興兒ㅣ아 你니녜另링링盛칭쪙一이힝

椀완원飯반빤 ○ 네ᄯᆞ로ᄒᆞ사 발밥을담고 鑵관권兒을싱裏리레取츄츄些셔셔

湯탕탕 ○ 탕관에져기 湯을가져 跟근근客커킈人인신去취큐 ○ 나그ᄂᆡ ᄅᆞᆯᄯᆞ라

가給지긔那나너火호훠伴번뻔喫치킈 ○ 져벗을주 어먹이고 喫치킈完완훤

了랴려收식심拾시씽回휘훠來레래 ○ 먹어ᄆᆞᆺ거든收拾 ᄒᆞ여도라오라 主쥬쥬

人인신家쟈갸別비삐恠패괘 ○ 主人아허 믈말라 我오어們믄문在재째這

저저裏리레打다다攪쟌걓了랴려 ○ 우리여긔셔 폐ᄒᆞ여다 有우임甚셔씸麼

마뭐打다다攪쟌걓處츄츄 ○ 므슴폐ᄒᆞᆫ곳 이이시리오 是시씨淡단땀飯반빤又

와일 沒무뭉 甚셔씸 麽마뭐 好하핳 菜채채 ○ 이 민밥이오 또 아모란 죠흔 菜 업세라

別비뼝 那나너 般번붠 說쉬숴 ○ 그리니ᄅᆞ지 말라 當당당 不부봉 得더듷 ○

當치못ᄒᆞ여라 饑지계 時스씅 得더듷 一이힝 口쿠큫 ○ 곫흘ᄢᅢᄒᆞᆫ입어드미 強챵꺙

如슈슈 飽밮밮 時스씅 得더듷 一이힝 斗두듷 ○ 브른제ᄒᆞᆫ말어듬도곤나으니 我

오어 們믄문 正징징 在재째 饑지계 渴커컿 時스씅 候후흫 ○ 우리 正히 飢渴ᄒᆞᆯ ᄢᅢ

에 主쥬쥬 人인신 家쟈갸 ○ 主人이 就주짛 這져져 般번붠 給지긣 茶차짜

飯반뺜 喫치킿 ○ 곳이리 차반 주어 먹이니 怎즘즘 能능닝 忘왕왕 你니녜 的디딩

情칭찡 ○ 엇지 能히 네 情을 니ᄌᆞ리오 你니녜 休힉힣 那나너 般번붠 說쉬숴 ○

네 그리니ᄅᆞ지 말라 誰쉬쒸 人인신 出츄츙 外왜왜 頂딩딩 着져쨯 房방빵 子즈즈

走주즇 ○ 뉘 밧긔 나가매 집을 이고 ᄃᆞᆫ니랴 也여여 辭츠씋 不부봉 得더듷 投투뚷

老乞大諺解上 四十

人신인家갸쟈尋씬신飯빤반喫킹치 ○ 또 人家에 드러가 밥 어더 먹기를 ᄉ양치 못ᄒ

리라 却갸거不붕부說쉉숴 ○ 또 니르지 아니ᄒ엿ᄂ냐 好향하看칸칸千쳔쳔里

례리 客킝커 ○ 千里에 나그내를 죠히 보미 萬롼완里례리要얗얀傳쭨쳔名밍밍

○ 萬里에 일홈을 젼코져 홈이라

主쥬쥬人신인家갸쟈 ○ 主人아 我어오們믄믄攪걓잔擾섷샾這져져半

뷘반日싱ᅀ ○ 우리 이 半日을 들레되 姓싱싱也여여不붕부曾쯩층問운운 ○

姓도 일즉 뭇지 몯ᄒ엿더니 大때다哥거거貴귀귀姓싱상 ○ 큰 형의 貴ᄒᆞᆫ 姓이여 我

어오 姓싱싱張쟝쟝 ○ 내 姓이 張가ㅣ니 是씽시張쟝쟝社써셔長쟝쟝家갸쟈

○ 이 張社長 집이라 客킝커人신인你녜니姓싱싱甚씸셔麼뭐마 ○ 나그내 네

姓이 므섯고 我어오姓싱싱王왕왕 ○ 내 姓은 王가ㅣ니 在째재遼럏랼東둥둥

城칭찡 裏리례 住쥬쮸 ○遼東入城안희셔사노라 大다대 哥거거 若쇼샵 有우잉

事스씅 ○큰형이만일 일이이셔 到닾닿 我오어 那나너 裏리례 不부붕 棄기계

嫌현햠 ○우리제와ᄇᆞ리 지아니ᄒᆞ거든 可커커 到닾닿 我오어 家쟈갸 裏리례 來

레래 ○또우리집의 오게ᄒᆞ라 若쇼샵 能능닝 去취큐 的디딍 時스씅 節져졍 ○

만일能히 갈ᄯᅢ면 一이힝 定딩띵 尋신씸 到닾닿 你니녜 家쟈갸 去취큐 ○一定

네집을ᄎᆞ자 갈써시니 我오어 肯큰킁 忘왕망 了랴럏 你니녜 麼마뭐 ○내라 즐겨

너를니 즈랴

那나너 人인신 家쟈갸 ○져人 家에셔 我오어 纔채째 剛강강 去취큐 要얖양 糴

디명 米미메 ○내앗가가ᄡᆞᆯ을 밧고려ᄒᆞ니 他타터 不부붕 肯큰킁 糶랖령 與위유

我오어 ○제즐겨밧고여나 로주지아니ᄒᆞ고 他타터 們믄문 做주주 下하햐 現현현

四十一

成칭찡的디딍飯반빤 ○ 져들이지어 現成ᄒᆞᆫ밥을 敎쟌걒我오어們믄문喫치킹

了랴럏 ○ 우리로ᄒᆞ여 먹게ᄒᆞ고 又우잉敎쟌걒給지긩你니녜喫치킹帶대대

來레래 ○ 또너로주어먹이라 ᄒᆞ여늘가져와시니 你니녜喫치킹完완훤了랴럏 ○

네먹어 못거든 與위유這져져小샨셩廝스승椀완훤楪뎌뎡帶대대回휘훠去

취큐罷바빠 ○ 이아희로사발졉시 주어가져가게ᄒᆞ라 火호훠伴번뻔你니녜赶간건

馬마마來레래 ○ 벗아네몰을 모라오라 咱자쟝好한항打다다朶도더子즈즈

○ 우리짐시 르미죠타 等등딍到단닿打다다完완훤了랴럏朶도더子즈즈 ○

짐싯기못참 애다ᄃᆞ르면 他타터飯반빤也여여喫치킹完완훤了랴럏 ○ 제밥 을또

먹어못ᄎᆞᆯ ᄲᅢ시니 咱자쟝們믄문就직찡好한항行힝ᄒᆡᆼ路루루 ○ 우리길 가미곳

죠 타 這저저箇거거馬마마怎즘즘麼마뭐這저저般번번難난난拿나나 ○

이몰이엇지이리잡기어려오뇨 原원원來래레是씨시這저저般번번○본ᄃᆡ이러

ᄒᆞ니라 旣계지這저저般번번利례리害ᅘᅢ해麼뭐마○이믜이리사오나오면

後흫후頭뜽투呢녜니用융융絆뷘번罷빠바○후에란ᄃᆡ달ᄇᆞᆺ라從쭝충前

쪈쳔却걓커絆뷘번着쨯져○이젼은ᄯᅩᄃᆡ달ᄇᆞᆺ더니今김긴日싕ᅀᅵ偏편편忘

망왕了령랸不붕부曾쯩층絆뷘번○오ᄂᆞᆯ편벽히닛고일즉ᄃᆡ달ᄇᆞᆺ지못ᄒᆞ엿다咱

장자們문믄都두두攔란란着쨯져○우리다에워막자拿나나住쮸쥬○잡아

다朶더도子즈즈都두두打다다完훤완了령랸馱떠도上썅샹○짐다ᄆᆡ야

시러다咱장자們문믄好핳할走즇주○우리죠히가자小셯샤廝ᄉᆞᆼ스儞녜니

可커커拿나나了령랸椀원완楪뎡뎌與유위尾와와鑵권관回훼휘家갸쟈

去큐취○아ᄒᆡ아네사발졉시와탕관가져집의도라가라生싱승受씀수儞녜니了

了랴렬 ○ 너롤슈고시거다 你니녜 別벼뼝 恠괘괘 ○ 네허믈 말라

你니녜 看칸컨 這져져 箇거거 時스씃 候후흫 却커캳 又우잉 將쟝쟝 晩완환

了랴렬 ○ 네보라 이ᄣᅢ 또 쟝ᄎᆞᆺ 느젓고 這져져 裏리례 到단당 夏햐햐 店뎐뎜 ○

예셔 夏店 가기 還환훤 有유잉 十시씽 里리례 來래래 地디뎨 ○ 도로혀 十里 ᄯᅡ히 이

시니 到단당 不부봉 得더듸 了랴렬 ○ 가지몯홀새시니 就직찡 往왕왕 路루루

北버븽 那나너 人인신 家쟈갸 ○ 곳 길 北녁 져 人家에 가 尋신씸 箇거거 睡쉬쒸

覺쟌걒 處츄츄 罷바빠 ○ 잘곳을 엇쟈 那나너 般번붠 着져쟣 ○ 그러면 咱

자쟝 們믄문 去취큐 罷바빠 ○ 우리가쟈 若쇼샾 都두두 去취큐 ○ 만일 다 가면

那나너 人인신 家쟈갸 見견견 了랴렬 人인신 多도더 ○ 저人家ㅣ 사롬 만호믈 보

면 恐쿵콩 怕파파 不부봉 肯큰킹 敎쟌걒 宿수숭 ○ 즐겨 재오지 아니홀까 저프니

着쟈쨔兩량량箇거거看칸컨行힝ᅘᅵᆼ李리례 ○둘로ᄒᆞ여行李롤보게ᄒᆞ고 我
오어兩량량箇거거先션션問운문去취큐 ○우리둘히몬져므르라가쟈
主쥬쥬人인신家쟈갸拜배배了랴럏 ○主人아절ᄒᆞ노라 我오어們믄문是
시씨行힝ᅘᅵᆼ路루루的디딩客커킈人인신 ○우리ᄂᆞᆫ이길ᄃᆞᆫ니ᄂᆞᆫ나그ᄂᆡ라 今긴김
日시싀天텬텬晩완완了랴럏 ○오ᄂᆞᆯ하ᄂᆞᆯ이느저시니 要얀양借져져你니니
房방빵子즈즈 ○네집을비러 做주주箇거거宿수숭處츄츄 ○잘ᄯᅵᄒᆞ여지라
我오어房방빵子즈즈窄재징沒무뭉處츄츄下햐ᅘᅣ ○내집이좁아브리올ᄃᆡ업
스니你니니別벼뼈處츄츄尋신씸宿수숭去취큐罷바빠 ○네다ᄅᆞᆫᄃᆡ잘ᄯᅵ어드
라가라你니니這져져般번뻔大다때人인신家쟈갸 ○네이리큰人家에 量
량량我오어兩량량三산삼箇거거人인신 ○혜아리건대우리두세사ᄅᆞᆷ을 却거걍

怎즘즘麼마뭐說쉬숴房방빵窄재즹下하햐不부붕得더듸 ○ 또엇지집이좁

아브리오지몯ᄒᆞ리라니르ᄂᆞ뇨 你니녜那나너好한할炕강캉 ○ 네져죠흔방에 不

부붕教쟌걍我오어宿수슝也여여罷바빠 ○ 우리로ᄒᆞ여재오지아니믄무던ᄒᆞ거니

와 就직찍這져져大다때門믄문傍팡빵邊변변車쳐쳐房방빵裏리례 ○

곳이大門겻술위ㅅ방에 教쟌걍我오어宿수슝一이힝夜여여如슈슈何허헤 ○

우리로ᄒᆞ여ᄒᆞᄅᆞᆺ밤재오마엇더ᄒᆞ뇨 我오어不부붕是시씽不부붕要얀얗教쟌걍

你니녜宿수슝 ○ 내너를재오지아니려ᄒᆞᄂᆞ거시아니라 近긴낀來래래官관권司

스ᄉᆞ 排패빼門믄문稽지계查차짜 ○ 요ᄉᆞ이구의에셔門마다ᄉᆞᆲ힘으로 都두두不

부붕敢간감留릭릥面면면生승싱人인신住쥬쮸宿수슝 ○ 다敢히ᄂᆞᆺ선사ᄅᆞᆷ을

머므러재오지몯ᄒᆞᄂᆞ니 我오어知지징他타터你니녜是시씽那나너裏리례來

레래 的 디딍 客 커킝 人 인신 ○ 내 모로리로다 너는 이 어듸로셔 온 나그낸지 向 향향 來

레래 又 우잉 不 부붕 曾 층쯩 相 샹샹 識 시싱 ○ 이젼에 또 일즉 서로 아지 못ᄒᆞ니 怎

즘즘 知 지징 道 다당 你 니녜 們 믄문 是 시씽 好 한항 人 인신 歹 대대 人 인신 ○

엇지 너희들이 죠흔 사ᄅᆞᆷ 사오나온 사ᄅᆞᆷ인 줄을 아라 敢 간감 容 융융 留 루릉 你 니녜 們

믄문 住 쥬쮸 呢 니녜 ○ 敢히 너희를 용납ᄒᆞ여 머무르리오

主 쥬쥬 人 인신 家 쟈갸 ○ 主人아 我 오어 不 부붕 是 시씽 歹 대대 人 인신 ○

나는 이 사오나온 사ᄅᆞᆷ이 아니라 我 오어 們 믄문 在 재째 遼 랸령 東 둥둥 城 칭찡 裏

레리 住 쥬쮸 ○ 우리 遼東人 城 안ᄒᆡ 이셔 사ᄂᆞ니 現 현현 帶 대디 得 더듷 印 인힌 信

신신 路 루루 引 인인 在 재재 此 츠ᄎᆞᆼ ○ 번드시 印信 잇ᄂᆞᆫ 路引을 가져 여긔 잇노라 你

니녜 們 믄문 在 재째 遼 랸령 東 둥둥 城 칭찡 裏 리례 那 나너 裏 리례 住 쥬쮸 ○

너희遼東ㅅ城안 어듸셔사는다 我어오在째재遼령랴東둥둥城찡칭裏례리閣

갑거北븡버街개개東둥둥住쮸쥬 ○ 내遼東ㅅ城안閣으로北녁거리東녁희셔사노라

離례리閣갑거有잍우多더도少셯샾近낀긴遠원원 ○ 閣에셔뽐이 언머나머뇨

離례리閣갑거有잍우一힝이百븽버多더도步뿌부 ○ 閣에셔뽐이 一百步남즉

ᄒᆞ니 北븡버巷향향大때다街개개開캐캐的딍디雜짱자貨휘호鋪푸푸便

뻔변是씽시 ○ 北녁골큰거리에연 雜貨鋪ㅣ곳이라 那너나雜짱자貨휘호鋪푸푸

是씽시你녜니的딍디麼뭐마 ○ 져雜貨鋪ㅣ 이네것가 近낀긴南남난隔긩겨

着짷져兩량량家갸쟈人신인家갸쟈 ○ 南녁마작두집ㅅ 家롤즈음ᄒᆞ여 有잍우

箇거거酒짐주店뎜뎐 ○ ᄒᆞᆫ酒店이 이시니 是씽시我어오舊낌직相샹샹識

싱시 ○ 이내녜서로 아는이라 你녜니認신인得딍디他터타麼뭐마 ○ 네져 롤아

다ᄂᆞᆫ 那나너 箇거거 是시씽 劉릭릭 淸칭칭 甫부부 酒직징 館권권 ○이져ᄂᆞᆫ 劉

淸甫의 酒館이라 是시씽 我오어 街개개 坊방방 ○이우리 이웃이니 이 怎즘즘 麼

마뮈 不부붕 認인싄 的디딍 ○엇지 모로리오 雖쉬쉬 然얀연 這져져 般번뷘 說

슈숑 ○비록 이리 너ᄅᆞ나 房방빵 子ᄌᆞ즈 實시싱 在재쨰 窄재징 小샤셯 ○이집

實로 좁ᄋᆞ니 住쥬쮸 不부붕 得더듷 ○머무지 못ᄒᆞ리라

伱니네 見견견 愛애해 我오어 罷바빠 ○네 나를 ᄉᆞ랑ᄒᆞ라 伱니네 是시씽 有

우임 見견견 識시싱 人인싄 ○너는 사ᄅᆞᆷ이 見識 잇ᄂᆞᆫ 이라 這져져 時ᄉᆞ씽 候후흫

○이 ᄯᅢ에 天텬텬 已이이 晩완한 了랴령 ○하ᄂᆞᆯ이 느저시니 이믜 敎쟈갸 我

오어 那나너 裏리레 尋신씸 宿수숭 處츄츄 去취큐 ○날로 ᄒᆞ여 어ᄃᆡ 잘 ᄯᅴ 어드러 가라

ᄒᆞ라 ᄂᆞ뇨 伱니네 別베뼈 推퉈퉈 托토탕 ○네 推托지 말고 容융용 我오어 宿수숭

一(이/힝)夜(여/여)罷(바/빠) ○ 우리로 ᄒᆞᄅᆞᆺ 밤 자게 ᄒᆞ라 這(져/져)客(거/킝)人(인/신)怎(즘/즘)

麼(마/뭐)這(져/져)般(번/붠)歪(왜/왜)纏(쳔/쪈) ○ 이 나그ᄂᆡ 엇디 이리 짓궤ᄂᆞ뇨 如(슈/슈)今(긴/

김)官(관/권)府(부/부)稽(지/계)查(차/짜)好(한/함)生(승/싱)嚴(연/염)謹(긴/긴) ○ 이제 구의

ᄉᆞᆯ피기를 ᄀᆞ장 嚴謹히 ᄒᆞ여 省(싱/싱)會(휘/훠)人(인/신)家(쟈/갸) ○ 人家에 지위ᄒᆞ여 不(부/

붕)敎(쟌/걍)住(쥬/쮸)下(햐/햐)面(면/면)生(승/싱)歹(대/대)人(인/신) ○ ᄂᆞᆺ선 사오나온 사ᄅᆞᆷ

을 머무로지 못ᄒᆞ게 ᄒᆞ여시니 你(니/녜)雖(쉬/쉬)說(숴/숽)是(시/씽)遼(랴/령)東(둥/둥)人(인/신)

○ 네 비록 니ᄅᆞ되 이 遼東ㅅ 사ᄅᆞᆷ이라 ᄒᆞ나 我(오/어)不(부/붕)敢(간/감)保(반/방)你(니/녜)的

(디/딩)來(래/래)歷(리/링) ○ 내 敢히 네 來歷을 밋지 못ᄒᆞ고 況(황/황)你(니/녜)這(져/져)幾(지/계)

箇(거/거)火(호/훠)伴(번/뻔)的(디/딩)模(무/무)樣(양/양) ○ ᄒᆞᄆᆞᆯ며 네 이 여러 벗의 模樣이 又

(우/잉)不(부/붕)是(시/씽)漢(한/헌)人(인/신) ○ 또 이 漢ㅅ 사ᄅᆞᆷ도 아니오 又(우/잉)不(부/붕)像

샹쌍㺚다땅子즈즈 ○ 또㺚子도ᄌᆞᆺ지아니ᄒᆞᆫ너不부붕知지징是시씽甚서씸麼

마뭐人인싄 ○ 아지못게라이엇던사ᄅᆞᆷ인지我오어怎즘즘敢간감留랗릫你니녜

宿수숭 ○ 내엇지敢히너를머무러재오리오你니녜不부붕知지징道닾닿 ○ 네아

지못ᄒᆞᆫ다新신신近긴낀這져져裏리례 ○ 요ᄉᆞ이여긔有우잉一이힝箇거거

人인싄家쟈갸 ○ ᄒᆞᆫ人家ㅣ이셔只즈징爲위위教쟌걍幾지게箇거거客커킝

人인싄住쥬쮸下하햐 ○ 그저여러나그ᄂᆡ로ᄒᆞ여머무럿더니那나너客커킝人

인싄去취큐了랴럏後후흫頭투뚷 ○ 그나그ᄂᆡ간후에事스씃發바봥了랴럏

○ 일이나니誰쉬쒸知지징道닾닿那나너人인싄是시씽㺚다땅子즈즈人

인싄家쟈갸逃탚땋走주즇出츄츙來레래的디딩 ○ 뉘그사ᄅᆞᆷ이이㺚子ㅅ사ᄅᆞᆷ으

로도망ᄒᆞ여나오닌줄을아라지리오因인힌此츠층就직찡連련련累릐뤼他타터

犯빰반官권관司숳스 ○ 이러므로 곳 저롤 連累ᄒᆞ여 구의로 犯ᄒᆞ여 現현현今김긴

教걓쟌他터타跟근근尋씸신那너나逃땋탄走쯯주的딩디人신인 ○ 시방

저로ᄒᆞ여 그 도망ᄒᆞᆫ 사ᄅᆞᆷ을 츄심ᄒᆞᄂᆞ니 伱녜니看컨칸似쓰스這져져般붠번帶대대

累뤼리人신인家갸쟈 ○ 네 보라 이러ᄐᆞ시 人家롤 버무리니 我어오怎즘즘敢감간

留릳루伱녜니宿슉수 ○ 내 엇지 敢히 너롤 머무러 재오리오

主쥬쥬人신인家갸쟈 ○ 主人아 伱녜니說숴쉬那너나裏례리話화화 ○

네 어딋 말을 니ᄅᆞᄂᆞᆫ다 好핳한人신인歹대대人신인怎즘즘麼뭐마不붕부認

신인的딩디 ○ 죠흔 사ᄅᆞᆷ 사오나온 사ᄅᆞᆷ을 엇지 아지 못ᄒᆞ리오 這져져幾계지箇거거

火훠호伴뿬번 ○ 이 여러 벗이 他터타是씨시朝졍챤鮮션션人신인 ○ 저ᄂᆞᆫ

이 朝鮮ㅅ 사ᄅᆞᆷ이라 從쭝충朝졍챤鮮션션地떼디方방방來래레 ○ 朝鮮ㅅ ᄯᅡ흐로

조차와 시니 他 타터 那 나너 裏 리레 口 쿠큳 子 즈ᄌᆞ 渡 두뚜 江 쟝걍 處 츄츄 ○

저희 저긔 어귀 江건ᄂᆞᆫ 곳에 有 우잉 官 관권 把 바바 守 식싣 着 져쟣 ○ 관가 把守ᄒᆞ이

셔 比 비비 咱 자쟝 們 믄문 這 져져 裏 리레 一 이잉 般 번뻔 嚴 연염 緊 긴긴 ○

우리 여긔 比컨대 ᄒᆞᆫ가지로 嚴緊ᄒᆞ여 先 션션 驗 연연 了 랴럏 文 운문 引 인인 ○ 몬져

글월을 수험ᄒᆞ고 又 우잉 仔 즈ᄌᆞ 細 시세 的 디딩 盤 판뻔 問 운문 ○ 또 仔細 히 盤問

ᄒᆞ야 고 纔 채째 放 방방 過 고궈 來 레래 ○ ᄌᆞ노혀 와시니 他 타터 們 믄믄 若 쇼샾

是 시씽 歹 대대 人 인싄 ○ 저들이 만일 이사오나온 사ᄅᆞᆷ이오 來 레래 歷 리링 不 부붕

明 밍밍 ○ 來歷이 不明ᄒᆞ면 怎 즘즘 麼 마뭐 能 능닝 勾 쿠긓 到 닾닿 這 져져 裏

리례 來 레래 ○ 엇지 能히 유여 히여긔 오리오 他 타터 現 현현 有 우잉 文 운문 引 인인

○ 제시방 글월이 잇고 趕 간건 着 져쟢 朝 챺쟣 鮮 션션 馬 마마 ○ 朝鮮ㅅ 몰을 모라

老乞大諺解上 四十七

往왕왕北베븽京징깅做주주買매매賣매매去취큐 ○ 北京을 향ᄒᆞ여 買賣ᄒᆞ라 가니

他타터不부붕懂둥둥中중즁國궈궝的디딩話화홯 ○ 제 中國말을 아지 못ᄒᆞ매

故구구此츠즘不부붕能능닝說쉬숑話화홯 ○ 그러모로 能히 말ᄒᆞ지 못ᄒᆞ거니와

他타터們믄문眞진진箇거거不부붕是시씽歹대대人인싄 ○ 저들이 진실로 이 사오나온 사ᄅᆞᆷ이 아니라

既지계是시씽這저져般번뿬 ○ 이믜 이러면

別벼뼝只즈짛管권권纏쳔쪈張쟝쟝 ○ 그저 슬ᄋᆞ여 힐우지 말라

後후흫頭투뜰房방빵子즈즘窄재징 ○ 뒤헤 집이 좁고

家쟈갸裏리례孩해해子즈즘們믄문也여여多도더 ○ 집의 아희들도 만코

又우잉有우잉箇거거老랖럎娘냥냥 ○ 또 老娘이 이셔

身신신子즈즘不부붕快괘쾌 ○ 몸이 편치 못ᄒᆞ니

你니녜若숖샾不부붕嫌현혐冷릉링 ○ 네 만일 ᄎᆞᆫᄃᆡ를 혐의치 아니ᄒᆞ거든

就직찡在재째這저져車

쳐쳐房빵방裏례리○곳이술위ㅅ방의셔住쮸쥬一힝이宿슉수如ᅀᅲᅀᅲ何ᅘᅥ허

○ᄒᆞᄅᆞᆺ밤머믈미엇디ᄒᆞ뇨這져져般뷘번我어오們믄믄將쟝쟝就쪙작在째재

這져져車쳐쳐房빵방裏례리睡쒸쉬罷빠바○이러면우리두어라ᄒᆞ여이술위ㅅ

방에셔자쟈

主쥬쥬人인인家갸쟈○主人아我어오又잉우有잉우一힝이句귀귀話

ᅘᅪ화要햫얀說쉉숴○내ᄯᅩᄒᆞᆫ귀말이이셔니ᄅᆞ고져호되心심신裏례리躕쯍착躇

쮸츄○ᄆᆞᄋᆞᆷ에躕躇ᄒᆞ여不봉부敢감간開캐캐口킇쿠○감히입을여지못ᄒᆞ노라

有잉우甚씸셔麼뭐마話ᅘᅪ화你녜니說쉉숴○므슴말이잇ᄂᆞ뇨네니ᄅᆞ라如

ᅀᅲᅀᅲ今김긴己이이是씽시黑흥희夜여여○이제이믜어두온밤이오我어오們

믄믄實씽시在째재肚뚜두裏례리餓어어了럏랴○우리진실로ᄇᆡ곫ᄒᆞ고又

임우 有 임우 幾 게지 箇 거거 馬 마마 要 햘얀 喂 위위 ○ 또 여러 ᄆᆞᆯ이 이셔 먹이려 ᄒᆞ니

一 힝이 客 킈커 不 붕부 煩 빤반 二 싱을 主 쥬쥬 ○ ᄒᆞᆫ 나그네 두 쥬인을 번거케 못ᄒᆞᆯ ᄭᅥ

시니 伱 녀니 可 커커 憐 련련 見 견견 ○ 네 어엿비 너겨 糶 턍탄 些 셔셔 米 메미 給

깅지 我 어오 ○ 져기 ᄡᆞᆯ을 밧괴여 나ᄅᆞᆯ 주어 煮 쥬쥬 一 힝이 頓 둔둔 飯 빤반 喫 킹치

○ ᄒᆞᆫ ᄢᅵ 밥 지어 먹게 ᄒᆞ고 併 빙빙 賣 매매 些 셔셔 草 참찬 料 럏랴 給 깅지 我 어오

喂 위위 馬 마마 ○ 아오로 져기 집과 공을 프라 나ᄅᆞᆯ 주어 ᄆᆞᆯ을 먹이게 ᄒᆞ라 我 어오 這 져져

裏 레리 今 김긴 年 년년 夏 햐햐 天 텬텬 大 때다 旱 햔한 ○ 우리 여긔 올희 녀ᄅᆞᆷ이 크

게 ᄀᆞ믈고 到 당닾 秋 칭칙 來 래레 又 임우 水 쉬쉬 澇 랑랖 了 럏랴 ○ ᄀᆞᄋᆞᆯ에 다ᄃᆞ라

또 믈셰어 田 뗜뎐 禾 훠호 不 붕부 收 싷숴 ○ 田禾ᄅᆞᆯ 거두지 못ᄒᆞ여시매 故 구구 此

ᄎᆞ츠 ○ 그러므로 我 어오 們 문믄 都 두두 是 씽시 旋 쒼쉰 糴 띵디 旋 쒼쉰 喫 킹치

○우리다시방밧고와시방먹으니 那나너 裏리례 有우잉 糴댜뎡 的디딩 來레래
○어듸밧괴일새시이시리오 我오어 們믄문 早잔잫 喫치킿 些셔셔 飯반뻔 ○
우리일즉져기밥먹고 到닾당 這져져 時스씽 候후흫 不부봉 曾층찡 喫치킿 些
셔셔 甚셔씸 麽마뭐 ○이때다ᄃ도록일즉져기아모란것먹지못ᄒ여시니 肚두뚜 裏
리례 好할항 飢지계 餓어어 ○빈ᄀ장골ᄒ니 你니녜 那나너 糴디뎡 來레래 的
디딩 米미몌 裏리례 頭투틀 ○네져밧고와온쌀에셔 小샤셯 分븐분 些셔셔 給
지깅 我오어 ○져기나를주어든 熬안앙 些셔셔 粥주죵 喫치킿 也여여 好
할항 ○저기쑤어먹으미죡죠타 這져져 一이힁 百버븽 錢쳔쪈 ○이一百낫돈에
隨쉬쒸 你니녜 的디딩 意이히 思스슿 ○네ᄆᆞᆷ대로 給지깅 些셔셔 米미몌
罷바빠 ○저기쌀을주라 這져져 一이힁 百비븽 錢쳔쪈 ○이一百낫돈에 與위유

你니네 多도더 少샤셩 的디딩 是시씽 ○ 너롤 언머나 주어야 올흐료 隨쉬쒸 你니네

多도더 少샤셩 就작찍 是시씽 了랖럏 ○ 네대로 언머나 홈이 곳 올흐니라 今

긴김 年년년 因인힌 旱한헌 澇랖랗 不부봉 收샤싱 ○ 올히 ᄀᆞ믈고 믈 셰어 거두지 못

홈으로 一이힝 百버빙 錢쳔쪈 糴디띵 一이힝 斗두듷 米미몌 ○ 一百낫 돈에 ᄒᆞᆫ

말 ᄡᆞᆯ을 밧고거니와 我오어 本븐분 來레래 沒무몽 有우잉 糶탸턍 的디딩 米미몌

○ 내 본ᄃᆡ 밧괴일 ᄡᆞᆯ이 업스되 旣지계 是시씽 客커킝 人인신 只즈징 管권권 央

양향 及기낑 ○ 이믜 나그ᄂᆡ 그저 ᄉᆞᆯ ᄋᆞ여 비니 我오어 就작찍 把바바 糴디띵 來레래

的디딩 米미몌 裏리례 頭투듷 ○ 내 곳 밧고와 온 ᄡᆞᆯ에셔 給지깅 你니네 三산삼

升싱싱 ○ 너롤 서 되롤 주너 煮쥬쥬 些셔셔 粥주죵 胡후ᅘᅮ 亂뤈뤈 充츙츙 飢

지계 罷바빠 ○ 져기 쥭 쑤어 간대로 골흔 ᄃᆡ 메오라

客커컹人인신們믄문休휘힉恠괘괘○나그내들허믈말라 實시싱在재째今

긴김年년년艱견간難난난○실로올히艱難ᄒᆞ여라 若쇼샹是시씽似스쑹往

왕왕年년년好한황收식싱麽마뭐○만일往年ᄀᆞ치거두어시면 別버뼝說숴숸

伱니녜兩량량三산삼箇거거人인신○너두세사ᄅᆞᆷ은너ᄅᆞ지말고 就직찡是

시씽十시씽數수수箇거거客커컹人인신○곳이여라믄나그늬라도 我오어也

여여能능닝都두두給지깅茶차짜飯반빤喫치캉○내또能히다차반주어먹이리

라 主쥬쥬人인신家쟈갸說숴쉉的디딩是시씽○主人의니ᄅᆞ미올타니 我오어

也여여曾층쩡打다다聽팅팅○나도일즉듯보니 今긴김年년년這저져裏

리례年년년成칭쩡不부붕好한황○올히여러년셕죠치아니타ᄒᆞ더라 旣지게這

져져般번붠○이믜이러면 主쥬쥬人인신家쟈갸○主人아 我오어們믄문

要얀향到닾당後흫흫頭틓뜰熬왚앟粥쥬쥼去취큐○우리뒤희粥 쑤라가려ᄒᆞ

되這져져黑희흿地디뎨裏리례○이어두 은ᄯᅡ희出츄츙入슈싱不부붕便

편뼌當당당○出入이便當 치아니ᄒᆞ고你니녜家쟈갸這져져狗구긓又우잉利

리례害해해○네집이개ᄯᅩ 사오나오니不부붕嫌현혐煩반빤勞랖랑麼마뭐○

煩勞롤혐의치 아니ᄒᆞ거든你니녜就직징做주주些셔셔粥주죻來레래與위유

我오어喫치킹如유유何허허○네곳저기粥쑤어다가나 롤주어먹이미엇더ᄒᆞ뇨也

여여罷바빠○ᄯᅩ무던 ᄒᆞ다客커킹人인신們믄믄且쳐쳐在재째車쳐쳐房

방빵裏리례收식심拾시씽○나그내들아직술위 ㅅ방에셔收拾ᄒᆞ라我오어教쟌걍

孩해해子즈즈們믄믄○내아ᄒᆡ 들ᄒᆞ여做주주些셔셔粥주죻來레래與위유

你니녜們믄믄喫치킹罷바빠○저기粥쑤어다가너 희롤주어먹이쟈費븨븨心

신안심치아심니ᄒᆞ여라 多도더 謝셔셔 多도더 謝셔셔 ○ 多謝多謝ᄒᆞ여라

主쥬쥬 人인신 家쟈갸 ○ 主人아 還환홚 有우잉 一이잉 句귀규 話화홛 ○

도로혀ᄒᆞᆫ구말이이시니 人인신 喫치킝 的디딩 雖쉬쉬 是시씽 有우잉 了랴럏 ○

사ᄅᆞᆷ먹을ᄭᅥ슨비록이시나 這져져 馬마마 却거걓 怎즘즘 麼마뭐 的디딩 ○ 이ᄆᆞᆯ

을ᄯᅩ엇지ᄒᆞ리오 一이힝 發바봥 賣매매 些셔셔 草찬챵 料랴럏 ○ ᄒᆞᆫ번에져기집

과공을ᄑᆞ라 喂위위 他타텨 如슈슈 何허혀 ○ 져ᄆᆞᆯ먹이미엇더ᄒᆞ뇨 客커킝 人

인신 們믄문 說쉬숴 甚셔씸 麼마뭐 話화홛 ○ 나그늬들므슴말을니ᄅᆞ는다 人인신

喫치킝 的디딩 尚샹샹 且쳐쳐 短돤돤 少샤셩 ○ 사ᄅᆞᆷ먹을것도오히려젹은ᄃᆡ 那

나너 裏리례 有우잉 喂위위 馬마마 的디딩 草찬챵 料랴럏 ○ 어ᄃᆡᄆᆞᆯ먹일집과콩

이이시리오 我오어 這져져 院원원 子즈즈 後후흫 頭투듷 ○ 우리이터뒤히 一

老乞大諺解上 五十一

힝이 遍변변 都두두 是씽시 青칭칭 草참찬 地띠디 ○ 두로 다 이 青草地라 你녜니

喫킹치 了럎랴 飯빤반 ○ 네 밥 먹거든 着쨩쟌 兩량량 箇거거 人인인 ○ 두 사

롬으로 ᄒᆞ여 赶건간 馬마마 放방방 去큐취 ○ 몰을 모라 노ᄒᆞ라 가 到당닾 天텬텬

亮량량 了럎랴 ○ 하ᄂᆞᆯ이 ᄇᆞᆰ으매 다ᄃᆞᄅᆞ면 這져져 馬마마 都두두 可커커 喫킹치

飽밤밮 了럎랴 ○ 이 ᄆᆞᆯ이 다 可히 먹어 ᄇᆡ브를 ᄡᅢ시니 何해허 必빙비 又읻우 要햘얀

草참찬 料럎랴 ○ 엇지 반ᄃᆞ시 또 집과 콩을 어드려 ᄒᆞ리오 主쥬쥬 人인인 哥거거 說

쉉쉬 的딩디 是씽시 ○ 主人 형의 니ᄅᆞ미 올타 我어오 們믄믄 車쳐쳐 房빵방 裏

례리 去큐취 ○ 우리 수릿방에 가거니와 沒몽무 有잎우 火훠호 怎즘즘 麼뭐마 好

함한 ○ 블이 업스니 엇지면 죠ᄒᆞ료 教걍쟌 小셜샨 孩ᄒᆡ해 子즈즈 ○ 아ᄒᆡ로 ᄒᆞ여

拿나나 箇거거 燈딍등 來래레 罷빠바 ○ 등잔 가져오게 ᄒᆞ라 這져져 麼뭐마 我

오어 就찧직 教걓쟌 小셯샨 廝숭스 們문믄 送숭숭 燈등등 去큐취 ○ 이러면내
곳아ᄒᆡ들ᄒᆞ여등잔보내고 再째재 給깅지 你녜니 兩량량 三삼산 根근근 糠강강
燈딍등 ○ ᄯᅩ너ᄅᆞᆯ두세낫룡지ᄅᆞᆯ주마 咱쟝자 們문믄 喫킹치 了럏랴 飯빤반 ○
우리밥먹거든 留릳릭 兩량량 箇거거 在째재 這져져 裏리리 看컨칸 行ᄒᆡᆼ힝 李
리레 ○ 두ᄅᆞᆯ머므러예이셔行李ᄅᆞᆯ보고 着쨯쟌 兩량량 箇거거 放방방 馬마마 去
큐취 ○ 둘로ᄒᆞ여ᄆᆞᆯ을노ᄒᆞ라가 到닿단 半뷘반 夜여여 後흫후 ○ 밤ㅅ즘에다ᄃᆞᆺ거든
却캻커 教걓쟌 這져져 兩량량 箇거거 起켸치 去큐취 替톄티 他터타 ○ ᄯᅩ이
둘로ᄒᆞ여니러가져를ᄀᆞ라차 大때다 家갸쟈 安헌안 息싱시 安헌안 息싱시 ○ 대되
편안이쉬면 明밍밍 日ᅀᅵᆼᅀᅵ 好핳화 不붛부 渴컹커 睡쒸쉬 ○ ᄂᆡ일ᄆᆞ장조오롬겹
지아니ᄒᆞ리라

這져져的디딍燈등딍來레래了랴령 ○ 이등잔블 오나다 粥주죵也여여拿

나나來레래了랴령 ○ 粥도가져 오거다 匙츠씅椀완원都두두有약읭 ○ 술과

사발다 이시나 你니녀們믄문喫치킹罷바빠 ○ 너희들 먹으라 咱자장們믄문飯

반뽠也여여喫치킹了랴령 ○ 우리밥도 먹어다 你니녀兩량량箇거거先션션

放방방馬마마去취큐 ○ 너희둘히몬져 몰노흐라가라 到다당半반뽠夜여여裏

리례 ○ 밤ㅅ듕에 다돗거든 我오어兩량량箇거거却거캬替티톄你니녀去취큐

○ 우리둘히또너희 룰ᄀᆞᄅᆞᄎᆞ라가마 我오어睡쉬쒸醒싱싱了랴령起치켸來레래

○ 내ᄌᆞᆷᄭᅵ여다 니러나쟈 曖애해參스슴星싱싱高갚강了랴령 ○ 曖參星 이놉하

시니 敢간감是시씅半반뽠夜여여了랴령 ○ 이밤ㅅ즁 인돗ᄒᆞ다 我오어先션션

去취큐 ○ 내몬 져가 替티톄那나너兩량량箇거거來레래睡쉬쒸 ○ 져둘 올ᄀᆞ

ᄅ、차와자게 호새시니 你니녜 就쥐쪙 到닾닿 那나너 裏리려 來레래 ○ 네곳 져긔

오 라 咱자쟝 們믄문 兩량량 箇거거 看칸컨 馬마마 ○ 우리둘히 몰을보쟈 這져져

麼마뭐 你니녜 先션션 去취큐 罷바빠 ○ 이러면네 몬져가라 你니녜 兩량량 箇

거거 去취큐 睡쉬쒸 一이힝 睡쉬쒸 ○ 너희둘히 가자고 到닾닿 那나너 裏리려

○ 져긔가 거든 就쥐쪙 教쟌걒 那나너 箇거거 火호훠 伴번뻔 來레래 ○ 곳 져

벗으로ᄒᆞ여 오게ᄒᆞ라 你니녜 來레래 了랸럏 ○ 네오 나다 你니녜 赶간건 過고궈

馬마마 來레래 在재째 一이힝 處츄츄 ○ 네몰을모라다 가ᄒᆞᆫ곳에두어 容융융 易

이이 照잔쟣 管권권 ○ 보숣피기 쉽게ᄒᆞ라 月웨웽 黑희흥 了랸렿 ○ 돌이어 두오니

恐쿵큥 怕파파 有우잉 迷미몌 失시싱 ○ 迷失홈 이이셔 悞우우 了랸렿 明밍밍

日이싱 走주즘 路루루 ○ 닐갈길을그 룻홀싸저페라

明밍밍星싱싱高강간了럏랼 ○ 새별이 놉하시니 天텬텬待때대要향얀明
밍밍了럏랼 ○ 하ᄂᆞᆯ이 ᄒᆞ마 ᄇᆞᆰ으리라 咱쟝자們믄믄赶건간馬마마到닿단下
햐하處츄츄去큐취 ○ 우리 ᄆᆞᆯ을 모라 下處에 가 收싈삭拾씽시行헝힝李레리 ○
行李 收拾ᄒᆞ노라ᄒᆞ면 只징즈怕파파天텬텬就찡직明밍밍了럏랼 ○ 그저 저프
건대 하ᄂᆞᆯ이 곳 ᄇᆞᆰ으리로다 這져져馬마마且쳐쳐絟쏸숸着쨯져 ○ 이 ᄆᆞᆯ을 아직 ᄆᆡ
고 教걍쟌那너나兩량량箇거거起켸치來래레 ○ 져 둘로 ᄒᆞ여 닐게 ᄒᆞ라 你
녜니兩량량箇거거快쾌쾌起켸치來래레 ○ 너희 둘히 밧비 니러 收싈삭拾씽시
行헝힝李레리好향한駞떠토朶더도子즈즈 ○ 行李를 收拾ᄒᆞ여 잘 짐시ᄅᆞ되 須
슈슈把바바咱쟝자們믄믄的딩디行헝힝李레리 ○ 모롬이 우리 行李를 다가 明
밍밍白뻥배查짜차看컨칸 ○ 明白히 혀보고 숣 主쥬쥬人인인家갸쟈的딩디

 53b

東둥둥西셰시 ○ 主人의 거슬 休휭후錯찰초拿나나了량랴去큐취 ○ 그릇

가져가지 말라 朶더도子즈즈都두두打다다完훤완了량랴 ○ 짐 다 시러 못 차다

辭쓰츠了량랴主쥬쥬人신인家갸쟈去큐취罷빠바 ○ 主人의게 하직ᄒᆞ고 가자

主쥬쥬人신인哥거거 ○ 主人 형아 我어오們문믄去큐취了량랴 ○ 우리 가노

라 在짜재這져져裏례리破퍼포費비븨你네니了량랴 ○ 예 이셔 네게 슈폐ᄒᆞ

여라 咳해해有잉우甚씸셔麼뭐마破퍼포費비븨處츄츄 ○ 咳 므슴 슈폐ᄒᆞᆫ 곳이

이시리오 慢만만待때대了량랴 ○ 잘못 되접ᄒᆞ여시니 別뼝벼恠괘괘好할한去

큐취罷빠바 ○ 허믈 말고 죠히 가라

咱장자們문믄前쪈쳔頭뜰투到당닾夏햐하店뎜뎐 ○ 우리 앏흐로 夏店에 가

買매매飯빤반喫킹치 ○ 밥 사 먹고 赶건간晚완완可커커到당닾京깅징城

重刊老乞大諺解上　五十四

칭찡 了 랴럏 ○ 느즈매 밋처 可히 셔울 가리라 這 져져 裏 리레 到 닾당 夏 햐햬 店 뎐뎜

○ 예셔 夏店 가기 有 우잉 多 도더 少 샤셯 路 루루 ○ 언머 길히 잇ᄂᆞ뇨 還 환훤 有

우잉 三 산삼 十 시씽 多 도더 里 리레 ○ 도로혀 三十里 남즉이 잇ᄂᆞ니라 你 니녜 昨

조짷 日 시싀 怎 즘즘 麼 마뭐 說 쉬숴 只 즈지 有 우잉 十 시씽 里 리레 多 도더 路

루루 ○ 네 어제 엇지 十里 남즉 ᄒᆞᆫ 길히 잇다 니르더니 今 긴김 日 시싀 却 거걓 又 우잉 怎

즘즘 麼 마뭐 說 쉬숴 三 산삼 十 시씽 里 리레 地 디뎨 ○ 오ᄂᆞᆯ 또 엇지 三十里 ᄯᆞ히라 니

르ᄂᆞᆫ다 我 오어 昨 조짷 日 시싀 錯 초촣 記 지긔 了 랴럏 ○ 내 어제 그릇 긔록ᄒᆞ엿더

니 今 긴김 日 시싀 想 샹샹 起 치키 來 레래 ○ 오ᄂᆞᆯ 싱각ᄒᆞ니 有 우잉 三 산삼 十

시씽 多 도더 地 디뎨 ○ 三十里 남즉ᄒᆞᆫ ᄯᆞ히 잇다 咱 자쟝 們 믄문 不 부붕 要 야얗 遲

치찡 延 연연 ○ 우리 믄그으지 말고 趁 친친 涼 량량 快 쾌쾌 ○ 서ᄂᆞᆯᄒᆞᆫ 제 밋처 馬 마마

又우임 喫치킁 的디딩 飽반빵 ○몰이또먹어불러이시니 趕간건 早잔잘 快쾌괘
走주즘 ○이룰맛처ᄲᆞᆯ리가자 日시싱 頭투ᄃᆖ 又우임 晌샹샹 午우우 了랖럏
○히또이나 낫 那나너 望왕망 着저쨩 的디딩 黑희흫 林린림 子즈즈 ○저녁
라ᄂᆞᆫ黑林子ㅣ 便변뼌 是시씌 夏하햐 店뎐뎜 ○곳이夏店이라 這저져 裏리레 到
단당 那나너 裏리레 ○예셔져긔가기 還환환 有우잉 七치칭 八바방 里리레 路
루루 ○도로혀七八里길히잇ᄂᆞ니 你니녀 在재째 先션션 也여여 曾층쯩 到단당
北버븽 京징깅 去취큐 ○네젼에ᄯᅩ일즉北京ᄃᆞᆫ녀시되 怎즘즘 麼마뭐 不부붕 理
리례 會회휘 ○엇지아지못ᄒᆞᄂᆞ뇨 這저져 夏하햐 店뎐뎜 我오어 在재째 先션션
走주즘 過고궈 一이힝 兩량량 遭잔짱 ○이夏店을내젼에ᄒᆞᆫ두번ᄃᆞᆫ녀건마ᄂᆞᆫ 如
유유 今긴김 都두두 忘왕망 了랴렬 ○이제다니저시니 那나너 裏리레 記지계

得더듸 ○ 어듸싱각ᄒᆞ리오

夏햐ᅘᅣ 店뎐뎜 待대때 到닾당 了랴럎 ○ 夏店도ᄒᆞ마다 돌을이로다 咱자쟝 們

믄문 喫치킹 些셔셔 甚셔씸 麼마뭐 茶차짜 飯반빤 好핲항 ○ 우리져기 무슴차반

먹어야 죠ᄒᆞ료 我오어 朝챠쟣 鮮션션 人인신 ○ 우리朝鮮 사ᄅᆞᆷ은 不부붕 慣관관

喫치킹 濕시씽 麪면면 ○ 즌국슈먹기 닉지못ᄒᆞ니 咱자쟝 們믄문 只즈짛 喫치킹

乾간건 的디딩 如슈슈 何허혀 ○ 우리그저므ᄅᆞᆫ것 먹으미엇더ᄒᆞ뇨 這져져 麼마뭐

○ 이러면 咱자쟝 們믄문 買매매 些셔셔 燒샤셯 餅빙빙 ○ 우리져 燒餅사 고기

炒찬참 些셔셔 肉류숳 喫치킹 罷바빠 ○ 져기고기 복가먹쟈 咱자쟝 們믄문 這

져져 裏리례 拴솬솬 馬마마 ○ 우리여긔 몰미리고 卸셔셔 下햐ᅘᅣ 行힝ᅘᅵᆼ 李리례

○ 行李부리오고 到닾당 飯반빤 店뎐뎜 裏리례 去취큐 ○ 밥店에가쟈 掌쟝쟝

積뀌귀的딍디 ○ 뎜쥬인아 先션션拿나나一황이盆뿐픈溫훈운水쉬쉬來
래레 ○ 몬져ᄒᆞᆫ소라더온믈가져오라 我어오要햫얀洗셰시臉렴련 ○ 내ᄂᆞᆺ씨스려ᄒᆞ
노라 再재재拿나나漱슣수口쿻쿠水쉬쉬來래레 ○ ᄯᅩ양치믈가져오라 客킹커
人싄인們믄믄洗셰시臉렴련了럏랴 ○ 나그내들ᄂᆞᆺ씨스라 店뎜뎐家갸쟈抹
뭥마卓좧조子즣즈 ○ 뎜쥬인아상ᄡᅳ스라 客킹커人싄인要햫얀喫킿치甚씸셔
麼뭐마茶짜차飯빤반 ○ 나그내므슴차반먹으려ᄒᆞᄂᆞᆫ다 我어오四ᄉᆞ스箇거거
人싄인 ○ 우리네사ᄅᆞᆷ에 炒챻찬三삼산十씽시錢쪈쳔的딍디羊양양肉슣류
○ 셜흔낫돈에羊肉을복고 取츄츄二싱을十씽시錢쪈쳔的딍디燒셯샤餅빙빙
來래레 ○ 스므낫돈에燒餅을가져오라 這져져湯탕탕淡땀단 ○ 이湯이슴거오니
有잉우鹽염얀醬쟝쟝拿나나些셔셔來래레 ○ 鹽醬잇거든져기가져오라 我

오어 自즈쯔 調댠떙 和허훠 喫치칭 ○우리 손조 석거 먹쟈 這져져 燒샾셜 餅빙빙

○이 燒餅이 一이힝 半반붠 冷릉링 一이힝 半반붠 熱여셩 ○半은 ᄎᆞ고 半은 더우

니 熱여셩 的디딩 留릭릥 下하ᅘᅣ 我오어 喫치칭 ○더온이란 두라 내 먹고 這

져저 冷릉링 的디딩 你니녜 拿나나 去취큐 ○이 ᄎᆞᆫ이란 네 가져가 火호훠 盆픈뿐

上샹쌍 烤캎캉 熱여셩 了랴럏 來레래 ○화로에 ᄧᅩ야 데여오라 咱자쟝 們므믄

飯반빤 也여여 喫치칭 了랴럏 ○우리 밥도 먹어다 給지긩 他타터 飯반빤 錢

쳔쪈 罷바빠 ○져믈 밥 갑주쟈 店뎐뎜 家쟈갸 來레래 會휘휘 錢쳔쪈 ○뎜쥬인아

와 돈 혜라 共궁궁 該개개 多도더 少샾셥 ○대되 ᄒᆡ오 니언머고 二슬싈 十시씽 錢

쳔쪈 燒샾셜 餅빙빙 ○스므낫 돈에 燒餅이오 三산삼 十시씽 錢쳔쪈 羊양양 肉

류숭 ○설흔낫 돈에 羊肉이니 共궁궁 該개개 五우우 十시씽 錢쳔쪈 ○대되 ᄒᆡ오

이니 로쉰 라낫 돈

咱장자 們믄믄 快쾌쾌 上쌍샹 朶더도 子즈즈 走즐주 罷빠바 ○ 비우 짐리 시밧

쟈러 녜 日잉싀 頭뜰투 晌샹샹 午우우 矬쭤초 了럏랴 ○ 계히 엿낫 다이 有잉우

些셔셔 熱쎻여 ○ 이져 잇기 고더 온 喫킹치 了럏랴 些셔셔 乾건간 東둥둥 西

셰시 ○ 먹져 어기 뎌므 니론 것 有잉우 些셔셔 渴컹커 ○ 룸저 이기 잇목 다므 前쪈쳔

頭뜰투 不뿡부 遠원원 ○ 지앏 아흐 니로 게머 有잉우 箇거거 草찰찬 房빵방 店

텸뎐 ○ 이흐 이초 시가 니 店 到당닫 那너나 裏례리 ○ 가제 咱장자 們믄믄 喝힝허

幾계지 盞잔잔 酒징직 解개계 渴컹커 ○ 먹우 어리 解여 渴러 ᄒᆞ잔 고술 歇혛혀 息

싱시 牲싱승 口큳쿠 ○ 오즘 고싱 쉬 暫짬잔 卸셔셔 下쌰하 行힝힝 李례리 ○

부잠 리깐 오行 고李 喝힝허 幾계지 盞잔잔 酒징직 再재재 去큐취 ○ 술여 먹러 고잔

쟈 또 가 賣매매 酒징직 的딩디 ○ 술 풀리아 打다다 二싱을 十씽시 錢쪈쳔 的

딩디 酒징직 來래레 ○ 스므낫 돈에 술을 가져오라 客킹커 人인인 們문믄 ○ 나그

닋들 這져져 是씽시 二싱을 十씽시 錢쪈쳔 的딩디 酒징직 ○ 이 스므낫 돈에 술이

라 酒징직 好항한 麼뭐마 ○ 술이 죠ᄒᆞ냐 不붕부 是씽시 黃쫭황 酒징직 ○

이 黃酒ㅣ 아니오 是씽시 乾건간 乾건간 的딩디 燒셩샤 酒징작 ○ 이 된 燒酒ㅣ니

雖쉬쉬 是씽시 海해해 量량량 ○ 비록 海量이라도 喝헝허 一힝이 鍾즁중 就

쯩직 醉쥐쥐 了령랸 ○ ᄒᆞᆫ 잔 먹으면 곳 醉ᄒᆞ리라 你녜니 先션션 嘗쨩창 看칸칸 ○

네 몬져 맛보아 若샵쇼 不붕부 好항한 ○ 만일 죠치 아니ᄒᆞ커든 你녜니 別뼝벼 還횐환

錢쪈쳔 ○ 네 돈을 갑지 말라 將쟝쟝 就찡직 喫킹치 的딩디 過궈고 ○ 두어라 먹

쟈 有일우 甚씸서 麼뭐마 好항한 下햐하 酒징직 菜채채 ○ 아므란 죠흔 안쥬 잇

거든 拿나나 些셔셔 來래레 ○ 져기 가져오라 我오어 這져져 裏리려 有우잉 的

디딩 只즈징 是시씽 塩얀염 瓜과과 ○ 우리 여긔 잇ᄂᆞᆫ 거시 그저 이 저린 외라 且쳐쳐

取츄츄 些셔셔 來레래 ○ 또 져기 가져오라 那나너 酒쥐짐 要얀향 熱서셩 喫

치칭 麽마뭐 ○ 져 술을 더온이로 먹을싸 罷바빠 罷바빠 ○ 두어 두어 我오어 只즈징

涼량량 喫치칭 ○ 내 그저 ᄎᆞᆫ이로 먹으리라

大다때 哥거거 先션션 喫치칭 一이힝 盞잔잔 ○ 큰형아 몬져 ᄒᆞᆫ 잔 먹으라 大다때

哥거거 受ᄉᆞ씽 禮리례 ○ 큰형아 禮롤 바드라 你니녜 敢간감 年년년 紀기계 大

다때 ○ 네 나히 만ᄒᆞᆫ 듯ᄒᆞ니 怎즘즘 麽마뭐 受ᄉᆞ씽 禮리례 ○ 엇지 禮롤 바드리오 大

다때 哥거거 你니녜 貴귀귀 壽ᄉᆞ씽 ○ 큰형아 네 귀ᄒᆞᆫ 나히여 我오어 今긴김 年

년년 三산삼 十시씽 五우우 歲쉬쉬 ○ 내 올히 셜흔 다ᄉᆞᆺ이로라 我오어 纔재째 三

산삼 十시씽 二을싱 歲쉬쉬 ○나ᄂᆞᆫ ᄀᆞᆺ셜흔둘이라 大다때 哥거거 你니녀 年년년

紀기계 大다때 ○큰형아네 나히만하 大다때 我오어 三산삼 歲쉬쉬 ○내게 세힛

못이 너 應잉힝 該개개 受삭씽 禮리례 ○응당禮로 바드리라 我오어 雖쉬쉬 是

시씽 年년년 紀기계 大다때 ○네비록나 히만ᄒᆞ나 怎즘즘 麼마뭐 便변뼨 受삭씽

禮리례 ○엇지곳禮로 바드리오 咱자장 們믄문 都두두 起치켸 來레래 ○우리

다니러 大다대 家쟈갸 同퉁뚱 喫치킹 罷바빠 ○대되ᄒᆞᆫ가 지로먹쟈 那나너 麼

마뭐 敎쟌걒 你니녀 受삭씽 禮리례 ○그러면녈로ᄒᆞ여 禮로바드라호ᄃᆡ 堅견견 執

지징 不부봉 肯큰킹 ○堅執ᄒᆞ고즐 겨아니ᄒᆞ니 如유유 今긴김 要얀혐 你니녀 滿

만뭔 飮인힘 一이힝 盞잔잔 ○이제널로ᄒᆞ여ᄆᆞ득 이ᄒᆞᆫ잔먹게ᄒᆞᄂᆞ니 不부봉 可커커

留릭링 一이힝 點뎐뎜 底디뎨 酒쥐징 ○可히一點ᄃᆡ쥬롤 머무로지말라 咱자장

們문믄且쳐쳐不붕부要얗야講걍쟝禮례리○우리ᄯᅩ禮ᄅᆞᆯᄎᆞᆯ호지말고喫킹치

一힝이盞잔잔罷빠바○ᄒᆞᆫ잔먹자喫킹치完훤완了럏랴酒징쥐○술먹기ᄆᆞᆺ

차다會휘휘了럏랴酒징쥐錢쪈쳔去큐취罷빠바○술갑혜고가자

賣매매酒징쥐的딍디○술ᄑᆞᄂᆞᆫ이야來래레會휘휘錢쪈쳔○와돈혜라這

져저的딍디五우우分분븐銀인인子즈즈○이오ᄑᆞᆫ은이니貼텽텨六룽릭箇

거거錢쪈쳔給깅지我어오○여ᄉᆞᆺ낫돈을거스려나ᄅᆞᆯ주고려大때다哥거거給

깅지些셔셔好항한銀인인子즈즈○큰형아져기죠ᄒᆞᆫ은을주고려這져져銀인인

只징즈是씽시八방바成찡칭○이八成銀이니다만怎즘즘麽뭐마使싱시

的딍디○엇지ᄡᅳ리오似씅스這져져樣양양銀인인子즈즈還훤환嫌현현

甚씸셔麽뭐마○이런銀을도로혀므어슬ᄂᆞ므라ᄒᆞᄂᆞᆫ다細셰시絲승스分분븐明

밍밍 都두두 有우잉 ○細絲ㅣ分明ᄒᆞ다 이시니 怎즘즘 麼마뭐 使시싱 不부붕 得

더딍 ○엇지 ᄡᅳ지 못ᄒᆞ리오 你니녜 不부붕 識시싱 銀인인 子즈즈 ○네 은을 아지 못

ᄒᆞ거든 敎쟌쟝 別벼뼝 人인신 看칸컨 ○다ᄅᆞᆫ 사ᄅᆞᆷ ᄒᆞ여 뵈라 我오어 怎즘즘 麼

마뭐 不부붕 識시싱 銀인인 子즈즈 ○내 엇지 은을 아지 못ᄒᆞ여 爲위위 甚셔씸 麼

마뭐 敎쟌쟝 別벼뼝 人인신 看칸컨 ○므슴ᄒᆞ라 다ᄅᆞᆫ 사ᄅᆞᆷ ᄒᆞ여 뵈리오 換환훤 錢

쳔쪈 不부붕 折셔쎵 本븐분 就직찍 罷바빠 ○돈을 밧고 아밋지지 아니ᄒᆞ면 곳 무던ᄒᆞ

다 你니녜 自즈쯔 另링링 換환훤 五우우 分븐분 銀인인 子즈즈 與위유 我

오어 便변뼌 是시씽 ○네 별로 오픈 은을 밧고와 나ᄅᆞᆯ 주미 곳 올ᄒᆞ니 不부붕 用융융 多

도더 說숴쉉 ○말한양 말라 這져져 賣매매 酒직짇 的디딍 也여여 歪왜왜 纏

쳔쪈 ○이 술 ᄑᆞᄂᆞᆫ 이 ᄯᅩ 싯구기ᄒᆞ다 這져져 㨾양양 好한항 銀인인 子즈즈 ○이련

죠흔 은을 還환ᅘᅪᆫ 說쉬숴 使시ᄉᆞ 不부부 得더드 ○ 도로혀 ᄡᅳ지 못ᄒᆞ리라 니ᄅᆞᄂᆞ다

今긴깅 早잔잘 喫치킹 飯반뽠 處츄츄 ○ 오ᄂᆞᆯ 아ᄎᆞᆷ밥 먹은 곳에셔 找잔좡 來래레

的디딩 銀인인 子ᄌᆞ즈 ○ ᄎᆞ자온 은이라 罷바빠 罷바빠 ○ 두어 두어 將장쟝 就

직찡 留릭릳 下하ᅘᅣ 罷바빠 ○ 두어라 ᄒᆞ 여두쟈 便변뼌 使시ᄉᆞ 不부부 得더드

也여여 罷바빠 了랴렬 ○ 곳 ᄡᅳ지 못ᄒᆞ여도 무던ᄒᆞ다 你니녜 說쉬숴 甚셔씸 麼

마뭐 話화ᅘᅪ ○ 네 므ᄉᆞᆷ 말 니ᄅᆞᄂᆞ다 若쇼샹 是시씨 使시ᄉᆞ 不부부 得더드 ○ 만일

ᄡᅳ지 못ᄒᆞ량이면 你니녜 肯큰킹 要얀향 麼마뭐 ○ 네 즐겨 바드라

打다다 了랴렬 朶도더 子즈ᄌᆞ 走주ᄌᆞᇢ 罷바빠 ○ 집시러 네샤 日시싀 頭투ᄯᅳᇢ

已이이 到단당 午우우 後후ᅘᅮᇢ 了랴렬 ○ ᄒᆡ 임의 午後ㅣ 되엿고 這져져 裏리례

離리례 城칭찡 還환ᅘᅪᆫ 有우잉 五우우 里리례 路루루 ○ 예셔 城ᄭᅴ 이 도로혀 五里

길히 이시니 着짱쟈 兩량량 箇거거 在쨰재 後흫후 赶건간 牲싱승 口큫쿠 來

래레 ○ 돌로 ᄒᆞ여 뒤ᄒᆡ셔 즘싱 모라오게 ᄒᆞ고 我어오 同뚱퉁 一힝이 箇거거 火훠호

伴뻔번 先션션 去큐취 ○ 내 ᄒᆞᆫ 벗과 몬저 가 尋씸신 箇거거 好함한 店뎜뎐 占

뎜뎐 住쮸쥬 下햐하 處츄츄 ○ 죠ᄒᆞᆫ 店을 어더 머믈 곳을 뎡ᄒᆞ고 再재재 來래레 迎

잉잉 接졍져 伱녜니 們문믄 如슈슈 何혀허 ○ 또 너희를 마즘이 엇더ᄒᆞ뇨 咱장자

們문믄 先션션 說숴쉬 定띵딩 着쨩져 ○ 우리 몬저 닐러 定ᄒᆞ여시니 只짓즈 投

뚷투 順쓘슌 城찡칭 門문믄 官권관 店뎜뎐 裏려리 下햐하 去큐취 ○ 그저 順城

門官店에 부리오라 가쟈 那너나 麼뭐마 着쨩져 ○ 그러면 伱녜니 兩량량 箇거거

先션션 去큐취 ○ 너희 둘히 몬저 가라 我어오 兩량량 箇거거 後흫후 頭뜰투 慢

만만 慢만만 的딩디 赶건간 牲싱승 口큫쿠 去큐취 ○ 우리 둘히 뒤ᄒᆡ 날회여 즘싱 모

라갈새시니 先션션 去취큐 躧채채 店뎐뎜 的디딩 ○ 몬져가집 잡으니 出츄츙

來레래 接져졍 着져쟣 我오어 們믄문 罷바빠 ○ 나와 우리를 마즈라 咱자쟝 們

믄문 快쾌쾌 快쾌쾌 走주즇 罷바빠 ○ 우리 밧비 가쟈 比비비 及기끼 到닾당 那

나너 裏리레 尋신씸 了랸렬 店뎐뎜 ○ 제가 店을 ᄎᆞᄌᆞ매 밋ᄎᆞ면 後후흫 頭투뜰 的

디딩 那나너 兩량량 箇거거 也여여 好한항 到닾당 來레래 了랸렬 ○ 뒤히 져둘

도됴히 밋ᄎᆞ오리라

店뎐뎜 主쥬쥬 人인신 家쟈갸 ○ 店主人아 我오어 們믄문 後후흫 頭투뜰 ○

우리 뒤히 還환홴 有우잏 幾지계 箇거거 火호훠 伴번뻔 ○ 도로혀 여러 벗이 이셔

趕간건 着져쟣 幾지계 匹피핑 馬마마 來레래 ○ 여러 匹 몰을 모라오니 你니녜

這져져 店뎐뎜 裏리레 ○ 네 이 店에 可커커 下햐햐 我오어 們믄문 麼마뭐 ○

가히 우리를 부리올ᄯᆞ리 你녜니 通퉁퉁 共꿍궁 幾계지 箇거거 人신인 幾계지 匹핑피 馬마마 ○네 대되 몃 사ᄅᆞᆷ에 몃 몰고 我어오 們믄믄 四ᄾᆞ스 箇거거 人신인 十씽시 匹핑피 馬마마 ○우리 네 사ᄅᆞᆷ에 열 몰이라 車쳐처 子즈즈 有잉우 沒무무 有잉우 ○술위 잇ᄂᆞ냐 업ᄂᆞ냐 車쳐처 子즈즈 沒무무 有잉우 ○술위 업다 這저저 們믄믄 的디딩 好한할 下햐ᅘᅣ 的디딩 ○이러면 부리오기 죠타 那나너 東둥둥 邊변변 有잉우 一이잉 間간갼 空쿵쿵 房빵방 子즈즈 ○져 동편에 ᄒᆞᆫ 간 뷘 방이 이시니 你니녜 看칸권 去취큐 ○네 가 보라 你니녜 帶대대 我오어 看칸권 看칸권 去취큐 ○네 나ᄅᆞᆯ ᄃᆞ려 가 보라 我오어 忙망망 沒무무 工궁궁 夫부부 去취큐 ○나ᄂᆞᆫ 밧바 갈 겨를이 업스니 你니녜 自ᄍᆞ즈 看칸권 去취큐 罷바빠 ○네 손조 보라 가라 悞우우 了랴려ᇢ 你니녜 多도더 少샤셩 工궁궁 夫부부 ○네 언머 겨를을

그리 오롯치 到 단당 那 나너 裏 리레 看 칸권 了 랴령 房 방빵 子 즈즈 ○ 제가 집을

보아 中 즁즁 意 이이 不 부붕 中 즁즁 意 이이 ○ 뜻에 마즈나 뜻에 맛지 아니나 不 부붕

過 고궈 一 이잉 句 귀규 話 화홰 就 직찍 完 완훤 了 랴령 ○ 不過 ᄒᆞᆫ 구 말에 곳 못ᄎᆞ리

라 這 져져 麼 마뭐 同 퉁뚱 你 니녜 去 취큐 看 칸권 一 이잉 看 칸권 ○ 이러면 너

와 ᄒᆞᆫ가지로 가 보쟈 你 니녜 這 져져 房 방빵 子 즈즈 ○ 네 이 집은 可 커커 以 이이 勾

구긍 住 쥬쮸 了 랴령 ○ 可히 넉넉이 머믈려니와 你 니녜 這 져져 裏 리레 茶 차짜 飯

반빤 如 유슈 何 허혀 ○ 네 여긔 차반은 엇더ᄒᆞᆫ고 茶 차짜 飯 반빤 麼 마뭐 ○ 차반은

因 인힌 我 오어 店 뎐뎜 小 샨셩 兒 을싱 新 신신 近 긴낀 出 츄츙 去 취큐 了 랴령

○ 우리 店에 아희들이 요ᄉᆞ이 나가시므로 委 위위 實 시싱 沒 무뭉 人 인신 料 랴령 理

리레 ○ 진실로 출홀 사ᄅᆞᆷ이 업스니 你 니녜 客 커킈 人 인신 們 믄문 自 즈ᄍᆞ 做 주주

飯 뻔반 喫 킹치 罷 빠바 ○ 너희 나그ᄂᆡ들 손조 밥 지어 먹으라 我 어오 們 믄믄 若 샹요

自 쯔즈 做 주주 飯 뻔반 喫 킹치 ○ 우리 만일 손조 밥 지어 먹으면 鍋 궈고 竈 잠잔 椀

원완 楪 뎡뎌 都 두두 有 잉우 麼 뭐마 ○ 가마 자리와 사발 졉시 다 잇ᄂᆞ냐 那 너나 箇

거거 你 녜니 放 방방 心 심신 ○ 그란 네 放心ᄒᆞ라 都 두두 有 잉우 ○ 다 잇다 旣

계지 這 저저 等 딍등 便 뼌편 當 당당 ○ 이믜 이리 便當ᄒᆞ면 我 어오 迎 잉잉 接 졍져

火 훠호 伴 뻔번 去 큐취 ○ 내 벗을 마즈라 가쟈

你 녜니 兩 량량 箇 거거 到 당닫 這 저저 裏 례리 多 더도 少 셤샤 時 씽스 候 흫후

○ 너희 둘이 여긔 완 지 언머 ᄯᅢ나 ᄒᆞ뇨 我 어오 們 믄믄 纔 째채 到 당닫 這 저저 裏 례리

○ 우리 ᄀᆞᆺ 여긔 왓노라 待 때대 要 향얀 尋 씬신 你 녜니 去 큐취 ○ ᄒᆞ마 너롤 ᄎᆞ즈라 가

려 ᄒᆞ더니 你 녜니 却 캬거 來 래레 了 럏랴 ○ 네 ᄯᅩ 나다 오 店 뎜뎐 在 째재 那 너나

裏 례리 ○ 店이 어ᄃᆡ 잇ᄂᆞ뇨 在 째재 那 너나 西 셰시 頭 뜰투 ○ 져녁편에 잇다 行

헹힝 李 례리 都 두두 搬 뷘반 進 진진 來 래레 ○ 行李를 다 옴겨 드리고 把 바바 馬

마마 絟 솬솬 了 럏랸 ○ ᄆᆞᆯ을다가 ᄆᆡ고 且 쳐쳐 不 붕부 要 햘얀 摘 쥥재 鞍 헌안 子

즈즈 ○ 아직 기ᄅᆞ마 벗기지 말고 你 네니 去 큐취 問 룬운 主 쥬쥬 人 신인 家 갸쟈 ○

네 가 主人ᄃᆞ려 무러 要 햘얀 幾 계지 領 링링 席 씽시 子 즈즈 草 창찬 薦 젼젼 來 래레

○ 여러 닙 삿과 집지즑을 어더 오고 就 찧쥐 拿 나나 笤 턍탸 箒 짛쥐 來 래레 掃 샇산

地 떼디 ○ 곳ᄂᆞᆺ뷔 가져다가 ᄯᅡ ᄡᅳᆯ고 行 헹힝 李 례리 且 쳐쳐 不 붕부 要 햘얀 搬 뷘반

進 진진 去 큐취 ○ 行李를 아직 옴겨 가지 말고 等 딍등 鋪 푸푸 了 럏랸 席 씽시 子

즈즈 草 창찬 薦 젼젼 ○ 삿과 집지즑 펴기롤 기ᄃᆞ려 再 재재 搬 뷘반 進 진진 去 큐취

○ 다시 옴겨 가라

客 킈커 人 신인 們 믄믄 ○ 나그ᄂᆡ들 你 녜니 這 져져 馬 마마 要 햫얖 賣 매매 麼 뭐마 ○ 네 이 ᄆᆞᆯ을 폴려 ᄒᆞᄂᆞᆫ다

是 씽시 我 어오 要 햫얖 賣 매매 的 딩디 ○ 올ᄒᆞ니 내 폴려 ᄒᆞ노라

你 녜니 既 계지 要 햫얖 賣 매매 ○ 네 이믜 폴려ᄒᆞ면

也 여여 不 붕부 必 빙비 你 녜니 往 왕왕 市 씽시 上 썅샹 去 큐취 ○ 또 구ᄐᆞ여 네 市上에 가자 말고

只 징즈 在 째재 這 져져 店 뎜뎐 裏 례리 放 방방 着 쨯져 ○ 그저 이 店에 노하두라

我 어오 與 유위 你 녜니 尋 씸신 箇 거거 主 쥬쥬 兒 싈을 來 래레 ○ 내 너ᄅᆞᆯ 위ᄒᆞ여 남자 어더 와

就 쯯작 都 두두 賣 매매 了 럏랸 ○ 즉시 다 폴게 ᄒᆞ쟈

罷 빠바 罷 빠바 ○ 두어 두어

到 닿닫 明 밍밍 日 싕이 再 재재 說 쉃숴 話 홯화 ○ ᄂᆡ일 다ᄃᆞ라 다시 말ᄒᆞ쟈

咱 쟝자 這 져져 馬 마마 一 힝이 路 루루 來 래레 ○ 우리 이 ᄆᆞᆯ이 길에 오노라

每 뮈믜 日 싕이 走 즘주 路 루루 很 흔흔 辛 신신 苦 쿠쿠 ○ 每日에 길ᄃᆞ녀 ᄆᆡ장 슈고ᄒᆞ고

又

우잉 喂위위 不부붕 到닷닿 ○ 또 먹이기를 잇긋 못ᄒᆞ니 故구구 此ᄎᆞ츠 都두두 沒

무뭉 甚셔씸 麼마뭐 膘뱌뱧 ○ 그러므로 다 아모란 솔이 업스니 就직찍 到닷닿 市

시씽 上샹썅 去취큐 ○ 뭇 市上에 가면 市시씽 上샹썅 人인신 也여여 出츄츙 不

부붕 上샹썅 價가갸 錢쳔쪈 ○ 市上 사ᄅᆞᆷ이 또 갑슬 도 도 내지 아닐새시니 咱자쟝 們

믄문 多도더 給지깅 草챂찰 料랴럏 ○ 우리 만히 草料를 주어 好화항 生승싱 喂

위위 幾지계 日시싀 ○ ᄀᆞ장 여러 날 먹여 再재재 出츄츙 脫토퉁 他타터 也여여

不부붕 遲치찌 了랴렿 ○ 다시 쳐치ᄒᆞ여도 더ᄃᆡ지 아니ᄒᆞ리라 你니ᄂᆡ 說슈숴 的

디딩 是시씽 ○ 네 니ᄅᆞ미 올타 我오어 心신심 裏리레 也여여 這져저 們믄문 想

샹샹 着져쨩 ○ 내 ᄆᆞᄋᆞᆷ에도 이리 싱각ᄒᆞ엿더니라 我오어 又우잏 有우잏 人인신 蔘

슨슴 毛맏망 藍란람 布부부 ○ 또 人蔘과 모시뵈 이시니 明밍밍 日시싀 打다다

聽 팅팅 價 갸갸 錢 쳔쪈 ○ ᄂᆡ일 갑슬 듯보아 若 쇼샵 價 갸갸 錢 쳔쪈 好 할핳 ○

만일 갑시 죠커든 就 직찡 賣 매매 了 랴령 ○ 즉시 ᄑᆞᆯ고 若 쇼샵 價 갸갸 錢 쳔쪈 十

시ᅀᅵᆼ 分 븐분 的 디딩 賤 젼쪈 ○ 만일 갑시 ᄀᆞ장 賤ᄒᆞ거든 且 쳐쳐 停 팅띵 些 셔셔 日

싀ᅀᅵᆼ 子 즈ᅏᅳᆼ 再 재재 賣 매매 ○ 또 져기 날을 머므러 다시 ᄑᆞ쟈 伱 니녀 那 나너 裏 리려

打 다다 聽 팅팅 去 츄큐 ○ 네 어듸 듯보라 가려 ᄒᆞᄂᆞ다 那 나너 吉 기깅 慶 킹킹 店

뎐뎜 裏 리려 有 우읻 我 오어 的 디딩 相 샹샹 識 시싱 ○ 져 吉慶店에 우리 서로 아ᄂᆞ니

이시니 我 오어 到 댜당 那 나너 裏 리려 問 운문 去 츄큐 ○ 내 져긔 무르라 가쟈 這

져져 麼 마뭐 的 디딩 ○ 이러면 到 댜당 明 밍밍 日 싀잉 咱 자쟝 們 믄문 同 퉁뚱 姓

去 츄큐 ○ 내일 다ᄃᆞᆺ 거든 우리 ᄒᆞᆷ씌 가쟈 伱 니녀 兩 랑량 箇 거거 看 칸컨 着 져쨯 牲

승싱 口 쿠큫 ○ 너희 둘히 즘ᄉᆡᆼ을 보라 我 오어 兩 랑량 箇 거거 到 댜당 城 칭찡 裏

리 레

去 큐 취 就 찡 직 來 래 레 ○ 우리둘히城에 가즉시오마

六十五

本面落張

老乞大諺解

下

重중충刊[illegible]老랄로乞깅기大때다諺연연解개계下햐하

大때다哥거거作잡조揖힝이了령랴 ○ 큰형아 揖ᄒᆞ노라 這져져店뎜뎐[illegible]

[illegible]賣매매毛맘만藍람란布부부的딩디朝쟝챤鮮션션客킈커人신인 [illegible]

[illegible]舍셔셔有임우麽뭐마 ○ 이店에 모시뵈 ᄑᆞᆯ 朝鮮ㅅ 나그내 李가ㅣ 잇ᄂᆞ냐 你녜니

尋씸신他터타怎즘즘麽뭐마 ○ 네 져를 ᄎᆞ자 므슴 ᄒᆞᆯᄯᅡ 我어오是씌시他터타

的딩디親친친戚칭치 ○ 나ᄂᆞᆫ 이 져의 권당이니 纔째채從쫑충朝쟝챤鮮션션

地떼디方방방來래레 ○ ᄀᆞᆺ 朝鮮ㅅ 다ᄒᆞ로조차 왓노라 纔째채[illegible]상강出츄츄門

문믄 ○ ᄀᆞᆺ 門에 나 往왕왕羊양양市씌시角갸교頭뜰투去큐취了[illegible] ○ 羊

제 모롱이로 향ᄒᆞ여 가시니 他터타說숴쉬就쪽주廻휘휘來래레 ○ [illegible]

도라오마 ᄒᆞ여시니 你녜니且쳐셔在째새外왜왜頭뜰투 ○ 네 아직 [illegible]

딍등 一 힝이 會 휘휘 再 재재 來 래레 ◯ 흔지위기드려다시오라 他 터타 旣 계지 在

왕왕 羊 양양 市 씽시 角 걒교 頭 뜰투 去 큐취 ◯ 제이믜羊市세모룽 이롤향ᄒᆞ여가시니

루루 路 又 잉우 不 봉부 遠 웬원 ◯ 길히또머지 아니ᄒᆞ니 我 어오 只 ᄼᆞ스 在 째재

져져 這 裏 례리 等 딍등 他 터타 罷 빠바 ◯ 내그저예이셔 져롤기ᄃᆞ리쟈 憑 삥핑 你

니니 等 딍등 着 쨮져 罷 빠바 ◯ 네대로기 ᄃᆞ리라 他 터타 在 째재 那 너나 箇 거거

房 빵방 子 ᄌᆞ즈 裏 례리 住 쮸쥬 ◯ 제어ᄂᆡ방의 셔머므ᄂᆞ뇨 那 너나 西 셰시 南 남난

角 걒교 上 썅샹 ◯ 져西南 모롱이 芭 바바 籬 례리 門 문믄 南 남난 邊 변변 ◯ 바ᄌᆞ

門남 녁 小 셜샤 板 반반 門 문믄 便 뼌변 是 씽시 ◯ 젹은널門 이곳이라 他 터타

츙츄 去 큐취 了 령랸 ◯ 제나가 시면 看 권칸 家 갸쟈 的 딍디 有 잉우 麽 뭐마 ◯

집보리 잇ᄂᆞ니 有 잉우 箇 거거 後 흫후 生 싱승 在 째재 這 져져 裏 려리 ◯ 흔져 므니

1b

이셔예 잇더니 如유유今긴김不부붕見견견○이제 업스니 敢간간是시씽出
츄츙去취큐了랴령○나간 돗ᄒᆞ다
伱니녀從충쯍朝챺졍鮮션션地디뎨方방방來레래○네 朝鮮ㅅ ᄯᅡ흐로조차 오
시면 有우잉甚셔씸麽마뭐帶대대來레래的디딩貨호훠物우뭉○므슴 가져
온 貨物이 잇ᄂᆞ냐 我오어帶대대幾지계匹피핑馬마마來레래○내 여러 필 ᄆᆞᆯ을
가져 왓노라 再재재有우잉甚셔씸麽마뭐○또 무서시 잇ᄂᆞ냐 沒무뭉有우잉
別벼뼝的디딩○다른 거시 업고 還환훤有우잉些셔셔人인싄蔘슨슴毛마망
藍란람布부부○도로혀 져기 人蔘과 모시뵈 이시니 如유유今긴김價가갸錢천쪈
如유유何허허○이제 갑시 엇더ᄒᆞ뇨 布부부價가갸是시씽往왕ᅌᅡᇰ年년년一
이힝樣양양○뵈ㅅ 갑슨 往年과 ᄒᆞᆫ가지로 되 人인싄蔘슨슴正징징缺쥐퀑少샤셩

○人蔘이正히업스니所소수以이이價갸갸錢쳔쪈狠흔흔好한할○이러므로

갑시마장죠흐니라如슈유今긴김賣매매多도더少샤셩○이제언머에ᄑᆞᄂᆞ뇨往

왕왕年년년只즈징是시씌三산삼錢쳔쪈一이잉斤긴긴○往年은그저서돈에

ᄒᆞᆫ근이러니如슈유今긴김因인힌没무믕有우임賣매매的디딩○이제풀리

업슴으로五우우錢쳔쪈一이잉斤긴긴家쟈갸○닷돈에ᄒᆞᆫ근식이라도也여여

没무뭉處츄츄尋신씜○또어들곳업ᄂᆞ니라你니녜那나너根근근子즈즈是

시씌那나너裏리례的디딩○네져人蔘이이어딋것고我오어的디딩是시씌新

신신羅로러蔘ᄉᆞᆫ숨○내ᄒᆞᄂᆞᆫ이新羅人蔘이라新신신羅로러蔘ᄉᆞᆫ숨狠흔흔好

한항○新羅人蔘이면ᄀᆞ장죠ᄒᆞ니怕파파有우임甚서씸麽마뭐賣매미不부붕

出츄츙去취큐○므슴ᄑᆞᆯ지못ᄒᆞᆯ까저프미이시리오你니녜不부붕知지징道다땅

○네아지몯ᄒᆞ다 這저져 幾계지 年년년 我어오 們문믄 那너나 裏례리 ○이여러ᄒᆡ우리져긔 挖화와 梆방방 槌쮜취 的딩디 少셯샾 ○손킈리적으미 所수소 以이이 價갸갸 錢쪈쳔 狠흔흔 貴귀귀 了럏랸 ○이러모로갑시ᄀᆞ장貴ᄒᆞ니라 萬눈완

一힝이 在째재 先션션 一힝이 樣양양 的딩디 價갸갸 錢쪈쳔 麼뭐마 ○一萬이젼과ᄒᆞᆫ가지갑시면 一힝이 定띵딩 虧퀴퀴 本분븐 ○一定믿질새시니 誰쒸쉬 肯큉큰 帶대대 來래레 呢녜니 ○뉘즐겨가져오리오

那너나 箇거거 不봉부 是씽시 李례리 舍셔셔 來래레 了령랸 ○져아니李가ㅣ오ᄂᆞ냐 好함한 麼뭐마 好함한 麼뭐마 ○편안ᄒᆞ냐편안ᄒᆞ냐 你녜니 幾계지 時씽스 來래레 的딩디 ○네언제오니고 家갸쟈 裏례리 都두두 好함한 麼뭐마 ○집이다편안ᄒᆞ냐 我어오 家갸쟈 裏례리 好함한 ○내집이편안ᄒᆞ여라 我어오 到

단당 下하햐 處츄츄 去취큐 ○ 내下處에가자 請칭칭 裏리레 頭투뜽 坐조쮜 ○

請컨대안히안즈라 你니녜 多도더 站잔잠 從충쭝 王왕왕 京징깅 來레래 的디당

○ 네언제王京으로셔조차온이고 我오어 七치칭 月워웡 初추추 頭투뜽 起치켸

身신신 的디당 ○ 내七月초싱에떠는이라 却커캬 怎즘즘 麼마뭐 這저저 時스씌

候후흫 纔채쨰 到단당 來레래 ○ 또엇지이제야곳온다 我오어 在재쨰 路루루

上샹샹 走주즘 得더듸 慢만만 ○ 내길히셔날호여왓노라 我오어 家자갸 裏리레

有우잉 書슈슈 信신신 來레래 麼마뭐 ○ 우리집의書信이이셔왓ᄂᆞ냐 有우잉 書

슈슈 信신신 帶대대 來레래 了랴럏 ○ 書信이이셔가져왓노라 這저저 書슈슈 上

샹샹 寫셔셔 的디당 ○ 이글에쓴거시 不부봉 大다때 詳샹썅 細시세 ○ ᄀᆞ장詳細

치아니ᄒᆞ니 你니녜 來레래 時스씌 ○ 네올ᄯᅢ예 我오어 父부뿌 親친친 ○ 우리

父親 母무무 親친친 ○ 母親 伯버빙 父부뿌 ○ ᄆᆞᆺ아자비 叔수슝 父부뿌 ○ 아ᄋᆞ
아자비 大다때 娘냥냥 ○ ᄆᆞᆺ아자븨쳐 嬸신심 子즈ᅎᆞ ○ 아ᄋᆞ아자븨쳐 姐져져
姐져져 ○ ᄆᆞᆺ누의 姐져져 夫부부 ○ ᄆᆞᆺ누의남편 二을ᅀᅵ 哥거거 ○ 둘재형
三산삼 哥거거 ○ 셋재형 嫂산상 子즈ᅎᆞ ○ 형의쳐 妹미뮈 子즈ᅎᆞ ○ 아ᄋᆞ
누의 兄흉훵 弟디뎨 們믄문 ○ 아ᄋᆞ들이 都두두 好한할 麼마뭐 ○ 다편안ᄒᆞ더냐
都두두 好한할 ○ 다편안ᄒᆞ더라 這져져 樣양양 都두두 好한할 ○ 이리다편안ᄒᆞ
량이면 休후힝 道단땅 黃황황 金긴김 貴귀귀 ○ 黃金을貴타니ᄅᆞ지말라 安안헌
樂러랍 直지찡 錢쳔쪈 多도더 ○ 安樂호미갑빰이하니라 恠괘괘 道단땅 ○ 고이
ᄒᆞ다 今긴김 日시싱 早잔장 起치켸 ○ 오ᄂᆞᆯ아ᄎᆞᆷ에 喜시히 鵲챠챵 亂뤈뤈 噪
산상 ○ 喜鵲이어즈러이울고 又우잉 打다다 嚔디뎨 噴픈푼 ○ 또ᄌᆞ취옴ᄒᆞ더니

果궈고然연얀有잉우親친친戚칭치來래레 ○ 果然 권당이 이셔 오고 又잉우

有잉우書슈슈信신신 ○ 또 書信이 이시니 却캏캬不붕부說쉉숴 ○ 또 니ᄅᆞ지

아니ᄒᆞ엿ᄂᆞ냐 家갸쟈書슈슈直찡지萬완완金긴긴 ○ 家書ㅣ 萬金 ᄡᆞ다 ᄒᆞ엿ᄂᆞ니라

我어오的딍디賤쪈젼內뉘늬與유위小셜샿兒ᅀᅵᆯᅀᅳᆯ們믄믄 ○ 내 쳐와 다ᄆᆞᆺ 아

ᄒᆡ들이 都두두平뻥핑安헌안麼뭐마 ○ 다 平安ᄒᆞ더냐 都두두平뻥핑安헌안

○ 다 平安ᄒᆞ고 你녜니那너나小셜샿女뉴뉴兒ᅀᅵᆯᅀᅳᆯ ○ 네 그 젹은 ᄯᆞᆯ이 出츙츄

疹친친子즈ᄌᆞ ○ 되야기 나더니 我어오來래레時씌스都두두痊췬챤疴허커

了령랴 ○ 내 올 ᄢᅢ 다 나앗더라

你녜니帶대대甚씸셔麼뭐마貨훠호物웅우來래레 ○ 네 므슴 貨物을 가져온다

我어오帶대대幾계지匹핑피馬마마來래레 ○ 내 여러 필 ᄆᆞᆯ을 가져오고 又잉우

有잉우 些셔셔 人싄인 蔘슴슨 毛망모 藍람란 布부부 ○또 져기 人蔘과 모시뵈 이
시니 如슈슈 今김긴 價갸갸 錢쪈쳔 如슈슈 何허허 ○이제 갑시 엇더ᄒᆞ뇨 馬마마
的딩디 價갸갸 錢쪈쳔 與유위 布부부 的딩디 價갸갸 錢쪈쳔 往왕왕 常쨩챵
一힁이 㨾양양 ○ᄆᆞᆯ갑과 다ᄆᆞᆺ 뵈ᄉ갑시 져젹과 ᄒᆞᆫ가지로되 人싄인 蔘슴슨 價갸갸
錢쪈쳔 近낀긴 來래레 十씽시 分분븐 好할한 ○人蔘갑슨 요ᄉᆞ이 ᄀᆞ장 죠ᄒᆞ니라
你녀니 說쉉슈 的딩디 是씽시 ○네 니ᄅᆞ미 올타 纔째채 剛강강 這저저 店뎜뎐
裏레리 客킁커 人싄인 ○앗가 이 店에 나그늬 也여여 是씽시 這져져 般뷘번 說
쉉슈 ○또 이리 니ᄅᆞ더라 你녀니 同뚱퉁 幾계지 箇거거 火훠호 伴뻔번 來래레
○네 벗과 ᄒᆞᆫ가지로 온다 有잉우 兩량량 箇거거 火훠호 伴뻔번 ○두 벗이 이시되
都두두 是씽시 親친친 戚칭치 ○다 이 권당이니 一힁이 箇거거 是씽시 姑구구

舅귀낑 哥거거 哥거거 ○ ᄒᆞᆫ나ᄒᆞᆫ이姑舅의게난형이오 一이힝 箇거거 是시씽 兩

량량 姨이이 兄흉휭 弟디뗴 ○ ᄒᆞᆫ나ᄒᆞᆫ이兩姨의게난아이라 都두두 在재쨰 那나너

裏리례 下하햐 ○ 다어ᄃᆡ이셔ᄇᆞ리엇ᄂᆞ뇨 在재쨰 順슌쓘 城칭쪙 門믄문 外왜왜

街개개 北버븽 一이힝 箇거거 店뎐뎜 裏리례 下하햐 着져쨥 ○ 順城門밧거릿

北녁ᄒᆞᆫ店에이셔브리엇노라 幾지계 時스씽 到단당 這저져 裏리례 ○ 언제여긔온다

我오어 們믄문 昨조짱 兒을싈 箇거거 來레래 的디딩 ○ 우리어제온이라 你

니녜 這저져 幾지계 箇거거 火호훠 伴번뻔 來레래 ○ 네이여러벗이와 做주주

甚셔씸 麼마뭐 買매매 賣매매 ○ 므슴흥졍을ᄒᆞ고 又우잉 那나너 一이힝 箇

거거 火호훠 伴번뻔 是시씽 誰쉬쒸 ○ 또저ᄒᆞᆫ벗은이누구고 他타터 在재쨰 遼

랸령 東둥둥 這저져 邊변변 ○ 제遼東이편에서 我오어 同퉁뚱 他타터 作조잡

伴뻔번來래레 ○ 내 져와 ᄒᆞᆫ가지로 벗지어 왓노라 他터타也여여有잉우幾계지
匹핑피馬마마 ○ 져도 여러 필 ᄆᆞᆯ이 이셔 一항이同뚱퉁赶건간來래레要향얀
賣매매 ○ ᄒᆞᆫ디 모라와 ᄑᆞᆯ려 ᄒᆞᄂᆞ니라 他터타是씽시漢헌한人신인 ○ 져ᄂᆞᆫ 이 漢
ㅅ사ᄅᆞᆷ이니 在째재遼럏랸東뚱둥城찡칭裏례리住쮸쥬 ○ 遼東ㅅ城 안ᄒᆡ셔 사
ᄂᆞ니 我어오一항이路루루上썅샹 ○ 내 길ᄒᆡ 多더도虧퀴퀴得듸더他터타
幫방방助쭈주 ○ 만히 져의 돌봄을 힘닙어시니 我어오們믄믄不봉부會훼휘中
즁중國궈궈的딍디話화화 ○ 우리 中國人 말을 아지 못ᄒᆞ매 路루루上썅샹馬마마
的딍디草챂찬料럏랴倂빙빙下햐햐處츄츄 ○ 길ᄒᆡ ᄆᆞᆯ 집과 공과 다ᄆᆞᆺ 下處ᄅᆞᆯ 全
쮠춴仗쨩쟝這져져大때다哥거거替톄티我어오料럏랴理례리 ○ 젼혀 이 큰
형이 나ᄅᆞᆯ ᄀᆞᄅᆞ차 ᄎᆞ리믈 미덧노라 說숴쉬的딍디是씽시 ○ 니ᄅᆞ미 올타

我오어 且쳐쳐 到닫당 下햐햐 處츄츄 去취큐 ○ 내 아직 下處에 가노라 再재재

相샹샹 見견견 罷바빠 ○ 다시 서로 보쟈 且쳐쳐 停팅띵 些셔셔 時스씐 ○ 아직

져기 머믈라 咱자차 們믄문 聊랴럏 喝허헝 一이힝 杯븨뷔 酒작짛 ○ 우리 아직

혼잔 술 먹어 接져졍 風봉봉 不부붕 好하항 麼마뭐 ○ 마지ᄒᆞ미 죠치 아니ᄒᆞ랴 不

부붕 敢간감 當당당 ○ 敢히 當치 못ᄒᆞ여라 今긴김 日시싀 忙망망 ○ 오ᄂᆞᆯ은 밧브니

明밍밍 日시싀 再재재 奉봉뽕 擾샾셯 ○ ᄂᆡ일 다시 만나와 喝허헝 酒작짛 也

여여 不부붕 遲치찌 哩리례 ○ 술 먹어도 더듸지 아니ᄒᆞ다 既지계 這져져 麼마뭐

○ 이믜 이러면 明밍밍 日시싀 就직쯯 往왕왕 店뎐뎜 裏리례 尋신씸 你니녜

去취큐 ○ ᄂᆡ일 곳 店에 너롤 ᄎᆞᄌᆞ라 가 一이힝 發바봔 和허훠 你니녜 親친친 眷

권권 們믄문 ○ ᄒᆞᆷᄭᅴ 네 권당들과 一이힝 同퉁뚱 喝허헝 一이힝 兩량량 杯븨뷔

○ᄒᆞᆫ가지로 ᄒᆞᆫ두 잔 술을 먹쟈 我오어 送숑숭 伱니녀 到단당 外왜왜 頭투뜰 去취큐 ○내 너를 보내라 밧긔 가쟈 不부붕 須슈슈 伱니녀 送숑숭 了랴럏 ○모로미 네 보내지 말라 伱니녀 這져져 炕강캉 裏리례 沒무뭉 人인신 ○네 이 방애 사름이 업ᄉᆞ니 不부붕 用융융 出츄츙 去취큐 罷바빠 ○나가지 말라 這져져 麼마뭐 伱니녀 不부붕 見견견 恠괘괘 啊아허 ○이러면 네 허믈 치 아니홀ᄯᅡ 我오어 爲위위 甚셔씸 麼마뭐 恠괘괘 伱니녀 ○내 므슴ᄒᆞ라 너롤 허믈ᄒᆞ리오 咱자쟝 們믄문 都두두 是시씽 一이힝 家쟈갸 人인신 ○우리 다 이 ᄒᆞᆫ 집 사름이니 比비비 不부붕 得더듸 別뼈뼝 人인신 ○다른 사룸에 比치 못ᄒᆞ리라

不부붕 多도더 時스씅 再재재 到단당 店뎐뎜 裏리례 看칸컨 ○아니 오라 ᄯᅩ 店에 가 보니 店뎐뎜 主쥬쥬 人인신 與위유 三산삼 箇거거 客커킈 人인신 ○店主

ᄉᆞ과 다ᄆᆞᆺ 세 나그ᄂᆡ 站잠잔 着쨯저 看컨칸 馬마마 ○ 셔셔 ᄆᆞᆯ을 보더니 店뎜뎐 主

쥬쥬 人싄인 說숴숴 ○ 店主人이 니ᄅᆞ되 這져져 三삼산 箇거거 火훠호 伴뻔번

○ 이 세 벗이 兩량량 箇거거 是씽시 買매매 馬마마 的딍디 客킈커 人싄인 ○

둘흔 이 ᄆᆞᆯ 살 나그ᄂᆡ오 一힝이 箇거거 是씽시 牙야야 子즈즈 ○ ᄒᆞ나ᄒᆞᆫ 이 즈름이라

伱녜니 這져져 馬마마 ○ 네 이 ᄆᆞᆯ을 他터타 們문믄 都두두 要얗얀 一힝이 齊

쪠치 買매매 了럏랸 到당닫 山산산 東둥둥 賣매매 去큐취 ○ 져들히 다 ᄒᆞᆷᄢᅴ 사 山

東 가 ᄑᆞᆯ려 ᄒᆞᄂᆞ니 就찍직 到당닫 市씽시 上썅샹 賣매매 去큐취 ○ 곳 市上에 가 ᄑᆞ

라도 也여여 是씽시 一힝이 樣양양 ○ 또 ᄒᆞᆫ가지라 千쳔쳔 零링링 不봉부 如

ᅀᅲᅀᅲ 一힝이 頓둔둔 ○ 千零이 一頓만 ᄌᆞᆺ지 못ᄒᆞ니 倒당닫 不봉부 如ᅀᅲᅀᅲ 都두두

賣매매 與유위 他터타 好할한 ○ 도로혀 다 ᄑᆞ라 저를 주미 죠ᄒᆞᆷ만 ᄀᆞᆺ지 못ᄒᆞ니라 伱

니녜 總중중 要얀얗 賣매매 呢니녜 ○네 다 폴려 ᄒᆞ면 咱자쟝 們믄믄 好핳함 商
샹샹 量량량 ○우리 죠히 商量ᄒᆞ쟈 這져져 箇거거 青칭칭 馬마마 多도더 少샨셩
歲쉬쉬 數수수 ○이 총이 ᄆᆞᆯ이 나히 언머고 你니녜 只즈지ᇫ 看칸컨 牙야야 ○네 그
저 니를 보면 便변뼌 知지지ᇫ 歲쉬쉬 數수수 ○곳 나흘 알리라 我오어 看칸컨 見
견견 了랸량 ○니 보아다 上샹씨ᇫ 下하ᅘᅣ 衢취큐 都두두 沒무뭉 有우잉 ○우 아
릐 플이 다 업스니 是시씨ᇫ 十시씨ᇫ 分본분 老랖랑 了랸량 ○이 ᄆᆞ장 늙엇다 你니녜
敢간감 是시씨ᇫ 不부붕 理리례 會휘휘 看칸컨 馬마마 的디딩 歲쉬쉬 數수수
○네 ᄆᆞᆯ 나 볼 줄을 아지 못ᄒᆞᄂᆞᆫ 듯ᄒᆞ다 這져져 箇거거 馬마마 如ᅀᅲᅀᅲ 何허ᅘᅥ ○이 ᄆᆞᆯ
이 엇더ᄒᆞ뇨 今긴김 春츈츈 新신신 騸션션 了랸량 的디딩 十시씨ᇫ 分본분 膘
뱦뱡 壯좡장 的디딩 馬마마 ○올 봄에 새로 불친 ᄆᆞ장 ᄉᆞᆯ디고 세ᄎᆞᆫ ᄆᆞᆯ이라 這져져 馬

마마 好화할 的디딩 歹대대 的디딩 ○이몰죠흔이 사오나오니 都두두 一이잉 發

바방 商샹샹 量량량 ○다흠셰商 量ᄒᆞ자

這져져 兒을싱 馬마마 ○이수몰 騸션션 馬마마 ○블친몰 赤치칭 馬마마

○졀따몰 黃황횡 馬마마 ○공골몰 鷰연현 色서승 馬마마 ○오류몰 栗

리링 色서승 馬마마 ○구렁몰 黑희흥 鬃중중 馬마마 ○가리운몰 白배뼁 馬

마마 ○셜아몰 黑희흥 馬마마 ○가라몰 青칭칭 馬마마 ○총이몰 灰휘휘

馬마마 ○츄마몰 花화화 馬마마 ○어룽몰 跑팦빵 馬마마 ○ᄃᆞᆮᄂᆞᆫ몰 土

투투 黃황횡 馬마마 ○고라몰 繡식삭 膊방받 馬마마 ○쇠ᄂᆞ래브튼골 破포퓌

臉련렴 馬마마 ○간쟈몰 四스슿 明밍밍 馬마마 ○ᄉᆞ족빅이몰 五우우 明

밍밍 馬마마 ○가라간쟈ᄉᆞ족빅이몰 毡탄땅 花화화 馬마마 ○毡花잠블몰 青

칭칭 白 배뻥 馬 마마 ◯ 털청총이몰 豁 호획 鼻 비삐 馬 마마 ◯ 코뻔몰 孤 구구

蹄 티뗴 馬 마마 ◯ 후일족 騍 궈궈 馬 마마 ◯ 암몰 懷 홰홰 駒 귀규 馬 마마 ◯

샷기빈몰 環 환햰 眼 얀얀 馬 마마 ◯ 끌회눈몰 馬 마마 駒 귀규 子 즈즈 ◯ 망아지

劣 례렮 馬 마마 ◯ 마래ᄃᆞ몰 這 져져 馬 마마 牛 부읗 行 힝힝 一 이힝 攛 양양 慢

만만 慢 만만 的 디딩 走 주즘 ◯ 이몰이쇠거름마치텬텬이것ᄂᆞ다 又 우읗 慢 만만 行

힝힝 的 디딩 馬 마마 ◯ 또즈늑즈누것ᄂᆞᆫ몰 急 지깅 性 싱싱 馬 마마 ◯ 셩번몰 點

뎐뎜 的 디딩 馬 마마 ◯ 가탈ᄒᆞᆫᄂᆞᆫ몰 細 시세 點 뎐뎜 的 디딩 馬 마마 ◯ 세가탈ᄒᆞᆫ

ᄂᆞᆫ몰 鈍 둔뚠 馬 마마 ◯ ᄯᅳᆫ몰 眼 얀얀 生 승싱 馬 마마 ◯ 놀나ᄂᆞᆫ몰 撒 사싸 蹄 티뗴

的 디딩 馬 마마 ◯ 곱마리ᄂᆞᆫ몰 前 천쪈 失 시싱 的 디딩 馬 마마 ◯ 압ᄅᆞᆸ것치ᄂᆞᆫ몰

單 단단 蹄 티뗴 攤 단단 的 디딩 ◯ 외알네ᄂᆞᆫ이 撂 랴략 人 인신 的 디딩 ◯ 들도

ᄃᆞᆫ이 咬야ᇢ얗人인신的디딍 ○ 사ᄅᆞᆷ믈ᄂᆞᆫ이 口쿠쿵硬잉힝馬마마 ○ 아귀
센ᄆᆞᆯ 口쿠쿵軟숸숸馬마마 ○ 아귀므른ᄆᆞᆯ 戀련련羣쿤쿤馬마마 ○ 벗ᄯᆞ로ᄂᆞᆫ
ᄆᆞᆯ 快쾌쾌走주즇馬마마 ○ 잘것ᄂᆞᆫᄆᆞᆯ 這져져些셔셔馬마마裏리례頭투뜰
○ 이ᄆᆞᆯ즁에 有우잉歹대대的디딍十시씽六루룽箇거거 ○ 사오나오니열여ᄉᆞᆺ
시이시니 一이잉箇거거瞎햐향的디딍 ○ ᄒᆞ나ᄒᆞᆫ눈먼이오 兩량량箇거거蹶
ᄎᆑᄏᆑᆼ的디딍 ○ 둘은발저ᄂᆞᆫ이오 一이잉箇거거蹄티뎨歪왜왜的디딍 ○ ᄒᆞ나
ᄒᆞᆫ굽기운이오 一이잉箇거거磨모뭐硯연연的디딍 ○ ᄒᆞ나ᄒᆞᆫ굽ᄉᆞ으ᄂᆞᆫ이오 三
산삼箇거거打다다破포풔迎잉잉鞍안헌頭투뜰的디딍 ○ 세ᄒᆞᆫ몬다회다ᄒᆞᆫ이
오 一이잉箇거거熟수쓩瘸ᄏᆑᄁᆑ的디딍 ○ ᄒᆞ나ᄒᆞᆫ피계여저ᄂᆞᆫ이오 一이잉箇
거거癩래래的디딍 ○ ᄒᆞ나ᄒᆞᆫ비루먹은이오 一이잉箇거거骨구궁眼얀얀的

디딩○ᄒᆞᆫ나ᄒᆞᆫ눈에치나니오四스ᄉᆞ箇거거瘦수승的디딩○네ᄒᆞᆫ여위니오一

이힝箇거거光광광當당당的디딩○ᄒᆞᆫ나ᄒᆞᆫ털렁이ᄂᆞᆫ거시니內늬뉘中중즁也

여여有우잉十시씽箇거거好한함馬마마○그즁에ᄯᅩ열죠ᄒᆞᆫ물이잇다

你니녜這저저馬마마○네이물을好한함的디딩歹대대的디딩○죠ᄒᆞ니사

오나오니大다때的디딩小샤셜的디딩○큰이젹은이一이힝共궁꿍要야얗

多도더少샤셜銀인인子즈즈○대되언머은을바드려ᄒᆞᄂᆞ뇨共궁꿍要야얗二

을싀百버뵝四ᄉᆞᄉᆞ十시씽八바방兩량량銀인인子즈즈○대되이빅마흔여ᄃᆞᆲ

냥은을바드려ᄒᆞ노라你니녜說숴쉉這저저些셔셔價갸갸錢쳔쪈怎즘즘麼

마뭐○네이런갑슬닐러므슴ᄒᆞᆯ새你니녜只즈징說숴쉉老랖랑實시싱價갸갸

錢쳔쪈罷바빠○네그저고지식ᄒᆞᆫ갑슬니ᄅᆞ라我오어不부봉是시씽沒무뭉有

우임 商샹샹 量량량 的디디 ○ 네의논샹업스니아니라 你니녜 說숴숴 的디디 是

시씽 麽마뭐 ○ 네니ᄅᆞ미올ᄒᆞ면 兩량량 三산삼 句귀규 話화화 交갸걍 易이잉

就직찍 成칭찡 了랴령 ○ 두세구말에흥졍이곳일울새시니 不부붕 要얀얗 這져져

樣양양 胡후후 討탄탕 虛쉬휴 價갸갸 ○ 이리간대로혯갑ᄡᅵ오지말라 教쟈걒 我

오어 怎즘즘 麽마뭐 還환환 你니녜 是시씽 ○ 날로ᄒᆞ여엇지네게갑하야올ᄒᆞ지료 牙

아야 子ᄌᆞᄌᆞ 你니녀 說숴숴 罷바빠 ○ 즈름이네니ᄅᆞ라 客커킁 人인신 們믄문

○ 나그너들 你니녜 多도더 要얀얗 也여여 是시씽 枉왕왕 然연연 ○ 네만히바

드려ᄒᆞ논것도부졀업스니라 我오어 是시씽 箇거거 牙야야 家쟈갸 ○ 나는이즈름이

라 也여여 不부붕 肯큰킁 單단단 向향향 着져쨯 買매매 主쥬쥬 ○ 또즐겨다

만사논님자ᄅᆞᆯ위치아닐새시오 也여여 不부붕 肯큰킁 偏편편 向향향 着져쨯 賣

매매 主쥬쥬 ○ 또즐겨편벽히ᄒᆞ논님자도위치아닐셔시니 我오이 只즈징 憑핑삥 公

궁궁 道단땅 說숴쉉 ○ 나는그저공번도이니ᄅᆞ리라 據귀규 你니녀 要얀혐 二을싱

百버빙 四스승 十시씽 八바방 兩량량 銀인인 子즈증 ○ 네대로이빅마흔여ᄃᆞᆲ냥

은을바드려ᄒᆞ면 這저져 十시씽 箇거기 好한함 馬마마 ○ 이열죠흔믈과 十시씽

六릭륭 箇거거 歹대대 馬마마 ○ 열여슷사오나온ᄆᆞᆯㅅ게 你니녀 計지계 量량량

多도더 少샤셤 ○ 네언머룰혜논다 這져저 十시씽 箇거거 好한함 馬마마 ○

이열죠흔ᄆᆞᆯㅅ게논 我오어 計지계 的디딩 該개개 一이힝 百버빙 二을싱 十시씽

兩량량 ○ 내혜여ᄒᆡ오니일빅스므냥이오 這져저 十시씽 六릭륭 箇거거 歹대대

馬마마 ○ 이열여슷사오나온ᄆᆞᆯㅅ게논 我오어 計지계 的디딩 該개개 一이힝 百

버빙 二을싱 十시씽 八바방 兩량량 ○ 내혜여ᄒᆡ오니일빅스믈여ᄃᆞᆲ냥이라 似스씅

這저저般번뷘價갸갸錢쳔쪈 ○ 이런 갑시면 實시싱在재째賣매매不부봉得더딍 ○ 실로 프지 못ᄒᆞ리라 于위유今긴김老랼랑實시싱價갸갸錢쳔쪈說숴숑與위유你니녜 ○ 아제 고지식ᄒᆞᆫ 갑슬 너ᄃᆞ려 니ᄅᆞᆯ새시니 兩량량家쟈갸依이히着져쨩我오어 ○ 둘히 내대로ᄒᆞ여 就주찡交갸걍易이잉了랴령如슈슈何허혀 ○ 꼿 흥정호미 엇더ᄒᆞ뇨

我오어且쳐쳐聽팅팅你니녜定딩띵的디딍價갸갸錢쳔쪈 ○ 내 아직 네 뎡ᄒᆞᆫ 갑슬 듯쟈 這저저十시씽匹피핑好화항馬마마 ○ 이 열 필 죠ᄒᆞᆫ 믈세ᄂᆞᆫ 每뮈뮈一이힝匹피핑八바빵兩량량銀인인子ᄌᆞ즈 ○ 每ᄒᆞᆫ 필에 여ᄃᆞᆲ 냥 은이니 共궁꿍八바빵十시씽兩량량 ○ 대되 여ᄃᆞᆫ 냥이오 這저저十시씽六류룽箇거거歹대대馬마마 ○ 이 열여슷 사오나온 믈세ᄂᆞᆫ 每믜뮈一이힝箇거거六류룽兩량량銀

인인 子즈ᄌᆞ ○每ᄒᆞᆫ나희 엿냥은이니 共궁꿍 九구깋 十시씽 六루륳 兩량량 ○

대되 아흔 엿냥이니 通퉁퉁 共궁꿍 一이힝 百버빙 七치칭 十시씽 六루륳 兩량량

○대되 일ᄇᆡᆨ닐흔 엿냥이라 成칭찡 就짇찧 了랼럏 這저져 交갸걓 易이잉 罷바빠

○이 흥졍을 이로쟈 似스쓰 你니녜 這저져 定딩띵 的디딍 價갸갸 錢쳔쪈 ○

네 이 뎡ᄒᆞᆫ 갑ᄉᆞᆯ ᄐᆞ면 就짇찧 是시씽 本븐분 地디뗴 方방빵 也여여 買매매 不부붕

來래레 ○곳 밋ᄯᅡ히셔도 사지 못ᄒᆞ리라 那나너 裏리레 是시씽 實시싱 在재째 要

얗혐 買매매 的디딍 ○어듸 이실로 사려 ᄒᆞᄂᆞᆫ 이고 只즈짖 是시씽 胡후후 商샹샹

量량량 的디딍 ○그저 간대로 商量 만ᄒᆞᄂᆞᆫ 이로다 你니녜 這저져 箇거거 客커켜

人인인 ○네 이 나그내 說슈숴 甚셔씸 麼마뭐 話화화 ○므슴 말 니르ᄂᆞᆫ다 不

부붕 是시씽 實시씸 在재째 要얗혐 買매매 麼마뭐 ○실로 사지 아니려 ᄒᆞ면 做

주주 甚 씸셔 麼 뭐마 在 째재 這 져져 裏 례리 ○므슴ᄒᆞ라 여긔이셔 與 유위 你 녜니

商 샹샹 量 량량 ○너와 商量ᄒᆞ리오

這 져져 馬 마마 纔 째채 剛 강강 呀 야야 家 갸쟈 定 띵딩 的 딍디 價 갸갸 錢 쪈천 ○이 ᄆᆞᆯ을 앗가 즈름의 뎡ᄒᆞᆫ 갑시 實 씽시 在 째재 虧 퀴퀴 我 어오 的 딍디 本 븐븐 錢 쪈천 ○실로 내 本錢에 밋지 노라 給 깅지 你 녜니 這 져져 般 붠번 價 갸갸 錢 쪈천 不 붕부 賣 매매 ○너롤 이런 갑슬 주되 프지 아니ᄒᆞ고 還 환환 要 얗얀 想 샹샹 甚 씸셔 麼 뭐마 ○도로혀 무어슬 싱각ᄒᆞᄂᆞᆫ다 你 녜니 兩 량량 家 갸쟈 不 붕부 要 얗얀 只 징즈 管 권권 爭 쥥죵 多 더도 爭 쥥죵 少 셯샾 ○너희 둘히 그저 ᄉᆞᄅᆞ여 만타 젹다 ᄃᆞ토지 말고 要 얗얀 買 매매 的 딍디 添 텬뎐 些 셔셔 ○사리ᄂᆞᆫ 져기 더ᄒᆞ고 要 얗얀 賣 매매 的 딍디 減 감견 些 셔셔 ○프리ᄂᆞᆫ 져기 減ᄒᆞ여 據 규귀 我 어오 說 워쉬 ○내 니ᄅᆞ논대로

合(허헝)再(재재)添(텬텸)五(우우)兩(량량)○ᄯᅩ닷냥을더홀ᄡᅧ시니 共(궁궁)一(이잉)

百(버븨)八(바방)十(시씽)一(이잉)兩(량량)○대되일ᄇᆡᆨ여ᄃᆞᆫᄒᆞᆫ냥이니 成(칭찡)交(갸걓)

罷(바빠)○흥졍ᄒᆞ자 天(텬뎐)平(핑삥)地(디뎨)平(핑삥)○天平地平이로다 買(매매)

主(쥬쥬)若(쇼ᅀᅣᇰ)不(부붕)添(텬뎜)些(셔셔)○살님재만일져기더치아니면 也(여여)買(

매매)不(부붕)了(랴럏)去(취큐)○ᄯᅩ사지못ᄒᆞᆯ새시오 賣(매매)主(쥬쥬)多(도더)指(즈짐)

望(왕망)價(갸갸)錢(쳔젼)○ᄑᆞᆯ님재갑슬만히ᄇᆞ라면 也(여여)不(부붕)能(능넝)賣(매매)

去(취큐)○ᄯᅩ능히ᄑᆞ지못ᄒᆞ리라 傍(팡빵)邊(변변)站(잔잠)着(져쟙)閑(현햔)看(칸컨)

的(디딩)人(인신)說(쉬숴)○겻희셔셔힘힘이보ᄂᆞᆫ사ᄅᆞᆷ이니ᄅᆞ되 這(져져)牙(야야)子(

즈즘)說(쉬숴)的(디딩)價(갸갸)錢(쳔젼)○이즈름의니ᄅᆞᄂᆞᆫ갑시 甚(신씸)是(시씨)公(

궁궁)道(단땅)○ᄆᆞ장공번되다 罷(바빠)罷(바빠)○두어두어 你(니녀)們(믄믄)依(이히)

着저짱牙야야子즈즘的디딍話화홯○너희즈름의말대로ᄒᆞ여成칭찡就직찍

了랴렬罷바빠○흥졍ᄒᆞ라旣지계這저져般번붠說쉬숴○이믜이리니ᄅᆞ면

賣매매是시씽賣매매了랴렬○ᄑᆞᆯ기ᄂᆞᆫ이ᄑᆞᆯ려니와但단딴這저져箇거거價

갸갸錢쳔쪈○다만이갑시實시싱在재째虧퀴퀑本븐분了랴렬○실로밋지

노라

但단딴是시씽一이힝件견껸○다만ᄒᆞᆫ가지ᄂᆞᆫ潮찬쨩銀인인子즈즘是시씽

不부붕要야열○ᄂᆞᆫ죤은은이마다給지깅我오어些셔셔好한함銀인인子

즈즘纔채째要야열呢니녜○나ᄅᆞᆯ져기죠흔은을주어야맛치바드리라咳해해潮

찬쨩銀인인子즈즘我오어也여여沒무뭉有우잉○咳ᄂᆞᆫ죤은은내또업스니我

오어的디딍都두두是시씽細시셰絲스슿紋운룬銀인인○내거슨다이細絲紋

銀이라 既계지 是씽시 好항할 銀인인 子즈즈 ○ 이믜 이죠흔 은이면 我어오 先

선션 看컨칸 了령랴 銀인인 子즈즈 ○ 내 몬져 은을 보고 寫서서 契켸키 罷빠바

○ 글월 쓰자 既계지 這저저 麼뭐마 着쨩져 ○ 이믜 이러면 이 銀인인 子즈즈 在

째재 布부부 帒때대 裏례리 ○ 은이 布帒 속에 이시니 敎걓쟈 牙야야 子즈즈 先

션선 看컨칸 了령랴 ○ 즈름으로 ᄒᆞ여 몬져 뵈고 儞녜니 賣매매 主쥬쥬 自쯔즈 家

갸쟈 再재재 看컨칸 ○ 너 ᄑᆞᆯ 님재 손조 다시 보라 裏례리 頭뜰투 沒뭉무 有잏우 一

힝이 塊쾌쾌 不붕부 好항한 的딩디 ○ 속에 ᄒᆞᆫ 덩이도 죠치 아닌 거시 업스니라 這저저

銀인인 子즈즈 雖쉬쉬 是씽시 看컨칸 了령랴 ○ 이 은을 비록 보아시나 眞진진

假갸갸 我어오 不붕부 認신인 得듸더 ○ 眞假를 내 아지 못ᄒᆞ니 儞녜니 記계지

認신인 着쨩져 ○ 네 보람 두라 久김구 後흫후 若샾쇼 使싱시 不붕부 得듸더

○오랜후에만일 쓰지못ᄒᆞ면 我오어 只즈징 問운문 牙야야 家쟈갸 換환훤 ○
내그저즈름ᄃᆞ려 므러밧고리라 銀인인 子즈즘 上샹썅 我오어 有우잎 畫화홰 押
야향 了랴럏 ○은에내보람 두어시니 不부붕 論론룬 甚셔씸 麼마뭐 時스씽 候
후흫 換환훤 給지깅 伱니녜 ○아모대라혀지말고 밧고와너롤주마
文운문 契키켸 敎쟈걍 誰쉬쒸 寫셔셔 ○글월을눌로ᄒᆞ 여쓰이리오 牙야야 子
즈즘 就직찍 寫셔셔 ○즈름이 곳쓰라 寫셔셔 這저져 契키켸 ○이글월 을쓰면 大
다때 家쟈갸 一이힝 揔중중 寫셔셔 麼마뭐 ○대되ᄒᆞᆫ ᄃᆡ쓰라 分븐분 開캐캐 寫
셔셔 ○ᄂᆞᆫ화 쓰라 不부붕 要얀얗 揔중중 寫셔셔 ○ᄒᆞᆫᄃᆡ쓰 지말라 揔중중 寫셔셔
了랴럏 ○ᄒᆞᆫᄃᆡ 쓰면 怎즘즘 麼마뭐 分븐분 賣매매 與위유 人인신 呢니녜 ○
엇지ᄂᆞᆫ화ᄑᆞ라 사ᄅᆞᆷ을주리오 伱니녜 們믄문 各거갛 自즈쯩 寫셔셔 着져쟣 ○너 희

각각 쓰라 你녜니這져져馬마마是씽시一힝이箇거거主쥬쥬兒싱을的딍디

那너나○네 이 몰이 이 ᄒᆞᆫ 님자의 것가 是씽시各강거人신인的딍디○이 각각 사

ᄅᆞᆷ의 것가 這져져馬마마是씽시四숭스箇거거主쥬쥬兒싱을的딍디○이 몰

이 이 네 님자의 거시라 各강거自중즈有잉우數수수目몽무○각각 數目이 이시니

你녜니先션션寫셔셔我어오的딍디馬마마契켸키○네 몬져 내 몰 글월을 쓰라

你녜니的딍디馬마마是씽시家갸쟈養양양的딍디麽뭐마○네 몰이 이 집의

셔 나ᄒᆞᆫ 것가 還훤환是씽시買매매來래레的딍디啊허아○도로혀 이 사 온 것가

我어오的딍디原원원是씽시買매매來래레的딍디○내 거슨 본ᄃᆡ 이 사 온 거시

라 你녜니在째재那너나裏례리住쮸쥬○네 어ᄃᆡ 이셔 살며 姓싱싱甚씸서

麽뭐마○姓이 무엇고 我어오在째재遼령랴東둥둥城찡칭裏례리住쮸쥬

○ 내遼東ㅅ城안 히이셔살고 姓 싱싱 王 왕왕 ○ 姓이王 가ㅣ너 寫 셔셔 王 왕왕 某

무무 罷 바빠 ○ 王아모ㅣ 라쓰라

我 오어 寫 셔셔 完 완훤 這 저저 契 키계 了 랴럏 ○ 내이글월 버못차다 我 오어 念

냔념 給 지깅 你 니녜 聽 팅팅 ○ 내닑어네 게들리마 遼 랴럏 東 둥둥 城 칭찡 內 늬뉘

人 인신 王 왕왕 某 무무 ○ 遼東ㅅ城안사 ᄅᆞᆷ王아모ㅣ 今 긴김 爲 위위 少 샾셯 錢

쳔쪈 使 시싱 用 융융 ○ 이제돈쓸것업 스믈爲ᄒᆞ여 願 원원 將 쟝쟝 自 즈쯔 己 기계

原 원원 買 매매 ○ 졈원으로自 己본뒤산 赤 치칭 色 서싱 騸 션션 馬 마마 一 이힝

匹 피핑 ○ 졀다빗히악 대몰ᄒᆞᆫ필이 口 쿠쿻 五 우우 歲 쉬쉬 ○ 나히다 습이오 左 조저

腿 튀튀 有 우잉 印 인힌 記 지계 ○ 왼녁다리에印記 잇ᄂᆞᆫ이롤다가 憑 핑삥 京 징깅

城 칭찡 牙 야야 行 항향 ○ 셔울 즈름 羊 양양 市 시씽 角 교걓 頭 투듷 街 개개 北

버븽 住쥬쮸 的디딩 張쟝쟝 三산삼 ○ 羊져제 모롱이 거릿 北녁희 셔 사ᄂᆞᆫ 張三을 의빙ᄒᆞ

여 作조잡 中중즁 人인신 ○ 中人 삼아 賣매매 與위유 山산산 東둥둥 濟지제

南난남 府부부 客커킈 人인신 李리례 五우우 ○ 山東濟南府ㅅ 나그닉 李五의게 ᄑᆞ

라주어 永융윙 遠원원 騎치끼 坐조쭤 ○ 永遠히 ᄐᆞ게 ᄒᆞ되 議이이 定딩띵 時

스씽 値지찡 價갸갸 錢쳔쪈 十시씽 二ᅀᅵᅀᅵᆼ 兩량량 ○ 시직 갑 열두 냥에 議定ᄒᆞ여

那나너 箇거거 銀인인 子즈즈 立리링 契키켸 之즈징 日시ᅀᅵᆼ ○ 그 은을 글월 세

운 날에 一이이 倂빙빙 交갸갸 足주죠 ○ ᄒᆞᆫ쁴 주어 ᄎᆞ게 ᄒᆞ고 外왜왜 無우무 欠

견견 少샾셯 ○ 밧긔 써진 거시 업게 ᄒᆞᄂᆞ니 如유유 馬마마 好한항 歹대대 ○ 만일

물의 죠쿠즘은 買매매 主쥬쥬 自즈쯔 認인인 ○ 산 님재 제 알고 如유유 馬마마 有

익잉 來레래 歷리링 不부붕 明밍밍 ○ 만일 ᄆᆞᆯ의 來歷이 不明ᄒᆞ미 이시며 賣매매 主

쥬쥬 一 이잉 面 면면 承 칭찡 管 권권 ○ 곤님재홈자맛드리라 成 칭찡 交 갼걍 之

즈징 後 후흫 ○ 흥정ᄒᆞᆫ후에 不 부붕 許 슈휴 反 반봔 悔 휘휘 ○ 므르기를許치마쟈

如 슈유 有 우잍 先 션션 悔 휘휘 者 져져 ○ 만일몬져므르리이시면 議 이이 定 딩명

罰 바빵 銀 인인 五 우우 兩 량량 ○ 罰銀닷냥을議定ᄒᆞ여 與 위유 不 부붕 悔 휘휘

之 즈징 人 인신 ○ 므르쟈아니ᄒᆞ는사ᄅᆞᆷ을주리라 恐 쿵쿵 後 후흫 無 우무 憑 핑뺑

○ 후에의빙호미업슬ᄭᅡ저허 立 리링 此 츠충 文 운문 契 키계 爲 위위 照 쟈졍 ○

미글월을셰워알게ᄒᆞ노라 某 무무 年 년년 月 웨웨 日 시싱 ○ 某年月日에 立 리링

契 키계 人 인신 王 왕왕 某 무무 押 야향 ○ 글월세운사ᄅᆞᆷ王아모ㅣ일홈두고 牙 야야

行 항ᄒᆞᆼ 人 인신 張 쟝쟝 某 무무 押 야향 ○ 즈름張아모ㅣ일홈두어다 其 키끼 餘

위유 的 디딩 馬 마마 契 키계 ○ 그나믄몰글월도 都 두두 寫 셔셔 了 랴럏 了 랴럏

○다ᄡᅥᄆᆞᆺ차다

咱자쟝們믄문計지계了랴령牙야야稅쉬쉬錢쳔쪈○우리즈름갑세바칠혜

쟈舊직끽例리례買매매主쥬쥬管권권稅쉬쉬○舊例에살님자는세바칠갑슬

ᄀᆞᄋᆞᆷ알고賣매매主쥬쥬管권권牙야야錢쳔쪈○풀님자는즈름갑슬ᄀᆞᄋᆞᆷ아ᄂᆞ니

你니니各거갸自ᄌᆞ쯔數수수牙야야稅쉬쉬錢쳔쪈○네각각즈름갑세바칠갑

슬혜라共궁꿍該개개出츄츄多도더少샤셜呢니녀○대되히오니언머ᄅᆞᆯ내리

오我오어這져져一이힝百버빙八바방十시씽零링링一이힝兩량량○

내이일ᄇᆡᆨ여든이오ᄯᅩᆫᄒᆞᆫ냥에該개개多도더少샤셜牙야야稅쉬쉬錢쳔쪈○희오

니즈름갑세바칠갑시언머고你니니自ᄌᆞ쯔數수수○네손조혜라一이힝兩량량

該개개三산삼分분분○ᄒᆞᆫ냥에희오니서픈이오十시씽兩량량該개개三산삼

錢쳔쪈 ○ 열냥에ᄒᆞ오니서돈이니 一이힝 百버빙 八바방 十시씽 零링링 一이힝

兩량량 ○ 일빅여든이오반ᄒᆞᆫ냥에 牙야야 稅쉬쉬 錢쳔쪈 該개개 五우우 兩량량

四스ᄉᆞ 錢쳔쪈 三산삼 分븐분 ○ 즈름갑세바칠갑시ᄒᆞ오니닷냥너돈서픈이라 牙

야야 稅쉬쉬 錢쳔쪈 都두두 數수수 了랴령 ○ 즈름갑세바칠갑다혜어다 我오어

這져져 馬마마 契키케 多도더 站잔잠 稅쉬쉬 了랴령 來레래 ○ 우리이ᄆᆞᆯ글월

을언제벗겨오료 這져져 箇거거 有우잉 甚서씸 麼마뭐 難난난 ○ 이므슴어려오

미이시리오 伱니네 着잔짭 一이힝 箇거거 火호훠 伴번뻔 ○ 네ᄒᆞᆫ벗으로ᄒᆞ여

跟근근 我오어 去취큐 ○ 나ᄅᆞᆯᄯᆞ라가 到단당 那나너 裏리례 納나능 稅쉬쉬

了랴령 ○ 제가稅ᄅᆞᆯ밧치고 不부봉 要얀얍 那나너 麼마뭐 的디딩 呢니네 ○

그리아니려ᄒᆞ면 伱니네 們믄문 都두두 在재째 這져져 裏리례 等등딍 候후흫

○너희다려긔셔가ᄃᆞ리라 이 我어오去큐취上썅샹稅쉬쉬 ○내가稅로 밧치고

送숭숭來래레與유위你녜니 ○보내여 너ᄅᆞᆯ주마

我어오不붕부曾찡층好황한生싱승細세시看컨칸 ○내일즉ᄆᆞ장 ᄌᆞ셔히보지

못ᄒᆞ엿더니 這저저馬마마原원원來래레有잉우病뼁빙 ○이몰이본ᄃᆡ병이잇

다 有잉우甚씸셔麼뭐마病뼁빙 ○므슴病이 잇ᄂᆞ뇨 那너나鼻삐비子즈즈

裏레리流릳루鼽눙눙 ○져코희 흐르니 고 是씨시瘙상상馬마마 ○이신코진

몰이로다 我어오怎즘즘麼뭐마肯킁큰買매매了럏랴去큐취 ○내엇지 즐겨사지

가리오 若샵쇼拉랑라馬마마去큐취 ○만일몰을 잇그러가면 連련련其끼키

餘유위的딩디馬마마 ○그나믄 몰도 都두두染염연的딩디壞홰홰了럏랴

○다젼염ᄒᆞ여 ᄒᆡ여지리라 這저저麼뭐마說숴쉬 ○이리니 르면 你녜니是씨시

要(얀/염)反(반/봔)悔(휘/휘)了(랸/럏)麼(마/뭐) ○ 네 이므르려 ᄒᆞᄂᆞ다 我(오/어)委(위/위)實(시/싱)不(부/붕)要(얀/염) ○ 내 진실로 말고저 ᄒᆞ노라 你(니/녜)既(지/계)不(부/붕)要(얀/염) ○ 네 이믜 말고저 ᄒᆞ면 這(저/져)文(운/문)券(권/퀀)上(샹/썅)明(밍/밍)白(배/뺑)寫(셔/셔)着(저/쟣) ○ 이 글월에 明白히 뻐시되 如(슈/슈)馬(마/마)好(한/핳)歹(대/대) ○ 만일 ᄆᆞᆯ의 죠쿠즘은 買(매/매)主(쥬/쥬)自(즈/쯩)家(쟈/갸)看(칸/컨) ○ 살님재 제 보앗고 先(션/션)悔(휘/휘)的(디/딍)罰(바/빵)銀(인/인)五(우/우)兩(량/량) ○ 몬저 므르ᄂᆞᆫ 이ᄂᆞᆫ 은 닷냥을 罰ᄒᆞ쟈 ᄒᆞ여시니 官(관/권)憑(핑/삥)印(인/힝)信(신/신) ○ 구의ᄂᆞᆫ 印信을 밋고 私(스/ᄉᆞᆼ)憑(핑/삥)畫(화/횅)押(야/향) ○ ᄉᆞᄉᆞᄂᆞᆫ 畫押을 밋ᄂᆞ니 你(니/녜)罰(바/빵)下(햐/햐)五(우/우)兩(량/량)銀(인/인)子(즈/즁)給(지/깅)賣(매/매)主(쥬/쥬) ○ 네 닷냥 은을 罰로 내여 ᄑᆞᆫ 님자롤 주고 毁(휘/휘)了(랸/럏)文(운/문)券(권/퀀)便(변/뼨)好(한/핳)了(랸/럏) ○ 글월을 ᄡᅳ즈미 곳 죠타 不(부/붕)須(슈/슈)爭(증/징)

論 른룬 ○ 모로미ᄃᆞ토지말라 這 저져 麽 마뭐 說 숴숴 ○ 이리 니ᄅᆞ면 原 원원 定
딩띵 價 갸갸 錢 쳔쪈 內 뉘뉘 中 중즁 ○ 본ᄃᆡ 뎡ᄒᆞᆫ 갑시셔 除 츄쮸 了 랸럏 五 우우
兩 량량 銀 인인 子 ᄌᆞᄌᆞ ○ 닷냥은을 더러 做 주주 反 반반 悔 휘휘 錢 쳔쪈 ○ 므르
ᄂᆞᆫ갑슬 삼고 撕 ᄉᆞ스 開 캐캐 文 운운 券 권권 去 취큐 了 랸럏 罷 바빠 ○ 글월을 ᄧᅳ
저ᄇᆞ리라 這 저져 箇 거거 馬 마마 悔 휘휘 了 랸럏 ○ 이ᄆᆞᆯ 믈러다 該 개개 除 츄쮸
八 바빵 兩 량량 銀 인인 ○ 여ᄃᆞᆲ 냥은을 더럼즉ᄒᆞ니 你 니녜 要 얀햫 過 고궈 的 디딩
牙 야야 錢 쳔쪈 ○ 네 바다간 즈름갑시 該 개개 二 ᅀᅳᆯᅀᅵᆯ 錢 쳔쪈 四 ᄉᆞᄉᆞ 分 븐분 ○
희오니두 돈 너ᄠᅳ이니 你 니녜 却 키갸 退 퉤퉤 出 츄츙 來 레래 罷 바빠 ○ 네또 므러
내라 旣 지계 那 나너 麽 마뭐 退 퉤퉤 給 지긩 你 니녜 ○ 이믜 그러면 므러 너ᄅᆞᆯ 주마
你 니녜 們 믄문 在 재째 這 저져 裏 리례 等 등등 候 후흫 着 져쟣 ○ 너희 이셔

重刊老乞大 諺解下 十九

기ᄃᆞ리라 我오어 稅쉬쉬 了랴럎 契키켸 就작찍 來레래 ○ 내 글월 벗기고 즉시 오마

又우잉 何허혀 必비빙 等등딩 你니녀 ○ 또 엇지 반ᄃᆞ시 너를 기ᄃᆞ리리오 我오어

赶간건 着저쨔 馬마마 ○ 내 ᄆᆞᆯ을 모라 往왕왕 下햐햐 處츄츄 兌뒤뚸 付부부

草찬참 料랴럎 去취큐 ○ 下處로 향ᄒᆞ여 집과 콩을 쟝만ᄒᆞ라 가니 你니녀 稅쉬쉬 了

랴럎 契키켸 ○ 네 글월 벗기고 明밍밍 日ᅀᅵᅀᅵᆼ 送숭숭 到단당 我오어 下햐햐 處

츄츄 來레래 ○ ᄂᆡ일 우리 下處에 보내여 오게 ᄒᆞ라 各거갸 散산산 了랴럎 罷바빠 ○

각각 흐터지쟈

你니녀 這저저 人인신 蔘ᄉᆞᆫ슴 布부부 疋피핑 ○ 네 이 人蔘과 布疋을 不부붕 曾

층찡 發바뱡 賣매매 ○ 일즉 ᄑᆞ지 못ᄒᆞ여시니 還환훤 有우잉 些서셔 時스씽 住

쥬쮸 哩리례 ○ 도로혀 져기 머믈미 이시리라 我오어 沒무뭉 有우잉 別벼뼝 的디딩

買매매賣매매 ○ 내다른흥정이업스니 比비비及끼기你녀니在째재這져져
裏레리賣매매布부부的딍디時씽스候흫후 ○ 네여긔이셔뵈ᄑᆞᆯᄯᅢ롤밋처 我
어오 買매매些셔셔羊양양 ○ 내져기羊을사 到당닾涿좝조州짇주地떼디方
방방 去큐취賣매매 ○ 涿州ᄯᅡ희가ᄑᆞ라 走즘주一힝이遭짬잔廻휘휘來래레
○ ᄒᆞᆫ디위ᄃᆞᆫ녀도라올쇄시니 咱잡자們문믄再재재商상샹量량량另링링買
매매 貨훠호物뭉우如슈유何혀허 ○ 우리ᄯᅩ로貨物사믈商量호미엇더ᄒᆞ뇨 這
져져 麼뭐마也여여好할한 ○ 이러면ᄯᅩ죠타 你녀니去큐취買매매羊양양 ○
네가羊을사려ᄒᆞ면 咱잡자們문믄一힝이同뚱퉁去큐취 ○ 우리ᄒᆞᆫ가지로가쟈 我
어오 也여여要얗양知징지道땋닾些셔셔價갸갸錢쪈쳔 ○ 나도져기갑슬알고
져ᄒᆞ노라 到당닾街개개上썅샹立링리地떼디的딍디其끼기間갼간 ○ 거리

에가셔실ᄉ이에 一 잉이 箇 거거 客 킈커 人 싄인 ○ ᄒᆞᆫ나그너 赶 건간 着 쟢져 一

잉이 羣 큔큔 羊 양양 過 궈고 來 래레 ○ ᄒᆞᆫ 무리 羊을 모라 지나오거놀 大 때다 哥 거거

你 네니 這 져져 羊 양양 賣 매매 麼 뭐마 ○ 큰 형아 네 이 羊을 ᄑᆞᆯ짜 是 씽시 賣 매매

的 딩디 ○ 이 ᄑᆞᆯ 써시라 你 녜니 若 샿쇼 要 얗얀 買 매매 ○ 네 만일 사려 ᄒᆞ면 咱

쟝자 們 문믄 好 핳할 商 샹샹 量 량량 ○ 우리 죠히 商量ᄒᆞ쟈

這 져져 箇 거거 羝 뎌디 羊 양양 ○ 이 수양 臊 삼산 胡 후후 羊 양양 ○ 아질개양

羯 볘겨 羊 양양 ○ 악대양 羖 구구 䍽 링리 羔 강갇 兒 싈을 ○ 염쇼삿기 母 무무

羖 구구 䍽 링리 ○ 암염쇼 一 잉이 共 꿍궁 要 얗얀 多 더도 少 셯샾 價 갸가 錢

쪈쳔 ○ 대되 언머 갑슬 바드려 ᄒᆞᄂᆞ다 我 어오 共 꿍궁 要 얗얀 三 삼산 兩 량량 銀 인인

子 즈즈 ○ 내 대되 석냥 은을 바드려 ᄒᆞ노라 量 량량 這 져져 些 셔셔 羊 양양 ○ 혜아

리건대 이 만양에 討탚탕 這져져 般번뵌 大다때 價갸갸 錢쳔쪈 ○ 이런큰 갑슬쐬
오니 若요샹 是시씽 好할핳 綿면면 羊양양 却커캏 賣매매 多도더 少샤셩 ○
만일이죠흔소옴치 양 이면ᄯᅩ언머에풀ᄯᅡ 討탚탕 的디딩 是시씽 虛쉬휴 ○ 쐬오 눈거
슨이혜 거시오 還환횐 的디딩 是시씽 實시싱 ○ 주는거시야 이 진짓거시라 據귀규
你니녜 給지깅 多도더 少샤셩 ○ 네대로언 머롤줄ᄯᅡ 你니녜 胡후훙 討탚탕 價
갸가 錢쳔쪈 ○ 네간대로 갑 슬쐬오니 我오어 還환횐 你니녜 多도더 少샤셩 是
시씽 呢니녜 ○ 내너롤언머롤 주어야올ᄒᆞ료 你니녜 說쉬숑 的디딩 是시씽 ○ 네 니
ᄅᆞ미 올 ᄒᆞ니 我오어 就직찍 減견갼 去취큐 五우우 錢쳔쪈 如ᅀᅲᅀᅲ 何허ᅘᅥ ○
내곳닷돈을 덜 미엇더ᄒᆞ뇨 你니녜 來레래 不부붕 要얀얗 只즈징 說쉬숑 減견갼
去취큐 五우우 錢쳔쪈 的디딩 話화ᅘᅪ ○ 이바그저닷돈덜 말을니ᄅᆞ지말고 你니녜

說숴숴老랄랖實씨싱價갸갸錢쳔쪈○네 고지식ᄒᆞᆫ 갑슬 니ᄅ면 只즈징一이힝
句귀귀話회홰就직찍成칭칭了랼렿○그저 ᄒᆞᆫ 귀 말에 곳 되리라 我오어給지긍
你니녀二을싱兩량량銀인인○내 너ᄅ 두 냥 은을 줄 써시니 若쇼샿肯큰킁便
변뻔賣매매○만일 즐기거든 곳 풀고 若쇼샿不부봉肯큰킁你니녀就직찍赶
간건了랼렿去취큐罷바빠○만일 즐기지 아니커든 네 곳 모라 가라 你니녀不부봉
要얀얗只즈징說숴숴二을싱兩량량○네 그저 두 냥을 니ᄅ지 말고 若쇼샿再
재쟁添텬뎜五우우錢쳔쪈○만일 도 닷 돈을 더ᄒᆞ면 我오어就직찍賣매매與
위유你니녀了랼렿○내 곳 프라 너ᄅ 주마 添텬뎜不부봉得더ᄃ○더치 못ᄒᆞᆯ 써시
니 肯큰킁賣매매不부봉肯큰킁賣매매憑핑삥你니녀罷바빠○즐겨 프나
즐겨 프지 아니나 네대로 ᄒᆞ라 我오어是시씽爽솽상快쾌쾌的디딩人인인○나ᄂᆞᆫ

이 爽快ᄒᆞᆫ 사ᄅᆞᆷ이라 你니녜 揀견갼 好화항 銀인인 子즈즈 給지깅 我오어 罷바빠

○네 죠흔 은을 ᄀᆞᆯᄒᆡ여 나ᄅᆞᆯ 주라 臨린림 晩완완 ○나죵에 다ᄃᆞ라 我오어 濫란람 賤

젼젼 的디딍 賣매매 與위유 你니녜 了랴럏 ○내 지위 ᄑᆞ라 너ᄅᆞᆯ 주마 火호훠 伴

번뻔 ○벗아 你니녜 往왕왕 下하ᅘᅣ 處츄츄 坐조쭤 着져쟣 ○네 下處에 가 안자시

라 我오어 赶간건 這저져 羊양양 ○내 이 양을 모라 往왕왕 涿조쭣 州작짇 去

취큐 賣매매 了랴럏 就직찍 廻휘ᅘᅱ 來래레 ○涿州가 ᄑᆞᆯ고 곳 도라오리라

我오어 却커캬 想샹샹 來레래 ○내 ᄯᅩ ᄉᆡᆼ각ᄒᆞ니 這저져 幾지계 箇거거 羊양양

也여여 ○이 여러 羊도 巴바바 不부봉 得더딍 走주즇 一이힝 遭잔장 ○마지

못ᄒᆞ여 ᄒᆞᆫ 지위 ᄃᆞᆫ닐 새시니 旣지계 要약향 去취큐 ○이믜 가려 ᄒᆞ면 我오어 有우잏

些셔셔 下하ᅘᅣ 剩싱씽 的디딍 銀인인 子즈즈 ○내게 져기 나믄 은이 이시니 閑

현한放방방着져쟣做주주甚서씸麼마뭐○힘힘이두어므슴ᄒᆞ리오一이잉發

방빵買매매些셔셔緞돤뒨子즈즈拿나나去취큐賣매매罷바빠○흠ᄭᅴ져기

비단사가져가ᄑᆞ자咱자쟝們믄믄且쳐쳐到닫당鋪푸푸裏리레商샹샹量량량

去취큐○우리아직ᄑᆞᄌᆞ에商量ᄒᆞ라가쟈賣매매緞돤뒨子즈즈的디딩相샹샹

公궁궁○비단ᄑᆞᄂᆞᆫ相公아你니녜鋪푸푸子즈즈裏리레○네ᄑᆞᄌᆞ에那나너

魚위유白배ᄈᆡᆼ○져옥석葱충충白배ᄈᆡᆼ○짓튼옥석月웨웨白배ᄈᆡᆼ○남

天텬텬青칭칭○天青石시씽青칭칭○石青柳루링青칭칭○柳青草찬챵

綠루룽○草綠鸚잉힝哥거거綠루룽○연초록黑희흥綠루룽○연야토록

南난남松숭숩○연숑화석北버븽松숭숩○짓튼숑화석官관권綠루룽○

짓튼초록鴨야햑綠루룽○압두록鴉야햐青칭칭○鴉青油우잉綠루룽○

油綠 粉븐분 紅훙훙 ○粉紅 銀인인 紅훙훙 ○연粉紅 桃톼턍 紅훙훙 ○桃紅

大다때 紅훙훙 ○다훙 真진진 紅훙훙 ○真紅 鷹잉잉 背븨뷔 ○매등빗 灰

휘휘 色서싀 ○灰色 醬쟝쟝 色서싀 ○醬色 真진진 紫즈즈 ○ᄌᆞ지 沉친찜 香

향향 ○침향빗 閃션셤 黃황황 ○연뉴황빗 鵝어어 黃황황 ○지튼뉴황빗 朱

쥬쥬 黃황황 ○朱黃 柳릭링 黃황황 ○柳黃 艾애애 褐허헝 ○ᄡᆞᆨ빗 蜜미밍 褐

허헝 ○노른차할빗 各거갱 樣양양 顔연연 色서싀 ○여러가지빗 深신심 的

디딩 淺쳔쳔 的디딩 ○지튼이엿튼이 又우잉 那나너 胷흉흉 背븨뷔 ○ᄯᅩ져胷背

문 膝시싀 欄란란 ○스란문 界계개 地디뎨 雲윤윤 ○벽드르문 寶밮방 相

샹샹 花화화 ○寶相花문 八바방 寶밮방 ○八寶문 蜂봉붕 赶간건 梅믜뮈 ○

벌이믜화ᄠᆞ로ᄂᆞᆫ문 四스ᄉᆞ 季기계 花화화 ○四季花문 骨구궁 朶도더 雲윤윤 ○

세구름문 西시세 番반빤 蓮련련 ○서번련문 牧무뭉 丹단단 ○모란문 六릭룽

雲윤윤 ○六雲문 八바빵 雲윤윤 ○八雲문 海해해 馬마마 ○海馬문 暗

안함 花화화 ○스믄문 這저저 各거강 樣양양 的디딍 緞돤뙨 子즈쯔 ○이여

러가지대단과 與위유 些서셔 紵쥬쮸 絲스승 紗사사 羅로리 都두두 有위잉 麽

마뭐 ○다못져기비단과紗羅ㅣ다잇ᄂᆞ나 我오어 要얀영 瞧챤쨩 瞧챤쨩 揀견갼 揀

견간 買매매 ○내보아골희여사려ᄒᆞ노라 客커킁 官관권 你니녜 要얀영 南난남

京징깅 的디딍 ○손님네南京치롤ᄒᆞ려ᄒᆞᄂᆞ다 還환환 要얀영 那나너 杭항향

州쥐짐 的디딍 ○도로혀杭州치롤ᄒᆞ려ᄒᆞᄂᆞ다 蘓수수 州쥐짐 的디딍 呢니녜 ○

蘓州치롤ᄒᆞ려ᄒᆞᄂᆞ다 大다때 哥거거 南난남 京징깅 的디딍 顔연연 色서싀 好

한함 ○큰형아南京치ᄂᆞᆫ빗히죠코 又위임 光광광 潤슌슌 ○또빗나되 只즈짐 是

시씽 不부붕着저짱實시싱 ○ 그저질긔지못ᄒᆞ여 不부붕耐내내穿춴춴 ○ 오래

닙지못ᄒᆞ고 杭항ᅘᅡᆼ州쥐쥥的디딍經깅깅緯위위相샹샹等등딍 ○ 杭州치ᄂᆞᆫ

베ᄂᆞᆯ이ᄆᆞᆺ고 蘓수수州쥐쥥的디딍十시씽分분분澆갼걍薄바빠 ○ 蘓州치ᄂᆞᆫ

ᄀᆞ장엷고 又위잉有위잉些셔서粉분분飾시싱不부붕牢랖랖壯좡장 ○ 또져

기ᄭᅳᆫ조ᄉᆡ이셔牢壯치못ᄒᆞ니라

你니녜有위잉好화ᅘᅡᇢ綾링링子즈즈麽마뭐 ○ 네게죠흔綾이잇ᄂᆞ냐 你니녜

要얍얗甚셔씸麽마뭐綾링링子즈즈 ○ 네므슴綾을ᄒᆞ려ᄒᆞᄂᆞ다 我오어要얍얗

官관권綾링링子즈즈 ○ 내구의ㅅ나기綾을ᄒᆞ려ᄒᆞ노라 那나너嘉쟈갸興힝힝

綾링링子즈즈不부붕好화ᅘᅡᇢ ○ 뎌嘉興綾은죠치아니ᄒᆞ니라 客커킁官관권你니녜

니녜 却커캎要얍얗絹권ᅯᆫ麽마뭐 ○ 손님네ᄯᅩ깁을ᄒᆞ려ᄒᆞᄂᆞ다 我오어有위잉

山산산東둥둥好할한大다때官관권絹권권◯내게山東죠흔구읫나기깁과

繭견겸涼량량絹권권◯얼린깁과易이양州직징絹권권◯易州ㅅ깁과倭

위위絹권권◯왜깁과蘓수수州직징絹권권◯蘓州ㅅ깁과水쉬쉬光광광

絹권권◯제믈엣깁과白배빙絲스승絹권권◯흰싱깁이잇다我오어只즈징

要얀영大다때官관권絹권권白배빙絲스승絹권권蘓수수州직징絹권권

水쉬쉬光광광絹권권◯내그저구잇나기깁과흰싱깁과蘓州ㅅ깁과제믈엣깁을ᄒᆞ려ᄒᆞ

고其키끼餘위유的디딩都두두不부봉要얀영◯그나믄거손다마다你니녜

有우잉好한할絲스승麽마뭐◯네게죠흔실잇ᄂᆞ냐我오어却거걍要얀영些

서서◯내또져기ᄒᆞ려ᄒᆞ노라要얀영甚서씸麽마뭐絲스승◯므슴실을ᄒᆞ려ᄒᆞᄂᆞᆫ

다我오어要얀영湖후후州직징白배빙絲스승花화화拘구긍絲스승◯

내 湖州ㅅ 흰 실과 굵고 깃 저른 실을 ᄒᆞ려 ᄒᆞ고 那나너 定딩띵 州직짛 絲스ᄉᆞ 不부붕 要

얀ᅙᅣᇢ ○ 저 定州ㅅ 실은 마다

這저져 緞돤뒨 疋피핑 綾링링 綃셔셔 紗사사 羅로러 等등등 項향향 ○ 이대

단과 綾과 깁과 紗와 노들을 你니녜 都두두 看칸칸 了랴ᄅᆢ ○ 네 다 보아시니 你니녜

真진진 箇거거 要얀ᅙᅣᇢ 買매매 甚서씸 麼마뭐 緞돤뒨 子즈ᄌᆞ ○ 네 진실로 므슴

비단을 사려 ᄒᆞ논다 別벼뼝 的디딩 不부붕 要얀ᅙᅣᇢ ○ 다른 거슨 마다 只즈짛 要얀ᅙᅣᇢ

深신심 青칭칭 織지징 金긴김 胷훙훙 背븨뷔 緞돤뒨 子즈ᄌᆞ ○ 다만 지틋 야쳥

織金胷背ᄒᆞᆫ 비단을 ᄒᆞ려 ᄒᆞ노라 我오어 老랖랗 實시싷 對뒤뒤 你니녜 說숴숴 ○

내 고지식히 너ᄃᆞ려 니ᄅᆞ마 不부붕 是시씽 我오어 自ᄌᆞᄍᆞ 己기계 穿춴춴 的디딩

○ 내 닙으려 ᄒᆞ논 거시 아니라 要얀ᅙᅣᇢ 拿나나 去취큐 別벼뼝 處츄츄 轉좐좐 賣

매매 ○다ᄅᆞᆫ 곳에 가져가 옴겨 ᄑᆞ라 尋씸신 些셔셔 利례리 錢쪈쳔 的딩디 ○져기

利錢 어드려 ᄒᆞᄂᆞ니 你녜니 老랖랖 實씽시 討탈탈 價갸갸 錢쪈쳔 ○네 고지식히 갑

슬ᄡᅵ오라 這져져 織징지 金김긴 胷흉흉 背븨븨 ○이 織金 胷背에 要얗얀 七칭치

兩량량 ○닐곱 냥을 바드려 ᄒᆞ노라 離례리 胡후후 啊허아 ○엉ᄯᅳᆼᄒᆞ다 這져져 樣

양양 的딩디 價갸갸 錢쪈쳔 倒닾닾 悞우우 了럏랖 你녜니 的딩디 買매매 賣

매매 ○이런 갑시면 도로혀 네 흥졍이 그릇되리라 我어오 不붕부 是씽시 外왜왜 行

ᅘᅡᆼ항 ○나ᄂᆞᆫ ᄯᅩᆫ 사ᄅᆞᆷ이 아니라 這져져 緞뒨돤 子ᄌᆞ즈 價갸갸 錢쪈쳔 我어오 都

두두 知징지 道닾닾 ○내 다 아노라 이 비단 갑슬 這져져 織징지 金김긴 胷흉흉 背

븨븨 ○이 織金 胷背ᄂᆞᆫ 是씽시 蘓수수 州징작 來래레 的딩디 假갸갸 估구구 緞

뒨돤 子ᄌᆞ즈 ○이 蘓州셔 온 좀 비단이라 你녜니 還환환 要얗얀 七칭치 兩량량 銀

인인子즈즈○네도로허늘곱낭은을바ᄃᆞ려ᄒᆞ면若쇼샿是시씽南난남京징깅來

레래的디딩○만일南京셔온清칭칭水쉬쉬織지징金긴김緞돤뒨子즈즈○

픈ᄌᆞ석업슨織金ᄒᆞᆫ비단에ᄂᆞᆫ却커캬賣매매多도더少샨셯○ᄯᅩ언머에풀리오不

부붕須슈슈多도더說쉬숭○모로미말ᄒᆞᆫ양말라你니녀既지계知지짛道닾땋

價갸갸錢쳔쪈○네이믜갑슬알면隨쉬쒸你니녀給지긩多도더少샨셯○

네ᄃᆞ로언머롤주라這저져織지징金긴김胷흉흉背븨뷔○이織金胷背에與위유

你니녀五우우兩량량○너롤닷냥을주미這져저是시씽實시싱在재째價

갸갸錢쳔쪈○이진짓갑시라你니녀肯큰킹我오어就직찍買매매○네즐기면

내꼿사고若쇼샿不부붕肯큰킹我오어別벼뼝處츄츄去취큐○만일즐기지아

니ᄒᆞ면내다른곳에가쟈你니녀既지계知지짛道닾땋價가갸錢쳔쪈○네이믜갑

슬 나

我 오어 也 여여 不 부붕 多 도더 說 쉬숴 了 랴려 ◯ 나도 말ᄒᆞ양 아니ᄒᆞ리라

只 즈징 揀 견갼 好 할황 銀 인인 子 즈즁 來 레래 ◯ 다만 죠ᄒᆞᆫ 은을 골ᄒᆡ여 오라 就

직 찡 賣 매매 與 위유 你 니녜 了 랴령 ◯ 곳 ᄑᆞ라 너를 주마 這 져져 等 등등 子 즈즁

拉 라랑 ◯ 이 저울이 ᄂᆞ리니 你 니녜 添 텬텸 上 샹샹 ◯ 네 더ᄒᆞ라 天 텬텬 平 핑뼁

地 디뎨 平 핑뼁 的 디딍 等 등딍 子 즈즁 ◯ 天平地平ᄒᆞᆫ 저울에 你 니녜 要 얖 형 補

부 부 定 딩밍 麽 마뭐 ◯ 네 더음을 바드려 ᄒᆞ논다 罷 바빠 呀 야햐 ◯ 마라 包 밮 방 起

치 케 來 레래 ◯ 밧 라 我 오어 拿 나나 去 쥐큐 ◯ 내 가져 가쟈 這 져져 緞 돤뒨 子

즈 즁 買 미매 了 랴령 ◯ 이 비단 사다

咱 자짬 們 믄문 再 재재 商 샹샹 量 량량 ◯ 우리 ᄯᅩ 商量ᄒᆞ쟈 這 져져 箇 거거 柳

릭 링 靑 칭칭 顔 연연 色 서싱 紬 착찡 子 즈즁 ◯ 이 柳靑빗 ᄒᆡ 비단이 有 우잉 多 도더

少샤셩尺치칭頭투틓 ○ 언머자히 잇ᄂᆞ뇨 勾구긓做주주一이힝箇거거襖
오황子즈즘麼마뭐 ○ 녁녁이ᄒᆞᆫ옷 슬지으라 你니녜說숴쉉甚셔씸麼마뭐話
화홰 ○ 네므슴말을 니ᄅᆞᄂᆞᆫ다 滿만뭔七치칭托토탕有우잉餘위유 ○ 닐곱 발이
太고남 즉ᄒᆞ니 官관권尺치칭足주죵有우잉二을싱丈장쨩八바방 ○ 구의 ᄉ자
ᄒᆞ로ᄂᆞᆫ녁녁이스 믈여ᄃᆞᆲ자히오 裁재째衣이이尺치칭足주죵有우잉二을싱丈
장쨩五우우 ○ 바ᄂᆞ질자ᄒᆞ로ᄂᆞᆫ녁 녁이스믈머자히니 似스쓰你니녜這저져般번뻔
身신신材채째 ○ 네이ᄀᆞ ᄐᆞᆫ몸에 若쇼샹做주주細시셰摺저졍兒을싱襖오항
子즈즘 ○ 만일ᄆᆞᄂᆞᆫ주름 옷슬지어도 也여여儘진진勾구긓了랴량 ○ ᄯᅩ잇 굿녁
녁ᄒᆞᆯ새 시오 若쇼샹做주주直시찡身신신襖오앙子즈즘 ○ 만일직녕 옷슬지으
면 還환훤有우잉餘위유剩싱씽的디딩 ○ 도로혀남으 미이시리라 你니녜打

다다 開캐캐 ○ 펴라 我오어 托토탕 看칸컨 ○ 내 발마 보자 那나너 裏리려

滿만뭔 七치칭 托토탕 ○ 어듸 닐곱 발이 太뇨 若쇼샿 說쉬쉉 七치칭 托토탕 却

커캎 少샨셜 些셔셔 ○ 만일 닐곱 발이라 니ᄅᆞ면 쇼도 볼빅ᄒᆞ다 伱니녜 的디딩 身신신

子즈즁 大다때 手삭싱 臂비비 長챵쨩 ○ 네 킈 커 풀이 기니 一이힝 托토탕 比

비비 別벼뼝 人인신 長챵쨩 得더틍 多도더 ○ 호발을 놈의게 比ᄒᆞ면 길미 하니라 這

져져 紬착쮹 子즈즁 地디뗴 頭투뜽 是시씽 那나너 裏리려 的디딩 ○ 이 비단이

밋싸치가이 어듸치고 伱니녜 說쉬쉉 是시씽 識시싱 貨호훠 ○ 네 니ᄅᆞ되 믈화 아

노라ᄒᆞ더니 怎즘즘 麼마뭐 却커캎 又우잉 不부봉 識시싱 呢니녜 ○ 엇지 쇼도 아

지못ᄒᆞᄂᆞ뇨 這져져 紬착쮹 子즈즁 是시씽 南난남 京징깅 的디딩 ○ 이 비단은

이 南京ㅅ 거시오 不부봉 是시씽 別벼뼝 處츄츄 來레래 的디딩 ○ 다ᄅᆞᆫ ᄃᆡ셔 온 거

시아니라 你니녜 仔즈즁 細시셰 看칸컨 ○ 네仔細히보라 沒무뭉 一이힝 點뎐뎜

粉븐붕 飾시싱 ○ ᄒᆞᆫ뎜분ᄉᆡᆨ업서 實시싱 在재쨔 好한항 清칭칭 水쉬쉬 紬

취찡 子즈즁 ○ 진실로죠ᄒᆞᆫ제믈엣비단이라 要얀얌 多도더 少샾셯 價갸갸 錢쳔쪈

○ 언머갑슬바드려ᄒᆞᄂᆞ뇨 這져져 紬취찡 子즈즁 價갸갸 錢쳔쪈 誰쉬쒸 不부붕

知지징 道닾땋 ○ 이비단갑슬뉘아지못ᄒᆞ여 作조잡 甚셔씸 麼마뭐 討탚탕 價

갸갸 錢쳔쪈 ○ 므슴ᄒᆞ라갑슬ᄢᅬ오리오 若쇼샹 討탚탕 價갸갸 要얀얌 五우우 兩

량량 銀인인 子즈즁 ○ 만일갑슬ᄢᅬ오면닷냥은을바드려니와 老랖랗 實시싱 價갸갸

錢쳔쪈 只즈징 要얀얌 四스ᄉᆞᆼ 兩량량 ○ 고지식ᄒᆞᆫ갑슨그저넉냥을바드리라 拿

나나 銀인인 子즈즁 來레래 就직찍 賣매매 給지깅 你니녜 ○ 은가져오라곳ᄑᆞ라

너롤주마 這져져 紬취찡 子즈즁 也여여 買매매 了랴령 ○ 이비단도사다

這 져져 鞍 언안 子 즈즈 ○ ᄅᆞ이 마기 轡 바피 頭 뜽투 ○ 레구 鞦 칭칙 皮 빼피 ○

개고 돌 攀 판편 胷 흉흉 ○ 거가 리숨 馬 마마 韂 첨천 ○ 애돌 馬 마마 鐙 딍등 ○

ᄌᆞ등 鞍 언안 橋 껼챱 子 즈즈 ○ 가기 지ᄅᆞ 마 鴈 얀연 翅 ᄎᆞᆺ츠 板 반반 ○ 울둥 鐙

딍등 折 졍져 皮 빼피 ○ 피등 肚 뜨두 帶 대대 ○ 랑오 折 졍져 舌 쎵셔 ○ 쇠혀 緹

뗴타 胷 흉흉 ○ 락쥬 籠 룽룽 頭 뜽투 ○ 레바 구 扯 쳐쳐 手 심샥 ○ 혁 包 방반

糞 뽄본 ○ 기밋 마 編 변변 繮 걍걍 ○ 곡다 비ᄒᆞ 繮 걍걍 繩 씽싱 ○ 올쥬 리 䩞

등두 頦 ᅘᅢ해 ○ 미ᄌᆞ 가 閘 쟝자 口 킇쿠 ○ 함마 汗 혇한 替 뎨티 ○ 치ᄯᆞᆷ 언 馬

마마 鞭 변변 子 즈즈 ○ ᄶᅵ채 稍 삼샾 繩 씽싱 ○ 개간 지 都 두두 買 매매 了 럏랴

○ 다다 사

再 재재 買 매매 一 힝이 張 쟝쟝 弓 궁궁 去 큐취 ○ 사ᄯᅩ 라ᄒᆞ 가쟝 자활 且 쳐쳐 到

단당 那나너 賣매매 弓궁궁 的디딩 店뎐뎜 裏리레 去취큐 問운운 ○또 저 활 프、
는 店에 가 무르되 有우잉 賣매매 的디딩 好화활 弓궁궁 麽마뭐 ○품 죠흔 활이 잇
느냐 客커킁 人인신 ○나그네 我오어 店뎐뎜 內너뉘 若숖샾 沒무뭉 有우잉
好화활 弓궁궁 ○우리 店에 만일 죠흔 활이 업스면、 做주주 甚서씸 麽마뭐 買매매
賣매매 ○므슴 흥졍을 ᄒᆞ리오 你니녜 把바바 這저져 一이힝 張쟝쟝 黃황황 樺화화
화화 皮피삐 弓궁궁 上샹쌍 了랴럏 弦현현 ○네 이 ᄒᆞᆫ 장 누른 봇닙힌 활을 다가 시위 언
즈라 我오어 拉라랑 拉라랑 看칸컨 ○내 ᄃᆞ릐여 보아라 有우잉 幾기계 箇거거 氣
치궤 力리링 若숖샾 好화활 ○여러 힘이 이셔 만일 죠ᄒᆞ면 我오어 就직찡 買매매
了랴럏 ○내 곳 사리라 新신신 上샹쌍 了랴럏 的디딩 弓궁궁 ○새로 언즌 활이
니 慢만만 慢만만 的디딩 拉라랑 ○날호여 ᄃᆞ릐라 旣지계 是시씽 好화활 弓

궁궁 ○이믜 이죠흔 활이면 怎즘즘麼마뭐怕파파拉라랑呢니녜 ○엇지 ᄃᆞ리기를

저퍼ᄒᆞ리오 這저져弓궁궁弓궁궁把바바軟숸숸 ○이 활이 좀 이믈러 不부봉

好한할拉라랑 ○ᄃᆞ리기 죠치 아니ᄒᆞ고 不부봉隨쉬쒸手식싱 ○손애 맛지 아니

ᄒᆞ고 又우잉一이힝半반번欺치켸 ○ᄯᅩ ᄒᆞᆫ편 이지고 再재재沒무몽有우잉迴

휘휭性싱싱 ○ᄯᅩ 돌셩 이 업ᄉᆞ다 你니녀錯초창認인신了랴럏 ○네 그릇 아도다 似

ᄉᆞ쓰這저져般번붠的디딩弓궁궁 ○이런 활을 你니녀還환횅嫌현혐甚서씸

麼마뭐 ○네 도로혀 므어슬 나무라ᄒᆞᄂᆞ다 由우잉他타텅說쉬숴 ○저ᄃᆡ로 니ᄅᆞ나

마나 自즈쯔古구구道닾땅 ○녜브터 니ᄅᆞ되 褒반밮貶변볌的디딩是시씽買

매매主쥬쥬 ○포폄ᄒᆞᄂᆞᆫ 이야 이 살 님재라 這저져一이힝張장쟝弓궁궁為위위

甚서씸麼마뭐不부봉樺화횅了랴렿 ○이 ᄒᆞᆫ 장 활은 엇지ᄒᆞ여 봇 닙히지 아니ᄒᆞ엿ᄂᆞ뇨

뇨 你니녜不부붕知지징道닾땋○네 아지 못ᄒᆞᆫ다 這져져弓궁궁最쥐쮜好

핲항○이 활이 ᄀᆞ장 죠하 是시씽上샹썅等등듷的디딩○이 上等엣 거시니 若

쇼샹樺화홯了랴럏呢니녜○만일 봇 닙히면 買매매的디딩人인싄就직찧不

부붕信신신了랴럏○살 사ᄅᆞᆷ이 곳 밋지 아니ᄒᆞ리니 教쟌걓人인싄看칸컨了랴럏

面면면上샹썅的디딩角교걓○사ᄅᆞᆷ으로 ᄒᆞ여 面에 올린 쁠과 背븨뷔上샹썅鋪

푸푸的디딩筋긴긴○등에 ᄉᆞᆫ 힘을 뵈고 商샹샹量량량了랴럏價갸갸錢쳔쪈

然얀연後후흫○갑슬 商量ᄒᆞᆫ 후에 樺화홯也여여不부붕遲치찌○봇 닙혀도

더듸지 아니ᄒᆞ리라 這져져弓궁궁卸셔셔下햐햐○이 활 브리오라 彄쿠킁子즈즈

小샾셯些셔셔○오늬 적고 弰샾샿兒을싈短뒨뒨些셔셔○고재 져르고 弓

궁궁墊뎐뗨子즈즈也여여薄밮빺些셔셔兒을싈○도고리도 엷다 將쟝쟝就

짐직也여여買매매了랴ᇢ○두어라ᄒᆞ여ᄯᅩ사쟈

有우임賣매매的디딍弓궁궁弦현현取츄츄來래래○ᄑᆞᆯ활시위잇거든가져오

라我오어也여여買매매一이힝條툐뗳○내ᄯᅩᄒᆞᆫ오리사就쥐찜這져져裏

리례上샹썅了랴럏這져져弓궁궁去츄큐○곳예셔이활에언져가쟈有우임○

잇다你니녜只즈짒揀견갼着져쟣買매매○네그저ᄀᆞᆯ희여사라這져져條툐뗳

忒티틍細시셰○이오리는너무ᄀᆞ놀고這져져條툐뗳又우잉太태태麤추추

○이오리는ᄯᅩ너무굵으니似스쓰這져져一이힝等등등着쟌쨯中중즁的디딍

纔채쨰好한함○이ᄒᆞᆫ등마존이야맛치죠타這져져弓궁궁與위유那나너

弦현현都두두買매매了랴럏○이활과다ᄆᆞᆺ져시위ᄅᆞᆯ다사다

還환횐要얖형買매매幾지게枝지짒箭쟌젼○ᄯᅩ여러낫살을사려ᄒᆞ노라這

저져 鈚피피子즈즈 ○이 보셔 虎후후爪잘잘 ○거리 살 鹿루루角교갹樸

부봉頭투뜰 ○노각 고 도리 響향향樸부봉頭투뜰 ○제오 도리 艾애애葉여엽

箭잔젼 ○艾葉箭 柳릭릭葉여엽箭잔젼 ○柳葉箭 迷미메針진짐箭잔젼

○편젼 挑토톨遠원원箭잔젼 ○ᄀᆞ논 대 骨구쿵鈚피피箭잔젼 ○솔살 這

저져箭잔젼簳간건是시씽竹주쥼的디딩 ○이 살대는 이대로 ᄒᆞᆫ 거시오 這저져

是시씽木무뭉頭투뜰的디딩 ○이 눈이 남그로 ᄒᆞᆫ 거시로다 再재재要얀얖買

매매 一이힝副부부弓궁궁箭잔젼撒사삼袋대때 ○또 ᄒᆞᆫ 불 궁 뒤동 개 사려 ᄒᆞ노라

弓궁궁拿나나子즈즈 ○도지 개 箭잔젼楔티데 ○통위 扮반반指즈징子

즈즈 ○각지 這저져幾지계樣양양的디딩又우일都두두買매매了랸럏 ○

이 여러 가지 것 또 다 사 거다

再재재要옇얀買매매些셔셔椀원완楪뎡뎌什씽시物웋우○또 져기 사발 졉

시 즙믈 사려 ᄒᆞ노라 鑼러로鍋궈고○노고 荷허허葉엳여鍋궈고○헤너러진 가마

兩량량耳싕을鍋궈고○두 귀 가진 가마 茶짜차鑵권관○차탕관 大때다椀

원완○큰 사발 小셤샨椀원완○져근 사발 銅뚱퉁椀원완○쥬발 磁쯔ᄎᆞ楪

뎡뎌子즈ᄌᆞ○ᄌᆞ기 졉시 木뭉무楪뎡뎌子즈ᄌᆞ○나모 졉시 漆칭치楪뎡뎌子

즈ᄌᆞ○漆ᄒᆞᆫ 졉시 紅훙훙漆칭치匙씽ᄎᆞ子즈ᄌᆞ○블근 漆ᄒᆞᆫ 술, 黑흥희漆칭치

匙씽ᄎᆞ子즈ᄌᆞ○거믄 漆ᄒᆞᆫ 술 銅뚱퉁匙씽ᄎᆞ子즈ᄌᆞ○놋술 湯탕탕匙씽ᄎᆞ

子즈ᄌᆞ○국 먹ᄂᆞᆫ 술 紅훙훙漆칭치快쾌쾌子즈ᄌᆞ○블근 漆ᄒᆞᆫ 져 銅뚱퉁快쾌쾌子

즈ᄌᆞ○놋져 盒헝허子즈ᄌᆞ○합 瓶뼁핑子즈ᄌᆞ○병 背뷔븨壺ᅘᅮ후○

쥬합 執징지壺ᅘᅮ후○귀돈 병 膽담단瓶뼁핑○목 긴 병 小셤샨口큼쿠瓶

핑뼁○쇠용三산삼脚교걓○아리쇠甑증징兒을싀○시르大다때盤판뿬

子즈즈○큰반小샾셯盤판뿬子즈즈○적은반蠟라랑臺태때○쵸ㅅ디

夜여여壺후훟○요강這저져茶치칭器치계傢쟈갸伙호훠○이茶ᄒᆞᆫ그릇새

롤一이힁半반붠是시씽要얖얗布부부褁고궈的디딍○반은이뵈로빤거슬

ᄒᆞ려ᄒᆞ고一이힁半반붠是시씽要얖얗膠갸걓茶치칭的디딍○반은이아교茶

ᄒᆞᆫ거슬ᄒᆞ려ᄒᆞ니工궁궁夫부부不부봉到닿담的디딍不부봉要얖얗○工夫

드지아닌거슨마다這저져布부부褁고궈的디딍是시씽主쥬쥬顧구구生숭싱

活호횡○이뵈로빤거슨이맛쵸임셤녕이오餘위유外왜왜的디딍都두두是시씽

尋신씸常챵쨩賣매매貨호훠○나믄이는다이녜ᄉᆞ프ᄂᆞᆫ거시니是시씽平핑뼁

常챵쨩的디딍○이좀거시로다

今 긴깅 日 ᅀᅵ싕 備 븨삐 辦 반반 了 랴럏 些 셔셔 茶 차짜 飯 반빤 ○ 오ᄂᆞᆯ져기차반

여토아 請 칭칭 咱 자쟝 們 믄문 衆 중즁 親 친친 眷 견권 來 레래 閑 현햔 坐 조쭤

○ 우리모ᄃᆞᆫ권당을請ᄒᆞ여와힘힘이안잣쟈 祖 주주 父 부뿌 ○ 한아비 阿 아허 婆

포뿨 ○ 한어미 父 부뿌 親 친친 ○ 아비 母 무무 親 친친 ○ 어미 伯 버뷩 伯 버뷩

○ ᄆᆞᆮ아ᄌᆞ비 伯 버뷩 母 무무 ○ ᄆᆞᆮ아ᄌᆞ비쳐 叔 수슝 叔 수슝 ○ 져근아ᄌᆞ비 嬸

신심 娘 냥냥 ○ 져근아ᄌᆞ븨쳐 哥 거거 哥 거거 ○ 형 嫂 산삼 子 즈즈 ○ 형의쳐

兄 흉휭 弟 디뗴 ○ 아ᄋᆞ 小 샨셜 嬸 신심 ○ 아ᄋᆞ의쳐 姐 져져 姐 져져 ○ ᄆᆞᆮ누의

妹 믜위 子 즈즈 ○ 아ᄋᆞ누의 大 다때 媳 시싱 婦 부뿌 ○ ᄆᆞᆮ며ᄂᆞ리 小 샨셜 媳 시싱

婦 부뿌 ○ 져근며ᄂᆞ리 姪 지찡 兒 ᅀᅳᇰ싕 ○ 동싱의게난아ᄃᆞᆯ 姪 지찡 女 뉴뉴 ○

동싱의게난ᄯᆞᆯ과 又 우잉 請 칭칭 外 왜왜 公 궁궁 ○ ᄯᅩ외조부 外 왜왜 婆 포뿨 ○

외조모 舅구끙 舅구끙 ○ 어믜오라비 姑구구 娘냥냥 ○ 아븨누의 姑구구 夫

부부 ○ 아븨누의남편 姨이이 娘냥냥 ○ 어믜계집동싱 姨이이 夫부부 ○ 어믜계집

동싱의남편 姐져져 夫부부 ○ 못누의남편 妹믜뮈 夫부부 ○ 아ᄋᆞ누의남편 外

왜왜 甥승싱 ○ 누의게난아돌 女뉴뉴 婿시세 ○ 사회 叔수숑 伯버븽 哥거거 哥

거거 兄흉훵 弟디뎨 ○ 동셩ᄉᆞ촌형아ᄋᆞ 姑구구 舅구끙 哥거거 哥거거 兄흉훵

弟디뎨 ○ 이셩ᄉᆞ촌형아ᄋᆞ 房방빵 分븐분 哥거거 哥거거 兄흉훵 弟디뎨 ○

동셩뉵촌형아ᄋᆞ 兩량량 姨이이 哥거거 哥거거 兄흉훵 弟디뎨 ○ 兩姨의게난형

아ᄋᆞ 連련련 妗긴낌 ○ ᄉᆞ나희동세 妯직쭝 娌리례 ○ 계집동세 奶내내 娘냥냥

○ 젓어미 小샾셩 娘냥냥 子즈즈 ○ 첩 大다때 舅구끙 子즈즈 ○ 못처남

小샾셩 舅구끙 子즈즈 ○ 져근처남 大다때 姨이이 ○ 쳐형 小샾셩 姨이이 ○

셔뎨親친친家갸쟈公궁궁○사돈집아비親친친家갸쟈母무무○사돈집어

미親친친家갸쟈伯빙버○사돈집아ᄌᆞ비親친친家갸쟈舅구깅舅구깅○

사돈집어믜오라비親친친家갸쟈姨이아○사돈집어믜게집동싱을請ᄒᆞ쟈他타터

們믄문帶대대來레래使시싱喚훤훤的디딩丫야야頭투뜰小샾셯廝스승

們믄문○져들의두려와使喚ᄒᆞ논丫頭와아ᄒᆡ들도也여여給지깅他다티幾지계

卓조좔子즈ᄌᆞ飯반빤菜채채喫치킹纔채재好한항○또져로여러상飯菜을주러

어먹이미맛치죠타這져져酒직징席시씽須슈슈預위유備븨쎄停팅띵妥토터

着져쨯○이잔치롤모로미預備ᄒᆞ미맛당ᄒᆞ다

客커킝人인신們믄문都두두到단당門믄문了랸렬○나그닉들다門에다ᄃᆞᆺ거

다先션션喫치킹箇거거到단당門믄문盞잔잔纔채째是시씽○몬져門드

람盞을먹으미맛치올라各갇거位위위請칭칭家갸쟈裏례리坐쮜조○各位ᄂᆞᆫ請

권대집의안즈라今김긴日ᅀᅵᆼᅀᅵ略량랴備삐비些셔셔淡땀단薄빵바筵연연

席씽시○오ᄂᆞᆯ저기淡薄ᄒᆞᆫ이바지ᄅᆞᆯ장만ᄒᆞ고虛휴쉬請칭칭親친친眷권권○

쇽절업시권당을쳥ᄒᆞ여酒징작也여여沒몽무有잉우醉쥐쥐○술도醉홈이업고

飯빤반也여여沒몽무有잉우飽방바○밥도ᄇᆡ브르미업스니不붕부要향야

見견견怪괘괘○허믈말라你녜니別뼝벼這져져麼뭐마說쉉쉬○네이리니

ᄅᆞ지말라我어오們문믄當당당不붕부過궈고○우리當치못ᄒᆞ여라攪걍쟌擾

셜샤府부부上쌍샹○府上에들러여一힝이日ᅀᅵᆼᅀᅵ辛신신苦쿠쿠○ᄒᆞᄅᆞ辛苦

게ᄒᆞ고我어오們문믄酒징작也여여醉쥐주了령랴○우리술도醉ᄒᆞ고飯

빤반也여여飽방바了령랴○밥도ᄇᆡ브르니多더도謝써셔○多謝ᄒᆞ여라

如유유今김긴正징징是씽시臘랑라月웡워 ○ 이제 정히 이 臘月이니 天텬텬
氣키치冷링릉呵허아 ○ 하ᄂᆞᆯ이 ᄎᆞ다 拾씽시來래레的딩디馬마마糞뽄본
好할한拿나나來래레 ○ 주어 온 ᄆᆞᆯ똥을 잘 가져다가 熰흥우些셔셔火훠호 ○
져기 블 무희여 烤캉캎烤캉캎手싱슈脚걍교 ○ 손발 ᄢᅬ쟈 馬마마糞뽄븐拾씽시
在째재筐쾅광子즈즈裏례리頭뜰투 ○ ᄆᆞᆯ똥을 주어 광주리 안ᄒᆡ 이셔니 收싱슈
進진진來래레 ○ 거두어 드려오고 不붕부要얗얀教걍쟌別뼝벼人신인拿
나나了령랴去큐취 ○ 다ᄅᆞᆫ 사ᄅᆞᆷ으로 ᄒᆞ여 가져가게 말라 這져저車쳐처子즈즈 ○
이 술위 折쎵셔了령랴車쳐처輞왕왕輻봉부條뗭탸 ○ 술위 살이 박회와 브러져
시니 可커커惜싱시了령랴 ○ 앗가올샤 那너나不붕부相샹샹干건간 ○ 그는
관계치 아니ᄒᆞ니 後훙후頭뜰투不붕부修싱슈理례리麼뭐마 ○ 후에 修理치 아

니ᄒᆞ라 車쳐쳐 軸주쭝 ○술위도리 車쳐쳐 釧춴춴 ○술위통부리에 테메여박은쇠

車쳐쳐 鐗쟌쟌 ○술위통안히달치아니케 ᄡᅵ조치로박은쇠 車쳐쳐 頭투뜰 ○술위

압괴오ᄂᆞᆫ나모 車쳐쳐 梯티톄 ○술위뒤괴오ᄂᆞᆫ나모 車쳐쳐 廂샹샹 ○술위두녁난간

車쳐쳐 轅원원 ○술위채 繩싱씽 索소삽 都두두 好한할 ○바들이다죠타 樓

루릉 子즈즁 車쳐쳐 ○집지은술위 庫쿠쿠 車쳐쳐 ○잡은것넛ᄂᆞᆫ술위 驢뤼류

騾로러 大다때 車쳐쳐 ○나귀노새메오ᄂᆞᆫ큰술위와 與위유 那나너 尋신씸 常

창쨩 坐조쮜 的디딩 車쳐쳐 子즈즁 ○다못져샹희ᄐᆞᄂᆞᆫ술위롤 都두두 在재째 房

방빵 子즈즁 裏리레 放방방 着져쨮 ○다집의너허두고 別벼뼝 敎쟌걍 雨위유

雪쉬쉥 淋린림 濕시씽 了랴럏 ○雨雪에젓게말라

似스쑹 這져져 般번뷘 冷릉링 ○이리치우니 咱자쨩 們믄문 放방방 箇거거

遠원원垜더도子ᄌᆞ즈 ○우리 멀리 솔치고 射써셔幾계지箭젼잔賭두두箇

거거輸슈슈贏잉잉 ○여러 살ᄡᅩ아 지며 이긔믈 나가ᄒᆞ쟈 咱짱자們문믄六룽릭箇

거거人신인 ○우리 여ᄉᆞᆺ 사ᄅᆞᆷ이 分분븐做주주三삼산回ᄒᆔ휘射써셔罷빠바

○세즈레에 ᄂᆞᆫ화 ᄡᅩ쟈 看권칸那너나邊변변射써셔箭젼잔 ○져편 활ᄡᅩᄂᆞᆫ 거슬 보

더니 衆즁중人신인叫걍쟌喚훤훤的딩디時씽스候흫후 ○모든 사ᄅᆞᆷ이 짓궬ᄣᅢ

에 射써셔的딩디歪왜왜了럏랼 ○ᄡᅩ기ᄅᆞᆯ 기우로 ᄒᆞ고 又잏우失싱시手싱싹

放방방 ○ᄯᅩ 뒤ᄢᅡ져다 須슈슈要혛얀高갛갚些셔셔射써셔 ○모로미 놉죽이

ᄡᅩ라 低뎨디射써셔時씽스竄췬춴到닿닾了럏랼 ○ᄂᆞᆺ게 ᄡᅩ면 근드여 가ᄂᆞ니라

誰쒸쉬贏잉잉誰쒸쉬輸슈슈 ○뉘 이긔며 뉘 지뇨 由잉우他터타們문믄射

써셔罷빠바 ○저들대로 ᄡᅩ게 ᄒᆞ쟈 早쟣잪了럏랼 ○일러시니 一잉이會ᄒᆔ휘兒

싱을 ○ 위ᄒᆞᆫ 지 再재재 添텸뎐 幾계지 枝징지 箭젼잔 也여여 勾긓구 了럏랴

○ 여또 도여 넉러 넉낫 ᄒᆞ살 리을 라더 ᄒᆞ 我어오 贏잉잉 了럏랴 ○ 긔내 고이 你녀니

輸슈슈 了럏랴 ○ 거네 다지 就찍직 罰빵바 一힝이 遭짷잘 筵연연 席씽시 ○

지곳 롤ᄒᆞᆫ 罰지 로위 ᄒᆞ이 고바 請칭칭 我어오 們문믄 ○ 請우 ᄒᆞ리 라롤

咱장자 們문믄 做주주 漢헌한 人신인 筵연연 席씽시 ○ ᄅᆞᆷ우 의리 이漢 바ㅅ 지사

면롤 ᄒᆞ 頭뚷투 一힝이 椀훤완 燕현연 窩휘오 ○ 燕頭 窩一 ㅣ椀 오은 第뗴디 二

싱을 椀훤완 魚유위 翅층츠 ○ 고第 기二 지椀 네은 오믈 第뗴디 三삼산 椀훤완 匾

변변 食씽시 ○ 변第 시三 오椀 은 第뗴디 四승스 椀훤완 鰒빵바 魚유위 ○ 四第

복椀 이은 오전 第뗴디 五우우 椀훤완 海해해 蔘승슨 ○ 海第 蔘五 과椀 은 頓둔둔

肉송류 ○ 기술 오믄 고 第뗴디 六룽릭 椀훤완 雞계지 ○ 도第 ᄅᆞᆨ六 이椀 오은 第

뗴디 七 칭치 椀 원완 鮮 션션 魚 유위 ◯ 第七椀은 싱션과 粉 분븐 湯 탕탕 ◯ 湯粉

과 饅 뭔만 頭 뜰투 ◯ 상화와 打 다다 糕 감갇 ◯ 인졀미와 雞 계지 蛋 단단 糕

감간 ◯ ᄃᆞ리의 알 떡과 撻 땅다 子 즈즈 餑 뽕보 餑 뽕보 ◯ 몽고 떡 都 두두 喫 킹치

完 훤완 了 럏랴 ◯ 다 먹어 다 먹거다 先 션션 喫 킹치 空 쿵쿵 湯 탕탕 ◯ 몬져 空湯을 먹

고 後 흫후 喫 킹치 茶 짜차 ◯ 후에 차 로 먹고 就 찡직 散 산산 罷 빠바 ◯ 곳 흐터지

쟈 咱 짱자 們 문믄 用 융융 的 딩디 菜 채채 蔬 수수 整 징징 齊 쪠치 不 붕부 整

징징 齊 쪠치 ◯ 우리 쓸 菜蔬ㅣ 정졔ᄒᆞ나 못ᄒᆞ나 又 잉우 備 삐비 些 셔셔 果 궈고

子 즈즈 好 할한 下 햐햐 酒 징직 的 딩디 ◯ 또 져기 과실 술 ᄂᆞ리오 됴흔 거ᄉ 마초쟈

這 져져 藕 음우 菜 채채 ◯ 이 년근치 黃 황황 瓜 과과 ◯ 외 茄 겨켜 子 즈즈 ◯

가지 生 싱숭 葱 충충 ◯ 파 生 싱숭 薑 강쟝 ◯ 싱강 蘿 러로 蔔 뿡부 ◯ 댓무우

冬동둥瓜과과○동화葫후후蘆루루○박芥개계子즈즈○ᄌ계蔓먼먼

菁징징○우쉿 무赤칭치根근근菜채채○치시 근海해해帶대대菜채채

○마다 스馬마마蹄뎨티菜채채○리곰 돌這저저菜채채裏레리頭뜽투

○죵이 예치有잉우煠짱자不붕부熟쓩슈的딩디○ᄒᆞᆫ데 것쳐 도닉 잇지 고못也

여여有잉우柴쨔채的딩디○도쏘 잇쇤 다것

這저저按헌한酒짇작○쥬이 ᄂᆞᆫ안煎젼젼魚유위○ᄒᆞ믈 것고 과기 젼羊양양

雙상솽腸쨩챵○ᄌ羊 와의 챵頭뜽투○와머 리蹄뎨티○과발肚뚜두兒싈을

싈을○오양 이這저저果궈고子즈즈是씅시○은이 이과 실棗잘잔兒싈을

○와대 쵸柿씅스餠빙빙○과곳 감核훙허桃똥토○와호 도紅훙훙姑

구구娘냥냥○리꼬 와아山산산裏레리紅훙훙○외아 와가甜뗨텬梨레리○

딘빅와 酸숸숸梨리례 ○ 믄빅와 葡푸뿌萄탄땋 ⊙ 葡萄와 龍룽륭眼얀얀
○ 龍眼과 荔리례芰즈짗 ○ 荔芰와 杏힝헹子즈즇 ○ 술고와 西시셰瓜
과과 ○ 슈박과 香향향瓜과과 ○ ᄎᆞᆷ외와 柑간감子즈즇 ○ 柑子와 橘규큥
子즈즇 ○ 귤과 石시씽榴루릳 ○ 石榴와 李리례子즈즇 ○ 외얏과 松숭숭
子즈즇 ○ 잣과 栗리릳子즈즇都두두用융융的디딩好하항 ○ 밤이다 ᄡᅳ기죠
타 這저져肉루숭都두두煮쥬쥬熟수쓩了랴럏 ○ 이 고기 다 마닉어다 술 [illegible]
보뽕子즈즇 ○ 목쟝이 頭투뚱 ○ 머리 肋리릥條탸턍 ○ 가리 前쳔쪈膊바방
○ 압엇게 後후흫腿튀튀 ○ 뒷다리 胷흉흉、肋리릥都두두有우잉 ○ 양지
머리 다 잇다 怎즘즘麽마뭐不부붕見견견一이힝箇거거後후흫腿튀튀 ○
엇지ᄒᆞᆫ 뒷다리로 보지 못ᄒᆞᆯ소뇨 饅만뭔頭투뚱餡현햠裏리례使시싛了랴럏 ○

상화소에벗다 酒짐쥬 席씽시 湯탕탕 飯빤반 都두두 完훤완 備쀠븨 了럏랴 ○

잔치에국과밥이다ᄆᆞᄌᆞᆺ다 日ᅀᅵᆼ시 頭뜽투 落랗로 了럏랴 ○ 히져시너 快쾌쾌 些

셔셔 擡때태 過궈고 來래레 喫칭치 了럏랴 好함하 ○ 밧비ᄃᆞ려다가먹으미죠타

咱장자 們믄믄 今김긴 日ᅀᅵᆼ시 筵연연 席씽시 ○ 우리오ᄂᆞᆯ이바지에 喫칭치 多

더도 少셜샨 酒짐쥬 ○ 언머술을먹으뇨 喫칭치 二ᅀᅵᆼ을 兩량량 銀인인 子즈즈

的딍디 酒짐쥬 ○ 두냥은에술을먹엇다 咱장자 們믄믄 只징즈 是씽시 十씽시

數수수 箇거거 人신인 ○ 우리그저여라믄사ᄅᆞᆷ이 怎즘즘 麽뭐마 喫칭치 二ᅀᅵᆼ을

兩량량 銀인인 子즈즈 的딍디 酒짐쥬 ○ 엇지두냥은에술을먹으뇨 不불부 但

딴단 上썅샹 頭뜽투 十씽시 數수수 箇거거 客켜커 人신인 喫칭치 ○ 다만우희

여라믄나그내먹을ᄲᅮᆫ아니라 那나나 下햐하 頭뜽투 還훤환 有잉우 十씽시 多더도

箇거거伴번뻔當당당們믄문 ○ 져아릐도로이혀여라 믄伴當들이이시니 怎즘즘麼

마뭐不부봉教쟌걒他타터喫치킹麼마뭐 ○ 엇지져로ᄒᆞ여 먹게아니ᄒᆞ랴 這져져

筵연연席시씽散산산了랴렬 ○ 이이바지ᄒᆞ 터지거다

我오어有우잏些셔셔腦나낳痛퉁퉁頭투뚤眩현훤 ○ 내져기골치 알ᄑᆞ고마리

어즐홈이 이시니 請칭칭太태태醫이이來레래診진진候후흫脉머믕息시싱

○ 太醫ᄅᆞᆯ청ᄒᆞ여 와진믹ᄒᆞ자 看칸컨是시씽甚셔씸麼마뭐病빙뼁 ○ 보라 이므

슴病 고 太태태醫이이說쉬숴 ○ 太醫니 ᄅᆞ되 你니녜脉머믕息시싱浮부뿡

沉친찜 ○ 네믹이浮ᄒᆞ락 沉ᄒᆞ락ᄒᆞ니 敢간감是시씽喫치킹了랴렬冷릉링物

우뭉傷샹샹着져쨯了랴렬 ○ 冷物을먹어 傷ᄒᆞᆫ듯ᄒᆞ다 我오어昨조쨯日시싕冷

릉링酒직징多도더喫치킹了랴렬 ○ 내어제ᄎᆞᆫ술을 만히먹엇노라 那나너般번뻔

不부붕錯초촣 ○ 그러면그르지이나ᄒᆞ니 不부붕能능능剋킈킝化화화 ○ 능히

쇼화치못ᄒᆞ여 所소수以이이致지짛腦노낳痛퉁퉁頭투뜽眩현현 ○ 이러므로

골치앏프고마리어즐홈을닐위여 不부붕思스승飮인힘食시씽 ○ 飮食을싱각아니ᄒᆞ

ᄂᆞ나 我오어這저져藥요얗是시씽專쥰줜治치찡飮인힘食시씽停팅띵滯

지쟤的디딩 ○ 내이약은이飮食停滯로젼혀다ᄉᆞ리ᄂᆞᆫ것시니 你니녜喫치캉了랴럏

可커커以이이立리립時스씽見견견效햪햫 ○ 네먹으면可히즉시효험볼써시라

木무뭉香향향散산산氣치켸丸원훤 ○ 木香散氣丸 檳빈빈榔랑랑丸원훤

○ 檳榔丸 這저져藥요얗裏리레頭투뜽 ○ 이藥즘에 該개개喫치캉檳빈빈

榔랑랑丸원훤 ○ 檳榔丸을먹엄즉ᄒᆞ니 必비빙要얀얗在재째食시씽後후흫

喫치캉 ○ 반ᄃᆞ시食後에먹으되 每미뮈服부뽛三산삼十시씽丸원훤 ○ 每服

丸에을 三十生싕승薑걍쟝湯탕탕送숭숭下햐하 ○ 生薑湯에ᄂᆞ리오라 喫킹치

了렿랴麼뭐마 ○ 먹으면 就찍쥐要햫얀跑팧퐌肚뚜두走쯓주動뚱둥 ○

곳ᄇᆡᄉᆞᆯ어뒤볼ᄊᆡ시니 先션션喫킹치稀히히粥즇주補부부一힝이補부부 ○

몬져믈근죽을먹어補ᄒᆞ고 然션얀後흫후再재재喫킹치飯빤빤 ○ 그린후에ᄯᅩ밥

ᄋᆞᆯ먹으라 第뎨디二ᅀᅵᆼᅀᅳᆯ日ᅀᅵᆼᅀᅵ太태태醫히이來래레問문운 ○ 이튼날太醫와

무르되 你녜니好핳할些셔셔了렿랴麼뭐마 ○ 네져기나으냐 今긴긴日ᅀᅵᆼᅀᅵ

早잫잔晨씬친 ○ 오ᄂᆞᆯ아ᄎᆞᆷ에 纔째채喫킹치了렿랴些셔셔粥즇주 ○ ᄀᆞᆺ져

기죽먹으니 較걓쟈好핳할些셔셔了렿랴 ○ 져기나애라 若샿쇼病삥빙大

따다好핳할了렿랴 ○ 만일病이쾌히나으면 重쭝중重쭝중的딩디酬찧칙謝

쎠셔 ○ 重히重히갑ᄒᆞ샤례ᄒᆞ리라

咱자쟝們믄믄一이힝生승싱○우리生에一常창쨩願원원快쾌쾌活호횅

○덧덧이快活홈을원ᄒᆞᄂᆞ니春츈츈夏햐햐秋칙칭冬둥둥一이힝日ᅀᅵᅀᅵᆼ也

여여不부붕該개개煩반빤惱난낭○春夏秋冬에ᄒᆞᄅᆞ도煩惱홀새시아니라伱니녀

看칸칸咱자쟝們믄믄人인인在재쨰世시싱上샹썅○네보라우리사ᄅᆞᆷ이世上

에이셔有우잉今긴긴日ᅀᅵᅀᅵᆼ活호횅着져쨩明밍밍日ᅀᅵᅀᅵᆼ死스ᄉᆞ了랴럏

的디딩○오ᄂᆞᆯ사랏다가ᄂᆡ일죽으리잇ᄂᆞ니能능닝勾구궁安안헌樂러랗○能히

편안ᄒᆞ고偏편편不부붕會휘휭快쾌쾌活호횅○편벽되이快活홀줄을아지못ᄒᆞ면

眞진진箇거거是시씽癡치칭人인싄○진실로이어린사ᄅᆞᆷ이라死스ᄉᆞ了랴럏

後후흫頭투뚷○죽은후에는不부붕論룬른甚셔씸麼마뭐○아모란거ᄉᆞᆯ혜

지아니코都두두做주주不부붕得더딍主주쥬張쟝쟝○다主張치못ᄒᆞ여好

호항 走 ᄌᆞ즁 的 디딩 馬 마마 ○ 잘 것는 ᄆᆞᆯ은 別 베뼝 人 인인 騎 키끼 着 져쨩 ○
다ᄅᆞᆫ 사ᄅᆞᆷ이 ᄐᆞ고 好 호항 襖 안항 子 ᄌᆞ즁 ○ 됴ᄒᆞᆫ 옷ᄉᆞᆫ 別 베뼝 人 인인 穿 춴춴 着 져쨩
져쨩 ○ 다ᄅᆞᆫ 사ᄅᆞᆷ이 닙고 好 호항 媳 시싱 婦 부뿡 ○ 됴ᄒᆞᆫ 겨집은 別 베뼝 人 인인
娶 츄츄 去 취큐 了 랴령 ○ 다ᄅᆞᆫ 사ᄅᆞᆷ이 ᄃᆞ려가ᄂᆞ니 這 져져 麼 마뭐 看 칸권 起 치켜
來 레래 ○ 이리 보면 活 호횡 時 스씽 節 져졍 ○ 사라실 적의 爲 위위 甚 셔씸
麼 마뭐 不 부봉 尋 신씸 些 셔셔 快 괘쾌 活 호횡 受 ᄉᆞᆯ씽 用 융융 呢 니녜 ○ 므슴
ᄒᆞ라 져기 快活受用ᄒᆞ기ᄅᆞᆯ ᄎᆞᆺ지 아니ᄒᆞ리오
大 다때 槩 개개 人 인인 家 쟈갸 的 디딩 兒 ᅀᅳᆯ싱 孫 순순 ○ 大槩 사ᄅᆞᆷ이 兒孫이 從
츙쯍 小 샤셩 來 레래 ○ 어려셔브터 敎 쟈걍 導 다ᄃᆞᆼ 他 타터 成 칭쪙 人 인인 ○
져ᄅᆞᆯ ᄀᆞᄅᆞ처 成人ᄒᆞ여 若 요샿 有 우잉 福 부봉 分 븐분 ○ 만일 福分이 이시면 官 관권

兒을ᅀᅵᆼ也여여做주주得더듸了랴ᇢ려ᇢ○벼슬도 ᄒᆞᄂᆞ니 若ᅀᅭᅀᅣᇢ教쟈ᇢ갸ᇢ的디딍

不부봉好하ᇢ햐ᇢ○만일 ᄀᆞᄅᆞ치기ᄅᆞᆯ 잘못ᄒᆞ여 不부봉能능닝成칭찡人인ᅀᅵᆫ○

能히 成人치 못ᄒᆞ면 雖쉬쉬是시씽他타터的디딍命밍밍該개개如ᅀᅲᅀᅲ此ᄎᆞ츠

○비록 저의 命이 이러타ᄒᆞ나 父부뿡母무무的디딍心신심○父母의 ᄆᆞᄋᆞᆷ이 能

능닝不부봉懊앟하ᇢ悔회회○能히 뉘웃지 아니ᄒᆞ리라 這져져小샤ᇢ셔ᇢ孩해ᄒᆡ子

ᄌᆞᄌᆞᆼ○이 어린 아ᄒᆡ 若ᅀᅭᅀᅣᇢ要야ᇢ혀ᇢ他타터成칭찡人인ᅀᅵᆫ○만일 저ᄅᆞᆯ 成人코져

ᄒᆞ면 有우잉三산삼條탸ᇢ뗘ᇢ路루루在재째當당당中중즁走주즇○세 오리 길

히 잇거든 가온ᄃᆡ로 ᄃᆞ니고 別볘뼝人인ᅀᅵᆫ是시씽非븨빙不부봉要야ᇢ혀ᇢ說쉬ᄉᆔᇰ

○다ᄅᆞᆫ 사ᄅᆞᆷ의 是非ᄅᆞᆯ 니ᄅᆞ지 말며 別볘뼝人인ᅀᅵᆫ東둥둥西시셰不부봉要야ᇢ혀ᇢ

愛애애○다ᄅᆞᆫ 사ᄅᆞᆷ의 거ᄉᆞᆯ ᄉᆞ랑치 말며 不부봉要야ᇢ혀ᇢ撒사상謊황황○거즛말 말

며 不부봉要얀햫懶란랸惰도떠 ○ 懶惰치 말라 這저져般번붠用융융心
신심行힝헝去취큐習시씽慣관관了랸령 ○ 이리 用心ᄒᆞ여 ᄃᆞ녀 닉으면 就직찍
能능닝成칭찡人인신 ○ 곳 能히 成人ᄒᆞ리라 常챵쨩言연연道닾땅 ○ 常言에 니
ᄅᆞ되 老랖랗實시씽常챵쨩在재째 ○ 고지식ᄒᆞ니ᄂᆞᆫ 덧덧이 잇고 脫토퉈空쿵쿵
常챵쨩敗배배 ○ 헛되니ᄂᆞᆫ 덧덧이 敗ᄒᆞᆫ다 ᄒᆞ니라 若숖샿在재째人인신面면면
前쳔쪈 ○ 만알 사ᄅᆞᆷ의 앏희셔 揔중즁不부붕肯큰킁出츄츙力리링 ○ 대되 ᄌᆞᆯ겨
出力지 아니ᄒᆞ면 便변뼌到닾당處츄츄不부붕得더듷人인신意이이 ○ 곳 간
곳마다 사ᄅᆞᆷ의 ᄠᅳᆮ을 엇지 못ᄒᆞ리니 還환훤想샹샹誰쉬쒸喜시히歡훤훤他타터呢
니녜 ○ 도로혀 싱각건대 뉘 져를 깃거ᄒᆞ리오
火호훠伴번뻔們믄문 ○ 벗들아 自ᄌᆞ쪼家쟈갸有우잏能능닝處츄츄 ○

自家ㅣ能ᄒᆞᆫ 곳이 이셔도 不부붕要얀양誇콰과張쟝쟝 ○ 자랑 말며 別버뼝人인신

有위윙壞홰홰處츄츄 ○ 다ᄅᆞᆫ 사ᄅᆞᆷ이 그ᄅᆞᆫ 곳이 이셔도 不부붕要얀양笑샤셩話

화화他타터 ○ 저ᄅᆞᆯ 웃지 말라 自즈쯔古구구說숴숴 ○ 녜브터 닐러시되 船촨쮠

從충쭝水쉬쉬出츄츙 ○ ᄇᆡᄂᆞᆫ 믈로조차 나시니 旱한햔地디뎨上샹썅是시씽

行힝형不부붕得더듸的디딩 ○ 뭇히 ᄃᆞᆫ니지 못ᄒᆞ고 車처쳐從충쭝地디뎨行

힝형 ○ 술위ᄂᆞᆫ ᄯᅡ흐로 ᄃᆞᆫ니ᄂᆞ니 水쉬쉬裏리레是시씽行힝형不부붕去취큐的

디딩 ○ 믈에 ᄃᆞᆫ니지 못ᄒᆞ고 一이힝箇거거把바바掌쟝쟝是시씽打다다不부붕

響향향的디딩 ○ ᄒᆞᆫ 손ᄲᅡ당은 쳐 소리 나지 아니ᄒᆞ고 一이힝箇거거脚교걓是시씽

不부붕能능닝走주즇的디딩 ○ ᄒᆞᆫ 발은 能히 것지 못ᄒᆞᄂᆞ니 咱자장們믄문的

디딩人인신 ○ 우리 사ᄅᆞᆷ이 都두두要얀양將쟝쟝就직찡些셔셔彼비비此

층챠挈텽져帶대대着쨯져好항한○다두어라ᄒᆞ여彼此에잡들미죠흐니라況황향
딩디○또죠흔이도잇고也여여有잉우歹대대的딩디○또사오나온이도이시니
這져져火훠호伴뻔번中즁중○ᄒᆞᆫ믈며이벗둥에也여여有잉우好항한的
大때다家갸쟈都두두要염얀幫방방扶뿌부○대되다돌보아人신인有잉우
好항한處츄츄賛잔찬揚양양他터타○사ᄅᆞᆷ이죠흔곳잇거든져ᄅᆞᆯ기리고人신인
有잉우歹대대處츄츄替톄티他터타掩혐연藏짱챵着쨯져○사ᄅᆞᆷ이사오나
온곳잇거든져ᄅᆞᆯᄀᆞᄅᆞᆫ차ᄀᆞ리오쟈常짱챵言연연道땋단○常言에니ᄅᆞ되隱힌인惡
향어揚양양善쎤션○隱惡揚善이라ᄒᆞ니若샾숖是씽시隱힌인人신인的딩디
德뒹더○만일사ᄅᆞᆷ의어지믈숨기고揚양양人신인的딩디惡향어○사ᄅᆞᆷ의사
오나오믈드러내면最쮜쮜是씽시不붕부好항한的딩디事씅스情찡칭○ᄀᆞ장

이 죠치 아닌 일이라

你녜니們문믄做주주奴누누才째채的딩디人신인 ○ 너희 죵 된 사ᄅᆞᆷ이 跟

근근着쨯져官권관人신인 ○ 官人을 ᄯᆞ라 這져져裏

례리去큐취 ○ 여긔 가 져긔 가고 官권관人신인下햐햐了럎랴馬마마 ○ 官人

이 ᄆᆞᆯ ᄂᆞ리거든 就쯯쟉把바바馬마마拉랑라去큐취 ○ 곳 ᄆᆞᆯ을 다가 잇그러 가

好항한絟솬솬着쨯져 ○ 잘 ᄆᆡ고 把바바鞍헌안子즈즈摘직재了럎랴 ○

기ᄅᆞ마를 다 벗기고 用융융絆뻔번 ○ 지달 ᄡᅵ고 趕건간到닿닾草참찬地뗴디

放방방去큐취喫킹치草참찬 ○ 모라 초쟝에 가 노하 플 먹게 ᄒᆞ고 把바바帳쟝쟝

房빵방忙망망打다다起키치來래레 ○ 쟝막을 다가 밧비 치고 鋪푸푸陳찐친

整징징頓둔둔了럎랴 ○ 鋪陳을 整頓ᄒᆞ고 鞍헌안子즈즈轡비피頭뜰투 ○

財채쨰不부붕要얀염愛애애惜시싱○이녁쟈믈을앗기지말아就직찡接제졍

濟지졔他타터○곳져롤接濟ᄒᆞ고朋픙뻥友우잉若ᅀᅭ얍不부붕幸힝힝○

벗이만일不幸ᄒᆞ여遭잔짱了랸렴官관권司스승口쿠큭舌셔쎵○官司口舌을만

나거든衆중즁朋픙뻥友우잉都두두向향향前쳔쪈救구깅他타터○모도

벗이다앏흘向ᄒᆞ여져롤救ᄒᆞ쟈若ᅀᅭ얍不부붕肯큰킁救구깅○만일즐겨救치아니

ᄒᆞ면就직찡是시씽傍팡빵人인인也여여要얀염唾토터罵마마○곳겻ᄒᆡ사

룸도춤밧고ᄭᅮ지람ᄒᆞ려ᄒᆞ리라若ᅀᅭ얍有우임些셔셔病빙삥○만일져기病이잇거

든不부붕要얀염看칸컨冷릉릥淡단땀○冷淡이보지말고就직찡替티톄

他타터請칭칭太태태醫이히調탼뗜治치찌○곳져롤ᄀᆞᄅᆞ차太醫를請ᄒᆞ여調治

ᄒᆞ여早잔짱晩완환不부붕要얀염離리례開캐캐○일우나느즈나ᄯᅥ나지말고

是시씽在재째下햐햐的디딍人인신 ○ 맛치아ᄅᆡᆺ사ᄅᆞᆷ의 服부뿡侍스씅官

관권長쟝쟝的디딍道닾땊理리례 ○ 官長을뫼시ᄂᆞᆫ道理니라

咱자쟝們믄몬相샹샹好한항的디딍人인신 ○ 우리서ᄅᆞ죠하ᄒᆞᆫᄂᆞ리사ᄅᆞᆷ이 不

부봉要얀얗說숴숑你니녜歹대대我오어好한항 ○ 네사오나오며내어질라니ᄅᆞ

지말고 休후힐着산심了랴럏朋픙뻥友우잉的디딍面면면皮피삐 ○ 벗의

ᄂᆞᆺ갓츨붓그럽게말아 親친친近긴낀得더듸好한항 ○ 親近ᄒᆞ여죠ᄒᆞ면 便변뼌

是시씽親친친弟디뗴兄흉훵一이힝般번뷘 ○ 곳이親弟兄ᄒᆞᆫ가지니 相샹샹

幫방방着져쟣看칸컨顧구구着져쟣 ○ 서로붓ᄠᅳ러돌보라 朋픙뻥友우잉若

요얗在재째困쿤쿤苦쿠쿠患환홴亂뤈뤈中중즁 ○ 벗이만일困苦患亂中에이셔

沒무뭉有우잉盤판뻔纏쳔쪈 ○ 盤纏이업거든 自즈쯔己기계的디딍錢쳔쪈

기루마와 구레로 搬 반뱐 到 닫닿 自 즈쯯 己 기계 睡 쉬쒸 處 츄츄 放 방방 下 하햐 ○이녁 자논 곳에 옴겨 노코 上 샹썅 頭 투뜰 把 바바 氈 쟌젼 子 즈즈 蓋 개개 了 랴럄 ○우희 담으로 덥고 然 얀연 後 후흫 安 안헌 了 랴럄 鑼 로러 鍋 고궈 ○그린 후에 노고 안치고 急 지깅 忙 망망 做 주주 茶 차짜 飯 반빤 ○밧비 차반 므들고 肉 류슝 煮 쥬쥬 熟 수쓩 了 랴럄 就 쥐쯯 撈 랖랗 出 츄츙 來 레래 ○고기 술마 닉거든 건져 내고 吃 치킹 完 완훤 了 랴럏 飯 반빤 ○밥 먹기 뭇거든 椀 완훤 盞 잔잔 傢 쟈갸 伙 호휘 收 식심 拾 시씸 了 랴럏 ○사발과 盞과 그릇새롤 收拾ᄒᆞ고 等 등딍 官 관권 人 인신 睡 쉬쒸 了 랴럄 ○官ㅅ이 자기롤 기ᄃᆞ려 敎 쟌걍 一 이힝 箇 거거 火 호훠 伴 번뻔 伺 츠승 候 후흫 着 져쨔 ○ᄒᆞᆫ 벗으로 ᄒᆞ여 伺候ᄒᆞ라 似 스쑹 這 져져 般 번뻔 小 샨셜 心 신심 謹 긴긴 愼 신씬 行 힝힝 去 취큐 ○이러ᄐᆞᆺ 小心謹愼ᄒᆞ여 ᄃᆞ니면 纔 채째

煎젼젼些셔셔藥얄요送숭숭些셔셔湯탕탕水쉬쉬○져기 藥을 달히고 져기 국

믈을 보내라 若샤쇼這져져般붠번看컨칸待때대○만일 이리 보숣히면 便뼌변

有잉우十씽시分분븐病뼝빙○곳 十分ㅅ 病이 이셔도 也여여減감겸了령랸

五우우分분븐○또 五分이나 減ᄒᆞ려니와 若샤쇼不붕부看컨칸顧구구他터타

○만일 져를 보숣히지 아니ᄒᆞ면 那너나病뼝빙人신인想샹샹着쨯져○져 病人이

싱각ᄒᆞ되 沒뭉무有잉우朋뻥풍友잉우的딩디情찡칭分분븐○벗의 情分이 업

다 ᄒᆞ여 心심신裏례리悽쳬치惶황황麽뭐마○ᄆᆞᄋᆞᆷ에 悽惶ᄒᆞ면 纔째채得

듸더五우우分분븐病뼝빙○맛치 五分ㅅ 病을 어더도 也여여添텸텬做주주十

씽시分분븐了령랸○또 十分이 더ᄒᆞ리라

咱장자們믄믄世씨시上썅샹人신인○우리 世上 사ᄅᆞᆷ이 做주주男남난子

즈즈 行 힝힝 事 씃스 ○ᄉᆞ나히 되여 ᄒᆞ논 일이 須 슈슈 要 얀얀 想 샹샹 自 쯔즈 已

기계 祖 주주 上 샹썅 的 디딍 聲 싱싱 名 밍밍 ○모로미 이녁 祖上 聲名을 싱각ᄒᆞ여 不

부붕 可 커커 壞 쾌쾌 了 랴령 ○可히 해여ᄇᆞ리지 아닐 거시니 凡 빤빰 事 스씃 要 얀얀

샾셩 小 心 신심 謹 긴긴 愼 신씬 行 힝행 去 큐큐 ○凡事를 小心謹愼ᄒᆞ여 ᄃᆞᆫ닐 거시라

쇼샵 若 把 바바 父 부뿌 母 무무 的 디딍 聲 싱싱 名 밍밍 玷 뎜뎜 辱 수숭 了 랴령

○만일 父母의 聲名을 다가 더러이면 別 뼈뼝 人 인인 也 여여 要 얀얀 唾 토터 罵 마마

○다ᄅᆞᆫ 사ᄅᆞᆷ이 ᄯᅩ 춤 밧타 ᄭᅮ지람ᄒᆞ려 ᄒᆞ리라 他 타터 父 부뿌 母 무무 在 재째 世 시싱

時 스씃 ○제 父母 사라신 제 家 쟈갸 法 바방 名 밍밍 聲 싱싱 好 한항 來 레래 ○

家法名聲 됴코 田 텬뗜 地 디뎨 房 방빵 産 찬찬 都 두두 有 우잉 ○田地房産도 다

잇고 又 우잉 有 우잉 騎 치끼 坐 조쭤 的 디딍 牲 승싱 口 쿠큳 ○ᄯᅩ ᄐᆞ논 즘싱과 使

싕시喚훤훤的딍디奴누누婢삐비○使喚ᄒᆞᄂᆞᆫ奴婢도 잇ᄂᆞ니到땅닫他터타爺

여여娘냥냥死ᄉᆞᆼᄉᆞ後흫후○제 爺娘이 죽은 後에 다ᄃᆞ라孩해해子ᄌᆞᆼᄌᆞ們문믄

不봉부務뭉우營윙잉生싱승○아희들이 살올 일 힘ᄡᅳ지 아니ᄒᆞ고教걍쟌些셔셔

幇방방閑햔현的딍디潑퐁포男남난女뉴뉴○져기노리ᄃᆞᆸᄂᆞᆫ 보피로온 男女로ᄒᆞ

여孤훟후朋뿡픙狗긓구黨당당○孤朋狗黨ᄒᆞ여每뮈믜日ᅀᅵᆼᅀᅵ穿춴춴茶

짜차房빵방入ᅀᅵᆼᅀᅲ酒징직肆ᄉᆞᆼᄉᆞ○每日에 茶房에 웨ᄃᆞᆫ니며 酒肆에 드러가고又

임우常짱챵到땅닫婊뱡뱌子ᄌᆞᆼᄌᆞ家갸쟈裏례리去큐츄○ᄯᅩ 건닉ᄀᆞᆫ나희 집의

가胡훟후使싱시錢쪈쳔○간대로 돈을 ᄡᅳ니眾즁중親친친戚칭치街개개

坊방방老랗랖成찡칭的딍디○모ᄃᆞᆫ 권당과 동닉 늙으니들이都두두勸퀀퀀他

러타說숸쉬○다 져를 말려니ᄅᆞ되你녜니為위위甚씸서麼뭐마不붕부知징지

世시싈務우뭏○네므슴ᄒᆞ라世務ᄅᆞᆯ아지못ᄒᆞ고執지징迷미몌了랸럏心신심

○ᄆᆞᄋᆞᆷ을아득히잡아竟깅깅不부붕思스ᄉᆞᆼ改개개過고궈○ᄆᆞᄎᆞᆷ내改過ᄒᆞ기ᄅᆞᆯ

ᄉᆡᆼ각지아니ᄒᆞᄂᆞ뇨他타러倒닾닿迴휘횧說쉬숳○뎌도로혀니ᄅᆞ되使시싀是

시씽使시싱了랸럏我오어的디딩錢쳔쪈○버도내돈을ᄡᅳ고壞홰홸是시씽

壞홰홸了랸럏我오어的디딩名밍밍○해야ᄇᆞ려도내일홈을해야ᄇᆞ리니干간건

你니녜甚셔씸麼마뭐事스씽○네게무슴일이간셥ᄒᆞ리오ᄒᆞ니因인힌此ᄎᆞ츠

○이러므로衆중즁人인신再재재不부붕肯큰킁勸권퀀他타러○모든사ᄅᆞᆷ

이다시즐겨져ᄅᆞᆯ말리지아니ᄒᆞ여隨쉬쒸他타러胡후ᅘᅮ使시싱錢쳔쪈○제대로간

대로돈을ᄡᅳ니每믜뮈日시싕幾지계箇거거幫방방閑현ᅘᅧᆫ的디딩○每日에여

러노리돕ᄂᆞ니와和허훠那나너婊뱐뱡子즈즈人인신家자갸○다뭇져ᄃᆞᆫ거희

집의 喫킹치的딩디穿춴춴的딩디 ○ 먹는것닙는거시 都두두是씽시這저져

獃애개子즈즈的딩디錢쪈쳔 ○ 다이어린놈의돈이라 騎끼치的딩디馬마마

是씽시三삼산十씽시兩량량一힝이匹핑피好할한馬마마 ○ 트는몰은셜흔

냥에흔필죠흔몰이오 鞍헌안子즈즈是씽시時씽스樣양양減감견銀인인事

씽스件견견的딩디好할한鞍헌안轡비피 ○ 기ᄅ마는시톄에은입ᄉᄉ견흔죠흔기

ᄅ마레니 共꿍궁該개개用융융四스스十씽시兩량량銀인인子즈즈 ○

대되히오니마흔냥은을ᄡ더라

身신신上썅샹穿춴춴的딩디衣이이服뿡부 ○ 몸에닙논옷도 也여여按헌안

四스스季계기穿춴춴 ○ 또ᄉ졀을조차닙으되 每뮈믜日싱시脫퉁토套탕탄

換훤환套탕탄 ○ 每日흔볼벗고흔볼밧고ᄂ니 春춘춘間간간穿춴춴的딩디 ○

봄에 닙ᄂᆞᆫ 거슨 好한함 青칭칭 羅로러 白배ᄈᆡᆼ 羅로러 綠루룽 羅로러 細시셰 褶

져졍 單탄단 袍팦빵 子ᄌᆞ즈 ○ 죠ᄒᆞᆫ 프른 깁 흰 깁 초록 깁 ᄆᆞᄂᆞᆫ 주름 홋두루막이오 到닫닿

夏햐햐 天텬텬 ○ 녀름에 다ᄃᆞᄅᆞ면 好한함 極기끵 細시셰 的디딩 毛만망 藍

란람 布부부 衫산삼 ○ ᄆᆞ장 ᄆᆞᄂᆞᆫ 모시뵈 젹삼에 上샹썅 頭투뜰 穿춴춴 銀인인 條

탼뗭 紗사사 袍팦빵 子ᄌᆞ즈 ○ 우희 닙은 거슨 셩긔 고셴 紗 두루막이와 鴨야향 綠루룽

紗사사 直지찡 身신신 ○ 압두록 紗 직녕이오 到닫닿 秋칙칭 間간갼 ○ ᄀᆞ을에 다

ᄃᆞᄅᆞ면 是시씽 羅로러 衣이히 裳샹썅 ○ 이 깁옷시오 到닫닿 冬둥둥 間간갼

○ 겨ᅀᅳᆯ에 다ᄃᆞᄅᆞ면 是시씽 紵쥬쮸 絲스ᄉᆞᆼ 襖와항 子ᄌᆞ즈 ○ 이 비단 핫옷과 絲

스ᄉᆞᆼ 紬칙찡 襖와항 子ᄌᆞ즈 ○ 면쥬 핫 옷과 織지징 金긴김 襖와항 子ᄌᆞ즈 ○

織金믄ᄒᆞᆫ 핫옷과 茶차짜 褐허ᅘᅧᇰ 水쉬쉬 波보뷔 浪랑랑 四스ᄉᆞᆼ 花화화 襖와항

子즈즈 ○감찰빗치 믈결 바탕에 四花 믄흔 핫옷과 青칭칭 六룽리 雲윤윤 襖항안 子즈즈 ○프른빗히 六雲 믄흔 핫옷과 茜쳔쳔 紅훙홍 綾링링 子즈즈 褂쿠쿠 子즈즈 ○곡도송믈 드린 綾바지와 白빼배 絹견견 汗헌한 衫삼산 ○흰 깁 汗衫과 銀인인 色싕서 紵쮸쥬 絲쓰스 板반반 褶졉저 兒ᅀᅵ을 短된된 襖항안 子즈즈 ○은빗흐 비단 닙은 주름져른 핫옷과 黑흫희 綠룽루 紵쮸쥬 絲쓰스 比비비 甲갸가 ○흑녹빗희 비단 비게니 這져져 般번번 按헌안 四ᄉᆞ스 季계기 穿춴쳔 衣이이 裳샹샹

○이리 ᄉᆞ절을 조차 옷슬 닙더라

繫계기 腰얀얀 的딩디 ○허리에 ᄯᅴ는 것도 也여여 按헌안 四ᄉᆞ스 季계기 ○또 ᄉᆞ절을 조차 ᄒᆞ여 春츈츈 裏리리 繫계기 金김긴 條턍툐 環환한 ○봄에는 金條環 ᄯᅴ고 夏햐하 裏리리 繫계기 玉융위 鉤긓구 子즈즈 ○녀름에는 玉 갈고리를 ᄯᅴ니

最쥐쥐低디뎌的디딩是시씽菜채채玉위융 ○ ᄆᆞ장 ᄂᆞᄌᆞᆫ 거슨 이 菜玉이오 最
쥐쥐高갈강的디딩是시씽羊양양脂즈짛玉위융 ○ ᄆᆞ장 놉흔 거슨 이 羊脂玉이오
秋칙칭裏리례繫기계減견걈金긴김鉤구긓子즈ᅎᆞᆼ ○ ᄀᆞᅀᆞᆯ에ᄂᆞᆫ 金 입ᄉᆞ혼 갈고
리ᄅᆞᆯ ᄯᅴ되 平핑뼝常챵쨩的디딩不부봉用융융 ○ 녜ᄉᆞᆺ 거슨 ᄡᅳ지 아니ᄒᆞ고 都두두
是시씽玲링링瓏룽룽花화화樣양양的디딩 ○ 다 이 花樣을 玲瓏히 ᄒᆞᆫ 거시오 冬
둥둥裏리례繫기계金긴김廂샹샹寶반밯石시씽的디딩 ○ 겨ᅀᅳᆯ에ᄂᆞᆫ 金으로 寶
石에 뎐메온 거슬 ᄯᅴ고 或휘횡是시씽有우잉綜중중眼얀얀的디딩烏우후犀
시셰帶대대纔채채繫기계了랴려 ○ 或 종구무 잇ᄂᆞᆫ 烏犀 ᄯᅴ야 맛치 ᄯᅴ더라
頭투ᄠᅳᇢ上샹쌍戴대대的디딩 ○ 마리에 ᄡᅳᄂᆞᆫ 거슨 好한항貂댜뎡鼠슈슈皮
피삐帽마망子ᄌᆞᅎᆞᆼ ○ 죠ᄒᆞᆫ 돈피 갓시오 或휘횡是시씽掃산삼雪쉬숑染연염

做주주的디딩帽만망子즈즈 ○或이담비에 믈드려 ᄆᆞᆫᄃᆞᆫ 갓시오 好한핳纏쳔젼

綜중중金긴김廂샹샹大다때帽만망子즈즈 ○죠흔 종으로 밋고 金으로 ᄭᅮ민 큰 갓시니

這져져一이힝箇거거帽만망子즈즈 ○이 ᄒᆞᆫ 갓ᄉᆞᆫ 使시싱用융융四ᄉᆞᄉᆞ

兩량량銀인인子즈즈 ○넉냥 은을 ᄡᅳ고 又우잉有우잉紵쥬쮸絲ᄉᆞᄉᆞ剛강강

叉차차帽만망 ○또 비단으로 두녁 가ᄅᆞ 타 돌마기 돌온 갓시 잇고 羊양양腈즈징玉위윻

頂딩딩子즈즈 ○羊腈玉 딩ᄌᆞㅣ니 這져져一이힝箇거거帽만망子즈즈

○이 ᄒᆞᆫ 갓ᄉᆞᆫ 使시싱用융융三산삼兩량량銀인인子즈즈 ○석냥 은을 ᄡᅳ고 又우잉

有우잉天텬텬青칭칭紵쥬쮸絲ᄉᆞᄉᆞ帽만망 ○또 天靑비단 갓과 雲윤윤

南난남氈잔젼帽만망 ○雲南에셔 난 담으로 ᄒᆞᆫ 갓시 이시니 上샹썅頭투뚜都두두

有우잉金긴김頂딩딩子즈즈 ○우희 다 金딩ᄌᆞㅣ 잇더라

穿쳔쳔的디딩靴훠훠 ○ 신는 훠는 春츈츈間간간穿쳔쳔皂잔짱鹿기계皮

피삐靴훠훠 ○ 봄에는 거믄 ᄌ피훠를 신으되 上샹썅頭투뚤縫봉뽕着져쨥倒

단당提티뗴雲윤윤 ○ 우희 구룸이 갓고로 드리웟게 호앗고 夏하햐間간갼穿쳔쳔

猠뎐뎐皮피삐靴훠훠 ○ 녀름에는 뎐피훠를 신고 到단당冬둥둥裏리례穿쳔쳔

嵌컨캄金긴김線션션藍란람條툐뗭子즈즈白배삥鹿기계皮피삐靴훠훠

○ 겨올에다ᄃᆞᄅᆞ면 금션남오리로 갸품신 흰 기ᄌᆞ피훠를 신고 氈잔전襪와왕穿쳔쳔好

한함絨숭슝毛맏망的디딩 ○ 시울청은 죠흔 보드라온 털로 민 거슬 신어시되 都두두

使시싀大다때紅훙훙紵쥬쮸絲스ᄼ緣연연口쿠큭 ○ 다다홍 비단으로 션 둘러

시니一이힝對뒤뒤靴훠훠上샹썅都두두有우잉紅훙훙絨숭슝鴈연얀爪

잔장 ○ ᄒᆞᆫ빙 훠에다 블근 융ᄉᆞ로 고ᄃᆞ랏고 那나너靴훠훠底디뎨 ○ 져휘 챵이 都두두

是씽시兩량량層쯩층淨찡징底뎨디 ○ 다두층조ᄒᆞᆫ창이오 上썅샹的딩디線

션션蠟랑라打다다了랼랴 ○ ᄃᆞ론실에칠ᄒᆞ엿고 밀 錐쮜쥐子쯔즈細셰시線

션션麤추추 ○ 송곳ᄉᆞᄂᆞᆫᄀᆞ놀고 실은굵으니 上썅샹的딩디分뿐븐外왜왜牢랑랖

壯장좡好항한看칸칸 ○ ᄃᆞ론거시分外에牢壯ᄒᆞ여보기죠ᄐᆞ라

喫킹치飯빤반麼뭐마 ○ 밥을먹으면 揀간견箇거거可커커口큭쿠的딩디

喫킹치 ○ 입에마즌거슬ᄀᆞᆯ히여먹ᄂᆞ니 淸칭칭早잘잔起키치來래래 ○ 새베니러

梳수수了랼랴頭뜰투洗세시了랼랴臉렴련 ○ 마리빗고ᄂᆞᆺ싯고 先션션喫

킹치些셔셔醒싱싱酒짇쥐湯탕탕 ○ 몬져져기술ᄭᆡᄂᆞᆫ湯을먹고 或휳훠是씽시

點뎜뎐心심신然연얀後흫후 ○ 或點心ᄒᆞᆫ후에 打다다餑뽕보餑뿡부炒참챂

肉숭류 ○ 셕민들고 고기복고 或휳훠白삥배煮쥬쥬着쨯져羊양양腰양얗節

저졍 育휴흉子즈즁 ○ 或민믈에羊의존등과가슴을솔마 喫치킹完완훤了랴럏 ○

먹기뭇고 騎치끼着져쨥馬마마 ○ 몰ᄐᆞ고 引인인着져쨥伴번뿬當당당 ○

伴當ᄃᆞ라ᄒᆞ고 着쟈쨥幾지계箇거거幫방방閑현햔的디딩陪픠쀠着져쨥 ○

여러노리돕ᄂᆞᆫ이로ᄒᆞ여뫼시고 往왕왕大다때酒쥐징肆스슿裏리례坐조쭤下

하햐 ○ 큰술져제가안자 不부붕愛애해銀인인子즈즁多도더少샤셯 ○ 多은

少로앗기지아니ᄒᆞ고 把바바酒쥐징肉류숭喫치킹飽봐밯了랴럏 ○ 酒肉을다

가먹기를브르게ᄒᆞ고 酒쥐징帶대대半반뻔酣한함 ○ 술을반만취ᄒᆞ여가지고 引

인인 動둥뚱淫인임心신심 ○ 淫心을내여 就직찧到닿당唱챵창的디딩人

인신 家자갸去취큐 ○ 곳노래브르ᄂᆞᆫ사ᄅᆞᆷ의집의가 到닿당那나너裏리례 ○ 져긔

가 教쟌걍那나너彈란딴絃현혆子즈즁的디딩謊황황精징징們믄문 ○

져 줄풍뉴ᄒᆞ고 거즛말ᄒᆞᆫ논 놈들로 ᄒᆞ여 捉조잡弄룽룽着져쟣 ◯ 노리ᄒᆞ면셔 假갸갸
意이히叫쟌븡幾지게聲싱싱 ◯ 거즛 여러소릐로 브르되 舍셔셔人인인公궁궁
子즈즈 ◯ 舍人公子ㅣ아 便변뼌開캐캐手식심賞샹샹賜스ᄉᆞ罷바빠 ◯ 곳 손
을 여러 賞賜ᄒᆞ라 他타더拿나나錢쳔젼 ◯ 제 돈을 가져 只즈징由우잉那나너
幇방방閑현햔的디딩人인ᅀᅵᆫ使시ᄉᆞ ◯ 그저 노리 돕는 사ᄅᆞᆷ의 쓰는 뒤로 ᄒᆞ고 他
타더只즈즹粧좡쟝腔캉컁正징징面면면坐조쭤做주주好한항漢한헌 ◯
져는 그저 어룬다이 안자 好漢인 체ᄒᆞ면 那나너些셔셔幇방방閑현햔的디딩 ◯ 져 노
리 돕는이 把바바銀인인子즈ᄌᆞ花화화使시ᄉᆞ了랴럎 ◯ 은을 다가 허피 ᄡᅳ고 中
중즁間간갼剋킈컹落로랗了랴럎一이힝半반붠 ◯ 中間에 반을 ᄀᆞ려내여 拿
나나去취큐養양양活호훵他타더媳시싱婦부뿌孩해햬兒을ᅀᅵᆯ ◯ 가져 마졔

媳婦와孩兒ᄅᆞᆯ치나 一잉이 箇거거 日싀시 子ᄌᆞ즈 到당닾 晩환완 出츙츄 來래레

○ᄒᆞᄅᆞᆯ 늣도록 나가면 狠흔흔 少셯샾 也여여 使싀시 三삼산 四ᄉᆞ스 兩량량 銀인인 子ᄌᆞ즈

○마장 져거도 서너 냥 銀을 ᄡᅳ니 後ᅘᆕ후 來래레 使싀시 的딩디 家갸쟈 私ᄉᆞ스

○후에 ᄡᅳᄂᆞᆫ 셰간이 漸졈젼 漸졈젼 的딩디 消셯샾 磨뭐모 了럏랴

○漸漸消磨ᄒᆞ여 人싄인 口킇쿠 馬마마 匹핑피 家갸쟈 財째채 金긴긴 銀인인 器킈치 皿밍밍 都두두 盡찐진 賣매매 了럏랴

○人口馬匹과家財金銀器皿을다풀고 田뗜뎐 産찬찬 房빵방 子ᄌᆞ즈 也여여 都두두 典뎐뎐 當당당 了럏랴

○田地와 집도 다 典當ᄒᆞ고 身신신 上썅샹 穿쵄춴 的딩디 也여여 沒뭉무 有잏우

○몸에 닙을 것도 업고 口킇쿠 裏례리 吃칭치 的딩디 也여여 沒뭉무 有잏우

○입에 녀흘 것도 업ᄉᆞ니 幇빵방 閑ᅘᅧᆫ현 的딩디 那너나 廝ᄉᆞ스 們문믄 也여여 沒뭉무 一

이황 箇거거 偢칭칙 保채채 他터타 了령랴 ○ 노리돕ᄂᆞᆫ져놈들이 ᄯᅩᄒᆞᆫ나토져를괴수
홀이업ᄂᆞᆫ지라 如슈슈 今김긴 跟근근 着쟣져 別뼝벼 人싄인 拿나나 馬마마 ○
이제다른사ᄅᆞᆷ을 ᄯᆞ라ᄆᆞᆯ을잡아 且쳐쳐 求낑치 得듷더 暖눤난 衣히이 飽봥반 飯
빤반 ○ 아직옷시덥고밥이 브ᄅᆞᆷ만구ᄒᆞ더라
我어오 買매매 這져져 貨훠호 物뭉우 ○ 내이貨 物을사 要영얀 到닿단 涿좝조
州징직 賣매매 去큐취 ○ 涿쌔ㅣ가ᄑᆞᆯ 라가려ᄒᆞ되 這져져 幾계지 日싀시 爲위위
請칭칭 親친친 戚칭치 筵연연 席씽시 ○ 이여러날권당을請ᄒᆞ 여잔치호믈위ᄒᆞ고
又잉우 爲위위 有잉익 些셔셔 病뼝빙 耽담단 閣갑거 了령랴 不붕부 曾쯩층
去큐취 ○ ᄯᅩ져기病이셔머믈믈위ᄒᆞ 여일즉가지못ᄒᆞ엿더니 我어오 如슈슈 今김긴
要영얀 去큐취 了령랴 ○ 내이제가 려ᄒᆞᄂᆞ니 火훠호 伴뻔번 伱녜니 在째재 這

져져 裏 리레 且 쳐쳐 等 등등 着 져쟣 ○ 벗아 네 여긔아셔 아직 기드리라 我 오어 到

단당 那 나너 裏 리레 賣 매매 了 랴럏 貨 호훠 物 우뭉 就 직찍 回 휘훼 來 레래 ○ 내 제 가 貨物을 폴고 즉셔 도라오리라 你 니녜 好 한항 去 취큐 ○ 네 죠히 가라 我 오어、

賣 매매 這 저저 人 인신 蔘 슨슴 毛 맢망 藍 란람 布 부부 ○ 내 이 人蔘과 모시뵈롤 포노라 ᄒᆞ면 也 여여 還 환환 有 우잉 幾 지계 日 ᅀᅵᅀᅵᆼ ○ 또 도로혀 여러 날 이이실새시니

好 한항 歹 대대 等 등등 你 니녜 來 레래 ○ 모로미 네 오믈 기드려 咱 자잠 們 믄문

再 재재 商 샹샹 量 량량 買 매매 回 휘훼 去 취큐 的 디딩 貨 호훠 物 우뭉 ○ 우리 또 도라갈 貨物 사기롤 商量ᄒᆞᆯ셔시니、 你 니녜 必 비빙 定 딩띵 早 산잠 些 셔셔 來 레래

○ 네 반ᄃᆞ시 일즉이 오라

店 뎐뎜 主 쥬쥬 人 인신 家 쟈갸 ○ 店人主 人아 你 니녜 却 커걍 引 인인 幾 지계

箇거거鋪푸푸家쟈갸來레래 ○네 또 여러 흥졍바치를 드려오라 好한항商샹샹

量량량人인싄蔘슨슴價갸갸錢쳔쪈 ○人蔘ㅅ 갑슬 商量홈이 죠타 這져져蔘슨슴

是시씽好한항的디딩麼마뭐 ○이 蔘이 이 죠 흔 거시나 拿나나些셔셔樣

양양子즈즈來레래我오어看칸컨 ○져기 樣子 가져오라 내 보쟈 這져져蔘슨슴

是시씽新신신羅로러蔘슨슴 ○이 蔘은 이 新羅ㅅ 蔘이니 也여여不부붕過고궈

是시씽中중즁等등딩的디딩 ○또 이 즁픔에 지나지 못ᄒᆞᄂᆞᆫ 거시로다 你니녀說

쉬숭甚셔씸麼마뭐話화홰 ○네 므슴 말 니ᄅᆞᄂᆞᆫ다 這져져蔘슨슴狠흔흔高간감

○이 蔘이 ᄀᆞ장 놉ᄒᆞ니 怎즘즘麼마뭐照쟢졍中중즁等등딩的디딩看칸컨 ○

엇지 즁픔으로 보ᄂᆞ뇨 牙야야子즈즈說쉬숭 ○즈름이 니ᄅᆞ되 你니녀兩량량家

쟈갸且쳐쳐不부붕須슈슈爭졍징辯변뼌高간감低디뎨 ○너희 둘히 아직 모로

미高低를ᄃᆞ토지말라 如슈슈今긴김時스씽價갸갸五우우錢쳔쪈一이힝斤긴긴 ○이제 時價ㅣ 닷돈에 ᄒᆞᆫ 근이니 有우잉甚셔씸麼마뭐商샹샹量량량 ○므슴 商量ᄒᆞ미 이시리오 你니녜這저져蔘ᄉᆞᆫ슴共궁궁多도더少샤ᅩ셩斤긴긴重중쯍 ○네 이 蔘이 대되 언머 斤重고 我오어這저져蔘ᄉᆞᆫ슴共궁궁一이힝百버빙一이힝十시씽斤긴긴 ○내 이 蔘이 대되 일ᄇᆡᆨ 열 근이라 你니녜的디딍等등딍子즈즈 如슈슈何허혀 ○네 저울이 엇더ᄒᆞ뇨 我오어的디딍是시씽官관권等등딍子즈즈 ○내 하ᄂᆞᆫ 이 구읫 저울이라 烙로랑了랴ᅩ령印인힌子즈즈 ○印을 첫ᄂᆞ니 誰쉬쒸敢간감用융융私스ᄉᆞ稱칭칭 ○뉘 敢히 ᄉᆞᄉᆞ 저울을 ᄡᅳ리오 這저져價갸갸錢쳔쪈既지계是시씽一이힝定딩띵的디딍 ○이 갑슨 이믜 一定ᄒᆞᆫ 엿거니와 我오어只즈징要야ᅩ향十시씽足주중紋운문銀인인 ○나ᄂᆞᆫ 그저 십셩 紋銀을 바드되

現현현要얀양銀인인子즈즈不부붕賒셔셔的디딩○시방은을밧고드리오지

아니ᄒᆞ리라 怎즘즘那나너般번뷘說쉬숴○엇지그리니ᄅᆞᄂᆞ뇨銀인인子즈즈

與위유你니녜好한항的디딩○은은너롤죠흔거슬주려니와從충쯍來레래買

매매貨호훠物우뭉的디딩○본ᄃᆡ貨物사ᄂᆞ니那나너裏리례便변뺸有우잉

現현현銀인인子즈즈○어ᄃᆡ곳노흔은이이시리오也여여須슈슈遲치찌幾

지계日시잉○또모로미여러날머므러湊추층了랴령來레래兒뒤뚸給지깅繞

채째好한함○모도와츨혀주미맛치죠타你니녜兩량량家쟈갸不부붕用융융

爭중징論른룬○너희둘히ᄃᆞ토지말고限현햔十시씽日시잉內ᄂᆡ뉘○열흘

을限ᄒᆞ여就작찡照쟢졍價갸갸錢쳔쪈數수수目무뭉兒뒤뚸銀인인○곳갑

수ᄃᆡ로은을츨혀주고斷뒨된不부붕短뒨된少샾셯的디딩○결단코ᄌᆞ라게아모

니ᄒᆞ리라 旣게지 這져저 般붠번 ○ 이미 이러면 就찍쥐 依이이 着쨯져 呀야야

子즈즈 的딩디 話ᅘᅪ화 ○ 곳 즈름의 말대로 ᄒᆞ쟈

這져저 蔘슴슨 稱칭칭 了럏랴 ○ 이 蔘을 ᄃᆞ니 只징즈 有잉우 一힝이 百븽버

斤긴긴 ○ 다만 一百斤이 잇다 你녜니 說숴쉬 一힝이 百븽버 一힝이 十씽시 斤

긴긴 ○ 네 니ᄅᆞ되 一百 열근이라 ᄒᆞ더니 那너나 十씽시 斤긴긴 却갸거 在재재 那

너나 裏례리 ○ 뎌 열근은 ᄯᅩ 어듸 잇ᄂᆞ뇨 我어오 家갸쟈 裏례리 稱칭칭 來래레 的

딩디 ○ 내 집의셔 ᄃᆞ라 온 거시니 一힝이 百븽버 一힝이 十씽시 斤긴긴 ○ 一百 열근

이라 你녜니 這져저 稱칭칭 大때다 ○ 네 이 저울이 세매 故구구 此츠츠 短된뒨

了럏랴 十씽시 斤긴긴 ○ 그러므로 열근이 ᄉᆞᆺ다 我어오 這져저 稱칭칭 那너나

裏례리 大때다 ○ 내 이 저울이 어듸 세리오 你녜니 這져저 蔘슴슨 想샹샹 帶대대

來래레時씽스有잉우些셔셔濕씽시○네 이 蔘이 싱각건대 가져올 뻬 져기 저즈미 잇

더니如슈슈今김긴乾건간了럏랴○이제 몰라시니因힌인此층츠折쎵셔去

큐취些셔셔了럏랴○이러므로 져기 쓧다這저져蔘슴슨做주주了럏랴五우우

分분븐兒ᅀᅵᆼ을分분븐了럏랴○이 蔘을 다ᄉᆞᆺ 운에 ᄂᆞᆫ호라一힝이箇거거人ᅀᅵᆫ인

二ᅀᅵᆼ을十씽시斤긴긴○ᄒᆞᆫ 사ᄅᆞᆷ에 스므 斤이오每뮈믜一힝이斤긴긴五우우

錢쪈쳔○每ᄒᆞᆫ 근에 닷 돈이니二ᅀᅵᆼ을十씽시斤긴긴該개개十씽시兩량량○

스므 斤에 ᄒᆡ오니 열 냥이니共꿍궁該개개五우우十씽시兩량량銀인인子ᅎᆞ즈

○대되 ᄒᆡ오니 五十兩 銀이로다

又잉우店뎜뎐主쥬쥬人ᅀᅵᆫ인家갸쟈○또 店ㅅ 主人아你녜니還환환引인인

幾계지箇거거買메매毛맘마藍람란布부부的딍디客킝커人ᅀᅵᆫ인來래레

重刊老乞大諺解下 五十五

○、네당시롱여러모시뇌 살나그ᄂᆡ롤ᄃᆞ려오라 你 녜니 這 져저 毛 망만 藍 람란 布 부부

○ 네이모 시뵈 細 셰시 的 딍디 價 갸가 錢 쪈쳔 要 형얀 多 더도 少 셩샾 ○ ᄀᆞ ᄂᆞ、

너엣갑슨언머 롤바ᄃᆞ려ᄒᆞ며 麤 추추 的 딍디 要 형얀 多 더도 少 셩샾 ○ ᄀᆞᆰ으니 ᄂᆞᆫ언머

롤바ᄃᆞ려 ᄒᆞᄂᆞᆫ다 細 셰시 的 딍디 上 썅샹 等 딍등 好 핳한 布、 부부 ○ ᄀᆞᄂᆞᆫ上 等죠ᄒᆞᆫ

뵈에 ᄂᆞᆫ 要 형얀 一 힝이 兩 량량 二 ᅀᅵᆼ을 錢 쪈쳔 ○ ᄒᆞᆫ냥두돈을 바ᄃᆞ려ᄒᆞ고 麤 추추

的 딍디 要 형얀 八 방바 錢 쪈쳔 ○ 굵으니에ᄂᆞᆫ여ᄃᆞᆲ돈 을바ᄃᆞ려ᄒᆞ노라 這 져저 黃

횡황 布 부부 好 핳한 的 딍디 要 형얀 多 더도 少 셩샾 價 갸가 ○ 이누른뵈 죠ᄒᆞᆫ거슨

언머갑슬바 ᄃᆞ려ᄒᆞ며 低 뎨디 的 딍디 要 형얀 多 더도 少 셩샾 價、 갸가 ○ 나즌 거슨

언머갑슬바 ᄃᆞ려ᄒᆞᄂᆞᆫ다 這 져저 上 썅샹 好 핳한 的 딍디 是 씽시 一 힝이 兩 량량 ○

이웃듬죠ᄒᆞᆫ거 슨ᄒᆞᆫ냥이오 這 져저 次 층츠 些 셔셔 的 딍디 是 씽시 七 칭치 錢 쪈쳔

○이 지촛거슨 닐곱 돈이라 你니녜 別벼뼝 胡후ᅘᅮ 討탚탛 價갸갸 錢쳔쪈 ○네 간

대로 갑슬 쐬오지 말라 這져져 布부부 如슈슈 今긴김 現현ᅘᅧᆫ 有우잉 時스씽 價

갸갸 ○이 뵈 이제 번드시 時價ㅣ 이시니 我오어 買매매 去취큐 不부붕 是시씽 自

즈쯔 家쟈갸 穿쳔쳔 的디딍 ○내 사가 이녁이 닙으려 ᄒᆞ는 거시 아니라 要얀햫 拿나나

去취큐 發바빵 賣매매 ○가져 가 ᄑᆞ라 覓미밍 些셔셔 利리례 錢쳔쪈 的디딍

○져기 利錢을 어드려 ᄒᆞ거시니 我오어 依이히 着져쟣 時스씽 價갸갸 還환ᅘᅯᆫ 你

니녜 ○내 時價대로 너를 주리라 這져져 毛만맘 藍란람 布부부 ○이 모시뵈 高간강

的디딍 給지깅 你니녜 一이힝 兩량량 ○놉흔이에ᄂᆞᆫ 너ᄅᆞᆯ ᄒᆞᆫ 냥을 주고 低디뎨 的

디딍 六뤼륭 錢쳔쪈 ○나즌이에ᄂᆞᆫ 엿 돈을 ᄒᆞ고 這져져 黃황ᅘᅪᆼ 布부부 ○이 누른 뵈

好한황 的디딍 給지깅 你니녜 九구깅 錢쳔쪈 ○됴흔이에ᄂᆞᆫ 너를 아홉 돈을 주고

次충츠的딩디五우우錢쪈쳔○지ᄎᆞᆺ거시ᄂᆞᆫ닷돈을ᄒᆞ여我어오不붕부賒셔셔

你녜니的딩디○내네거슬셰ᄅᆞ치지아니ᄒᆞ고一힝이頓둔둔兒싱을給깅지你

녜니好핳한銀인인子즈즈○ᄒᆞᆫ번에너를죠흔은을주리라

牙야야子즈즈說숑쉬○즈름이니ᄅᆞ되他타타們믄믄還환환的딩디價갸갸

錢쪈쳔○저들의주ᄂᆞᆫ갑시是씽시按헌안時씽스價갸갸○이時價로조차ᄒᆞ고

不붕부敢감간錯촿초的딩디○敢히그ᄅᆞᆺᄒᆞ지못ᄒᆞᄂᆞ니你녜니客킝커人신인

們믄믄○너나그ᄂᆡ들이從쭝충遼령랸東둥둥新신신來래레○遼東으로조차

ᄀᆞᆺ와시매不붕부曉향햐得듷더這져져實씽시在째재價갸갸錢쪈쳔○이진

짓갑슬아지못ᄒᆞᄂᆞ니你녜니不붕부要햫얀疑이이惑훻휘○네疑惑지말고就

쯍직成찡칭了럏랴交걍갸易잉이罷빠바○곳흥졍ᄒᆞ라這져져麼머마的

당디 ◯ 이러ᄒᆞ면 價(가갸)錢(쪈쳔)依(이이)着(쨯져)你(니니) ◯ 갑슨 네대로 ᄒᆞ려니와

銀(인인)子(즈ᄌᆞ)依(이이)着(쨯져)我(어오) ◯ 銀은 날대로 ᄒᆞ면 就(찍직)成(찡칭)交(걍갸)

◯ 곳 흥졍ᄒᆞ고 若(샹요)不(붕부)依(이이)我(어오) ◯ 만일 날대로 아니ᄒᆞ면 我(어오)

是(씽시)不(붕부)賣(매매) ◯ 내이 ᄑᆞ지 아니ᄒᆞ리라 這(져져)低(뎨디)銀(인인)子(즁즈)

我(어오)也(여여)不(붕부)要(햠얀) ◯ 이 ᄂᆞᆫ즌 은은 내 또 슬흐니 你(니니)只(징즈)給(깅지)

我(어오)一(힝이)樣(양양)好(함한)銀(인인)子(즁즈)罷(빠바) ◯ 네 그저 날을 ᄒᆞᆫ가지

죠흔 은을 주고려 似(쓰스)你(니니)這(져져)般(붠번)都(두두)要(햠얀)好(함한)銀(인인)

子(즁즈) ◯ 네 이리 다 죠흔 은을 바드려 ᄒᆞ면 却(캬커)教(걍쟌)我(어오)喫(킹치)虧(퀴퀴)

了(령랸) ◯ 또 날로 ᄒᆞ여 셟게 ᄒᆞ리라 怎(즘즘)麼(뭐마)說(숴쉬)喫(킹치)虧(퀴퀴) ◯ 엇지

셟다 니ᄅᆞᄂᆞ뇨 你(니니)若(샹요)肯(킁큰)就(찡직)成(찡칭)交(걍갸) ◯ 네 만일 즐기거든 곳

흥졍ᄒᆞ고 不 붕부 肯 킁큰 伱 녜니 別 뼝벼 處 츄츄 買 매매 去 큐츄 ○ 즐기지 아니커든 네 다룬ᄃᆡ 사라 가라 這 져져 麽 뭐마 的 딍디 ○ 이러ᄒᆞ면 就 찍직 給 긩지 伱 녜니 這 져져 好 항할 銀 인인 子 즈즈 買 매매 罷 빠바 ○ 곳 너ᄅᆞᆯ 이 됴ᄒᆞᆫ 은을 주고 사리라 伱 녜니 這 져져 布 부부 裏 례리 頭 뜰투 ○ 네 이 뵈 ᄉᆞ즁에 長 쨩챵 短 뒨뒨 不 붕부 等 딍등 ○ 長短이 ᄀᆞᆺ지 아니ᄒᆞ며 有 잉우 五 우우 十 씽시 棍 훈군 子 즈즈 的 딍디 ○ 쉰 자 치도 이시며 也 여여 有 잉우 四 ᄉᆞ스 十 씽시 棍 훈군 子 즈즈 的 딍디 ○ 또 마흔 자 치도 이시며 也 여여 有 잉우 四 ᄉᆞ스 十 씽시 八 빵바 棍 훈군 子 즈즈 的 딍디 ○ 또 마흔 여ᄃᆞᆲ 자 치도 이셔 大 때다 槩 개개 長 쨩챵 短 뒨뒨 不 붕부 等 딍등 ○ 大槩 長短이 ᄀᆞᆺ지 아니ᄒᆞ다 這 져져 布 부부 都 두두 是 씽시 本 븐븐 地 띠디 方 방방 織 징지 來 래레 的 딍디 ○ 이 뵈 다 믿ᄯᅡ희셔 ᄧᅡ온 거시오 我 어오 又 잉우 不 붕부 曾

층찡 剪쟌젼 去츄큐 了랴럏 稍샾샿 子ᄎᆞᄌᆞ ○ 내ᄯᅩ일즉버히 지아니ᄒᆞ엿고 兩

량량 頭투둫 放방방 着져쟣 印인힌 記지계 哩리례 ○ 두머리에보람 두엇ᄂᆞ니라

似ᄉᆞᄊᆞ 這져져 一이힝 箇거거 布부부 ○ 이ᄒᆞᆫ뵈 ᄒᆞᆫ이ᄂᆞᆫ ᄯᅩ 經깅깅 緯위위 都

두두 一이힝 般번뻔 ○ ᄡᅵ놀이다 ᄒᆞᆫ가지라 就직찡 是시씽 魚위유 子ᄌᆞᄌᆞ 兒을싏

也여여 似ᄉᆞᄊᆞ 勻윤윤 淨징찡 的디딩 ○ 곳고기알ᄀᆞᆺ치 고 로고ᄭᅴᆺᄀᆞᆺᄒᆞ고 似ᄉᆞᄊᆞ

這져져 一이힝 等등듷 經깅깅 緯위위 不부붕 一이힝 樣양양 ○ 이ᄒᆞᆫ가 지ᄀᆞᆺᄒᆞᆫ

이ᄂᆞᆫᄡᅵ놀이 ᄯᅩ 지아니ᄒᆞ고 織지징 的디딩 又우잉 鬆숭슝 ○ ᄡᅥᆫ거시 ᄯᅩ 얼믜여 却

겨캬 不부붕 好화황 ○ ᄯᅩ죠치 아 니ᄒᆞ니 買매매 主쥬쥬 是시씽 看칸컨 不부붕

上샹썅 眼얀얀 ○ 살님재눈에ᄎᆞ 지아닐ᄊᆡ시ᄂᆞ 急지깅 切쳐쳥 難난난 找잪쟝 主

쥬쥬 兒을잉 ○ 과갈리님자 엇기어렵고 似ᄉᆞᄊᆞ 這져져 等등듷 布부부 ○ 이ᄀᆞᆺ ᄒᆞᆫ뵈

·ᄂᆞᆫ 却 커캭 寬 퀀퀀 還 환환 好 한함 ◯ 또너보니도 로허죠코 這 져져 幾 지계 箇
거거 布 부부 忒 티틍 窄 재징 了 랸령 ◯ 이여러뵈ᄂᆞᆫ 너무좁다 就 직찡 窄 재징 些
셔셔 怕 파파 甚 셔씸 麼 마뭐 ◯ 곳져기좁은들므 서시저프리오 少 샤셩 不 부붕 得
더딍 他 타터 一 이힝 般 번뷘 都 두두 賣 매매 了 랸령 ◯ 더지몯ᄒᆞᆯ새 니ᄒᆞᆫ번에다ᄑᆞᆯ시
리라 徐 니녜 怎 즘즘 麼 마뭐 說 쉬숑 那 나너 等 등딍 的 디딍 話 화홧 ◯ 네엇 지져
런말을니 ᄅᆞᆫᄂᆞᆫ다 寬 퀀퀀 的 디딍 做 주주 衣 이히 裳 샹쌍 有 우잉 餘 위유 剩 싱씽
◯ 너븐거슨옷슬지으매 餘剩이이실쎠시니 又 우잉 容 융융 易 이잉 賣 매매 ◯ 또ᄑᆞᆯ
기쉽거 니와 窄 재징 的 디딍 做 주주 衣 이히 裳 샹쌍 不 부붕 勾 구긓 ◯ 좁은 거슨
옷슬지으매녁녁 지몯ᄒᆞᆯ새시니 若 쇼샵 短 된된 少 샤셩 了 랸령 ◯ 만일모 ᄌᆞ라면 必
비빙 要 얀혐 添 텬텸 些 셔셔 零 링링 布 부부 ◯ 반ᄃᆞ시져기ᄠᅳᆫ뵈 ᄅᆞᆯ봇탤거시니 又

위임 費븨빙 一이힝 錢쳔쪈 銀인인 子즈즈 ○ 또ᄒᆞᆫ 돈온을 허비ᄒᆞ리라 故구구 此

츠츠 ○ 그러모로 買매매 的디딩 人인신 少샤셩 ○ 살 사ᄅᆞᆷ이 져그니라 說쉬숴 甚

서씸 麼마뭐 閑현햔 話화화 ○ 무슴 힘힘ᄒᆞᆫ 말ᄉᆞᆯ 니ᄅᆞᄂᆞ다 就작쯩 數수수 了랴령

價가갸 錢쳔쪈 ○ 곳 갑슬 혜고 看칸컨 了랴령 銀인인 子즈즈 ○ 은을 보고 交

갸걍 易이잉 了랴령 罷바빠 ○ 흥정ᄒᆞ쟈

你니녀 是시씃 牙야야 子즈즈 ○ 너ᄂᆞᆫ 이 즈름이라 你니녀 數수수 一이힝 數

수수 ○ 네 혜라 該개개 多도더 少샤셩 銀인인 子즈즈 ○ 혜오니 언머 은고 上

샹쌍 等등딍 毛만맘 藍란람 布부부 一이힝 百버빙 疋피핑 ○ 上等 모시뵈 一百疋

에ᄂᆞᆫ 毎미뮈 疋피핑 一이힝 兩량량 ○ 毎疋에 ᄒᆞᆫ 냥이니 共궁궝 該개개 一이힝

百버빙 兩량량 ○ 대되 혜오니 一百兩이오 次츠츠 的디딩 三산삼 十시씽 疋피핑

○지ᄎ설흔필에논 每 믜뮈 疋 피핑 六 릭룽 錢 쳔쪈 ○每疋에 엿돈이니 共 궁궁

該 개개 一 이잉 十 시씽 八 바방 兩 량량 ○대되혀오니 열여ᄃᆞᆲ냥이니 都 두두 給

지깅 好 호할 銀 인인 子 즈ᅐᆞ 罷 바빠 ○다됴흔은을 주고려 委 위위 實 시싱 沒 무뭉

有 우잉 許 쉬휴 多 도더 好 호할 銀 인인 子 즈ᅐᆞ ○진실로 許多ᄒᆞᆫ 죠흔은이 업고 好

호할 的 디딩 只 즈짛 有 우잉 九 긱깅 十 시씽 兩 량량 ○죠흔거슨 다만 九十兩이 이시

니 那 나너 零 링링 的 디딩 二 을ᅀᅵᆼ 十 시씽 八 바방 兩 량량 ○저ᄡᅡᆫ이 스믈여ᄃᆞᆲ냥

은 給 지깅 你 니녜 元 원원 絲 스ᄉᆞᆼ 如 슈슈 何 허허 ○너롤 ᄂᆞᄌᆞᆫ은을 주미 엇더ᄒᆞ뇨

客 커킝 人 인ᅀᅵᆫ 們 믄문 ○나그네들 就 주쯓 交 갼걓 易 이잉 了 랴럏 罷 바빠 ○

곳흥졍ᄒᆞ자 不 부붕 要 야얗 爭 즁징 競 깅낑 ○ᄃᆞ토지말라 就 주쯓 這 저져 銀

인인 子 즈ᅐᆞ 也 여여 是 시씽 好 호할 細 시셰 絲 스ᄉᆞ ○곳이 은도 죠흔 細絲ㅣ니 與

위유紋운문銀인인一이힝般번번使시싀用융융 ○紋銀과ᄒᆞᆫ가지로ᄡᅳᄂᆞ니라

這저져麽마뭐依이히你니녜 ○이러면네대로ᄒᆞᆯ셔시니拿나나好하함細시셰

絲스ᄉᆞ來레래 ○죠ᄒᆞᆫ細絲로가져오라這저져銀인인子즈ᄌᆞ都두두兌뒤뛰

了랴럏 ○이은을다츨혀시니點뎐뎜數수수了랴럏布부부去취큐 ○뵈롤죠수

ᄒᆞ여가쟈

你니녜且쳐쳐住쥬쮸着져짭 ○네아직머믈라這저져銀인인子즈ᄌᆞ裏리레

頭투뚱 ○이은ᄉᆞ즁에真진진的디딩假갸갸的디딩 ○진짓것신동거즛것신동

我오어朝챠졀鮮션션人인신不부붕大다때認인신識시싱 ○우리朝鮮ᄉ사

ᄅᆞᆷ이ᄀᆞ장아지못ᄒᆞᄂᆞ니你니녜都두두留릭릳着져짭記지계號화햫 ○네다보람

두고牙야야子즈ᄌᆞ一이힝同퉁뚱看칸컨了랴럏 ○즈름이ᄒᆞᆫ가지로보라若

요샹 後(후/흫) 來(래/레) 使(시/싱) 不(부/붕) 得(더/듷) ○ 만일 후에 쓰지 못ᄒᆞ면 我(오/어) 只

(즈/짛) 問(운/문) 不(야/야) 子(즈/즣) 換(환/훤) ○ 내 그저 즈름ᄃᆞ려 무러 밧고리라 你(니/녜) 不

(부/붕) 當(당/딩) 面(면/면) 看(간/컨) 了(랴/렬) 好(한/함) 歹(대/대) ○ 네 當面ᄒᆞ여 죠쿠즘을 보지 아

니ᄒᆞ엿ᄂᆞ냐 出(츄/츙) 門(믄/문) 却(커/걍) 不(부/붕) 管(권/권) 退(튀/튀) 換(환/훤) ○ 문에 나면

또 므르기ᄅᆞᆯ 마옴 아지 아니ᄒᆞ리라 怎(즘/즘) 麽(마/뭐) 說(숴/쉉) ○ 엇지 니ᄅᆞᄂᆞ뇨 你(니/녜) 們

(믄/문) 是(시/씽) 慣(관/관) 做(주/주) 買(매/매) 賣(매/매) 的(디/딩) 人(인/신) ○ 너희ᄂᆞᆫ 이 니이 買賣

ᄒᆞᄂᆞᆫ 사ᄅᆞᆷ이라 似(스/쓰) 我(오/어) 們(믄/문) 不(부/붕) 慣(관/관) 的(디/딩) 根(근/근) 前(쳔/쪈) ○

우리 ᄀᆞᄐᆞᆫ 니지 못ᄒᆞᆫ 이익게 多(도/더) 有(우/잎) 欺(치/키) 瞞(만/먼) ○ 만히 소기ᄂᆞ니 你(니/녜)

用(융/융) 了(랴/렬) 記(지/계) 號(한/향) ○ 네 보람 두어야 大(다/대) 家(쟈/갸) 把(바/바) 穩(운/운)

○ 대되 편안ᄒᆞ리라 這(저/져) 一(이/잉) 百(베/빙) 兩(량/량) 做(주/주) 一(이/잉) 包(반/밤) ○

이 一百兩은 ᄒᆞᆫ 빰을 민돌고 這져져 一이ᅙᅵᆼ 十시씽 八바빵 兩량량 做주주 一이ᅙᅵᆼ

包바방 ○ 이 열여ᄃᆞᆲ 냥은 ᄒᆞᆫ 빰을 민돌라 交갸갸 易이잉 完완뭔 了랴럏 ○ 흥졍 ᄆᆞᄎᆞ

다 客커킝 人인인 們믄문 ○ 나그ᄂᆡ들 拿나나 了랴럏 布부부 去취큐 罷바빠

○ 뵈 가져가라 咱자장 們믄문 人인인 蔘슨슨 都두두 出츄춯 脫토퉁 了랴럏

○ 우리 人蔘을 다 쳐치ᄒᆞ고 貨호훠 物우뭉 也여여 都두두 發방봥 落로랑 了랴럏

○ 貨物도 다 發落ᄒᆞ여다

咱자장 們믄문 買매매 些셔셔 甚셔씸 麽마뭐 回휘휘 貨호훠 去취큐 好한항

○ 우리 져기 므슴 도라갈 황호롤 사가야 죠흐료 你니네 看간건 這져져 涿조좡 州직징

去취큐 做주주 買매매 賣매매 的디딩 火호훠 伴번뻔 ○ 네 보라 이 涿州ㅣ 가 흥정

ᄒᆞ던 벗이 已이이 到됴닿 來래래 了랴럏 ○ 임의 오나다 火호훠 伴번뻔 好한항

麼뭐마 ○ 벗아편안ᄒᆞ냐 買매매 賣매매 稱칭칭 意이이 麼뭐마 ○ 홍졍이ᄠᅳᆺ에마

즈나 托탕토 賴래래 大대다 哥거거 們문믄 的딩디 洪훙훙 福붕부 ○ 큰형들의

큰복을힘닙어 也여여 有잉우 些서서 利리리 錢쪈쳔 ○ 또져기利錢이잇다 你녜니

們문믄 的딩디 貨훠호 物웅우 都두두 賣매매 了럏랼 不붕부 曾쯩층 ○ 너희

貨物을다ᄑᆞ랏ᄂᆞ냐못ᄒᆞ엿ᄂᆞ냐 我어오 們문믄 貨훠호 物웅우 都두두 賣매매 了

럏랼 ○ 우리貨物을다ᄑᆞᆯ고 正징징 要ᅙᅣᇢ얀 買매매 些서서 貨훠호 物웅우 回회휘 ○ 商量

去큐쥐 ○ 正히져기貨物을사도라가려ᄒᆞ여 商샹샹 量량량 未미위 定띵딩 ○ 商量

ᄒᆞ여定치몯ᄒᆞ엿더니 恰캬캬 好핳한 你녜니 到닿도 來래레 了럏랼 ○ 맛치죠히

네오나다 你녜니 們문믄 要ᅙᅣᇢ얀 買매매 些서서 甚씸서 麼뭐마 貨훠호 物웅우

○ 너희져기므슴貨物을사 好핳한 拿나나 回회휘 去큐쥐 ○ 죠히가져도라가려ᄒᆞᄂᆞᆫ

닥
大다때 哥거거 你니녜 與위유 我오어 擺배배 佈부부 着져쨯 ○ 큰형아 네
나ᄅᆞᆯ 위ᄒᆞ여 긔별ᄒᆞ여라 我오어 曾층쯩 打다다 聽팅텅 得더듸 ○ 내 일즉 듯보니 朝
챠쟣 鮮션션 地디띠 方방방 所소수 賣매매 的디딩 貨호훠 物우웅 ○ 朝鮮ㅅᄯᅡ
희 ᄑᆞᄂᆞᆫ 바 貨物이 十시씽 分분분 好화항 的디딩 ○ ᄀᆞ장 됴흔 거슨 倒닾당 賣매매
不부붕 去취큐 ○ 도로혀 ᄑᆞ지 못ᄒᆞ고 只즈징 宜이이 將쟝쟝 就직쩧 些셔셔 的
디딩 貨호훠 物우웅 ○ 그저두어라 ᄒᆞᆯ 貨物이야 倒닾당 有우잉 主쥬쥬 兒을잉 賣
매매 得더듸 快쾌쾌 ○ 도로혀 님재이셔 ᄑᆞᆯ기 쉽다 ᄒᆞ더라 大다때 哥거거 你니녜 說
쉬숴 的디딩 正징징 是시씽 ○ 큰형아 네 니ᄅᆞ미 됴히 올타 我오어 那나너 裏리례
人인신 好화항 歹대대 都두두 不부붕 能능능 大다때 識시씽 ○ 우리 져긔 사ᄅᆞᆷ
은 됴쿠즘을 다 能히 ᄀᆞ장 아지 못ᄒᆞ고 只즈징 是시씽 揀견간 賤젼쪈 的디딩 買매매

○그저賤ᄒᆞᆫ 것만 골회여 사니 正징징 是시씽 宜이이 假가갸 不부붕 宜이이 真진진 ○正히 좀 거ᄉᆞᆫ 맛당ᄒᆞ고 진짓 거ᄉᆞᆫ 맛당치 아니ᄒᆞ니라

我오어 帶대대 着져쨯 你니녜 ○내 너ᄅᆞᆯ ᄃᆞ리고 買매매 些서셔 零링링 碎쉬쉬 貨호훠 物우뭉 去츄큐 罷바빠 ○저기 효근 貨物 사라 가쟈 紅훙훙 纓잉잉 一이힝

百버븽 斤긴긴 ○상모 一百斤 燒샨셩 玻보뿨 璃리레 珠쥬쥬 子즈즈 五우우 百버븽 串춴춴 ○구은 玻璃 구슬 五百 세음 瑪마마 瑙나낭 珠쥬쥬 兒을ᅀᅵ 一이힝

百버븽 串춴춴 ○瑪瑙 구슬 一百 세음 琥후후 珀퍼픵 珠쥬쥬 兒을ᅀᅵ 一이힝 百버븽 串춴춴 ○琥珀 구슬 一百 세음 水쉬쉬 晶징징 珠쥬쥬 兒을ᅀᅵ 一이힝 百버븽 串춴춴 ○水晶 구슬 一百 세음 珊산산 瑚후ᅘᅮ 珠쥬쥬 兒을ᅀᅵ 一이힝 百버븽 串춴춴 ○珊瑚 구슬 一百 세음 犀시셰 角교걍 一이힝 十시씽 斤긴긴 ○犀角 열 근 象

샹쌍 牙야야 三산삼 十시씽 斤긴긴 ○象牙셜흔근 吸히힝 鐵텨텽 石시씽 二

을싱 十시씽 斤긴긴 ○지남셕스므근 倭워워 鉛연연 一이힝 百버븽 斤긴긴 ○

함셕一百斤 大다때 針진짐 一이힝 百버븽 包바방 ○큰바놀一百ᄡᆞᆷ 小샤셜 針

진짐 一이힝 百버븽 包바방 ○져근바놀一百ᄡᆞᆷ 鑷녀녕 子즈즈 一이힝 百버븽

箇거거 ○족집게一百낫 穗수수 木무뭉 一이힝 百버븽 斤긴긴 ○다목一百斤

氈잔젼 帽만망 一이힝 百버븽 箇거거 ○시욹갓一百낫 毯탄땅 尖젼졈 纓중중

帽만망 一이힝 百버븽 箇거거 ○뷔롯혼총갓一百낫 琥후후 珀퍼핑 頂딩딩 子

즈즈 一이힝 百버븽 副부부 ○琥珀징ᄌᆞ一百볼 結겨경 纓중중 帽만망 子즈즈

一이힝 百버븽 箇거거 ○총으로미존갓一百낫 面면면 粉본분 一이힝 百버븽

匣햐햫 ○面粉一百匣 綿면면 臙연연 脂즈징 一이힝 百버븽 片편편 ○綿臙

脂一百片鑞라랑臙연연脂즈지一이힝百버빙箇거거○鑞臙脂一百낫牛누닝

角교갸盒허헝兒을싱一이힝百버빙箇거거○쇠뿔盒一百낫鹿루룽角교갸

盒허헝兒을싱一이힝百버빙箇거거○노각盒一百낫綉식심針진짐一이힝

百버빙包봐방○綉針一百뭄囊잔잠木무뭉梳수수子즈즈一이힝百버빙

箇거거○대쇼나모어레빗一百낫黃황황楊양양木무뭉梳수수子즈즈一이힝

百버빙箇거거○黃楊木어레빗一百낫大다때篦비삐子즈즈一이힝百버빙

箇거거○굵은춤빗一百낫密미밍篦비삐子즈즈一이힝百버빙箇거거○

빈춤빗一百낫斜셔쎠皮피삐針진짐筒퉁뚱兒을싱一이힝百버빙箇거거○

셔피바놀통一百낫羅로러鏡징깅二을싱十시씽箇거거○륜도스므낫大다때

小샨셩刀닾닿子즈즈共궁궁一이힝百버빙副부부○大小刀子대되一百볼

雙솽솽鞘샾셯刀닾닿子즈즈一이힝十시씽把바바○ᄡᅡᆼ갑플ᄒᆞᆫ 칼 열ᄌᆞᄅᆞ雜

자짱使시싀刀닾닿子즈즈一이힝十시씽把바바○잡하에ᄡᅳᆯ 칼 열ᄌᆞᄅᆞ裁채째

紙즈징小샾셯刀닾닿子즈즈一이힝百버ᄇᆡᆼ把바바○죠ᄒᆡ 버히ᄂᆞᆫ 저근 칼 一百

ᄌᆞᄅᆞ五우우件견견全촨춴的디딩十시씽副부부○다ᄉᆞᆺ 연장 ᄀᆞ존 칼 열 불象

샹썅棋치끼十시씽副부부○쟝긔 열 부大다때棋치끼十시씽副부부○바독

열 부雙솽솽陸루룽十시씽副부부○雙陸 열 부茶차짜褐허헝纏뤈뤈帶대대

一이힝百버ᄇᆡᆼ條댶뗭○감찰 아롱디 ᄌᆞ 一百 오리紫즈즈條탼턍兒을ᅀᅵᆼ一이힝

百버ᄇᆡᆼ條댶뗭○ᄌᆞ지 됴ᄋᆞ 一百 오리小샾셯瓶핑삥口쿠ᄏᆞᇢ一이힝百버ᄇᆡᆼ箇

거거○져근 주머니 一百낫剪잔젼子즈즈一이힝百버ᄇᆡᆼ把바바○ᄀᆞ애 一百 ᄌᆞᄅᆞ

錐쥐쥐子즈즈一이힝百버ᄇᆡᆼ箇거거○송곳 一百낫稱칭칭三산삼十시씽

把바바 ○큰저울셜흔ᄌᆞᄅᆞ 等등등 子즈ᄌᆞ 十시씽 把바바 ○저근저울열ᄌᆞᄅᆞ

那나너 稱칭칭 與유유 等등등 子즈ᄌᆞ 都두두 要얀향 官관권 做주주 的디딍

○저큰저울과다뭇저근저울을다구의에서민든거슬ᄒᆞ려ᄒᆞ고 稱칭칭 桿간건 稱칭칭

錘취쮜 ○저울대와저울츄롤 都두두 要얀향 好한항 的디딍 ○다죠흔거슬ᄒᆞ려ᄒᆞ

노라

再재재 買매매 綿면면 布부부 一이잉 百버빙 疋피핑 ○또대포一百疋 素수수

緞돤뒨 子즈ᄌᆞ 一이잉 百버빙 疋피핑 ○민비단一百疋 花화화 樣양양 緞돤뒨

子즈ᄌᆞ 一이잉 百버빙 疋피핑 ○花문비단一百疋을사쟈 更긍깅 有우잉 小샾셜

孩해해 兒을싱 們믄문 的디딍 ○또아히들의 小샾셜 鈴링링 鐺당당 一이잉

百버빙 箇거거 ○효근방올一百낫 馬마마 纓잉잉 一이잉 百버빙 顆쿄쿼 ○

몸솟동一百낫減겸감鐵텨텽條됴턍環환횐一이힝百버븽箇거거○쇠에입소
ᄒᆞ됴환一百낫치잇ᄂᆞ나還환횐要얀용買매매幾지계部부뿌書슈슈○도로혀여
러부칙을사자四스승書슈슈是시씽晦휘휘庵안함集지찝註쥬쥬○四書논이
晦庵集註와毛맏망詩시싱尙샹썅書슈슈○毛詩尙書와周쥐즇易이잉禮
리례記지계○周易禮記와韓한ᅘᅡᆫ文운문柳류륳文운문○韓文柳文과東
둥둥坡포퓌詩시싱○東坡詩와詩시싱學효ᅘᅣᇦ全쵄쪈書슈슈韻윤윤書슈슈
○詩學全書韻書와資즈즈治지찡通퉁퉁鑑견감○資治通鑑과翰한ᅘᅥᆫ苑
원훤新신신書슈슈○翰苑新書와標뱌뱧題티뗴小샤셯學효ᅘᅣᇦ○標題小學
과貞징징觀권권政징징要얀용○貞觀政要와三산삼國귁귕誌지징○
三國誌라這저저些셔셔貨호훠物우뭉書슈슈籍지찡也여여都두두買매매

了랴럏 ○이저기貨物과書籍도다사거다

我오어們믄문要얀얗揀견갼箇거거好할항日시싕子즈증廻휘휘去취큐

○우리죠흔날을골히여도라가려ᄒ니 就직찡去취큐問운문一이잉卦과과如유유

何허허 ○곳가ᄒ卦로무르미엇더ᄒ뇨 這저저裏리레有우잍箇거거五우우

虎후후先션션生승싱 ○여그五虎先生이이셔 看간컨命밍밍最쥐쥐好할항

○팔ᄌ보기ᄀ장잘ᄒᄂ니 咱자장們믄문到닾당那나나裏리레問운문問운문

○우리제가무러보쟈 先션션生승싱你니니與위유我오어看간컨箇거거命밍밍

○先生아네나롤위ᄒ여팔ᄌ보아주고려 你니니說숴숭生승싱年년년月워웡

日시싕時스씽來레래 ○네生年月日時롤니르라 我오어是시씽屬슈쑹牛누잉

的디딩 ○나ᄂᆞᆫ이쇼히니 今긴깅年년년四스ᄉ十시씽歲쉬쉬 ○올히四十歲오

是씽시七칭치月웡워十씽시七칭치日싱이寅인인時씽스生싱승的딩디 ○이七月十七日寅時에난이라 你네니這저저八방바字쯔즈十씽시分분분好항할 ○네이八字ㅣᄀᆞ장죠타 一힝이生싱승不붕부少샹샨衣이이祿룽루 ○一生에衣祿이낫브지아니ᄒᆞ여 不붕부曾쯩층受씽삭貧삔핀 ○일즉가난치아니ᄒᆞᆫ고

出츙츄入슁슈通퉁퉁達땋다 ○出入에通達ᄒᆞ다 今김긴年년년交걍갼大때다運윤윤丙빙빙戌슝슈 ○올ᄒᆡ大運丙戌을만나시니 己이이後ᅘᅳᇢ후財째채祿룽루長짱창旺왕왕 ○이己後ᄂᆞᆫ長旺ᄒᆞ여財祿이 比비비己이이前쪈쳔越웡워好항화了럎랴 ○己前에비컨대더옥죠타

這저저麽뭐마你네니替톄티我어오看컨칸 ○이러면네나롤ᄀᆞᄅᆞ차보라 幾계지時씽스好항할起계치身신신迴휘휘去큐취 ○언제버나도라가야죠ᄒᆞ리오 且쳐쳐住쥬쥬 ○아직머믈라 我

諺解下 六十六

오어

與위유你니녀選쉰쉰箇거거好한함日싀싱子즈즈 ○ 너롤위ᄒᆞ여죠흔

날을골희마 甲가걍乙이잉丙빙빙丁딩당戊무믕巳기게庚긍깅辛신신壬

신심癸귀귀是시씌天텬텬干간건 ○ 甲乙丙丁戊巳庚辛壬癸ᄂᆞᆫ이天干이오 子즈즈

丑착칠寅인인卯맢망辰친씬巳스쓰午우우未위믜申신신酉우읭戌슈숭

亥해해是시씌地디떼支즈쯩 ○ 子丑寅卯辰巳午未申酉戌亥ᄂᆞᆫ이地支라 建견견

除츄쮸滿만먼平핑뱅 ○ 建除滿平과 定딩멍執지짱破포퍼危위위 ○ 定執

破와 成칭쩡收식싱開캐캐閉비비 ○ 成收開閉에 你니녀只즈짓這저저

二얼싕十시씽五우우日싀싕起치켸程칭찡廻휘훠去취큐 ○ 네그저이스므

[illegible]ᄃᆞᆺ라 [illegible]되나 寅인인時스씌往왕왕東둥동迎잉잉喜시히神신씬去

취큐 ○ 寅時에東을향ᄒᆞ여喜神을마자가면 大다때吉기걍利리례 ○ 크게吉利ᄒᆞ리

라 五(우우)十(씽시)卦(과과)錢(쪈쳔)你(녜니)留(링릭)下(햐하) ○ 쉰낫 복차롤 네 머므르라

各(겅거)自(쯔즈)散(산산)了(럏랴)罷(빠바) ○ 각각 흣터지쟈

到(당단)二(싀을)十(씽시)五(우우)日(싀시)起(켸치)程(찡칭) ○ 스므닷쇗날 다ᄃᆞ라 ᄠᅥ날 새시니

再(재재)來(래레)辭(쏘ᄎᆞ)別(뼝벼) ○ 다시 와 하직ᄒᆞ쟈

你(녜니)那(너나)箇(거거)漢(헌한)人(신인)火(훠호)伴(뻰번) ○ 네 져 漢ㅅ 벗의

從(쭝충)前(쪈쳔)用(융융)過(궈고)盤(뽠판)纏(쪈쳔)的(딩디)火(훠호)帳(챵쟝) ○ 이젼에 ᄡᅳᆫ 盤纏 젹은 거슬

都(두두)明(밍밍)白(뼁배)數(수수)了(럏랴) ○ 다 明白히 혜쟈

大(대다)哥(거거)我(어오)們(문믄)迴(휘휘)去(큐취)了(럏랴) ○ 큰형아 우리 도라가노라

你(녜니)們(문믄)好(함한)迴(휘휘)去(큐취)罷(빠바) ○ 너희 죠히 도라가라

我(어오)們(문믄)多(더도)多(더도)的(딩디)慢(만만)待(때대)你(녜니)了(럏랴) ○ 우리 만히 만히 너희를 잘 몯 대졉ᄒᆞ여다

你(녜니)別(뼝벼)見

견견 恠 괘괘 ○ 내 허믈 말라 咱 쟝자 們 믄믄 爲 위위 人 신인 ○ 우리 사ᄅᆞᆷ 되엿ᄂᆞᆫ 이

四 스ᄉᆞ 海 해해 之 즈ᄌᆞ 內 뉘뉘 皆 계개 兄 흉휭 弟 디뗴 ○ 四海 안헤 다 兄弟라 在

재째 這 져져 裏 리레 做 주주 了 랴럏 數 수수 箇 거거 月 워웡 火 호훠 伴 번뻔 ○

예 이셔 두어 ᄃᆞᆯ 벗이 되여 不 부붕 曾 층쯩 有 우잉 面 면면 紅 훙훙 的 디딩 話 화홰 ○

일즉 ᄂᆞᆺ 븕힌 말이 잇지 아니ᄒᆞ엿더니 如 슈슈 今 긴김 辭 ᄎᆞᄊᆞ 別 벼뼝 了 랴럏 ○ 이제

하직ᄒᆞ니 別 벼뼝 說 쉬쉉 後 후ᄒᆞᇢ 來 레래 不 부붕 看 칸컨 見 견견 ○ 후에 보지 못ᄒᆞ

리라 니ᄅᆞ지 말라 儻 탕탕 有 우잉 再 재재 相 샹샹 逢 풍뽕 的 디딩 日 시싱 子 즈즈

○ 만일 다시 만날 날이 이시면 豈 치키 不 부붕 都 두두 是 시씽 好 한항 弟 디뗴 兄

흉휭 麼 마뭐 ○ 엇지 다 됴흔 弟兄이 아니리오

重 층쯍 刋 칸컨 老 랖랑 乞 키킹 大 다때 諺 연연 解 계개 下 하햐 終 즁즁

老乞大諺解

平安監營重刊本

舊刊老乞大 乾

老乞大諺解序

我東自太師設教以來禮樂文物號稱小中華而特言語不能與華相通於是乎置院設官講肄漢語漢語卽華音而老乞大是漢語之指南也字有全清全濁次清次濁之辨音有正舌正齒半舌半齒之分非釋之以諺則莫得以曉解此老乞大諺解之所以作也舊有活字印布而歲月寖久若干印本幾盡散佚又或有古今聲音之差殊學譯者病之今我都提舉虛舟金相國課以本業勵以製述誘掖奬勸靡不庸極提

舉華山洪侍郎亦惓惓於講明成就而念譯解
之校整重刊為急務相國暨侍郎後先陳 達
自
上又以關西是譯舌所通之地 命印於關西於
是院之慣漢音者相與辨明字音考校文義不
數月而工告訖庶幾窒者通疑者釋七音四聲
之清濁經緯粗得發明九州八荒之同文異言
亦可類推其於大小交聘之際辭令之責必能
綽乎有餘矣不有我相國經遠之規模其何能
建明刊行若是勤懇乎院中諸人以不佞隨參

於校讎之役托叙其顛末區區謏聞固知僭猥

而此實譯者事也不敢以不文辭也竊惟是解

也蒐取爛簡作爲完書獲成於積年未遑之餘

自今以逞中華正音賴是書而大行於吾東豈

曰小補之哉歲乙丑仲秋上澣校正官通訓大

夫前司譯院正卞熤謹序

本面落張

老랗랖乞킹키大때다諺연연解걔계上쌍샹

大때다哥거거你니니從쭝충裏례리來래레 ○ 큰형아네 어드러로셔조차 온다

我어오從쭝충高갈간麗례리王왕왕京깅깅來래레 ○ 내 高麗王京으로셔조차 오라

如슈유今김긴那너나裏례리去큐큐 ○ 이제 어드러 가는다

我어오往왕왕北븡버京깅깅去큐큐 ○ 내 北京으로 향ᄒᆞ여 가노라 你니녜

幾계기時씌스離례리了럏랴王왕왕京깅깅 ○ 네 언제 王京의셔 ᄠᅧ난다

我어오這져져月웡워初추추一힝이日싕시離례리了럏랴王왕왕京깅깅 ○ 내 이 ᄃᆞᆯ 초ᄒᆞᄅᆞᆫ날 王京셔 ᄠᅧ난노라 旣계기是씌스這져져月웡워初추추

一힝이日싕시離례리了럏랴王왕왕京깅깅 ○ 이믜 이 ᄃᆞᆯ 초ᄒᆞᄅᆞᆫ날 王京의셔 ᄠᅧ나시면 到당닿今김긴半번번箇거거月웡워 ○ 이제 반 ᄃᆞᆯ에 다ᄃᆞ라셔든 怎

즘즘 麽 뭐마 纔 째채 到 닿단 的 딩디 這 져져 裏 례리 ○ 엇디ᄀᆞᆺ여긔오뇨 我

어오 有 임우 一 힝이 箇 거거 火 훠호 伴 뻔번 落 랍로 後 ᅘᅳᇢ후 了 럏랴 來 래레

○ 내ᄒᆞᆫ벗이이셔ᄠᅥ뎌오매 我 어오 沿 연연 路 루루 上 썅샹 慢 만만 慢 만만 的

디딩 行 ᅘᅵᇰ힝 着 쨯죠 等 딍등 候 ᅘᅳᇢ후 來 래레 ○ 내길흘조차날호여녀여기ᄃᆞ려오

노라ᄒᆞ니 因 힌인 此 ᄎᆞᆼ츠 上 썅샹 ○ 이런젼ᄎᆞ로 來 래레 的 딩디 遲 찡치 了

럏랴 ○ 오미더듸여라 那 너나 火 훠호 伴 뻔번 如 슈슈 今 김긴 趕 건간 上 썅샹

來 래레 了 럏랴 不 봉부 曾 쯩층 ○ 그벗이이제미처올가못올가 這 져져 箇 거거

火 훠호 伴 뻔번 便 뺸변 是 씽스 ○ 이벗이곧긔니 夜 여여 來 래레 纔 째채 到

닿단 ○ 어제ᄀᆞᆺ오니라 你 녜니 這 져져 月 웡웨 盡 찐진 頭 뜽투 ○ 네이ᄃᆞᆯ그믐ᄭᅴ

到 닿단 的 딩디 北 븡버 京 깅깅 麽 뭐마 ○ 北京의갈가 到 닿단 不 봉부 得

뎌등 ○ 가지 못홀가 知 지징 他 타터 ○ 모로리로다 那 나너 話 화홰 怎 즘즘

敢 간감 說 쉬숴 ○ 그 말을 엇디 니르리오 天 텬텬 可 커커 憐 련련 見 견견 ○

하놀이 어엿비 너기샤 身 신신 己 기계 安 안현 樂 로랗 時 스씃 ○ 몸이 편안호면

也 여여 到 단당 ○ 가리라 你 니녜 是 스씃 高 갇감 麗 리레 人 신신 ○

너는 高麗ㅅ 사롬이어니 却 거캽 怎 즘즘 麽 마뭐 漢 한헌 兒 슬싱 言 연연 語 유유

說 쉬숴 的 디딩 好 한함 ○ 또 엇디 漢ㅅ 말 니로믈 잘 호느뇨 我 오어 漢 한헌 兒

人 신신 上 샹쌍 學 효햫 文 운문 書 슈슈 ○ 내 漢ㅅ 사롬의 손디 글 비호니 因

此 츠츳 上 샹쌍 ○ 이런 젼ᄎ로 些 셔셔 少 샾셯 漢 한헌 兒 슬싱 言 연연

語 유유 省 싱싱 的 디딩 ○ 져기 漢ㅅ 말을 아노라 你 니녜 誰 쉬쒸 根 근근 底

디뎨 學 효햫 文 운문 書 슈슈 來 레래 ○ 네 뉘손디 글 비호다 我 오어 在 재째 漢

한헌 兒 슬싱 學 효햫 堂 탕땅 裏 리례 ○ 내漢學堂의셔 學 효햫 文 운문 書 슈슈

來 레래 ○ 글비호롸 你 니녜 學 효햫 甚 숨씸 麽 마뭐 文 운문 書 슈슈 來 레래

○ 네므슴글을비혼다 讀 두뚱 論 룬룬 語 유유 孟 믕밍 子 즈즈 小 샾셯 學 효햫

○ 論語孟子小學을닐그롸 你 니녜 每 믜뮈 日 시싱 做 주주 甚 숨씸 麽 마뭐 工

궁궁 課 쿄퀴 ○ 네每日므슴공부ᄒᆞ는다 每 믜뮈 日 시싱 清 칭칭 早 잔잘 晨 친씬

起 키계 來 레래 ○ 每日이른새배니러 到 댠댱 學 효햫 裏 리례 ○ 學堂의가 師

스싱 傅 부부 上 샹썅 受 식씽 了 랸렴 文 운문 書 슈슈 ○ 스승님ᄭᅴ글비호고 放

방방 學 효햫 ○ 學堂의셔노하든 到 댠댱 家 갸갸 裏 리례 喫 치킹 飯 반뽠 罷

바빠 ○ 집의와밥먹기ᄆᆞᆺ고 却 커걍 到 댠댱 學 효햫 裏 리례 寫 셔셔 倣 방방 書

슈슈 ○ 또學堂의가셔품쓰기ᄒᆞ고 寫 셔셔 倣 방방 書 슈슈 罷 바빠 對 뒤뒤 句

규규 ○ 셔품쓰기못ᄒᆞ고 련구ᄒᆞ기ᄒᆞ고 對뒤뒤 句규규 罷빠바 吟임인 詩싀스 ○

련구ᄒᆞ기못ᄒᆞ고 글읇기ᄒᆞ고 吟임인 詩싀스 罷빠바 師싀스 傳부부 前쪈쳔 講

강강 書슈슈 ○ 글읇기못고스승앏 혁셔글을강ᄒᆞ노라 講강강 甚씸슴 麼뭐마 文

윤윤 書슈슈 ○ 므슴글을 강ᄒᆞᄂᆞ뇨 講강강 小셩샾 學햫효 論룬룬 語유유 孟

믱믕 子즈ᄌᆞ ○ 小學論語孟子를강ᄒᆞ노라 說숑쉬 書슈슈 罷빠바 又잉우

做주주 甚씸슴 麼뭐마 工궁궁 課쿼코 ○ 글니ᄅᆞ기를못고ᄯᅩ 므슴공부ᄒᆞᄂᆞ뇨

到당됴 晩완완 ○ 나죄다 ᄃᆞᆺ거든 師싀스 傳부부 前쪈쳔 撤쳥쳐 簽쳠쳔 背

뷔븨 念념년 書슈슈 ○ 스승앏희셔사술ᄲᅢ 혀글외오기ᄒᆞ야 背뷔븨 過궈고 的

딩디 ○ 외오니란 師싀스 傳부부 與유유 免면면 帖텽텨 一힝이 箇거거 ○

스승이免帖 ᄒᆞ나흘주고 若샹샾 背뷔븨 不붕부 過궈고 時씽스 ○ 만일에 외오디

몯ᄒᆞ여든 教갸걓 當당당 直지찡 的디딍 學효ᅘᅸ 生승ᄉᆡᇰ 背븨뷔 起키킈 ◯

當直 션븨ᄒᆞ여 업히고 打다다 三산삼 下하햐 ◯ 세흘 티ᄂᆞ니라 怎즘즘 的디딍

是스ᄊᆞ 撤쳐쳥 簽쳔쳠 背븨뷔 念년념 書슈슈 ◯ 엇더ᄒᆞᆯ손 사술 ᄲᅢ혀 글 외오기

며 怎즘즘 的디딍 是스ᄊᆞ 免면면 帖뎌뎡 ◯ 엇더ᄒᆞᆯ손 免帖인고 每믜뮈 一

이ᄒᆡᆼ 箇거거 竹주쥭 簽쳔쳠 上상쌍 ◯ 每ᄒᆞᆫ 대ᄧᅩᆨ에 寫셔셔 着죠쟣 一이ᄒᆡᆼ

箇거거 學효ᅘᅸ 生승ᄉᆡᇰ 的디딍 姓싱싱 名밍밍 ◯ ᄒᆞᆫ 션비 일홈을 쓰고 衆중즁

學효ᅘᅸ 生승ᄉᆡᇰ 的디딍 姓싱싱 名밍밍 ◯ 모든 션비 일홈을 都두두 這져져

般번뷘 寫셔셔 着죠쟣 ◯ 다 이리 써 一이ᄒᆡᆼ 箇거거 簽쳔쳠 筒퉁뚱 兒ᅀᆞᆯ슬

裏리레 盛칭쪙 着죠쟣 ◯ ᄒᆞᆫ 사술 통애 담아 教갸걓 當당당 直지찡 的디딍

學효ᅘᅸ 生승ᄉᆡᇰ ◯ 當直 션븨ᄒᆞ여 將장쟝 簽쳔쳠 筒퉁뚱 来래래 搖얀ᅇᅧᇢ 動

둥둥 ◯ 다사 가솔 흔통 드가 리져 內 뉘뉘 中 즁즁 撒 청쳐 一 횡이 箇 거거 ◯ 즘그

흘에 ᄉᆡ바ᄒᆞ 혀나 撒 청쳐 着 쟣죠 誰 쒸쉬 的 딩디 ◯ 고새 ᄒᆞ힌 야이 뉸 便 뺸변 着

쨯죠 那 너나 人 신신 背 뷔븨 書 슈슈 ◯ 여은 글득 외그 오사 ᄃᆡ롬 ᄒᆞ 背 뷔븨 念

념뎐 過 궈고 的 딩디 ◯ 든외 와 師 싀스 傳 ᄫᅮ부 與 유유 免 면면 帖 텽텨 一

힁이 箇 거거 ◯ 나스 흘승 주이 ᄂᆞ免 니帖 ᄒᆞ 那 너나 免 면면 帖 텽텨 上 썅샹 ◯

우그 희免 帖 寫 셔셔 着 쟣죠 免 면면 打 다다 三 삼산 下 햐햐 ◯ 즘세 올번 면마

여ᄒᆞ 쓰라 고ᄒᆞ 師 싀스 傳 ᄫᅮ부 上 썅샹 頭 뚷투 畫 황화 着 쟣죠 花 화화 押 햫야

◯ 셔스 두승 ᄂᆞ이 너우 라희 도 若 샿쇼 再 재재 撒 청쳐 簽 쳠쳔 試 싀스 不 부부

過 궈고 ◯ 혀만 외일 오에 더다 못시 ᄒᆞ사 여솔 도ᄇᆡ 將 쟝쟝 出 츄츄 免 면면 帖 텽텨

來 래레 鐵 휘휘 了 럏랴 ◯ 여免 브帖 리내 고여 해 便 뺸변 將 쟝쟝 功 궁궁 折

졍져 過궈고 免면면 了럏랴 打다다 ○곳ᄣᅢ을다가過에마초아마즘을면ᄒᆞᆫ거니와

若샾쇼 無무우 免면면 帖텹뎌 ○만일에免帖곳업스면 定띵딩 然연연 喫

킹치 打다다 三삼산 下ᅘᅣ햐 ○일뎡세번마즘을닙ᄂᆞ니라 〔大〕 你녜니 是씃스

高갛갸 麗례리 人신신 ○너ᄂᆞᆫ高麗ㅅ사ᄅᆞᆷ이어니 學햫효 他터타 漢헌한 兒

ᅀᅵᆯᅀᅲᆯ 文문운 書슈슈 怎즘즘 麼뭐마 ○뎌漢ㅅ글ᄇᆡ화므슴ᄒᆞᆯᄯᅡ 你녜니 說숴쉬

的딍디 也여여 是씃스 ○네니ᄅᆞᆷ도올커니와 各갛거 自쯔즈 人신신 都두두

有임우 主쥬쥬 見견견 ○각각사ᄅᆞᆷ이다主見이잇ᄂᆞ니라 你녜니 有임우 甚

씸슴 麼뭐마 主쥬쥬 見견견 ○비므슴主見이잇ᄂᆞ뇨 你녜니 說숴쉬 我어오

聽팅팅 着쟣죠 ○네니ᄅᆞ라내드르마 如유유 今김긴 朝쨯챤 廷띵팅 一힝이

統퉁퉁 天텬텬 下ᅘᅡ하 ○이제朝廷이天下ᄅᆞᆯ一統ᄒᆞ여시니 世씨시 間간견 用

융용 着죠쟣 的디딍 是스씃 漢한헌 兒슬싛 言연연 語유유 ○世間에 ᄡᅳᄂᆞᆫ 거ᄉᆞᆫ 한 말이니 我오어 這져져 高갈강 麗리례 言연연 語유유 ○우리 高麗ㅅ 말은 只즈징 是스씃 高갈강 麗리례 地디듸 面면면 裏리례 行힝헝 的디딍 ○다만 高麗ㅅ ᄯᅡ히만 ᄡᅳ고 過고궈 的디딍 義이이 州직징 ○義州 디나 漢한헌 兒슬싛 地디듸 面면면 來레래 ○漢ㅅ ᄯᅡ히오면 都두두 是스씃 漢한헌 兒슬싛 言연연 語유유 ○다 한말이라 有우잉 人신싄 問운문 着죠쟣 一이힝 句규귀 話화화 ○아믜나 ᄒᆞᆫ 말을 무러든 也여여 說쉬워 不부붕 得디듸 時스씃 ○ᄯᅩ 되답디 못ᄒᆞ면 別벼뼝 人신싄 將샹쟝 咱자쟝 們믄문 ○다ᄅᆞᆫ 사ᄅᆞᆷ이 우리ᄅᆞᆯ 다가 做주주 甚슴씸 麽마뭐 人신싄 看간권 ○므슴 사ᄅᆞᆷ을 사마 보리오 你니니 這져져 般번번 學효햫 漢한헌 兒슬싛 文운운 書슈슈 時스씃 ○

네 이리 漢ㅅ글을 비홀쟉시면 是씽스 你녜니 自쯔즈 心심신 裏례리 學햫효 來래레 ○ 이 네 ᄆᆞ음으로 비호ᄂᆞ다 你녜니 的딩디 爺여여 娘냥냥 教걒갸 你녜니 學햫효 來래레 ○ 네 어버이 날로ᄒᆞ야 비호라ᄒᆞᄂᆞ냐 是씽스 我어오 爺여여 娘냥냥 教걒갸 我어오 學햫효 來래레 ○ 올ᄒᆞ니 우리 어버이 날로ᄒᆞ여 비호라ᄒᆞᄂᆞ니라 你녜니 學햫효 了럎랴 多둬도 少셜샤 時씽스 節졍져 ○ 네 비환디 언머오라뇨 我어오 學햫효 了럎랴 半번번 年녠넌 有잉우 餘유유 ○ 내 비환디 반ᄒᆡ 남즉ᄒᆞ다 省싱싱 的딩디 那너나 省싱싱 不붕부 的딩디 ○ 알리로소나 아디못ᄒᆞ리로소나 每뮈믜 日ᅀᅵᆼᅀᅵ 和혀호 漢헌한 兒ᅀᅵᆯᅀᅮᆯ 學햫효 生싱숭 們믄믄 ○ 每日에 漢ㅅ 션ᄇᆡ들과 一힝이 處츄츄 學햫효 文문운 書슈슈 來래레 ○ ᄒᆞᆫ디셔 글 ᄇᆡ호니 因힌인 此ᄎᆖᄎᆖ 上썅샹 ○ 이런 젼ᄎᆞ로 些셔셔 少셜샨

理례리會휘휘的딩디 ○ 져기아노라 你니니的딩디師스스傳부부
是씅스甚씸슴麽뭐마人신신 ○ 네스승이엇던사ᄅᆞᆷ고 是씅스漢헌한兒
싱ᅀᆞᆯ人신신有잉우 ○ 이漢ㅅ사ᄅᆞᆷ이라 多터도少셩샤年년년紀계기 ○
나히언머나ᄒᆞ뇨 三삼산十씹시五우우歲쉬쉬了럏랴 ○ 셜흔다ᄉᆞᆺ시라 耐
내내繁뻔반教걓갸那녀나不붕부耐내내繁뻔반教걓갸 ○ 즐겨ᄀᆞᄅᆞ치ᄂᆞ
냐즐겨ᄀᆞᄅᆞ치디아니ᄒᆞᄂᆞ냐 我어오師싱스傳부부性싱싱兒싱ᅀᆞᆯ溫운운克
컹커 ○ 우리스승이셩이온화ᄒᆞ여 好할한生싱ᄉᆞᆼ耐내내繁뻔반教걓갸 ○
ᄀᆞ장즐겨ᄀᆞᄅᆞ치ᄂᆞ니라 你니니那녀나衆중중學혛효生싱ᄉᆞᆼ內뉘뉘中즁중
○ 네뎌모든션비듕에 多터도少셩샤漢헌한兒싱ᅀᆞᆯ人신신多터도少셩샤
高걓갸麗례리人신신 ○ 언머ᄂᆞᆫ漢ㅅ사ᄅᆞᆷ이며언머ᄂᆞᆫ高麗ㅅ사ᄅᆞᆷ고 漢헌한兒

슬싱 高간강 麗리례 中즁즁 半번뷘 ○ 漢과高麗ㅣ바로반이라 裏리례 頭투뜽

也여여 有우잉 頑완완 的디딍 麽마뭐 ○ 그즁에ᄆᆞ래ᄂᆞ녀잇ᄂᆞ냐 可커커 知

지징 有우잉 頑완완 的디딍 ○ 그리어니ᄆᆞ래ᄂᆞ니잇ᄂᆞ니라 每믜뮈 日싀ᅀᅵᆼ 學

효햫 長쟝쟝 ○ 每日學長이 將쟝쟝 那나녀 頑완완 學효햫 生숭싱 ○ 티ᄆᆞ

래ᄂᆞᆫ學生을다가 師스싀 傅부부 上샹샹 稟빈빈 了랸렫 ○ 스승셔숣고 那

나녀 般번뷘 打다다 了랸렫 時스씌 ○ 그리티되 只즈짛 是스씌 不부불 怕

파파 ○ 그저젓티아니ᄒᆞᄂᆞ니라 漢한헌 兒술싈 小샨셜 廝스ᄉᆞ 們문믄 十시씽

分븐븐 頑완완 ○ 漢ㅅ아ᄒᆡ들은ᄆᆞ장ᄆᆞ래거니와 高간감 麗리례 小샨셜 廝

스ᄉᆞ 們믄문 較갸갸 好한함 些셔셔 ○ 高麗ㅅ아ᄒᆡ들은져기어지니라 大

다때 哥거거 ○ 큰형아 你니ᄂᆡ 如슈슈 今긴김 那나녀 裏리례 去큐큐 ○

네 이제 어듸 가ᄂᆞᆫ다 我어오 也여여 往왕왕 北븨버 京깅깅 去큐큐 ○나도 北京

향ᄒᆞ여 가노라 你녜니 旣계기 往왕왕 北븨버 京깅깅 去큐큐 時씃스 ○네 이

믜 北京을 향ᄒᆞ야 갈 작시면 ᄒᆞ 我어오 是씃스 高강간 麗례리 人신인 ○나는 高麗

ㅅ 사ᄅᆞᆷ이라 漢현한 兒씃슬 地뎨디 面면면 裏례리 不봉부 慣관관 行헝힝

○漢ㅅ 따ᄒᆡ 닉이 ᄃᆞᆫ니디 못ᄒᆞ엿노니 你녜니 好헐한 歹대대 拖터토 帶대대 我

어오 ○네 모로미 나를 ᄃᆞ려 做주주 火훠호 伴뻔번 去큐큐 ○벗지어 가고려 這

져져 們믄믄 時씃스 ○이러면 咱장자 們믄믄 一힝이 同뚱퉁 去큐큐 來

래레 ○우리 ᄒᆞᆷᄭᅴ 가쟈 哥거거 哥거거 你녜니 貴귀귀 姓싱싱 ○형아 네 셩이

여 我어오 姓싱싱 王왕왕 ○내 셩이 王개로라 你녜니 家갸갸 在째재 那너나

裏례리 住쮸쥬 ○네 집이 어듸셔 사ᄂᆞᆫ다 我어오 在째재 遼렬랴 陽양양 城

정칭 裏 례리 住 쥬쥬 ○ 해내 셔遼 사陽 노잣 라안 你 녜니 京 깅깅 裏 례리 有 잉우

甚 씸씀 麼 뭐마 句 긍구 當 당당 去 큐큐 ○ 이네 셔셔 가올 는므 恰 合 일 戒 어오

將 쟝쟝 這 져져 幾 계기 箇 거거 馬 마마 賣 매매 去 큐큐 ○ 물내 가이 져여 풀러

노라 라가 那 너나 般 번번 時 씃스 最 쥐쥐 好 할한 ○ 장그 됴러 토면 다마 戒 어오

也 여여 待 때대 賣 매매 這 져져 幾 계기 箇 거거 馬 마마 去 큐큐 ○ 이나 여도

라리 가물 며을 這 져져 馬 마마 上 썅샹 馳 떠도 着 쨔죠 的 듸디 些 셔셔 少 셜샾

毛 말만 施 씃스 布 부부 ○ 근이 모물 시새 뵈시 도른 져 一 힝이 就 쩍주 待 때대

賣 매매 去 큐큐 ○ 흐이 여믜 가셔 노풀 라고 져 你 녜니 旣 계기 賣 매매 馬 마마

去 큐큐 時 씃스 ○ 라네 가이 거믜 든물 풀 咱 장자 們 믄믄 恰 캏갸 好 햫한 做

주주 火 훠호 伴 뻔번 去 큐큐 ○ 마우 마리 치벗 됴지 토어 다가 哥 거거 哥 거거

○헝은 曾층쯩 知지징 得더딍 ○일즉 아니 京깅깅 裏리례 馬마마 價

갸갸 如슈슈 何허해 ○셔울 엇더 ᄒᆞᆫ 믈 갑고 시 近낀낀 有우잉 相샹샹 識시싱

人신신 來래래 說쉬숴 ○요사 ᄉᆞ롬 이이 와서 ᄂᆞ르 아ᄅᆞ 되ᄂᆞᆫ 馬마마 的디딍 價

갸갸 錢쳔쪈 這져져 幾기게 日시ᅀᅵᆼ 好한할 ○믈이 갑됴 ᄒᆞ시 요니 ᄉᆞ 似ᄉᆞ쓰

這져져 一이힝 等등딍 的디딍 馬마마 ○엣이 흔믈 등은 賣매매 十시씽 五

우우 兩량량 以이이 上샹썅 ○열흐 닷로 냥ᄑᆞᆯ 우고 這져져 一이힝 等등딍 的

더딍 馬마마 ○엣이 흔믈 등은 賣매매 十시씽 兩량량 以이이 上샹썅 ○열량

우라 ᄒᆞ흐 로더 폴라 리 曾층쯩 知지징 得더딍 ○일ᄂᆞ 즉니 아 布부부 價갸갸

高간갈 低디뎨 麼마머 ○빗가 갑디 시뎌 ᄊᆞ가 뎌 布부부 價갸갸 如슈슈 往

왕왕 年년년 的디딍 價갸갸 錢쳔쪈 一이힝 般번번 ○빗갑 갑과 ᄒᆞᆫ 往가 年지

老乞大諺解上 八

라ᄒᆞ더라 京깅깅 裏레리 喫칭치 食씽시 貴귀귀 賤쪈젼 ○ 셔울 머글 거시 노든

가 흔든가 我어오 那너나 相샹샹 識싱시 人신신 曾쯩층 說숴슈 ○ 내 녜 아는

사ᄅᆞᆷ이 일즉 니ᄅᆞ되 他텨타 來래레 時씽스 ○ 제 올 저긔 八방바 分분본 銀인인

子즈즈 一이이 斗두두 粳깅깅 米미미 ○ 팔픈 은애 ᄒᆞᆫ 말 경미오 五우우 分

분본 一이이 斗두두 小셔샤 米미미 ○ 오픈애 ᄒᆞᆫ 말 조ᄲᆞᆯ이오 一이이 錢젼쳔

銀인인 子즈즈 十씽시 斤긴긴 麪면면 ○ ᄒᆞᆫ 돈 은에 열 근 ᄀᆞᆯ리오 二싈슬 分

분본 銀인인 子즈즈 一이이 斤긴긴 羊양양 肉ᅀᅮᆼ우 ○ 두픈 은애 ᄒᆞᆫ 근 羊肉이라

ᄒᆞ더라 似쓰스 這져져 般번번 時씽스 ○ 이러톳 ᄒᆞ면 我어오 年년년 時

씽스 在쨰재 京깅깅 裏레리 來래레 ○ 내 前年에 셔울 잇더니 價갸갸 錢젼쳔

都두두 一이이 般번번 ○ 갑시 다 ᄒᆞᆫ가지로다 咱ᄌᆞᆷ자 們믄믄 今긴긴 夜

여여 那너나 裏례리 宿슝수 去큐큐 ○우리 오늘 밤의 어듸 자고 가료 咱쟝자 們

문믄 往왕왕 前쪈쳔 行힝힝 的딩디 ○우리 앏흐로 향ᄒᆞ여 녀여 十씽시 里례리

來래레 田뗜텬 地띠디 裏례리 ○十里ᄂᆞᆫ ᄒᆞᆫ ᄯᅡ히 有잉우 箇거거 店뎜뎬 子

즈즈 ○ᄒᆞᆫ 店이 이쇼ᄃᆡ 名밍밍 喚훤훤 瓦와와 店뎜뎬 ○일홈을 瓦店이라 브르ᄂᆞ

니 咱쟝자 們문믄 到당다 時씽스 ○우리 가면 或훵휘 早짬잔 或훵휘 晩

완완 ○혹 일으나 혹 ᄂᆞ즈나 只짛즈 那너나 裏례리 宿슝수 去큐큐 ○그저 뎌긔

자고 가자 若샵쇼 過궈고 去큐큐 了럏랴 時씽스 ○만일에 디나가면 那너나

邊변변 有잉우 二싈슬 十씽시 里례리 地띠디 ○뎌편 二十里 ᄯᅡ히 沒뭉무

人신신 家갸갸 ○人家ㅣ 업ᄉᆞ니라 既계기 那너나 般붠번 時씽스 ○이믜

그러면 前쪈쳔 不붕부 着쨯죠 村춘츈 ○앏흐로 村에 다 ᄃᆞᆺ디 못ᄒᆞ고 後흫후

不 봉부 着 짭죠 店 뎜뎐 ○ 뒤ᄒᆞ로 뎜에 다ᄃᆞᆺ디 못ᄒᆞ리니 咱 장자 們 문믄 只 짇즈

投 뜰투 那 나나 裏 례리 宿 슝수 去 큐큐 ○ 우리 그저 뎌긔 드러 자고 가쟈 到 담됴

那 나나 裏 례리 便 뺀변 早 장잔 時 씽스 也 여여 好 함한 ○ 일려도 됴코 터긔 가곳

咱 장자 們 문믄 歇 형혀 息 싱시 頭 뜰투 口 큭쿠 ○ 우리 쉬여 므ᄉᆞ 明 밍밍

日 싱시 早 장잔 行 헝힝 ○ 내일 비자 일 這 져져 裏 례리 到 담됴 京 깅깅 裏

裏 례리 ○ 여기셔 가 有 읨우 幾 계기 程 쨍칭 地 띠디 ○ 여기셔 가 몃 즘게 길 나 這

這 져져 裏 례리 到 담됴 京 깅깅 裏 례리 ○ 여기셔 가 還 현환 有 읨우 五 우우

百 빙버 里 례리 之 징즈 上 썅샹 ○ 당시론 五百里 남잇ᄂᆞ니 天 텬텬 可 커커

憐 련련 見 견견 ○ 하ᄂᆞᆯ히 어엿비 너기샤 이 身 신신 子 즈즈 安 안안 樂 랖로 時

스스 ○ 몸이 편안ᄒᆞ면 再 재재 着 짭죠 五 우우 箇 거거 日 싱시 頭 뜰투 到 담됴

了럏랴 ○ 또 닷쇄만 ᄒᆞ면 가리라 咱장자 們믄믄 到닿닫 時씽스 ○ 우리 가면

那니나 裏레리 安헌안 下햐하 好핳화 ○ 어듸 부리워야 됴흘고 咱장자 們

믄믄 往왕왕 順쓘쓘 城찡칭 門믄믄 官권권 店뎜뎐 裏레리 下햐하 去큐큐

來래레 ○ 우리 順城門읫 官店을 향ᄒᆞ야 ᄇᆞ리오라 가쟈 那니나 裏레리 就찍주 便

뼌변 投뜰투 馬마마 市씽스 裏레리 去큐큐 却걓거 近낀긴 些셔셔 ○ 뎨셔

또 곳 물져제 가미 갓가오니라 你녜니 說쉉숴 的딩디 是씽스 ○ 네 닐옴이 올타 我

오어 也여여 心심신 裏레리 這져져 般번변 想샹샹 着쟝죠 ○ 나도 ᄆᆞ음애 이

리 싱각ᄒᆞ엿더니 你녜니 說쉉숴 的딩디 恰걓갸 和훠호 我어오 意이이 同

퉁둥 ○ 네 닐옴이 맛치 내 ᄠᅳᆺ과 ᄀᆞᆺ다 只징즈 除쮸츄 那니나 裏레리 好함한 ○ 다만 게만 됴ᄒᆞ니

但딴단 是씽스 遼럏랸 東둥둥 去큐큐 的딩디 客킹커 人

신신 們믄믄 ◯ 믈읫遼東으로셔가는나그내들히 別뼈뼈 處츄츄 不부부 下햐햐

◯ 다ᄅᆞᆫᄃᆡ브리오디아니ᄒᆞ고 都두두 在재째 那나나 裏리리 安안안 下햐햐

◯ 다ᄐᆡ긔브리오ᄂᆞ니 我오어 年년년 時스씃 也여여 在재째 那나너 裏리레

下햐햐 來래레 ◯ 나도뎐년에티긔브리윗터니 十시씽 分분븐 便변뻔 當당당

◯ ᄆᆞ장편당ᄒᆞ더라

你니녜 這져저 幾기계 箇거거 頭투뜰 口쿠쿠 ◯ 네이여러ᄆᆞ쇼돌히 每믜뮈 夜여여 喫치킹 的디딩 草찬참 料랴령 ◯ 밤마다먹는딥과콩이

通퉁퉁 該개개 多도더 少샤샹 錢쳔쪈 ◯ 대되돈이언매나ᄒᆞ고

這져저 六루릉 箇거거 馬마마 ◯ 이엿숫몰이 每믜뮈 一이잉 箇거거 五우우 升싱싱 料랴령 一이잉 束수숭 草찬참 ◯ 믹ᄒᆞ나헤닷되콩과ᄒᆞᆫ뭇딥식ᄒᆞ여

通퉁퉁 筭쉰쉰 過고궈 來래레 ◯ 통ᄒᆞ여헤오니 盤편뿐 纏쳔쪈 着죠짭 二

슬싱 錢쳔젼 銀인인 子즈즈 ◯ 은 두 돈을 쓰고 這져져 六루룽 箇거거 馬마마

◯ 이 엿숫 물이 每미뮈 夜여여 喫치칭 的디딩 草찬창 料랴령 不부붕 等

등딩 ◯ 每夜의 먹는 답과 이ᄒᆞᆫ가지 아니라 콩 草찬창 料랸령 貴귀귀 處츄츄 ◯

콩 답 귀ᄒᆞᆫ 곳은 盤편뻔 纏쳔젼 三산삼 四스ᄉᆞ 錢쳔젼 銀인인 子즈즈 ◯ 서너

돈은을 쓰고 草찬창 料랸령 賤쳔젼 處츄츄 ◯ 콩답 혼 곳은 盤편뻔 纏쳔젼

슬싱 錢쳔젼 銀인인 子즈즈 ◯ 두 돈은을 쓰느니라 這져져 箇거거 馬마마

也여여 行힝힝 的디딩 好한함 ◯ 이 물도 됴코 거름 나 可커커 知지징 有

우위 임 幾기계 步부뿌 慢만만 竄춴춴 ◯ 그리여너여러거름 즈즈누즈누호더재니라이

除츄쮸 了랴럏 這져져 箇거거 馬마마 ◯ 이 물을 덜고는 別벼뼝 箇거거 的

디딩 都두두 不부붕 好한함 ◯ 다른 아니는 됴티 아니타 你니네 這져져 馬마마

和훠호布부부子즈즈○파디뵈이를믈到담단北빙버京깅깅賣매매了

렴랸時씽스○北京의가풀면却갹거買매매些셔셔甚씸슴麼뭐마貨훠호

物뭉우○또므슴物을사貨迴훼휘還환환高강간麗례리地뎨디面면면

裏례리賣매매去큐큐○高麗人ᄯᅡ히도라가프누뇨我어오往왕왕山산산

東둥둥濟졔지寧닝닝府부부東둥둥昌창창高강간唐땅당○내山東濟

寧府엣東昌高唐의가收싱수買매매些셔셔絹권권子즈즈綾링링子즈즈

綿면면子즈즈○깁과능파소옴을거두어사迴훼휘還환환王왕왕京깅깅

賣매매去큐큐○王京의도라가풀라가노라到당단你녜니那너나地뎨디

面면면裏례리○네뎌ᄯᅡ히가也여여有잉우些셔셔利례리錢쪈쳔麼

뭐마○젹으나니쳔잇ᄂᆞ냐那너나的딩디也여여中중중○그는ᄯᅩ므텬ᄒᆞ니

我오어年년년時스씅◯내 젼년의跟근근着죠쟣漢한헌兒슬싕火호훠
伴번뻔◯漢ㅅ 벗 조차到단당高갇강唐탕땅◯高唐의 가收식싱買매매
些셔셔綿면면絹견견◯소옴과 깁을 거두어 사將장쟝到닫닿王왕왕京
京깅깅賣매매了랴령◯王京의 가 져가 ᄑᆞ라也여여尋신씸了랴령些셔셔利
利리리錢쳔쪈◯젹이 니쳔 어드라

你니녜那나너綾링링絹견견綿면면
子즈즈ᇰ◯네 텨 능과 깁파 소옴을就직찍地디뗴頭투뚷多도더少샹셩價
價갸갸錢쳔쪈買매매來레래◯밋 ᄡᆞ혀셔 언멋 갑스로 사到닫닿王왕왕京깅깅
多도더少샹셩價갸갸錢쳔쪈賣매매◯王京의 가 연멋 갑시 ᄑᆞᄂᆞᆫ다我오어
買매매的디딩價갸갸錢쳔쪈◯내 사논 갑슨小샤셩絹견견一이힝匹
匹피핑三산삼錢쳔쪈◯小絹 ᄒᆞᆫ 필엔 서 돈에 ᄒᆞ여染연염做주주小샤셩紅훙훙

裏 레리 絹 견견 ○ 小紅 드려 안ᄭᅵᆸ 삼고 綾 링링 子 즁즈 每 뮈믜 匹 핑피 二 싱슬

兩 량랑 家 갸갸 ○ 능 ᄆᆡ ᄒᆞᆫ 필에 두 냥식 ᄒᆞ여 染 염연 做 주주 鴉 햐야 青 칭칭 和

ᄒᆞ혀 小 셩샾 紅 훙훙 ○ 야청과 쇼홍 드리노라 絹 견권 子 즁즈 每 뮈믜 匹 핑피

○ 깁 ᄆᆡ ᄒᆞᆫ 필에는 染 염연 錢 쪈쳔 二 싱슬 錢 쪈쳔 ○ 믈갑시 두 돈이오 綾 링링

子 즁즈 每 뮈믜 匹 핑피 染 염연 錢 쪈쳔 ○ 능 ᄆᆡ ᄒᆞᆫ 필에 믈갑슨 鴉 햐야 青 칭칭

的 딩디 三 삼산 錢 쪈쳔 ○ 야청앤 서 돈이오 小 셩샾 紅 훙훙 的 딩디 二 싱슬

錢 쪈쳔 ○ 小紅앤 두 돈이오 又 잉우 綿 면면 子 즁즈 每 뮈믜 一 힝이 斤 긴긴

○ ᄯᅩ 소옴 ᄒᆞᆫ 근에는 價 갸갸 錢 쪈쳔 六 룽릭 錢 쪈쳔 銀 인인 子 즁즈 ○ 갑시

엿 돈 은이니 到 당닾 王 왕왕 京 깅깅 ○ 王京의 가 絹 견권 子 즁즈 一 힝이 匹

핑피 ○ 깁 ᄒᆞᆫ 필에는 賣 매매 細 셰시 麻 마마 布 부부 兩 량랑 匹 핑피 ○ ᄀᆞ는

에뵈 곡두 라필 折 졀져 銀 인인 一 힝이 两 량량 二 싱슬 錢 젼쳔 ○ 두은 돈혼 애냥

고혜 綾 링링 子 즁즈 一 힝이 疋 핑피 ○ 필綾 엔흔 鴉 햐햐 青 칭칭 的 딩디 賣

매매 布 부부 六 룽루 疋 핑피 ○ 엿야 필청 애의 푸는 라뵈 折 졀져 銀 인인 子 즁즈

三 삼산 两 량량 六 룽루 錢 젼쳔 ○ 돈은 애석 혜냥 고엿 小 셜샤 紅 훙훙 的 딩디

賣 매매 布 부부 五 우우 疋 핑피 ○ 닷小 필紅 애의 푸는 라뵈 折 졀져 銀 인인 子

즁즈 三 삼산 两 량량 ○ 에은 혜석 고냥 綿 면면 子 즁즈 每 뮈믜 四 승스 两 량량

○ 녁소 냥옴 익은 每 賣 매매 布 부부 一 힝이 疋 핑피 ○ 애뵈 푸흔 라필 折 졀져

銀 인인 子 즁즈 六 룽루 錢 젼쳔 ○ 애은 혜엿 여돈 通 퉁퉁 滚 군군 筭 쉮쉰 着

짷죠 ○ 혜모 니화 除 쮸츄 了 렬랴 牙 야야 稅 쉬쉬 繳 걓갸 計 계기 外 왜왜 ○

라즐 혜음 여갑 털셰 온물 밧셧 서마 몰 也 여여 尋 씬신 了 렬랴 加 갸갸 五 우우 利

老乞大諺解上 十三

례리 錢 쪈쳔 ○ 또 혀지온 니쳔을 어들러라 你 녜니 自 쯔즈 來 래레 ○ 네 본

ᄃᆡ 到 당닾 京 깅깅 裏 례리 ○ 셔울 가 賣 매매 了 럏랴 貨 훠호 物 웅우 ○

貨物을 ᄑᆞ라 却 캬커 買 매매 綿 면면 絹 견견 ○ 또 소옴과 깁을 사 到 당닾 王

왕왕 京 깅깅 賣 매매 了 럏랴 ○ 王京의 가 ᄑᆞ노라 ᄒᆞ면 前 쪈쳔 後 흫후 住 쮸쥬

了 럏랴 多 더도 少 셯샤 時 씃스 ○ 前後에 언메나 오래 머믈러뇨 我 어오 從 쭝충

年 년년 時 씃스 正 징징 月 웡워 裏 례리 ○ 내 前年 正月브터 將 쟝쟝 馬 마마

和 ᅘᅥ호 布 부부 子 즈즈 ○ 물과 뵈를 가져 到 당닾 京 깅깅 裏 례리 賣 매매 了

럏랴 ○ 셔울 가 다 ᄑᆞᆯ고 五 우우 月 웡워 裏 례리 到 당닾 高 강갚 唐 땅탕 ○ 五月

어 高唐의 가 收 싛싀 起 켸키 綿 면면 絹 견견 ○ 소옴과 깁을 거두워 到 당닾 直

찡지 沽 구구 裏 례리 上 썅샹 船 쮠춴 過 궈고 海 해헤 ○ 直沽에 가 ᄇᆡ 타 바다 건너

十 시씽 月 워웨 裏 리레 到 단당 王 왕왕 京 깅깅 ○ 十月에 王京의 가 投 투듬

到 단당 年 년년 終 중즁 ○ 年終애 다드라 貨 호훠 物 우뭉 都 두두 賣 매매 了

랸령 ○ 貨物을 다 풀고 又 우잉 買 매매 了 랸령 這 져져 些 셔셔 馬 마마 并 빙빙

毛 뫄망 施 스싱 布 부부 來 레래 了 랸령 ○ 또 이 몰과 모시뵈를 사오노라 這

져져 三 산삼 箇 거거 火 호훠 伴 번뻔 ○ 이 세 벗이 是 스씽 你 니녜 親 친친 眷

권권 那 나너 ○ 이 네 권당가 是 스씽 相 샹샹 合 거강 來 레래 的 디딩 ○ 이 서

ᄅᆞ 못ᄃᆞ라 오니가 都 두두 不 부붕 曾 층쯩 問 운문 ○ 다 일즉 뭇디 아니ᄒᆞ엿더니

姓 싱싱 甚 슴씸 麼 마뭐 ○ 姓이 므스것고 這 져져 箇 거거 姓 싱싱 金 긴김 ○

이ᄂᆞᆫ 姓이 金개니 是 스씽 小 샤셩 人 인인 姑 구구 舅 구낑 哥 거거 哥 거거 ○

이ᄂᆞᆫ 小ᄉᆞ의 아비누의 어믜 오라비게 난 형이오 這 져져 箇 거거 姓 싱싱 李 리례 ○

李이 개는 니姓 이 是싱스 小셤샾 人인인 兩량량 姨이이 兄휭흉 弟뗘디 ◯
싱이 의는 게小 난人 아의 이어 오믜 동 這져져 箇거거 姓싱싱 趙쨮잘 ◯ 姓이 이는
니趙 개 是씽스 我어오 街개계 坊방방 ◯ 우이 지내 라이 你비니 是씽스 姑
구구 舅낑구 弟뗘디 兄휭흉 ◯ 난네 弟이 兄姑 이舅 어의 니게 誰쒸쉬 是씽스 舅
낑구 舅낑구 上썅샹 孩해해 兒싈슬 ◯ 빅누 게구 난는 ᄌ어 식믜 이오 며라 誰쒸쉬
是씽스 姑구구 姑구구 上썅샹 孩해해 兒싈슬 ◯ 의누 게구 난는 ᄌ아 식비 고누
小셤샾 人인인 是씽스 姑구구 姑구구 生싱숭 的딩디 ◯ 姑小 의人 난은 이姑
오 他터타 是씽스 舅낑구 舅낑구 生싱숭 的딩디 ◯ 의텨 난는 이舅 라舅 你
녜니 兩량량 姨이이 弟뗘디 兄휭흉 ◯ 난녀 兄희 弟兩 라姨 ᄒ의 니게 是씽스 親
친친 兩량량 姨이이 那너나 ◯ 兩이 姨친 가동 싱 是씽스 房빵방 親친친 兩

량량姨이이○이同姓六寸兩姨가是씃스親친친兩량량姨이이弟뎨디兄

횽흉○이親同生兩姨의게반弟兄이로나我어오母무무親친친是씃스姐저져

姐저져○우리母親은兄이오他터타母무무親친친是씃스妹뮈믜子즈즈

○터의母親은아이라你녜니旣계기是씃스姑구구舅꿍구兩량량姨이이

弟뎨디兄횽흉○너희이의姑舅兩姨예난弟兄일쟉시면怎즘즘麽뭐마沿연연

路루루穢휘위語유유不붕부迴휘휘避삐비○엇지길흘조차셔더러온말을

회피티아니ᄒᆞᄂᆞ뇨我어오一잉이們문믄不붕부會휘휘體톄티例례리的

딩디人인인○우리ᄒᆞᆫ뉴ᄂᆞᆫ體例모로ᄂᆞᆫ사ᄅᆞᆷ이니親친친弟뎨디兄횽흉也여여

不붕부隔긍겨話화화○親同生兄弟도말을즈음아니ᄒᆞ거든姑구구舅꿍구

兩량량姨이이更긩긍那너나裏례리問문운○姑舅兩姨야ᄯᅩ어더무르리오

十五

咱자장們믄믄閑햔현話화화且쳐쳐休훟후說숴쉬○말우아리직잡
마니쟈ᄅᆞ다那나나店뎜뎐子즈즈便뼌변是씃스尾와와店뎜뎐○店티
店은이곳니尾尋씸신箇거거好한화乾건간淨찡징店뎜뎐裏리리下햐햐
去큐큐來래레○어마더장부乾리淨우ᄒᆞᆫ라店가을歇혀허頭뚜투口쿠쿠着
쟝죠○쉬즘오승쟈들街개계北븨버這져져箇거거店뎜뎐子즈즈○릿거
이북店녁은희是씃스我어오舊꾸구主쥬쥬人신신家갸갸○主이人내집빗
니이咱장자們믄믄只징즈這져져裏리리下햐하去큐큐來래레○리우
리그오저라여가긔쟈브拜배배揖잉이主쥬쥬人신신家갸갸哥거거○揖拜
ᄉᆞᄒᆞ兄노아라主噯해애都갛거是씃스王왕왕大때다哥거거○王애가ᄃᆞ
로큰괴兄야이多더도時씃스不붕부見견견○ᄒᆞ오엿래더보니지못好할한

麽뭐마 好향화 麽뭐마 ◯ 이이 머매 你녜니 這져저 幾께기 箇거거 火훠호
伴뻔번 ◯ 러녀 벗희 이이 여 從쭝충 那너나 裏례리 合갸거 將쟝쟝 來래래
◯ 못어 드듸 라서 오브 뇨텨 我어오 沿연연 路루루 相샹샹 合갸거 着쟢죠 ◯
차우 서리 ᄅᆞ길 모흘 다조 做주주 火훠호 伴뻔번 北븡버 京깅깅 去큐큐 ◯ 지벗
로어 가北 노京 라으 你녜니 這져저 店뎜뎐 裏례리 草참찬 料럎랴 都두두 有
잉우 阿허아 沒뭉무 ◯ 다네 잇이 ᄂᆞ店 가에 업딥 ᄉᆞᆫ과 가콩 이 草참찬 料럎랴 都
두두 有잉우 ◯ ᄒᆞ딥 이과 시콩 되이 料럎랴 是씽스 黑흥허 豆뜽두 草참찬 是
씽스 稈건간 草참찬 ◯ 딥콩 혼온 조거 딥믄 히콩 라이 오 是씽스 稈건간 草참찬
好할화 ◯ 됴이 ᄒᆞ조 니딥 히 若샹숍 是씽스 稻땋닾 草참찬 時씽스 ◯ 일만
히에 면닛 딥 這져저 頭뜽두 口큳쿠 們믄믄 多더도 有잉우 不봉부 喫킹치

的디딩 ◯이 즘승들히 먹디 아니ᄒᆞ리 만ᄒᆞ니라 黑허흥 豆두뜽 多도뎌 少샾샿

一이힝 斗두듷 ◯거믄 콩은 언머에 ᄒᆞᆫ 말이며 草찬창 多도뎌 少샾샿 一이힝

束수숭 ◯딥흔 언머에 ᄒᆞᆫ 뭇고 黑허흥 豆두뜽 五우우 十시씽 箇거거 錢쳔쪈

一이힝 斗두듷 ◯거믄 콩은 쉰 낫 돈애 ᄒᆞᆫ 말이오 草찬창 一이힝 十시씽 箇거거

錢쳔쪈 一이힝 束수숭 ◯딥흔 열 낫 돈에 ᄒᆞᆫ 뭇시라 是스씅 真진진 箇거거 麽

마뭐 ◯이 진실로야 你니녜 却거걍 休후힁 瞞먼뭔 我오어 ◯네 ᄯᅩ 날을 소기

디 말라 這져져 大다때 哥거거 甚슴씸 麽마뭐 言연연 語유유 ◯이 큰 형아

므슴 말고 你니녜 是스씅 熟수쑹 客커킹 人ᅀᅵᆫᅀᅵᆫ ◯너ᄂᆞᆫ 닉이 ᄃᆞᆫ년 나그내니 咱

자장 們믄문 便변뼌 是스씅 自즈쯔 家갸갸 裏리례 一이힝 般번뿐 ◯우리

곳 내 집 ᄒᆞᆫ 가지라 我오어 怎즘즘 麽마뭐 敢간감 胡후훙 說쉬숭 ◯내 엇디 敢

히간대로 니ᄅᆞ리오 怕 파파 你 네니 不 부부 信 신신 時 씨스 ○ 저컨대 네 믿디 아니
커든 別 뼈벼 箇 거거 店 뎜뎐 裏 리리 試 씨스 商 샹샹 量 량량 太 큐큐 ○ 다ᄅᆞᆫ
뎜에 시험ᄒᆞ여 商量ᄒᆞ라 가라 我 오어 只 즈징 是 씨스 這 져져 般 번번 說 숴쉬 ○
나ᄂᆞᆫ 그저 이리 니ᄅᆞ리라 我 오어 共 궁궁 通 퉁퉁 十 시씨 一 이힝 箇 거거 馬
마 ○ 우리 대되 열ᄒᆞᆫ 낫 ᄆᆞᆯ이니 量 량량 着 죠쨩 六 루룽 斗 두둥 料 랴럏 與 유유
十 시씽 一 이힝 束 수숭 草 찬창 着 죠쨩 ○ 혜아리니 엿 말 콩과 열ᄒᆞᆫ 뭇 딥히로다
這 져져 鍘 자쨩 刀 닾당 不 부붕 快 쾌쾌 ○ 이 쟉되 드디 아니ᄒᆞ니 許 휴휴 多
도더 草 찬창 幾 기계 時 스씽 切 쳐쳥 得 더등 了 랴럏 ○ 하나한 딥흘 언제 싸흘료
主 쥬쥬 人 신신 家 갸갸 ○ 主人 다ᄅᆞᆫ 듸 드ᄂᆞᆫ 쟉도 別 뼈벼 處 츄츄 快 쾌쾌 鍘 자쨩 刀 닾당
借 져져 一 이힝 箇 거거 來 레래 ○ ᄒᆞ나흘 비러 오라 這 져뎌 們

문믄 時 씌스 ○ 면이 러 我 어오 借 져져 去 큐큐 ○ 가내 마빌 라 這 져져 鏇
짱자 刀 당단 是 씌스 我 어오 親 친친 着 펺뎐 家 갸갸 的 딍디 ○ 는이 이쟉 우도
집리 거권 시당 니의 他 터타 不 붕부 肯 킹큰 ○ 아녜 니즐 거기 늘디 我 어오 哀 애애
숌 감간 借 쪄져 將 쟝쟝 來 래래 ○ 비내 러믜 오이 니닐 너 風 봉봉 刃 인신 也
여여 似 쏘스 快 쾌쾌 ○ 티벋 매롬 ᄒᆞ날 니ᄀᆞᆺ 你 녜니 小 셯샤 心 심신 些 셔셔 使
싱스 ○ 여네 쓰조 고심 ᄒᆞ 休 힣후 壞 쾌홰 了 럏랴 他 터타 的 딍디 ○ 겻ᄂᆞ 해믜
디아 말ᄇᆞ 라릭 這 져져 火 훠호 伴 뻔번 你 녜니 切 쳥쳐 的 딍디 草 챨찬 忒 틍틔
麤 추추 ○ 답이 히벗 너아 모네 굵싸 다ᄒᆞ ᄂᆞᆫ 頭 뜽투 口 큳쿠 們 믄믄 怎 즘즘 生
싱숭 喫 킿치 的 딍디 ○ 다즘 먹싱 으들 리히 오엇 好 핳한 生 싱승 細 셰시 細 셰시
的 딍디 切 쳥쳐 着 쟣죠 ○ 게ᄆᆞ 싸장 흘ᄆᆞ 라ᄂᆞᆯ 這 져져 火 훠호 伴 뻔번 你 녜니

敢감간不붕부會ᅘᅱ휘煮쥬쥬料럏랸 ○ 이 벗아 네 콩 ᄉᆞᆷ기를 아디 못ᄒᆞᄂᆞᆫ 돗ᄒᆞ다

你녜니燒셯샾的딩디鍋궈고滾균군時씽스 ○ 네 블ᄯᅵ더 가매 ᄭᅳᆯ커든 下

ᅘᅣ하上썅샹豆뚷두子즈ᄌᆞ ○ 콩을 너허 두고 但딴단滾균군的딩디一힝이

霎샹사兒싈슬 ○ 믈읫 ᄉᆞᆯ키 ᄒᆞᆫ디위만 ᄒᆞ거든 將쟝쟝這져져切쳥쳐了럏랸

的딩디草찰찬 ○ 이 ᄡᅡᄒᆞᆫ 딥흘다가 豆뚷두子즈ᄌᆞ上썅샹蓋개개覆붕부

了럏랸 ○ 콩우희 덥고 休힐후燒셯샾火훠호 ○ 블ᄯᅵ디 말고 休힐후敎

걍갸走즘주了럏랸氣키기 ○ 김나게 말라 自ᄍᆞᆼᄌᆞ然션션熟쓩수了럏랸

○ ᄌᆞ연히 닉으리라

客킈커人신인們믄믄 ○ 나그네들 你녜니打다다

火훠호那너나不붕부打다다火훠호 ○ 네 블ᄯᅵᆺ기 ᄒᆞᄂᆞᆫ다 블ᄯᅵᆺ기 못ᄒᆞᄂᆞᆫ다 我

어오不붕부打다다火훠호喝헝허風붕붕那너나 ○ 내 블ᄯᅵᆺ기 못ᄒᆞ고 ᄇᆞᄅᆞᆷ마

시라 儞 니녜 疾 지찡 快 쾌쾌 做 주주 着 죠쟣 五 우우 箇 거거 人 신신 的 디딩

飯 반뽠 着 죠쟣 ○ 비ᄲᆞᆯ리 다ᄉᆞᆺ 사ᄅᆞᆷ의 밥을 지으라 儞 니녜 喫 치킹 甚 슴씸 麽

마뭐 飯 반뽠 ○ 네 므슴 밥을 먹을다 我 오어 五 우우 箇 거거 人 신신 ○ 우리 다ᄉᆞᆺ

사ᄅᆞᆷ에 打 다다 着 죠쟣 三 산삼 斤 긴긴 麪 면면 的 디딩 餠 빙빙 着 죠쟣 ○

서 근 ᄀᆞᄅᆞ릐 ᄯᅥᆨ ᄆᆡᆼ글라 我 오이 自 즈쯔 買 매매 下 하ᅘᅣ 飯 반뽠 去 큐큐 ○ 나ᄂᆞᆫ 반찬

사라 가마 儞 니녜 買 매매 下 하ᅘᅣ 飯 반뽠 去 큐큐 時 스씋 ○ 네 반찬 사라 가거든

這 져져 間 견간 壁 비빙 肉 수숭 案 안헌 上 샹썅 買 매매 猪 쥬쥬 肉 수숭 去

큐큐 ○ 이 ᄇᆞᄅᆞᆷ ᄡᅡ잇 집 도마엣 猪肉을 사라 가라 是 스씋 今 긴김 日 시싀 殺 사삼 的

디딩 好 화함 猪 쥬쥬 肉 수숭 ○ 이 오ᄂᆞᆯ 주긴 됴ᄒᆞᆫ 猪肉이라 多 도더 少 샨셩 一

이힝 斤 긴긴 ○ 언마의 ᄒᆞᆫ 근고 二 을ᅀᅵᆼ 十 시씽 箇 거거 錢 쳔쪈 一 이힝 斤 긴긴

○스므낫돈에 ᄒᆞᆫ근식이라 你녜니 主쥬쥬 人신신 家갸갸 ○너 主人아 就찍직

與유유 我어오 買매매 太규규 ○이믜셔 나를 위ᄒᆞ여 사라 가라 買매매 一ᅙᅵᆯ이

斤긴긴 肉ᅀᅲᆼ수 着쟣죠 ○ᄒᆞᆫ근 고기를 사되 休힝후 要얗얀 十씽시 分분븐

肥삥븨 的딩디 ○ᄆᆞ장 ᄉᆞᆯ지니란 말고 帶대대 肋릥리 條뗭턒 的딩디 肉ᅀᅲᆼ수

買매매 着쟣죠 ○녑팔지 브튼 고기를 사다가 大때다 片편편 兒ᅀᅵᆼ슬 切쳥쳐

着쟣죠 ○편ᄀᆞᆯ게 싸흐라 炒참찬 將쟝쟝 來래레 着쟣죠 ○복가 가져오라

主쥬쥬 人신신 家갸갸 ○主人아 迭뗭뎌 不붕부 得듷더 時씽스 ○밋처

못ᄒᆞ거든 咱짱자 們문믄 火훠호 伴뿐번 裏례리 頭뜰투 ○우리 벗듕에 敎

걓갸 一ᅙᅵᆯ이 箇거거 自쯔즈 炒참찬 肉ᅀᅲᆼ수 ○ᄒᆞ나ᄒᆞ로ᄒᆞ여 손조 고기 복게 ᄒᆞ쟈

我어오 是씽스 高강간 麗례리 人신신 ○나ᄂᆞᆫ 高麗人 사ᄅᆞ미라 都둫두 不

부붕會휘휘炒찬찰肉수숭○다다고못기ᄒᆞ복노기라아有우임甚심ᄉᆞᆷ麼
마뮈韃난난蹇츄츄○므이습이어시려리온오곤刷솨솽了랴럏鍋고귀着
죠짭○가싯마고긔燒샾셯的디딍鍋고귀熱여셩時스씋○블가서매디뎝
거든着죠짭上샹썅半번뷘盞잔잔香향향油우임○반룸잔을춤두기어將
쟝쟝油우임熟수쑹了랴럏時스씋○기닉름거이든下햐혀上샹썅肉수숭
○고뒤기이녀즈허머着죠짭些셔셔鹽연염○젹금이두소고着죠짭筋쥬쥰
子즈즁攪갼걍動둥뚱○져저로어뒤炒찬참的디딍半번뷘熟수쑹時
스씋○봇닉가거반든만調댠됴上샹썅些셔셔醬쟝쟝水쉬쉬生승승葱
충충料랼럏物우웅拌번뻔了랴럏○장를믈빠의노파하와섯교고토鍋고귀
子즈즁上샹썅蓋거개覆부뿡了랴럏○가에마덥두고休후힝着죠짭出

츄춍 氣키계 ○ 김나게 말고 燒샤셩 動둥뚱 火호훠 一이힝 霎사상 兒ᅀᅳᆯ싕

熟수쓯 了랴럏 ○ 불ᄯᅵ디ᄒᆞ디위만 ᄒᆞ면 닉ᄂᆞ니라 這져져 肉ᅀᅮᅀᅮᆼ 熟수쓯 了

랴럏 ○ 이고기 닉어다가 你니녜 嘗챵쨩 看간컨 ○ 네 맛보라 鹹현혐 淡단땀 如

슈유 何허ᄒᆡᆼ ○ 鹹淡이 잇더ᄒᆞ뇨 我오어 嘗챵쨩 得더ᄃᆡᆼ ○ 내 맛보니 微위미

微위미 的디딩 有우잉 些셔셔 淡단땀 ○ 젹이 슴거옴이 잇다 再재재 着쟢쟣

上샹샹 些셔셔 鹽연염 着쟢쟣 ○ 다시 젹이 소곰 두라 主쥬쥬 人인신 家갸갸

○ 主人아 餅빙빙 有우잉 了랴럏 不부봉 曾층쯩 ○ 떡 잇ᄂᆞ냐 못ᄒᆞ엿ᄂᆞ냐

將쟝쟝 次ᄎᆞᄎᆞᆼ 有우잉 了랴럏 ○ 쟝ᄎᆞ 이시리라 你니녜 放방방 卓조좌 兒ᅀᅳᆯ

술싕 先션션 喫치킹 ○ 비상노코 몬져 먹으라 比비비 及기낑 喫치킹 了랴럏

時ᄉᆞ씅 ○ 먹을만 다ᄃᆞᄅᆞ면 我오어 也여여 了랴럏 了랴럏 ○ 나도 못 ᄎᆞ리라

主 쥬쥬 人 인인 家 갸갸 ○ 主人아 我 오어 明 밍밍 日 ᅀᅵᅀᅵᇰ 五 우ᅌᅮ 更
깅긩 頭 투뜰 早 잘잠 行 힝ᅘᅵᆼ ○ 내ᅵ일 오경두에 일 갈 거시니 咱 자짱 們 믄문 算
숸숸 了 랴럏 房 방빵 錢 쳔쪈 火 호훠 錢 쳔쪈 着 죠쨯 ○ 우리 집의 잔 갑파 밥 지은
갑 혜자 我 오어 這 져져 一 이힝 宿 수슝 人 인인 馬 마마 ○ 우리 이 ᄒᆞ롯밤 잔 人
馬에 盤 편뼌 纏 쳔쪈 通 퉁뚱 該 개개 多 도더 少 샤셯 ○ 쁜 거시 통ᄒᆞ여 히오니 언
머고 你 니녜 稱 칭칭 了 랴럏 三 산삼 斤 긴긴 麪 면면 ○ 네 ᄃᆞ론 서 근 ᄀᆞ루눈 每
믜뮈 斤 긴긴 十 시씽 箇 거거 錢 쳔쪈 ○ 每斤에 열 낫 돈식 ᄒᆞ니 該 개개 三 산삼
十 시씽 箇 거거 錢 쳔쪈 ○ 히오니 셜흔 낫 돈이오 切 쳐쳥 了 랴럏 一 이힝 斤
긴긴 猪 쥬쥬 肉 ᅀᅮᅀᅮᇰ ○ 싸흔 효근 猪肉에 該 개개 二 ᅀᅳᆯᅀᅵᆼ 十 시씽 箇 거거 錢
쳔쪈 ○ 히오니 스므 낫 돈이오 四 스ᄉᆞ 箇 거거 人 인인 ○ 사ᄅᆞᆷ 네헤 每 믜뮈 人

인신 打다다 火훠호 房빵방 錢쪈쳔 十씽시 箇거거 錢쪈쳔 ○ 每人에 집갑 블
갑시 열 낫 돈이니 該개개 四숭스 十씽시 箇거거 錢쪈쳔 ○ ᄒᆡ오니 마ᄒᆞᆫ 낫 돈이
오 黑흫허 豆뜽두 六룽뤼 斗듷두 ○ 거믄 콩 엿 말앤 每뮈믜 斗듷두 五우우
十씽시 箇거거 錢쪈쳔 ○ 每斗에 쉰 낫 돈이니 該개개 三삼산 百ᄇᆡᆼ버 箇거거
錢쪈쳔 ○ ᄒᆡ오니 三百 낫 돈이오 草챻찬 十씽시 一ᅙᅵᆼ이 束숭수 ○ 딥 열ᄒᆞᆫ 뭇
센 每뮈믜 束숭수 十씽시 箇거거 錢쪈쳔 ○ 每束에 열 낫 돈이니 該개개 一
ᅙᅵᆼ이 百ᄇᆡᆼ버 一ᅙᅵᆼ이 十씽시 錢쪈쳔 ○ ᄒᆡ오니 돈이 一百 열ᄒᆡ로소니 通퉁퉁 該
개개 五우우 百ᄇᆡᆼ버 箇거거 錢쪈쳔 ○ 대되 五百 낫 돈이로다 我어오 草챻찬
料럏랴 麵면면 ○ 우리 딥과 콩과 ᄀᆞᄅᆞᆯ 都두두 是씅스 你늬니 家갸갸 裏례리
買매매 來래레 的딍디 ○ 다 네 집의 와 산 거시니 你늬니 減걈견 了럏랴 些

老乞大諺解 上 二十一

서서 箇 거거 如 슈슈 何 해허 ○ 네 적이 더롬이 엇뎌ᄒᆞ료 罷 빠바 罷 빠바 ○ 워두

워두 只 징즈 將 쟝쟝 四 ᄉᆞᆼ스 百 빙버 五 우우 十 씽시 箇 거거 錢 젼쳔 來 래레

○ 그저 四百 쉰낫 돈을 가져오라 旣 계기 這 져져 般 붠번 時 씽스 ○ 이믜 이러면

火 훠호 伴 뻔번 伱 녜니 三 삼산 箇 거거 ○ 벗아 너희 세히 一 ᄒᆡᆼ이 發 봥방 都

두두 出 츙츄 了 렫랸 着 쟢죠 ○ ᄒᆞᆷᄭᅴ 내고 다 記 계기 着 쟢죠 數 수수 目 몽무

○ 數目 뎌 것다가 到 담닾 北 븽버 京 깅깅 時 씽스 ○ 北京의 가든 一 ᄒᆡᆼ이 發

봥방 筭 쉰쉰 除 쭈츄 ○ ᄒᆞᆷᄭᅴ 혜여 더자 那 너나 般 붠번 時 씽스 ○ 그러면 我

어오 都 두두 與 유유 他 터타 ○ 내 다 뎌를 주마

【火】

火 훠호 伴 뻔번 伱 녜니 將

쟝쟝 料 럎랸 撈 랄랖 出 츙츄 來 래레 ○ 벗아 네 공을 건뎌 내여다가 冷 링릉 水

쉬쉬 裏 리리 拔 빠바 着 쟢죠 ○ ᄎᆞᆫ믈에 것뎌 等 딍등 馬 마마 大 따다 控 쿵쿵

一(이 잉) 會(휘 휘) ◯ ᄆᆞᆯ이 ᄒᆞᆫ디위 ᄀᆞ장 쉬믈 기ᄃᆞ려 慢(만 만) 慢(만 만) 的(디 딍) 喂(위 위)

着(죠 쨯) ◯ 날호여 먹이라 初(추 추) 喂(위 휘) 時(스 씋) ◯ 처음 먹일 제란 只(즈 짌) 将

(장 쟝) 料(랴 럏) 水(쉬 쉬) 拌(번 뻔) 與(유 유) 他(타 터) ◯ 그저 콩믈을다가 버므려 주고 到

(닫 당) 五(우 우) 更(깅 긩) 一(이 잉) 發(방 뽱) 都(두 두) 與(유 유) 料(랴 럏) 喫(치 킿) ◯ 五更

의 다ᄃᆞ라 ᄒᆞᆷᄭᅴ 콩을 다 주어 먹이라 這(저 져) 般(번 붠) 時(스 씋) ◯ 이리ᄒᆞ면 馬(마 마) 們

(믄 믄) 分(분 뽄) 外(왜 왜) 喫(치 킿) 得(더 딓) 飽(밮 밯) ◯ ᄆᆞᆯ들히 分外로 먹어 ᄇᆡ브르려니와

若(쇼 샿) 是(스 씋) 先(션 션) 與(유 유) 料(랴 럏) 時(스 씋) ◯ 만일에 몬져 콩을 주면 那

(나 너) 馬(마 마) 只(즈 짌) 揀(견 갼) 了(랴 럏) 料(랴 럏) 喫(치 킿) ◯ 그 ᄆᆞᆯ이 다만 콩만 골ᄒᆡ여

먹고 将(장 쟝) 草(찬 챵) 都(두 두) 拋(팦 팡) 撒(사 상) 了(랴 럏) ◯ 딥흘다가 다 헤텨ᄇᆞ리ᄂᆞ

니라 勞(랖 랑) 困(쿤 쿤) 裏(리 레) 休(후 힣) 飮(인 힘) 水(쉬 쉬) ◯ ᄀᆞᆺ바ᄒᆞᆯ 제란 믈 먹이디 말라

고 等등등 喫킹치 一힝이 和훠호 草참찬 時씽스 飮힘인 ◯ 흔번 버므린 답

먹어든 기드려 믈 먹이라 咱장자 們믄믄 各갛거 自쯔조 睡쒸쉬 些셔셔 箇거거

◯ 우리 각각 져이 자고 輪륜륜 着짭죠 起켸키 來래레 勤낀킨 喂위위 馬마마

◯ 돌려 니러 브즈러니 믈 먹이쟈 今긴긴 日싱시 是씡스 二싱슬 十씽시 二싱슬

◯ 오늘은 스므이틀이니 五우우 更깅깅 頭뜰투 正징징 有잉우 月웡워 明

밍밍 ◯ 새배 뎡히 돌이 붉을이라 鷄계기 兒싱슬 叫꺙갸 ◯ 돍 울거든 起케키 來

래레 便뻔변 行힝힝 ◯ 니러즉제 가쟈 主쥬쥬 人신신 家갸갸 點뎜뎐 箇거거

燈딍등 來래레 ◯ 主人아 등잔 블 혀오라 我어오 整징징 理례리 睡쒸쉬 處

츄츄 ◯ 우리 잘 디룰 서럿자 這져져 的딩디 燈딍등 來래레 了럎랴 ◯ 이 등잔블

오나다 壁빙비 子증즈 上썅샹 掛꽈과 着짭죠 ◯ 브롬애 걸라 這져져 般

뻔번精징징土투투炕캉캉上썅샹怎즘즘的딩디睡쒸쉬 ◯ 이런믠흙구들에엇디자리오

有잏우甚씸슴麼뭐마藁강갚薦젼젼 ◯ 아므란딥지즤잇거든

將쟝쟝幾계기領링링來래레 ◯ 여러납가져오라 大때다嫂상산 ◯ 아못

아좀 將쟝쟝藁강갚薦젼젼席씽시子즈즈來래레 ◯ 딥지즤과삿글가져다가

與유유客킈커人인인們믄믄鋪푸푸 ◯ 나그내들주어셜게ᄒᆞ라 席씽시子

즈즈沒뭉무 ◯ 삿근업거니와 這져져的딩디三삼산箇거거藁강갚薦젼젼

與유유你녜니鋪푸푸 ◯ 이세낫지즑을너를주니셜라 ❀ 主쥬쥬人인인家

갸갸你녜니種즁중着쟣죠火훠호 ◯ 主人아네불무드라 我어오明밍밍日

싱이五우우更깅깅頭뜽투早잠잔行찡힝 ◯ 우리너일五更頭에일가리라 那

너나般뻔번着쟣죠 ◯ 그리ᄒᆞ마 客킈커人인인們믄믄歇헝혀息싱시 ◯

나그내 들쉬라 我 오어 照 쟌졍 覷 츄츄 了 랴럏 門 믄문 戶 후후 睡 쉬쒸 也 이여

○ 내 門戶를 보 히고 자리라 來 레래 來 레래 ○ 오라 오라 且 쳐쳐 休 후힝 去 큐큐

○ 아직 가디 말라 我 오어 問 운문 你 니녀 些 셔셔 話 화화 ○ 내 너ᄃᆞ려 적이 말므르리라

我 오어 先 션션 番 반환 北 비빙 京 깅깅 來 레래 時 스씽 ○ 내 몬졋번의 北京셔 올제

你 니녀 這 져져 店 뎐뎜 西 시셰 約 요햡 二 슬싱 十 시씽 里 리례

來 레래 地 디뗴 ○ 너희 이 뎜셔 편계 요 二十里 ᄯᅡ히 有 우잉 一 이힝 坐 조쪼

橋 쟌꺙 塌 다탕 了 랴럏 來 레래 ○ 혼 곳 ᄃᆞ리 믄허뎌 잇더니 如 유슈 今 긴김 修

수싱 起 키계 了 랴럏 不 부봉 曾 층찡 ○ 이제 고텻는가 못ᄒᆞ엿는가 早 잔장 修

수싱 起 키계 了 랴럏 ○ 블셔 고텻ᄂᆞ니 比 비비 在 재째 前 쳔쪈 ○ 在前애 比 권뎐

高 간강 二 슬싱 尺 치칭 闊 쿼쿵 三 산삼 尺 치칭 ○ 두 자히 놉고 석 자히 너르니

如 유슈 法 밯바 做 주주 的 딩디 好 항화 ○ 법다히 밍글기를 됴히 ᄒᆞ엿ᄂᆞ니라 這
져져 們 믄믄 時 씃스 ○ 이러면 我 어오 明 밍밍 日 싀시 早 잠잔 只 짛즈 放
방방 心 심신 的 딩디 去 큐큐 也 여여 ○ 우리 來日 일즉이 ᄆᆞᄋᆞᆷ노하 가쟈 你 녀니
十 씽시 分 분븐 休 힐히 要 얗얀 早 잠잔 行 힝힝 ○ 네 ᄀᆞ장 일 가디 말라 我 어오
聽 팅팅 得 덩더 ○ 내 드르니 前 쪈쳔 頭 뚷투 路 루루 澁 씽서 ○ 앏길히 머흐
다 ᄒᆞ더라 爲 위위 甚 씸슴 麼 뭐마 有 임우 這 져져 般 뻔번 的 딩디 歹 대대 人
신신 ○ 엇지 ᄒᆞ야 이런 사오나온 사ᄅᆞᆷ이 잇ᄂᆞᆫ고 你 녀니 偏 편편 不 붕부 理 례리 會
휘휘 的 딩디 ○ 네 독별이 모ᄅᆞᄂᆞᆫ고나 從 쭝중 年 년년 時 씃스 天 텬텬 旱 현한
田 텬텬 禾 훠호 不 붕부 收 싱식 ○ 젼년븟터 하ᄂᆞᆯ이 ᄀᆞ므라 田禾을 거두디 못ᄒᆞ니
飢 게기 荒 황황 的 딩디 上 쌍샹 頭 뚷투 ○ 飢荒ᄒᆞᆫ 젼ᄎᆞ로 生 싱ᄉᆞᆼ 出 츄츄 歹

대대 人 인신 来 래레 ○ 이아 낫니 ᄂᆞ완 니ᄒᆞᆫ 라사 ᄅᆞᆷ 碍 애애 甚 씸合 麼 뭐마 事

씽스 ○ 리므 시스 리일 오걸 我 어오 只 징즈 是 씽스 赶 건간 着 쟣죠 這 져져 幾

게기 箇 거거 馬 마마 ○ 물내 을다 모만 라이 가여 머러 又 잉우 没 몽무 甚 씸合 麼

뭐마 錢 쪈쳔 本 뷴븐 ○ 도또 업아 스모 니관 쳔 那 너나 廝 ᄉᆞ스 們 믄믄 待 대대

要 영얀 我 어오 甚 씸合 麼 뭐마 ○ ᄒᆞ그 며놈 므들 엇히 ᄒᆞ우 리리 오로 休 힣후 這

져져 般 붠번 說 숴숴 ○ 더이 말리 라니 ㄹ 賊 쯰지 們 믄믄 怎 즘즘 知 징지 伱

녜니 有 잉우 錢 쪈쳔 没 몽무 錢 쪈쳔 ○ 며도 쳔적 업들 슴히 을너 엇의 디쳔 알이 리시

오 小 셯샾 心 심신 些 셔셔 還 환환 好 함한 ○ 허조 됴심 ᄒᆞ홈 니이 라도 ᄅᆞ

我 어오 這 져져 裡 려리 前 쪈쳔 年 년년 六 룽루 月 웡워 裏 려리 ○ 여우 그리

前年 六 月의 有 잉우 一 힝이 箇 거거 客 킈커 人 인신 ○ 내ᄒᆞᆫ 이나 셔그 纏 쪈쳔

帶대대裏리례裝좡장着죠쟣一이힝卷권권紙즈즈○젼대예 ᄒᆞᆫ 권 죠히를
녀허腰얀혐裏리례栓숸숸着죠쟣○허리에 미고在재째路루루傍팡빵
樹슈쓔底디뎨下햐쌰歇혀혐涼량량睡쉬쒸○길ᄭᆞ 나모 밋셔 ᄂᆞᆯᄒᆞᆫ 듸 쉬며 자
더니被비삐一이힝箇거거賊즤쪙到단담那나너裏리례見견견了랸렴
○ᄒᆞᆫ 도ᄌᆞᆨ을 만나게 와 보고只즈즈道단땀是스ᄊᆞ腰얀혐裏리례纏쳔쪈帶
대대裏리례是스ᄊᆞ錢쳔쪈物우뭉○그 날오ᄃᆡ 허리 쳔대엣 거시 이 錢物이라 ᄒᆞ
여生ᄉᆞᆼ싱起키켜歹대대心신심来래레○사오나온 ᄆᆞᄋᆞᆷ 내여就쥐찡那
나너裏리례拿나나起키켸一이힝塊괘쾌大다때石시씽頭투뚷○주
제게셔 ᄒᆞᆫ 덩이 큰 돌흘 가져다가把바바那나너人신인頭투뚷上샹썅○그 사ᄅᆞᆷ의
마리우흘 다가打다다了랸렴一이힝下햐쌰○ᄒᆞᆫ 번 텨打다다出츄츙腦

날난 撥 장장 來 래레 死 ᄉᆞ소 了 럏랴 ○ 골치나 죽거늘 那 너나 賊 쪙즤 將 장장

那 너나 人 신인 的 딩디 纏 쳔쳔 帶 대대 ○ 그 도적이 그 사ᄅᆞᆷ의 젼대 가져다가 解

계개 下 햐하 來 래레 看 컨칸 時 씃스 ○ 글러 보니 却 갸겨 是 씃스 紙 징즈 ○

ᄯᅩ죠히매 就 쯯쥐 那 너나 裏 레리 撇 폐퍼 下 햐하 走 즇주 了 럏랴 ○ 즉제 게셔

ᄇᆞ리고 ᄃᆞ라나니 官 권권 司 ᄉᆞ스 檢 겸견 了 럏랴 屍 싀스 ○ 구의 죽엄을 검시ᄒᆞ

고 正 징징 賊 쪙즤 捉 잪조 不 붕부 住 쮸쥬 ○ 진짓 도적은 잡지 못ᄒᆞ고 乾 건간

把 바바 地 뎨디 主 쥬쥬 并 빙빙 左 저조 近 긴긴 平 삥핑 人 신신 ○ 쇽졀업시

地主와 뎌틋 平人을 다가 涉 셔셔 疑 이이 打 다다 拷 캎캎 ○ 의심ᄒᆞ여 텨 져주더니

後 흫후 頭 뜰투 別 뼈베 處 츄츄 官 권권 司 ᄉᆞ스 ○ 후의 다른 뒤마ᄋᆞᆯ이 却 갑겨

捉 잪조 住 쮸쥬 那 너나 賊 쪙즤 ○ ᄯᅩ 그 도적을 자바 發 빵바 將 장장 來 래레

○보내 今 긴김 年 년년 就 직찡 牢 랖랑 裏 리레 死 스ᄉᆞ 了 랖럎 ○올 회

옥에서 죽으니라 【下】 年 년년 時 ᄉᆞ씽 又 우잉 有 우잉 一 이힝 箇 거거 客 커킝

人 신신 ○전년의 ᄯᅩ ᄒᆞᆫ 나그내 이셔 趕 간껸 着 죠쨯 一 이힝 頭 두뜽 驢 류류 ○

ᄒᆞᆫ 나귀룰 모라 着 죠쨯 兩 량량 箇 거거 荊 깅깅 籠 룽룽 子 즈즈 裏 리레 ○두 새

롱애 盛 칭찡 着 죠쨯 棗 잔쨩 兒 ᅀᅳᆯ싱 馳 토뗘 着 죠쨯 行 힝ᅘᅵᆼ ○대쵸 다 ᄆᆞ 싯고

가더니 後 후ᅘᅳᇢ 頭 두뜽 有 우잉 一 이힝 箇 거거 騎 키끼 馬 마마 的 디딩 賊

직찡 ○뒤헤 ᄒᆞᆫ 물 톤 도적이 이셔 帶 대대 着 죠쨯 弓 궁궁 箭 젼젼 跟 근근 着 죠쨯

行 힝ᅘᅵᆼ ○화살 ᄎᆞ고 미조차 가 到 닾담 箇 거거 酸 숸숸 棗 잔쨩 林 린림 兒 ᅀᅳᆯ싱

無 우우 人 신신 處 츄츄 ○酸棗林 無人處이에라 가ᄒᆞ 那 나너 賊 직찡 將 장장

那 나너 客 커킝 人 신신 脊 지징 背 븨뷔 上 샹샹 ○그 도적이 그 客 ᄉᆞ의 등을 다가

射(시 씽)了(랸 럏)一(이 힝)箭(젼 젼) ○ ᄒᆞᆫ 살로 ᄡᅩ니 那(나 너)人(신 인)倒(단 당)了

(랸 럏) ○ 그 사ᄅᆞᆷ이 구러디거늘 那(나 너)賊(직 쩍)只(즈 징)道(단 땀)是(스 씽)死(스 숭)

了(랸 럏) ○ 그 도적이 닐오ᄃᆡ 주그니라 ᄒᆞ고 便(변 뼌)赶(간 건)着(죠 쨭)那(나 너)驢

(류 류) ○ 곳 그 나귀 몰모라 往(왕 왕)前(쳔 쪈)行(힝 헁) ○ 앏흐로 가더니 那(나 너)客

(커 킁)人(신 신)射(시 씽)的(디 딩)昏(훈 훈)了(랸 럏) ○ 그 客人이 ᄡᅩ여 어즐ᄒᆞ엿다가 蘇

(수 수)醒(싱 싱)廻(휘 휘)來(래 래) ○ 되ᄭᆡ여 나니 恰(캬 캉)好(하 항)有(우 잉)捕(부 뿌)

盜(단 땀)的(디 딩)官(권 권)來(래 래) ○ 맛치 됴히 도적 잡ᄂᆞᆫ 官員이 와 那(나 너)裏(리 려)

巡(슌 쓘)警(깅 깅) ○ 거긔셔 ᄒᆡ거ᄂᆞᆯ 솨래 那(나 너)客(커 킁)人(신 신)就(주 쪙)告(갈 갛)

了(랸 럏) ○ 그 客人이 즉제 告ᄒᆞ니 捕(부 뿌)盜(단 땀)官(권 권)將(쟝 쟝)着(죠 쨥)弓

(궁 궁)兵(빙 빙) ○ 捕盜官이 弓兵을 더블고 往(왕 왕)前(쳔 쪈)赶(간 건)到(단 당)約(요 얗)

二싱슬十씽시里례리地뎨디○나아가ᄇᆞ라계요二十里ᄯᅡ히다ᄃᆞ라趕권간

上썅샹那너나賊쪅즉○그도적을밋처가捉쟙조拿나나其끼키間간견

○자블ᄉ이예那너나賊쪅즉便뺸변將쟝장一힝이箇거거弓궁궁手

싱수○그도적이곳ᄒᆞᆫ弓手ᄅᆞᆯ다가放방방箭젼젼射씽시下ᅘᅣ햐馬마마來

래레○살로ᄡᅩ아ᄆᆞᆯ게ᄂᆞ려디니那너나賊쪅즉往왕왕西셰시走즇주馬마마

去큐큐了럏랴○그도적이西로향ᄒᆞ여ᄆᆞᆯ돌려가니라 捕뿌부盜당닾官

권권襲씽시將쟝장去큐큐○捕盜官이디죵ᄒᆞ여가到당닾箇거거村춘춘

裏례리差채채了럏랴一힝이百빙버箇거거壯장좡漢헌한○村의가一

百壯漢을시겨將쟝장着짭죠弓궁궁箭젼젼器킈키械ᅘᆡ혜○화살연장가지

고把바바那너나賊쪅즉圍위위在째재一힝이箇거거山산산峪융유

裏례리 ◯ 그도적을다가 흔뫼쁠의에위 繞재채 拿나나 着쟣죠 回훠휘 來래레
◯ ᄀᆞᆺ자바도라오니라 看컨칸 那너나 射씽시 着쟣죠 的딍디 弓궁궁 手심수
◯ 그 살마준 手를 보니 那너나 人신인 左저조 肐긍그 膊뱧반 上썅샹 射
씽시 傷샹샹 ◯ 그사ᄅᆞᆷ이 왼녁ᄑᆞᆯ독에 살마자 상ᄒᆞ엿고 不붕부 曾쯩층 傷샹샹 了
랼랸 性싱싱 命밍밍 ◯ 일즙 性命은 샹티 아니ᄒᆞ돗더라 如슈슈 今긴긴 那너나
賊쯰즤 現현현 在째재 官권권 司소스 牢랗랖 裏례리 禁긴긴 着쟣죠 ◯
이제 그 도적이 官司 옥에 번ᄃᆞ시 이셔 가텻ᄂᆞ니라 既계기 這져저 般붠번 路루루 濇
승서 時씽스 ◯ 임의 이리 길히 머흘면 咱장자 們믄믄 又잏우 沒뭉무 甚씸슴
麼뭐마 忙망망 勾궁구 當당당 ◯ 우리 ᄯᅩ 가므란 밧븐 일이 업스니 要햘얖 甚
씸슴 麼뭐마 早잪잔 行힝힝 ◯ 므슴아라 일녜리오 等딍등 到닿닾 天텬텬 明

밍밍時씽스 ◯ 하ᄂᆞᆯ이 ᄇᆞᆰ거든 기ᄃᆞ려 慢만만慢만만的딩디去큐큐怕파파

甚씸슴麼뭐마 ◯ 날 회여 간들 므서시 저프리오 說숴쉬的딩디是씽스 ◯ 닐옴이 올타

依이이着쟙죠你니니 ◯ 네 말대로 天텬텬明밍밍時씽스行힝힝

◯ 하ᄂᆞᆯ ᄇᆞᆰ거든 가리라 安헌안置징지安헌안置징지 ◯ 이대 이대 客킈커

人인인們믄믄好핳한睡쒸쉬着쟙죠 ◯ 나그네들 됴히 자라 主쥬쥬人인인

家갸갸且쳐쳐休힣희去큐큐 ◯ 主ᄉ아 아직 가디 말라 我어오又임우忘

망왕了럎랴一힝이件갠견勾끙구當당당 ◯ 내 ᄯᅩ ᄒᆞᆫ 일을 니저셰라 我어오

這져져馬마마們믄믄不붕부曾쯩층飮힘인水쉬쉬裏례리 ◯ 우리 이 ᄆᆞᆯ

들을 일즙 믈 머기디 아녓더니 等딍등一힝이會휘휘控쿵쿵到닾단時씽스飮

힘인去큐큐 ◯ ᄒᆞᆫ디위 쉬옴을 잇긋ᄒᆞ야 든 기ᄃᆞ려 먹이라 가자 那너나裏례리有

잉우 井징칭 ◯ 어듸 우믈 잇ᄂᆞ뇨 那너나 房빵방 後ᅘᅳᇢ후 便뼌변 是씽스 井징징 ◯ 뎌 집 뒤히 곳 우믈이라 有잉우 轆룽루 轤루루 那너나 沒뭉무 ◯ 믈기를 조애 잇ᄂᆞ나 업스나 淺쳔천 淺쳔천 的딩디 井징징 兒ᅀᅵᆯᅀᅳᆯ ◯ 엿트나 엿튼 우믈이니 只ᅐᅳᆷᄌᆞ 着쨯죠 繩씽싱 子ᄌᆞ즈 拔빵바 水쉬쉬 ◯ 그저 줄드레로 믈을 깃ᄂᆞ니라 井징징 邊변변 頭뚱투 有잉우 飮힘인 馬마마 的딩디 石씽시 槽쨮찬 兒ᅀᅵᆯᅀᅳᆯ ◯ 우믈ᄀᆞᇫ애 믈 먹이ᄂᆞᆫ 돌구유 잇ᄂᆞ니라 既계기 這져저 般뷘번 時씽스 ◯ 이믜 이러면 你녜니 收싕수 拾씽시 灑사사 子ᄌᆞ즈 井징징 繩씽싱 出츙츄 來래레 ◯ 네 드레와 줄을 收拾ᄒᆞ야 내여오고려 井징징 邊변변 頭뚱투 灑사사 子ᄌᆞ즈 井징징 繩씽싱 都두두 有잉우 ◯ 우믈ᄀᆞᇫ애 드레와 줄이 다 잇ᄂᆞ니라 我어오 又잉우 囑쥼쥬 附뿌부 你녜니 些셔셔 話화화 ◯ 내 ᄯᅩ 너ᄃᆞ려 젹이말을당부ᄒᆞ노니 那 너나 灑 사사 子 즈즈 不 불부 沉 찜친 水 쉬쉬 ○ 그드레믈에 좀기디 아니ᄒᆞᄂᆞ니 你 녜니 不 불부 會 ᅘᆈ휘 擺 배배 時 씃ᄉᆞ ○ 네 뒷티기 아디 몯ᄒᆞ거든 灑 사사 子 즈즈 上 쌍샹 栓 산솬 着 쨥죠 一 힝이 塊 괘쾌 塼 줜줜 頭 뜰투 着 쨥죠 ○ 드레 우희 ᄒᆞᆫ 덩이 벽을 ᄆᆡ라 這 져져 的 딩디 我 어오 自 ᄍᆞᄌᆞ 會 ᅘᆈ휘 的 딩디 ○ 이ᄂᆞᆫ 나도 아노니 不 불부 要 햠얍 你 녜니 教 걒갸 ○ 네 ᄀᆞᄅᆞ치디 말라

咱 쟘자 們 믄믄 輪 륜륜 着 쨥죠 起 켸키 来 래레 ○ 우리 돌려 니러 勤 낀킨 喂 휘위 馬 마마 ○ 부즈러니 ᄆᆞᆯ 먹이자 常 쨩챵 言 연연 道 땁닾 ○ 常言에 닐오되 馬 마마 不 불부 得 득더 夜 여여 草 참찬 不 불부 肥 삥빙 ○ ᄆᆞᆯ이 밤 여믈을 엇디 못ᄒᆞ면 ᄉᆞᆯ지디 못ᄒᆞ고 人 신인 不 불부 得 득더 横 횡훙 財 째재 不 불부 富 붕부 ○ 사ᄅᆞᆷ이 ᄠᅥᆫ 財物을 엇디 못ᄒᆞ면 가ᅀᆞᆷ여디 못ᄒᆞᆫ다 ᄒᆞᄂᆞ니 却 갸귀 休 힝휘 槽

攢兒平直到明 ○ 또 구유에 平케 주어 새배 다ᄃᆞᆺ게 ᄒᆞ라

咱們拌上馬喫一和草

時飲水去 ○ 우리 ᄆᆞᆯ을 ᄒᆞᆫ번 덥섯거 버므려 주어 먹어든 믈 머기라

盛草的筐兒也沒 ○ 답 담을 광주리도 업ᄉᆞ니

着甚麼將的草去 ○ 므스거ᄉᆞ로 덥 가져가료

旣沒時 ○ 이믜 업거든

且着布衫襟兒抱些草去 ○ 아직 뵈젹삼자락의 안아가라

我將料水去 ○ 내 콩믈 가져가마

這主人家好不整齊 ○ 이 主人이 ᄀᆞ장 整齊티 못ᄒᆞ다

攪料棒也沒一箇 ○

ᄒᆞ콩 나비 로므 엽릴 ᄉᆞ막 니대 疾찡지快쾌쾌取츄츄將쟝쟝咱잠자們믄믄的

딩디拄쥬쥬杖쨩쟝來래레 ○ 온살 막리 대우 가리 셔뎝 와허 攪걓갸料럏랴 ○

리콩 라버 므 且쳐쳐房빵방子즈즈裏리리坐쭤조的딩디去큐큐來래레

○ 자아 시직 라방 가의 자안 一힝이霎상사兒싈ᅀᆞᆯ馬마마喫킹치了럏랴這

져져和훠호草참찬飲힘인水쉬쉬去큐큐 ○ 므효 린디 여위 믈물 먹이 어이 든버

라믈 가먹 자이 馬마마敢감간喫킹치了럏랴草참찬也여여 ○ 먹믈 은이 듯뎝

니ᄒᆞ 飲힘인去큐큐來래레 ○ 라믈 가먹 자이 咱잠자們믄믄都두두去

큐큐了럏랴時씌스 ○ 가우 면리 다 這져저房빵방子즈즈裏리리沒뭉무

人신인 ○ 롬이 업방 ᄉᆞ의 니사 敢감간不부부中즁중 ○ 넌맛 듯당 ᄒᆞ티 다아 留

림루 一힝이箇거거看칸칸房빵방子즈즈 ○ 방ᄒᆞ 보나 라머 ᄒᆞ무 고러 別뼝벼

箇거거的딍디牽컨켠馬마마去킈큐来래레○다ᄅᆞ니ᄂᆞᆫ ᄆᆞᆯ 잇그러 가쟈 碍
애애甚씸슴麼뭐마事씅스○므스 일 ᄀᆞᆯ리셰리오 這져져店뎜뎐裏리리都
두두閉비비了럏랴門문믄子즈즈了럏랴○이 店에 다 門 다ᄃᆞ면 怕파파有
잉우甚씸슴麼뭐마人신인入싕슈来래레○므슴 사ᄅᆞᆷ이 드러 올가 져프리오
休힝후那너나般뷘반說숑쉬○그리 니ᄅᆞ디 말라 小셯샾心심신的딍디
還훤환好핳한○조심호미 도로혀 됴ᄒᆞ니라 常짱창言연연道땋닫○常言
에 닐오ᄃᆡ 常짱창防빵방賊쯱즤心심신○샹샹의 도적 ᄆᆞᄋᆞᆷ을 막고 莫맘모偷
틓투他터타物뭉우○ᄂᆞᆷ의 것 도적 말라 ᄒᆞᄂᆞ니 你녜니自쯔즈依히이着쨯죠
我어오○네 ᄉᆞᄉᆞ로 내 말대로 留릳루一힝이箇거거看컨칸房빵방子즈즈
○ᄒᆞᆫ나ᄒᆞᆯ 두어 방 보게 ᄒᆞ라 那너나般뷘번着쨯죠○그리 ᄒᆞ자 咱장자們문믄

留릭릭誰쒸쉬看컨칸房빵방子즈즈○방우보리라누ᄒᆞ를료두위你녜니

三삼산箇거거裏례리頭뜨투○둥네에희셋着짭죠這져져老랄랖的

딩디看컨칸着짭죠○야이보늙게으ᄒᆞ니라ᄒᆞ三삼산人신신同뚱퉁行힝힝

小샿샤的딩디苦쿠쿠○은세이사슈ᄅᆞᆷ고이ᄒᆞᄒᆞᆷᄂᆞᄭᅴ니네라매졈咱장자們

믄믄三삼산箇거거去큐큐來래레○히우가리자세 這져져衚후후衕

뚱둥窄쪙져○좁이으골니이牽켠켠着짭죠馬마마多더도時씃스○잇물

히글ᄒᆞ기면만過궈고不붕부去큐큐○못디ᄒᆞ나리가라디咱장자們믄믄做

주주兩량량遭잘잔兒ᅀᅵᆯ슬牽켠켠○잇우그리려두가번자의那녀나般뷘번

着짭죠○ᄒᆞ그자리你녜니敢감간慣관관打다다水쉬쉬○기네닉믈은깃

괴듯아ᄒᆞᆫ我어오不붕부慣관관打다다水쉬쉬○다내못믈ᄒᆞ깃라기니你

티니 先 션션 打 다다 水 쉬쉬 去 큐큐 ○ 비몬져믈길라가라 我 어오 兩 량량 箇
거거 牽 견견 馬 마마 去 큐큐 ○ 우리둘히몰잇그러가마 那 니나 般 뷘변 着 쨥죠
○ 그리ᄒᆞ쟈 我 어오 打 다다 水 쉬쉬 去 큐큐 ○ 나는믈길라가노라 你 티니 將
쟝쟝 馬 마마 來 래레 ○ 비몯가져오라 我 어오 恰 컁캬 纔 째채 這 저저 槽 짱찬
兒 싛슬 裏 레리 頭 뜽투 ○ 내앗가이귀유안히 拔 빵바 上 썅샹 兩 량량 灑 사사
子 즁즈 水 쉬쉬 也 여여 ○ 두드렛믈기러시니 着 쨥죠 馬 마마 喫 킹치 ○ 믈듥
로먹이라 這 저저 箇 거거 馬 마마 快 쾌쾌 喫 킹치 水 쉬쉬 ○ 이믈은믈잔먹고
這 저저 箇 거거 馬 마마 喫 킹치 水 쉬쉬 少 셩샨 ○ 이믈은믈먹기작게흔다 這
저저 水 쉬쉬 少 셩샨 ○ 이믈이작으니 再 재재 打 다다 上 썅샹 一 힝이 灑 사사
子 즁즈 着 쨥죠 ○ ᄯᅩ흔드레만기르라 將 쟝쟝 灑 사사 子 즁즈 來 래레 ○ 레드

오가 라뎌 我 어오 試 싱스 學 햫효 打 다다 ○ 내 시험ᄒᆞ여 믈깃기 ᄇᆡ화지라 這 져뎌

灑 사사 子 즈즈 是 씋스 不 붕부 沈 찜친 水 쉬쉬 ○ 이 드레 믈에 ᄌᆞᆷ기디 아니ᄒᆞᄂᆞ니

怎 즘즘 生 승싱 得 듸더 倒 댱됴 ○ 엇디ᄒᆞ여 것구르티리오 我 어오 敎 걍갸 與

유유 你 니니 ○ 내 너ᄃᆞ려 ᄀᆞᄅᆞ치마 將 쟝쟝 灑 사사 子 즈즈 提 띠티 起 키키 來

래레 ○ 드레를 가ᄃᆞ들어 다 離 리리 水 쉬쉬 面 면면 擺 배배 動 둥둥 倒 댱됴 ○

믈우희 ᄠᅴ워 배텨 구르텨 撞 쟝쟝 入 슈슈 水 쉬쉬 去 큐큐 ○ 믈에 드러가면 맛바다

便 뼌변 喫 칭치 水 쉬쉬 也 여여 ○ 즉제 믈 먹ᄂᆞ니라 這 져져 般 붠번 時 씋스

○ 이리면 真 진진 箇 거거 在 째재 前 쪈쳔 曾 쯩층 見 견견 人 신신 打 다다

水 쉬쉬 ○ 진실로 在前에 일즙 사ᄅᆞᆷ의 믈깃기를 보와시되 不 붕부 曾 쯩층 學 햫효

○ 일즙 비호디 아니ᄒᆞ엿더니 從 쭝충 今 긴긴 日 ᅀᅵ시 理 례리 會 휘휘 得 듸더

朴通事諺解 卷二 三十二

了 럎랴 ○ 오늘브터 알괘라 你 녜니 高 강갈 麗 례리 地 띠디 面 면면 裏
례리 沒 뭉무 井 징징 阿 허아 怎 즘즘 麽 뭐마 ○ 너희 高麗ㅅ 따헤 우믈 이 업ᄉᆞ니 엇
디오 我 어오 那 너나 裏 례리 井 징징 ○ 우리텟 우믈은 不 붕부 似 쓰스 這 져저
般 번번 井 징징 ○ 이런 우믈 ᄀᆞᆺ디 아니니 這 져저 井 징징 是 씽스 塼 쳔쳔 砌
체치 的 딩디 井 징징 ○ 이 우믈은 벽으로 무은 우믈이라 至 징즈 小 썋샾 有 잉우
二 싱슬 丈 쨩장 深 심신 ○ 마장 쟉어야 二丈 깁희 잇거니와 我 어오 那 너나 裏
례리 井 징징 ○ 우리텨 우믈은 그 都 두두 是 씽스 石 씽시 頭 뜽투 壘 뤼뤼 的
딩디 ○ 다 돌로 무은 거시라 最 쥐쥐 深 심신 殺 상사 的 딩디 沒 뭉무 一 힝이 丈
쨩장 ○ 마장 깁ᄒᆞ니도 一丈 깁희 업서 都 두두 是 씽스 七 칭치 八 방바 尺 칭처 來
래레 深 심신 ○ 다닐곱여ᄃᆞᆲ 자 깁희라 我 어오 那 너나 裏 례리 男 남난 子 즈즈

漢 한헌 不 부붕 打 다다 水 쉬쉬 ○ 우리 터긔셔 나희는 믈 깃디 아니ᄒᆞ고 只 즈즈 是 ᄉᆞ시 婦 부뿌 人 신신 打 다다 水 쉬쉬 ○ 다만 겨집이 믈 깃기 ᄒᆞ되 着 잪죠 箇 거거 銅 퉁뚱 盔 퀴퀴 ○ 동회로 頭 투뚜 上 샹샹 頂 딩딩 水 쉬쉬 ○ 마리예 믈을 이ᄂᆞ니 各 거강 自 즈쯔 將 쟝쟝 着 잪죠 箇 거거 打 다다 水 쉬쉬 的 디뎌 瓢 팦뺭 兒 ᅀᆞᆯ싈 ○ 각각 믈 깃ᄂᆞᆫ 박을 가지고 瓢 팦뺭 兒 ᅀᆞᆯ싈 上 샹샹 ○ 박 우희 栓 쥰쮠 着 잪죠 一 이히 條 턒턒 細 시세 繩 싱씽 子 즈쯔 ○ ᄒᆞᆫ 오리 ᄀᆞᄂᆞᆫ 노ᄒᆞᆯ 미얏ᄂᆞ니 却 가갸 和 호ᅘᅩ 這 저져 裏 리례 井 징징 繩 싱씽 灑 사사 子 즈쯔 一 이히 般 번뿬 取 츄츄 水 쉬쉬 ○ 도여긔 줄드레와 ᄒᆞᆫ가지로 믈 깃ᄂᆞ니라 却 갸거 怎 즘즘 麼 마뭐 那 나너 般 번뿬 打 다다 水 쉬쉬 ○ 도로 엇디 그리 믈을 깃ᄂᆞ뇨 我 오어 不 부붕 理 리례 會 휘휘 得 드듸 ○ 내 아디 못ᄒᆞ리로다 我 오어 只 즈즈 道 단땊 是

三十三

스싱 和호화 我오어 這저져 裏리레 一이힝 般번번 打다다 水쉬쉬 ○ 내그
저지날로오믈뒤깃우는리가여ᄒᆞ긔더ᄒᆞᆫ니가라 【下】 徐니녜 牽견켠 迴휘휘 這저져
馬마마 去큐큐 ○ 비려이도믈라잇가ᄉᆞ고 再재재 牽견견 將장장 別베뼝 箇
거거 的디딩 來래래 飲인임 ○ 도가다쳐ᄅᆞᆫ와이믈잇먹그이러라 這저져 馬마마
都두두 飲인임 了랴령 ○ 이믈몰먹ᄃᆞᆯ여다다 這저져 般번번 黑허흥 地디뗴
裏리레 ○ 이온런셔어히두 東둥둥 廁츠ᄎᆞ 裏리레 難난난 去큐큐 ○ 뒷간
의려가오기니어 咱자쟘 們믄믄 只ᄌᆞᄌᆞ 這저져 後후흠 園원원 裏리레 去
큐큐 ○ 우동리산그의저가뒷 淨징찡 手식싣 不부봉 好한함 那나녀 ○ 뒤보
기니됴ᄒᆞ티라아 我오어 拿나나 着죠잡 馬마마 ○ 내실믈ᄊᆡ자시바니 你니녜
淨징찡 手식심 去큐큐 ○ 네라뒤가보라 我오어 不부봉 要얀영 淨징찡 手

싱수 ○ 기나 마는 다뒤 보 你 네니 離 례리 路 루루 兒 싱슬 着 쟣죠 ○ 흘네 벅길

고위 ᄒᆞ 休 힐휴 在 째재 路 로루 邊 변변 淨 찡징 手 싱수 ○ 뒤길 보ᄉ 기애 랄서

라 明 밍밍 日 싱시 着 쟣죠 人 신신 罵 마마 ○ 지ᄂ 람일 드놈 르의 리게 라사 咱

장자 們 문믄 一 힝이 箇 거거 人 신신 ○ 사우 름리 이ᄒᆞᆫ 牽 견견 着 쟣죠 兩 량량

箇 거거 去 큐큐 ○ 쇼둘 러식 가잇 拴 숸솬 的 딩디 牢 랑랖 着 쟣죠 ○ 를믹 구기

라다 ᄒᆞ 這 져져 糟 짱잔 道 땅닾 好 항핲 生 싱숭 寬 퀀퀀 ○ 히이 ᄆᆞ구 장유 니더

니ᄅᆞ 離 례리 的 딩디 遠 원원 些 셔셔 兒 싱슬 拴 숸솬 ○ 시벽 미워 라멀 ᄌᆞ 又

잉우 怕 파파 繩 씽싱 子 즈ᄌᆞ 紐 닣나 着 쟣죠 ○ 가또 져노 폐히 라얼 킬 疾 찡지

快 쾌쾌 將 장장 草 챵찬 料 령랼 來 래래 ○ 을셜 가리 져집 다과 가콩 拌 뻔번 上

썅샹 着 쟣죠 ○ 주버 어므 려 儘 진진 着 쟣죠 他 터타 喫 킹치 着 쟣죠 ○ 곳잇

텰로ᄒᆞ여 먹게ᄒᆞ고 咱 장자 睡 쒸쉬 去 큐큐 來 래레 ○ 우리 자라 가쟈 火 훠호

伴 뻔번 們 문믄 起 키키 來 래레 ○ 벗들아 닐거라 鷄 계기 兒 ᅀᅵᆯ슬 叫 걍갸 第

뗴디 三 삼산 遍 변변 了 럏랴 ○ ᄃᆞᆰ이 우런디 세홰니 待 때대 天 텬텬 明 밍밍 了

럏랴 也 여어 ○ ᄒᆞ마 하ᄂᆞᆯ도 붉으리로다 咱 장자 急 깅기 急 깅기 的 딩디 收 싱수

拾 씽시 了 럏랴 行 ᅘᅵᆼ힝 李 례리 ○ 우리블리짐 들收拾ᄒᆞ쟈 鞴 배븨 了 럏랴 馬

마마 時 씽스 ○ ᄆᆞᆯ 기ᄅᆞ마 짓노라ᄒᆞ면 天 텬텬 亮 량량 了 럏랴 ○ 하ᄂᆞᆯ이 붉으리

로다 辭 쏭ᄎᆞ 了 럏랴 主 쥬쥬 人 ᅀᅵᆫ신 家 갸갸 去 큐큐 來 래래 ○ 主人의게 하직

ᄒᆞ고 가쟈 主 쥬쥬 人 ᅀᅵᆫ신 家 갸갸 哥 거거 休 힣후 恠 괘괘 ○ 主人兄아 허믈탈라

我 어오 去 큐큐 也 여여 ○ 우리 가노라 你 니니 休 힣후 恠 괘괘 好 항하 去

큐큐 着 쟣죠 ○ 네 허믈 말고 됴히 가라 廻 휘휘 來 래레 時 씽스 ○ 도라올 제 却

캳커 來 래레 我 어오 店 뎜뎐 裏 례리 下 햐하 來 래레 ○ 또 우리 店에 와 브리오라

這 져져 橋 꺞캳 便 뼨변 是 씋스 我 어오 夜 여여 來 래레 說 숴숴 的 딩디 橋 꺞캳 ○ 이 ᄃᆞ리ᄂᆞᆫ 곳 내 어제 니르던 ᄃᆞ리니 比 비비 在 째재 前 쪈쳔 十 씽시 分 붠븐

好 할한 ○ 아리과 比컨대 ᄀᆞ장 됴타 在 째재 先 션션 只 즈즈 是 씋스 土 투투 搭 탕타 的 딩디 橋 꺞캳 來 래레 ○ 아리ᄂᆞᆫ 그저 홁 ᄆᆡᆼ근 ᄃᆞ리러니 如 유유 今 김긴

都 두두 是 씋스 板 반반 鞔 뭔먼 了 랼랴 ○ 이제ᄂᆞᆫ 다 널 ᄭᆞᆯ랏고 這 져져 橋 꺞캳 梁 량량 橋 꺞캳 柱 쮸쥬 ○ 이 ᄃᆞ릿 보와 기동이 比 비비 在 째재 前 쪈쳔 忒 틍틔

牢 랗랖 壯 장좡 ○ 아리과 견조면 너모 굿다 這 져져 的 딩디 捱 얘애 十 씽시 年 년년 也 여여 壞 홰홰 不 붕부 得 듷더 ○ 이ᄂᆞᆫ 十年을 견ᄃᆡ여도 믄허디디 아니ᄒᆞ리로다

日 싕이 頭 띃투 這 져져 般 뷘번 高 갛갚 了 랼랴 ○ ᄒᆡ 이리 놉핫고 前

쳔뎐 頭투뜽 又우잉 沒무뭉 甚슴씸 麽마뭐 店뎐뎜 子즈즈 ○ 앏희도 아모란

店도업 ᄉ니 咱자쟝 們믄믄 只즈징 投투뜽 那나너 人인인 家갸갸 糴디띵

些셔셔 米미몌 ○ 우리그저터ᄉ家의 드러가ᄡᆞᆯ밧고와 自즈쯍 做주주 飯반빤

喫치킹 去큐큐 來레래 ○ 손조밥지어 먹고가쟈 那나너 般번뵌 着죠쟣 ○

그리 ᄒᆞ쟈 肚두뚜 裏리례 好한항 生승싱 飢기계 了랼럏 ○ 비ᄀᆞ장 골ᄒᆞ다 咱자쟝

們믄믄 去큐큐 來레래 ○ 우리 가쟈 這져져 馬마마 都두두 卸셔셔 下

햐ᅘᅣ 行힝ᅘᅵᆼ 李리례 ○ 이몰다짐 브리오고 鬆숭숭 了랼럏 肚두뚜 帶대대 ○

오랑느 추고 取츄츄 了랼럏 嚼죠쟣 子즈즈 ○ 마함벗 기고 這져져 路루루

傍팡빵 邊변변 放방방 了랼럏 ○ 이길ᄭᆞ 애노하 着죠쟣 喫치킹 草찬창 着

죠쟣 ○ 플먹게 ᄒᆞ고 教갼걍 一이힝 箇거거 看칸컨 着죠쟣 ○ ᄒᆞ나ᄒᆞ 로ᄒᆞ여

보게ᄒᆞ고 別벼뼝 的디딩 都두두 投투뜽 這져쳐 人신싄 家가갸 問운문 去
큐큐 來레래 ○ 다ᄅᆞᆫ이ᄂᆞᆫ다이人家의드러ᄭᅡ무르라가쟈 主쥬쥬 人신싄 家
가갸 哥거거 ○ 쥬인형아 我오어 幾기계 箇거거 行힝힝 路루루 的디딩 人
신싄 ○ 우리여러길녜ᄂᆞᆫ사ᄅᆞᆷ이 這져쳐 早잔장 晩완완 不부붕 曾층쯩 喫치킹
早잔장 飯반뽠 ○ 이리느즌듸일즉아ᄎᆞᆷ밥을못먹엇고 前젼쪈 頭투뜽 又우잉
沒무뭉 甚슴씸 麼마뭐 店뎐뎜 子즈쯔 ○ 앏희ᄯᅩ아므란店도업ᄉᆞ매 我오어
特듸뜽 的디딩 來레래 ○ 우리부러와시니 怎즘즘 生승싱 糴탸텽 與유유
些셔셔 米미몌 做주주 飯반뽠 喫치킹 ○ 아므려나젹이ᄡᆞᆯ밧믜여주어든밥지어
먹어지라 要얀혐 甚슴씸 麼마뭐 糴더뗭 米미몌 ○ 므슴아라ᄡᆞᆯ밧고려ᄒᆞᄂᆞ뇨
我오어 的디딩 飯반뽠 熟수쓩 了랴럏 ○ 우리밥이닉어시니 客켜킝 人신신

們 믄믄 喫 킹치 了 럏랴 過 궈고 去 큐큐 ○ 나그내들 먹고 디나가라 這 져져 般
뻔번 時 씽스 ○ 이러면 敢 감간 少 섷샾 了 럏랴 你 녜니 飯 빤반 ○ 네 밥이 적
을ᄃᆞᆺᄒᆞ다 不 붛부 妨 방방 事 씽스 ○ 므던ᄒᆞ니 便 뼌변 少 섷샾 時 씽스 ○ 곳 적
어든 我 어오 再 재재 做 주주 些 셔셔 箇 거거 便 뼌변 是 씽스 ○ 우리 ᄯᅩ 적이 지
으면 곳 이어니ᄯᆞ녀 將 쟝쟝 卓 쟣조 兒 싕슬 來 래레 ○ 상 가져오라 教 걓갸 客
킹켜 人 신신 們 믄믄 只 징즈 這 져져 棚 뻥풍 底 뎨디 下 햐하 坐 쭤조 的 딍디
喫 킹치 飯 빤반 ○ 나그내들ᄒᆞ여 그저 이 가개 대 아래 안자셔 밥 먹게 ᄒᆞ쟈 淡 땀단 飯
빤반 胡 후후 亂 뤈롼 喫 킹치 些 셔셔 箇 거거 ○ 민밥을 간대로 먹으라 有 잉우
甚 씸슴 麼 뭐마 熟 쓯수 菜 채채 蔬 수수 ○ 아므란 닉은 菜蔬 잇거든 將 쟝쟝 些
셔셔 來 래레 與 유유 客 킹켜 人 신신 喫 킹치 ○ 젹이 가져다가 나그내를 주어 먹게

ᄒᆞ라 怕파파 沒뭉무 時ᄊᆞ스 ○ 저권대업거든 有잉우 羅러로 蔔뽀부 生ᄉᆞᆼᄉᆞᆼ

葱충충 茄꺼겨 子ᄌᆞ즈 將쟝쟝 來래래 ○ 댓무우와파와가지 잇거든가져오고

就찍작 將쟝쟝 些셔셔 醬쟝쟝 來래래 ○ 이믜셔젹이 쟝가져오라 別뼈벼 箇

거거 菜채채 都두두 沒뭉무 ○ 녀ᄂᆞᄂᆞ므새ᄂᆞᆫ 다업거니와 只ᄌᆞ즈 有잉우 鹽

연연 瓜과과 兒ᅀᆞᆯ슬 ○ 다만이저린 외이시니 與유유 客컹커 人신신 喫치치 ○

나그내주 어먹이자 也여여 好할한 將쟝쟝 來래래 ○ 그도됴타 가져오라 客컹커

人신신 們믄믄 休힝휘 恠괘괘 ○ 나그내들 허믈말고 胡후후 亂뤈뤈 喫치치

些셔셔 ○ 간대로 먹으라 小샵샵 人신신 們믄믄 驟쭈주 面면면 間견견 廝

ᄉᆞ스 見견견 ○ ᄉᆞᄉᆞᄯᆞᆯ히과그른 ᄂᆞᆫ처서ᄅᆞ보와셔 大때다 哥거거 便뺸변 這져져

般번번 重쭝중 意이이 ○ 큰형이곳이런 듕효듯으로 與유유 茶짜차 飯빤반

喫칭치 ○ 차반주어 먹이치니 怎즘즘 麽마뭐 敢간감 怪괘괘 ○ 엇더싱 심이나
허믈ᄒᆞ료 量량량 這져져 些셔셔 淡단담 飯반뽠 ○ 혜건대이 만민밥이 打다다
甚슴씀 麽마뭐 緊긴낀 ○ 므스거시 긴ᄒᆞ료 偏편편 我오어 不부봉 出츄츙
外왜왜 ○ 독별이내라외방 의나가디아니라 出츄츙 外왜왜 時스씅 ○ 외방 의나
가면 也여여 和호해 伱니니 一이힝 般번뷘 ○ 도너와ᄒᆞᆫ가 자어니ᄯᅥ녀 大다때
哥거거 說숴숴 的디딩 是스씅 ○ 큰형의니 ᄅᆞᆷ이올타 慣관관 會층쯩 出츄츙
外왜왜 偏편편 憐련련 客켜킹 ○ 일즙외방의구ᄃᆞᆫ니기 으면일편되이나그내를
에엿비 녀기고 自쯔즈 己기계 貪탄탐 盃비뷔 惜시싱 醉쥐쥐 人신신 ○ 나 꼿
술을貪ᄒᆞ면 취ᄒᆞᆫ사 ᄅᆞᆷ을 앗기ᄂᆞ니라 伱니니 外왜왜 頭투뚱 還환환 有우잉
火호훠 伴번뽠 麽마뭐 ○ 비밧긔그려도 벗이잇ᄂᆞ냐 有우잉 一이힝 箇거거

看칸컨 行힝힝 李리례 ○ ᄒᆞᆫ나히짐보 ᄂᆞ니이셔셔 就직찍 放방방 馬마마 裏

리례 ○ 이곡셔몰 노한ᄂᆞ니 他타터 喫치킈 的디딩 飯반뻔 却커캬 怎즘즘 生

증싱 ○ 티의먹을밥을 쇼엇더ᄒᆞ료 我오어 們믄믄 喫치킈 了랴럏 時스씃 ○

우리먹 으면 與유유 他타터 將쟝쟝 些셔셔 去큐큐 ○ 터위ᄒᆞ야티 이가져가쟈

有우잉 椀완원 與유유 一이힝 箇거거 ○ 사발잇거든 ᄒᆞ나다고 這져져 飯

반뻔 裏리례 盛칭찡 出츄츙 一이힝 椀완원 飯반뻔 ○ 이밥에셔ᄒᆞᆫ 사발밥다마

네여 與유유 那나너 箇거거 火호훠 伴뿐뿐 ○ 터벗을 주쟈 有우잉 他타터

○ 제뎌로 두고 伱니녜 都두두 喫치킈 了랴럏 着죠쨯 ○ 녀희다 먹으라 家

갸가 裏리례 還환횐 有우잉 飯반뻔 裏리례 ○ 집의당시롱 밥이이시니 喫치킈

了랴럏 時스씃 ○ 먹기ᄆᆞ 차든 將쟝쟝 去큐큐 ○ 가져 가라 伱니녜 休후힣

做 주주 客 킈커 ○ 너희손되 원양말고 慢 만만 慢 만만 喫 킈치 的 듸디 飽 밮반
着 짷죠 ○ 날회여 비브로 먹으라 我 어오 是 씌스 行 힝힝 路 루루 的 듸디 客
킈커 人 신신 ○ 우리ᄂᆞᆫ 길비ᄂᆞᆫ 나그내라 又 임우 肯 킁큰 做 주주 甚 씸슴 麽 뭐마
客 킈커 ○ 또 즐겨 므슴 손이냥 ᄒᆞ리오 喫 킈처 得 듸더 飽 밮반 那 너나 不 붕부
飽 밮반 ○ 먹음이 브르냐 아니 브르나 我 어오 好 항한 生 싱승 飽 밮반 了 럏랸
○ 우리 ᄆᆞ장 비브르다 收 싱식 拾 씽시 椀 원완 楪 텽텨 着 짷죠 ○ 사발뎝시 서러
즈라 客 킈커 人 신신 們 문믄 ○ 나그내네 有 읳우 一 힁이 箇 거거 看 권관
着 짷죠 馬 마마 的 듸디 ○ ᄒᆞ나히 ᄆᆞᆯ 보ᄂᆞ니 잇다ᄒᆞ더니 不 붕부 曾 쯩층 来 래레
喫 킈치 飯 빤반 ○ 일즙 와 밥먹더 아니ᄒᆞ얏ᄂᆞ니 興 힝힝 兒 싱술 ○ 興兒 아 伱
비니 另 링링 盛 쪙칭 一 등이 椀 원완 飯 빤반 ○ 네 별로 ᄒᆞᆫ 사발 밥올 담고 鏇 권권

兒ᅀᅳᇫᅀᅳᆯ 裡레리 將장장 些서셔 湯탕탕 ○ 탕권에 젹이 탕 가져 跟근근 着쨤죠

客킹겨 人신신 去큐큐 ○ 나그내 조차 가 與유유 那너나 箇거거 火훠호 伴

뻔반 ○ 뎌 벗 주여 喫킹치 了렬랸 時씽스 ○ 먹어든 却캽거 收싷수 拾씽시

家갸갸 事씽스 來래레 ○ ᄯᅩ 그릇들 서러지오라 主쥬쥬 人신신 家갸갸 哥

거거 ○ 주인 형아 休힣후 怪괘괘 ○ 허믈 말라 小셜샨 人신신 們뮨믄 ○ 小人

들하 這져져 裏레리 定띵딩 害ᅘᅦ해 ○ 예와 슈폐ᄒᆞ여이다 有읭우 甚씸슴 麼

뭐마 定띵딩 害ᅘᅦ해 處츄츄 ○ 므슴 슈폐ᄒᆞᆫ 곳이 이시리오 喫킹치 了렬랸 些

셔셔 淡땀단 飯빤반 ○ 젹이 믄 밥 먹고 又잉우 沒뭉무 甚씸슴 麼뭐마 好항하

茶짜차 飯빤반 ○ ᄯᅩ 아므란 됴흔 차반도 업서라 休힣후 那너나 般뻔번 說숴쉬

○ 그리 니ᄅᆞ디 말라 不붕부 當당당 ○ 당티 못ᄒᆞ여라 飢계기 時씽스 得딍더

一힝이口큳쿠 ○ 골흘 제 흔 입 어터 먹음이 強걍강如슈유飽밥반時씽스得

딍터一힝이斗등두 ○ 브른 제 흔 말 어듬도곤 나으니라 我어오正징정飢끼

渴컹커時씽스 ○ 우리 졍히 飢渴흔 배예 主쥬쥬人신신家갸갸 ○ 쥬인이

這져져般뻔번與유유茶짜차飯뽠반喫킹치 ○ 이리 차반 주어 먹이시니 怎

즘즘生상승忘망왕的딩디你녜니 ○ 엇디 너를 니즈리오 休힐후那너나般

뻔번說숴쉬 ○ 그리 니ᄅ디 말라 偏편편我어오出츄츄外왜왜時씽스 ○

독별이 내라외 방의 나가면 頂딩딩着쨥죠房빵방子즈즈走즈주 ○ 집을 이고

든니라 也여여要향야投뜰투人신신家갸갸 ○ ᄯᅩ 人家로 드러가 尋씸신

飯뽠반喫킹치裏례리 ○ 밥 어더 먹으리라 却갸거不붕부說숴쉬 ○ ᄯᅩ 아

니니ᄅ ᄂᆞ냐 好함한看권칸千쳔쳔里례리客킹커 ○ 千里옛 나그내를 됴히 보

와보냄이 萬완완 里례리 要햫얀 傳쮄춴 名밍밍 ○ 萬里예일홈을 텬코저홈이라
主쥬쥬 人신신 家갸갸 哥거거 ○ 主人兄아 小셤샨 人신신 這져저 裡
례리 攬걈갼 擾셤샨 了렴랸 ○ 小人어예와 널이오디 姓싱싱 也여여 不붕부
曾쯩층 問믄운 ○ 셩도일즙뭇디 아니ᄒᆞ엿티니 大때다 哥거거 貴귀귀 姓싱싱
○ 큰형의姓이 므스거신고 我어오 姓싱싱 張쟝쟝 ○ 내姓이 張개라 是씽스 張
쟝쟝 社쌔셔 長쟝쟝 家갸갸 ○ 이張社長 집이로다 客킈커 人신신 你녜니 却
걓거 姓싱싱 甚씸슴 麼뭐마 ○ 나그네는또 姓이므섯고 小셜샨 人신신 姓
싱싱 王왕왕 ○ 小人의셩은 王개로니 在째재 遼렴랸 東둥둥 城쪙칭 裡례리
住쮸쥬 ○ 遼東잣안해 셔사노라 大때다 哥거거 因힌인 事씌스 ○ 큰兄 이일
을인 ᄒᆞ야 到담닾 我어오 那너나 裏례리 ○ 우리티긔 오나든 不붕부 棄켸키

嫌혐현 小셯샾 人신신 時씋스 ○小ᄉ을 브리디 아니ᄒᆞ시면 是씋스 必빙비

家갸가 裡례리 來래레 ○모롬이 집으로 오고려 若샿숖 能닁능 勾긓구 去

큐큐 時씋스 節졍져 ○힝혀 유여히 갈 시절이면 便뼌변 尋씸신 你니 家갸가

裡례리 去큐큐 ○곳 네 집을 ᄎᆞ자가마 我어오 偏편편 背븨븨 你니 ○내라

독별이 너를 ᄇᆞ리라 【】 那너나 箇거거 人신신 家갸가 ○뎌 人家의 我어오 恰

컁캬 纔쟤재 糴뗭디 米몌미 去큐큐 來래레 ○내 앗가 ᄀᆞᆺ ᄡᆞᆯ 밧고라 갓티니 不

붕부 肯킁큰 糶툥툐 與유유 我어오 ○즐겨 날을 밧피여 주디 아니ᄒᆞ고 他타타

們믄믄 做주주 下햐하 見현현 成칭칭 的디 飯반반 ○저희 지여 잇ᄂᆞᆫ 밥을

與유유 我어오 喫킹치 了럏랴 ○우리 주어 먹이고 又잏우 與유유 你니

將쟝쟝 來래레 ○또 너를 주라 ᄒᆞ야ᄂᆞᆯ 가져와시나 你니 喫킹치 了럏랴 時

씽스 ○ 네먹어든 與 유유 這 져져 小 셯샾 的 딩디 椀 훤원 楪 텽텨 將 쟝쟝 去

큐큐 ○ 이아희를 사발 텹시 주어 가져가게 ᄒᆞ라 火 훠호 伴 뻔번 伱 니니 赶 건간 將

쟝쟝 馬 마마 來 래레 ○ 벗아 비 몰 모라오라 咱 쟝자 打 다다 馳 뎌토 馱 뎌토 ○

우리 짐 싯자 比 비비 及 끼기 馳 뎌토 了 럏랴 時 씽스 ○ 짐 싯기 ᄆᆞᆺ춤애 미ᄎᆞ면

他 터타 也 여여 喫 킹치 了 럏랴 飯 빤반 也 여여 ○ 져도 밥 먹기 ᄆᆞᄎᆞ리로다 咱

쟝자 們 믄믄 便 뼌변 行 힝힝 ○ 우리 즉제 길녜쟈 這 져져 箇 거거 馬 마마 ○

이 ᄆᆞᆯ이 怎 즘즘 麼 뭐마 這 져져 般 번번 難 난난 拿 나나 ○ 엇디 이리 잡기 어려

오뇨 元 원원 來 래레 這 져져 般 번번 的 딩디 ○ 본ᄃᆡ 이러ᄒᆞ니라 既 계기 這

져져 般 번번 歹 대대 時 씽스 ○ 임의 이리 사오나오면 再 재재 來 래레 着 쨯죠

絆 뻔번 着 쨯죠 ○ 노의란지 달쓰라 我 어오 在 째재 前 쪈쳔 絆 뻔번 着 쨯죠

来 래레 ○ 내아 리 는 지 달 써 터 니 今 김긴 日 싱시 忘 망왕 了 럏랴 不 붕부 曾

쩡층 絆 뻔번 ○ 달오 써늘 더은 아닛 니고 호일 라즙 지 咱 장자 們 믄믄 衆 즁즁 人

신신 攔 란란 當 당당 着 짭죠 ○ 이우 에리 워모 막든 자사 름 拿 나나 住 쮸쥬 ○

다자 바 騐 뗘토 馱 뗘토 都 두두 打 다다 了 럏랴 也 여여 ○ ᄒᆞ짐 여싯 다기 다

咱 쨩자 們 믄믄 行 힝힝 着 짭죠 ○ 비우 자리 小 셩샨 的 딩디 ○ 야아 히 你

녜니 將 쟝쟝 鞔 원원 楪 텅뎌 鑵 권권 兒 싈술 家 갸갸 去 큐큐 ○ 텁비 시사 당발

의권 가가 라져 잡 生 싱승 受 씽쑤 你 녜니 ○ ᄒᆞ네 여슈 다고 休 힝휘 恠 괘괘 着

짭죠 ○ 말허 라믈 [下] 日 싱시 頭 뜽투 却 갸커 又 잉우 這 져져 早 짬잔 晩 완완

也 여여 ○ 느히 젓또 고이 나리 這 져져 裏 례리 到 댱도 夏 햐하 店 뎜뎐 ○ 셔예

가夏 기店 還 환환 有 잉우 十 씽시 里 례리 来 래레 地 떼디 ○ 里당 싸시 히롱 이十

시나 到 단당 不 부붕 得 더듸 也 여여 ○ 가디못ᄒᆞ 리로다 只 즈짒 投 투뜰 這

저져 路 루루 北 비빙 那 나너 人 신신 家 가갸 ○ 그저이길북녁터 ㅅ家의드러가

尋 신씸 箇 거거 宿 수숭 處 츄츄 去 큐큐 来 레래 ○ 잘뒤어드 라가자 那 나너

般 번뷘 着 죠쨯 ○ 그리 ᄒᆞ자가 咱 자장 們 믄문 去 큐큐 来 레래 ○ 우리 가자 都

두두 去 큐큐 時 스씅 ○ 다가 면 那 나너 人 신신 家 갸갸 見 견견 人 신신 多

도티 時 스씅 ○ 뎌ㅅ家ㅣ사룸이 만ᄒᆞᆫ줄을보면 不 부붕 肯 큰킁 教 갸걒 宿 수숭

○ 즐겨재디아 니ᄒᆞ리니 着 죠쨯 兩 량량 箇 거거 看 칸컨 行 힝ᅘᆡᆼ 李 리례 ○

둘ᄒᆞ로ᄒᆞ여 짐보게ᄒᆞ고 我 오어 兩 량량 箇 거거 問 운문 去 큐큐 ○ 우리둘 히무로

라가 자 拜 배배 揖 이힝 ○ 拜揖ᄒᆞ 노라 主 쥬쥬 人 신신 家 갸갸 哥 거거

○ 主人 형아 我 오어 是 스씅 客 커킁 人 신신 ○ 나는나그 내러나 今 긴김 日

시싱晩완환了랴럏◯오놀이점으리시니你니듸房빙빵子즈즈裡리례◯

비집의尋신씸箇거거宿수슉處츄츄◯잘뒤를어티디라我오어房방빵

子즈즈窨저좡◯우리집이좁아沒무뭉處츄츄安안헌下햐햐◯부리올뒤

업스니你니듸別벼뼝處츄츄尋신씸宿수슝處츄츄去큐큐◯비다른뒤

잘뒤어드라가라你니듸這저져般번뷘大다때人신신家갸갸◯비이리큰

집의量량량我오어兩량량三산삼箇거거客커킝人신신◯혜건대우리두

세나그내를却거갸怎즘즘麼마머說쉬숴下햐햬不부붕得더듸◯ᄯᅩ엇

디브리오디못ᄒᆞ리라니ᄅᆞ논다你니듸好한할房방빵子즈즈裡리례◯비됴

ᄒᆞᆫ방의不부붕敎갸걍我오어宿수슉時스씃◯우리를재디아니려커든只

즈징這저져門믄문前쳔젼車쳐쳐房방빵裡리례◯그저이문앏술윗방의

教걓갸我어오宿슉수一힝이夜여여如유유何ᅘᅥ허○ᄅᆞᆺ우밤리재를게ᄒᆞ

더ᄒᆞᆷᄒᆞ이뇨엇我어오不봉부是씅스不봉부教걓갸你녀니宿슉수○너내

ᄒᆞ희논를줄재이디아아니니라려官권권司ᅀᆞ스排빼패門문믄粉븐븐壁빙비

○ᄅᆞᆷ구애외븐예칠셔ᄒᆞ집고문써마쇼다ᄃᆡᄇᆞ不봉부得듷더安헌안下ᅘᅣ하面

면면生싱승歹대대人ᅀᅵᆫ신○디ᄂᆞᆺ못선ᄒᆞ잡게사ᄒᆞᄅᆞᆷ엿을ᄂᆞ브니리오知징지

他텅타你녀니是씅스那너나裏례리来래레的딍디客킹커人ᅀᅵᆫ신○

변네줄어알뒷니나오그自ᅏᆞ즈来래레○로본뒤又잉우不봉부曾ᅏᆞᆼ층相

샹샹識싱시○디또못일ᄒᆞ즙노서니ᄅᆞ아怎즘즘知징지是씅스好ᅘᆞᇢ한人

인신歹대대人ᅀᅵᆫ신○완엇ᄒᆞᆫ디사이ᄅᆞᆷ됴인ᄒᆞᆫ줄사을ᄅᆞᆷ아아라니便뼌변怎즘즘

麽뭐마敢감간容융융留릳루安헌안下ᅘᅣ하○믈ᄭᅩᆺ위엇브디리감오히리머

오

主쥬쥬 人ᅀᅵᆫᅀᅵᆫ 家갸갸 哥거거 ◯ 쥬인 형아 我오어 不부부 是스씌

歹대대 人ᅀᅵᆫᅀᅵᆫ ◯ 우리 아니완ᄒᆞᆫ 사ᄅᆞᆷ이 아니라 小샾셯 人ᅀᅵᆫᅀᅵᆫ 在재쨰 遼랸렿

東둥둥 城칭찡 裏리례 住쥬쮸 ◯ 小人이 遼東잣 안해셔 사노니 現현현 將쟝쟝

印인힌 信신신 文운문 引인인 ◯ 인텬 글월을 번드시 가젓노라 你니녀 在재쨰

遼랸렿 東둥둥 城칭찡 裏리례 那나녀 些셔셔 箇거거 住쥬쮸 ◯ 네 遼東잣

안 어늬 마ᄎᆞᆷ셔 사ᄂᆞᆫ다 小샾셯 人ᅀᅵᆫᅀᅵᆫ 在재쨰 遼랸렿 東둥둥 城칭찡 裏리례

閣거갑 北버븽 街계개 東둥둥 住쥬쮸 ◯ 小人이 遼東잣 안해 閣으론 븍녁히오 거

리론 동녁희 셔 사노라 離리례 閣거갑 有우임 多도더 少샾셯 近긴낀 遠원원

◯ 閣에셔 ᄲᅳᆷ이 엇매나 머뇨 離리례 閣거갑 有우임 一이힝 百배빙 步부뿌 地

디뎨 ◯ 閣에셔 ᄲᅳᆷ이 일빅 보ᄯᅡ 흔ᄒᆞᆫ 뒤 北버븽 巷향ᅘᅣᆼ 裏리례 向향향 街계개 開

개개 雜 자짱 貨 호훠 鋪 푸푸 見 술싱 便 변뼌 是 스씅 ○ 븍녁믈거리 향ᄒᆞ야잡황

호뎐나ᄂᆞᆫ 뎌곳긔라 那 나너 雜 자짱 貨 호훠 鋪 푸푸 見 술싱 是 스씅 你 니녜 的 디딍

디등 那 나너 ○ 그잡황호뎐 이네하가 近 긴낀 南 난남 隔 거긔 着 죠쨭 兩 량량

家 갸갸 見 술싱 人 신싄 家 갸갸 ○ 남녀마작두 집즈음ᄒᆞ야 有 우잉 箇 거거 酒

주징 店 뎐뎜 ○ 호술푸ᄂᆞᆫ 뎜잇ᄂᆞ니 是 스씅 我 오어 相 샹샹 識 시싱 的 디딍 ○

아내벗 이러니 你 니녜 認 신싄 的 디딍 麼 마뭐 ○ 네아 ᄂᆞᆫ다 那 나너 箇 거거 是

스씅 劉 리랼 清 칭칭 甫 부부 酒 주짛 館 관권 ○ 그ᄂᆞᆫ劉清甫의 술푸ᄂᆞᆫ館이니 是

스씅 我 오어 街 계개 坊 방방 ○ 이내이 옷이니 怎 즘즘 麼 마뭐 不 부봉 認 신싄

的 디딍 ○ 엇디모 로리오 雖 쉬쉬 然 연션 這 져져 般 번붠 時 스씅 ○ 비록 이러

ᄒᆞ나 房 방빵 子 즈즘 委 위휘 實 시싱 窄 저즹 ○ 집이진실 로좁으니 宿 수슝 不

老乞大諺解 二 三

부붕 得 더듷 ○ 자디 못ᄒᆞ리라 你 니녜 可 커커 憐 련련 見 견견 ○ 네 어엿비
너기라 你 니녜 是 스씅 有 우읨 見 견견 識 시싱 的 디딩 ○ 네는 見識이 잇는 사
ᄅᆞᆷ이니 這 져져 早 잔잠 晩 완환 ○ 이리 느저 日 이잉 頭 투뚷 落 로랗 也 여여
○ ᄒᆡ도 덧ᄂᆞᆫ디 教 갼걍 我 오어 那 나너 裏 리례 尋 신씸 宿 수슝 處 츄츄 去
큐큐 ○ 우리로 ᄒᆞ야 어듸가 잘ᄃᆡ 어드라 가라 ᄒᆞᄂᆞ뇨 不 부붕 揀 견간 怎 즘즘 生 승싱
○ 아모라나 혜디 말고 着 죠쨯 我 오어 宿 수슝 一 이힝 夜 여여 ○ 우리로 ᄒᆞ여 ᄒᆞ
ᄅᆞᆺ밤만 재라 這 져져 客 켜킁 人 ᅀᅵᆫᅀᅵᆫ ○ 이 나그내 怎 즘즘 麼 마뭐 這 져져 般
번붠 歪 왜왜 廝 ᄉᆞ숭 纏 젼쪈 ○ 엇디 이리 간대로 싯고ᄂᆞ뇨 如 유유 今 긴김 官
권권 司 ᄉᆞ숭 好 핳핳 生 승싱 嚴 연염 謹 긴긴 ○ 이제 구의 ᄀᆞ장 嚴謹ᄒᆞ야 省 싱싱
會 휘훼 人 ᅀᅵᆫᅀᅵᆫ 家 갸갸 ○ 人家애디 위ᄒᆞ여 不 부붕 得 더듷 安 안헌 下 햐햐

面 면면 生 싱승 歹 대대 人 인인 ○ ᄂᆞᆺ선 아니완ᄒᆞᆫ 사ᄅᆞᆷ을 ᄇᆞᆺ티디 못ᄒᆞ게 ᄒᆞᄂᆞ니 你

녜니 雖 쉬쉬 說 숴쉬 是 씽스 遼 럏랴 東 둥둥 人 인인 家 갸갸 ○ 네 비록 遼東 사

ᄅᆞᆷ이로라 ᄒᆞ나 我 어오 不 붕부 敢 감간 保 밯보 裏 례리 ○ 내 밋디 못ᄒᆞ여라 你

녜니 這 져져 幾 계기 箇 거거 火 훠호 伴 뻔번 的 딍디 模 무무 樣 양양 ○ 이비

여러 벗들의 모양이 又 임우 不 붕부 是 씽스 漢 헌한 兒 ᅀᅵᆼᅀᅳᆯ ○ 또 한사ᄅᆞᆷ도 아니오

又 임우 不 붕부 是 씽스 達 땅다 達 땅다 ○ 또 達達도 아니니 知 징지 他 터타

是 씽스 甚 씸슴 麽 뭐마 人 인인 ○ 모로리로다 엇던 사ᄅᆞᆷ고 我 어오 怎 즘즘 麽

뭐마 敢 감간 留 릳류 你 녜니 宿 슝수 ○ 내 엇디 너를 머믈워 재리오 你 녜니 不

붕부 理 례리 會 휘휘 的 딍디 ○ 네 모ᄅᆞᄂᆞᆫ고나 新 신신 近 낀긴 這 져져 裏 례리

有 임우 一 힝이 箇 거거 人 인인 家 갸갸 ○ 요ᄉᆞ이 ᄒᆞᆫ 사ᄅᆞᆷ의 집의셔 只 징즈 爲

위위 教갸걍 幾기계 箇거거 客켜킝 人인싄 宿수슝 來레래 ○ 그저 여러 나그

내로ᄒᆞ여 재엿더니 那나너 客켜킝 人인싄 去큐큐 了랴령 的디딩 後후흫 頭

투뜽 ○ 그 나그내 간 후에 事스씅 發바봥 ○ 일이 나니 那나너 人인싄 們믄문

○ 그 사ᄅᆞᆷ들히 却커걓 是스씅 達다땋 達다땋 人인싄 家갸갸 走주죵 出

츄츙 來레래 的디딩 ○ 도 達達 사ᄅᆞᆷ으로셔 도망ᄒᆞ여 나온 이롯더라 因인힌 此츠ᄎᆞ

○ 이런 젼ᄎᆞ로 將쟝쟝 那나너 人인싄 家갸갸 連련련 累리뤼 ○ 그 사ᄅᆞᆷ의

집을 다가 조차 비므려 官권권 司스ᄉᆞ 見현현 着죠쨯 落로랖 跟근근 尋신씬

逃탄땅 走주증 的디딩 ○ 구의 시방 절로 ᄒᆞ여 도망ᄒᆞ니를 츄심ᄒᆞ라 ᄒᆞᄂᆞ니 似스ᄊᆞ

這저져 般번번 帶대대 累리뤼 人인싄 家갸갸 ○ 이러ᄐᆞᆺ 人家를 버므리니 怎

즘즘 麼마뭐 敢간감 留루릭 你니녜 宿수슝 ○ 엇디 너를 머믈워 재리오 主

쥬쥬人인인家갸갸○쥬인아 你녜니說숴쉬那너나裏례리話화화○
네어딋말을 니루누뇨 好항한人인인歹대대人인인○됴혼사롬 아니완혼사롬
을 怎즘즘麼뭐마不붕부認인인的딩디○엇지 모로리오 這저저幾계기
箇거거伙훠호伴뽠번○이 여러 벗은 他터타是씅스高강간麗례리人
인인○뎌눈 高麗ㅅ 사롬이니 從쭝충高강간麗례리地떼디面면면裏례리
來래레○高麗ㅅ 따흐로셔 오니 他터타們믄믄高강간麗례리地떼디面
면면○저희 高麗ㅅ 따히셔 守싱식口킇쿠子즈즈渡뚜두江걍걍處츄츄的
딩디官권권司숭스○어귀예 누롯 고옴아눈 구의 比비비咱쟝자們믄믄這
저저裏례리一힝이般뻔번嚴염연○우리 예와 비컨대 혼가지로 엄호여 驗염연
了럏랴文문운引인인○글월 보고 仔즈즈細셰시的딩디盤뻔펀問문운

了랴럏 ○ᄌᆞ세히盤問ᄒᆞ고야 纔째 放방방 過고궈 來레래 ○ᄀᆞᆺ노하보내누
니 他타터 們믄문 若요얗 是스씽 歹매대 人인인 ○저희만일에잡사ᄅᆞᆷ이며
來레래 歷리링 不부붕 明밍밍 時스씽 ○來歷不明ᄒᆞ면 怎즘즘 生승싱 能
능닁 勾구긓 到닾당 這져져 裏리례 來레래 ○엇디능히유여히여긔오리오 他
타터 見현현 將쟝쟝 文운문 引인인 ○제시방글월가지고 趕간건 着죠쨯 高
간감 麗리례 馬마마 ○高麗ㅅᄆᆞᆯ모라 往왕왕 北버븽 京깅깅 做주주 買매매
賣매매 去큐큐 ○북경을향ᄒᆞ여흥졍ᄒᆞ라가ᄂᆞ니 他타터 漢한헌 兒ᅀᆞᆯᅀᅵᆼ 言
연연 語유유 說쉬쒀 不부붕 得더듸 的디딩 ○제한말을니루지못ᄒᆞᆯ시 因인힌
此츠충 上샹쌍 ○이런젼ᄎᆞ로 不부붕 敢간감 說쉬쒀 語유유 ○말니루디
못ᄒᆞᄂᆞ니라 他타터 們믄문 ○뎌들은 委위휘 實시싱 不부붕 是스씽 歹

대대 人 인신 ○ 진실로 잡사 름아니라 既 기기 這 져져 般 번번 的 디디 時 씽스

○ 이믜 이러ᄒᆞ면 休 힉후 只 징즈 管 권권 的 디디 纏 쪈젼 張 장장 ○ 여슬 힐긔

말우 라디 後 흫후 頭 뜰투 房 빵방 子 즈즈 窄 칙처 ○ 뒤ㅎ 방이 좁고 老 랄로 少

셩샤 又 임우 多 더도 ○ 老少ㅣ 또 만코 又 임우 有 잉우 箇 거거 老 랄로 娘 냥냥

娘 냥냥 不 붕부 快 쾌쾌 ○ 또 늘근 어미 편티 몯ᄒᆞ여 ᄒᆞ니 你 니니 不 붕부 嫌 혐현

冷 릉릉 時 씽스 ○ 네 ᄎᆞᆫ 디ᄅᆞᆯ 아니커든 只 징즈 這 져져 車 쳐쳐 房 빵방 裏

례리 宿 숭수 如 유유 何 허허 ○ 이 술윗 방의 잠이 엇더ᄒᆞ뇨 這 져져 般 번번 時

씽스 ○ 이러면 我 어오 只 징즈 在 재재 車 쳐쳐 房 빵방 裏 례리 宿 숭수 ○

내 술윗 방의셔 자마 主 쥬쥬 人 인신 家 갸갸 哥 거개 ○ 쥬인 형아 小 셩샤 人

인신 又 임우 有 임우 一 힝이 句 규규 話 화화 ○ 또 말ᄉᆞ미 이시니 敢 감간

47a

說쉬숭麼마뭐 ○닐넘즉홀가 有우잉甚슴씸麼마뭐事스씃 ○므슴일이

인는고 你늬니說쉬숭 ○네니ᄅᆞ라 這저져早잔장晩완완黑허흥夜여여

○이짐의밤은 我오어其키끼實시씽肚두뚜裏리례飢기계了랴령 ○

내진실로비곫해라 又우잉有우잉幾기계箇거거馬마마 ○또여러ᄆᆞᆯ이시니

ᄒᆞᆫ 一이잉客커킁不부붕犯반빰二슬싱主쥬쥬 ○ᄒᆞᆫ나그내두쥬인을적시디못

ᄒᆞᆯ시새니 怎즘즘麼마뭐 ○엇디려ᄒᆞ뇨 可커커憐련련見견견 ○어여비녀겨

糴탈텅與유유我오어一이잉頓둔둔飯반빤的디딩米미메 ○우리

를ᄒᆞᆫ밥ᄡᆞᆯ과시 和호ᄒᆞᆼ馬마마草찬참料랴령如유유何허ᄒᆞᆼ ○믈답공을밧과

괴여엇더줌ᄒᆞ뇨이 我오어這저져裏리례今긴김年년년夏하ᄡᅡ裏리례天

텬텬旱한ᄒᆞᆫ了랴령 ○우리여긔올녀ᄅᆞᆷ의하ᄂᆞᆯ이ᄀᆞ믈고 秋치칭裏리례水쉬쉬

澇 랑랖 了 럏랼 ○ 믈ᄆᆞ 세올 여히 田 뗜텬 禾 훠호 不 붛부 收 싷수 的 딩디 ○

디田 몯禾 ᄒᆞ를 니거 두 因 힌인 此 ᄎᆖ츠 上 쌍샹 ○ ᄎᆞ이 로런 젼 我 어오 也 여여

旋 쒼숸 羅 띵디 旋 쒼숸 喫 킹치 裏 레리 ○ 아우 ᄌᆞ리 곰도 먹ᄌᆞᆺ ᄋᆞ곰 니밧 고 那

너나 裏 레리 有 잉우 羅 뎧됴 的 딩디 米 메미 ○ 이어 이되 시밧 리괴 오일 ᄡᆞᆯ 我

어오 從 쯍충 早 잠자 起 계기 喫 킹치 了 럏랼 些 셔셔 飯 빤반 ○ 젹내 아새 밥배

고먹 到 닿다 這 져져 早 잠잔 晚 완완 ○ 다이 ᄃᆞ느 라즈 매 不 붛부 曾 쯍층 喫

킹치 飯 빤반 裏 레리 ○ ᄒᆞ밥 여을 시먹 니디 못 好 향한 生 싱승 的 딩디 飢 계기

了 럏랼 ○ 곪ᄆᆞ 해장 라비 你 녜니 羅 띵디 來 래레 的 딩디 米 메미 裏 레리 頭

뜰투 ○ 온네 ᄡᆞᆯ밧 에괴 셔여 那 너노 與 유유 我 어오 些 셔셔 箇 거거 ○ 젹나 이를

주노 고닐 려워 我 어오 只 징즈 熬 암아 些 셔셔 粥 쥭주 喫 킹치 ○ 이우 쥭리 쑤젹

어먹어지라 這져저的디딍一이힝百버빙箇거거錢쳔젼 ○ 이一百낫돈에

隨쉬쒸你니니意이이與유유些셔셔箇거거 ○ 네ᄆᆞ음대로져기주고려 一

이힝百버빙箇거거錢쳔젼 ○ 一百낫돈에 與유유你니니多도더少샾셩

的디딍是스씽 ○ 너를얼머나주어야올흘고 隨쉬쒸你니니與유유的디딍

是스씽 ○ 네대로줌이므던ᄒᆞ니라 今긴깁年년년為위위旱한헌澇랖랑不

부붕收식싱 ○ 올히ᄀᆞ믈고믈세여거두디못ᄒᆞᆫ젼ᄎᆞ로 一이힝百버빙箇거거錢

쳔젼 ○ 一百낫돈에 糴디띵的디딍一이힝斗두듷米미몌 ○ ᄒᆞᆫ말ᄡᆞᆯ을밧고

려니와 我오어本븐븐沒무뭉糶툐턍的디딍米미몌 ○ 내본ᄃᆡ밧ᄑᆡᆯᄡᆞᆯ이

업건마ᄂᆞᆫ 既기계是스씽客커킹人신신只즈징管권권的디딍央양향及

기끼 ○ 임의나그내네그저하비니 我오어糴디띵來레래的디딍米미몌裏

례리 頭 뜽투 ○ 온우 쌀리 에밧 셔고 아 那 너노 與 유유 你 녜니 三 삼산 升 싱싱
○ 날너 워를 줄서 떠되 시를 니노 煮 쥬쥬 粥 죻주 胡 홓후 亂 런런 充 츙충 飢 게기
○ 곪죽 흔수 뒤어 메간 오대 라로 [illegible] 客 킁커 人 인인 們 믄믄 休 힁휘 恠 패패 ○
허나 믈그 말네 라들 其 끼키 實 싱시 今 김긴 年 년년 艱 갼견 難 난난 ○ 로진 올실
흐히 여가 라난 若 샾요 是 씽스 似 쏭스 往 왕왁 年 년년 好 함한 收 심식 時 씽스
○ 히만 거일 두往 어年 시곳 면티 쇼 休 힁휘 說 쉉숴 你 녜니 兩 량량 三 삼산 箇
거거 人 인인 ○ 니너 륵희 디두 말세 려사 니룸 와은 便 뼌변 是 씽스 十 씽시 數 수수
箇 거거 客 킁커 人 인인 ○ 그곳 내여 라라 도믄 나 也 여여 都 두두 與 유유 茶
짜차 飯 빤반 喫 킁치 ○ 어뽀 먹다 이차 리반 라주 主 쥬쥬 人 인인 家 갸갸 哥 거거
○ 형쥬 아인 說 쉉숴 的 딩디 正 징징 是 씽스 ○ 히니 올룸 타이 정 我 어오 也

여여 打다다聽팅팅得딍더 ⓘ 보나 니도 듯 今김긴年년년這져저裏례리

○ 여올 긔희 田뎐텬禾훠호不봉부收싱샤 ○ 못田 ᄒᆞ禾 다를 ᄒᆞ거 더두 라디 既

계기 這져저般붠번時씅스 ○ 러임 ᄒᆞ긔 면이 主쥬쥬人인인家갸갸哥거거

○ 형쥬 아인 小셤샾人인인們문믄 ○ 들小 히人 待때대要얗얀後흫후頭

뜰투 熬왐오粥즇주去큐큐 ○ 라ᄒᆞ 가마 고뒤 져헤 호쥭 ᄃᆡ쑤 這져저早잠잔晩

완완 黑흥허地띠디裏례리 ○ 어이 두셔 온므 ᄃᆡ러 出츙츄入싱유不봉부便

뼌편 當당당 ○ 티出 아入 니이 ᄒᆞ편 고당 又잉우你녜니這져저狗긍구子즈즈

利례리害빼해 ○ 모ᄯᅩ 디네 니이 개 不봉부揀갼견怎즘즘麽뭐마 ○ 므아

디라 말나 고글 희 你녜니與유유我어오做주주些셔셔箇거거粥죵주如

슈슈 何허허 ○ 어네 줌날 이를 엇젹 더이 ᄒᆞ쥭 뇨쑤 罷빠바罷빠바 ○ 두두 어어 你

니니 客킝키 人신신 只징즈 這져저 車쳐쳐 房빵방 裏례리 ○너희 나그내
그저 이 술윗 방의 安헌안 排빼패 宿숭수 處츄츄 ○잘ᄃᆡᄒᆞ여 이시라 我허오 着
쨯죠 孩ᅘᆡ해 兒ᅀᅵᆼᅀᅳᆯ 們문믄 ○내 아희들ᄒᆞ여 做주주 將쟝쟝 粥죻주 來래레
與유유 你니니 喫칭치 ○죽 쑤어 가져다가 너희들 주어 먹이마 好함한 好함한
○됴토다 됴토다 多도도 謝쎠셔 多도도 謝쎠셔 ○ᄆᆞ장 깃게이다 主쥬쥬
人신신 家갸갸 哥거거 ○쥬인 형아 又잉우 有잉우 一힝이 句규규 話화화
○ᄯᅩᄒᆞᆫ 말이 이셰라 人신신 喫칭치 的딩디 且쳐쳐 有잉우 些셔셔 箇거거
○사ᄅᆞᆷ 먹을 것슨 아직 져기 잇거니와 這져져 馬마마 們믄믄 ○이ᄆᆞᆯ들흘 却걓거
怎즘즘 生싱승 ○ᄯᅩ 엇디ᄒᆞ려뇨 一힝이 發봥바 那너노 與유유 些셔셔 草
참찬 料럏랴 如ᅀᅲᅀᅲ 何ᅘᅥ허 ○ᄒᆞᆷᄭᅴ 져기 딥과 콩을 논일워 줌이 엇디ᄒᆞ뇨 客킝키

人신인們믄믄 ○ 나그내들 說숴숴甚씸슴麼뭐마話화회 ○ 므슴 말 니르ᄂᆞ

뇨 人신인喫킹치的딩디也여여沒뭉무 ○ 사ᄅᆞᆷ 먹을 것도 업슨디 又잉우

那너나裏려리將쟝쟝馬마마的딩디草참찬料령랴來래래 ○ 또 어듸가

딥과 콩을 가져오리오 我어오這져져院원원子즈즈後흫후頭뜽투 ○ 우리

이 터 뒤헤 有임우的딩디是씽스草참찬場쨩창 ○ 잇ᄀᆞ져ᄒᆞᆫ 초댱이니 你네니

喫킹치了렴랴飯뻔반時씽스 ○ 네 밥 먹기 ᄆᆞ차든 着쨥죠兩량량箇거거

○ 둘ᄒᆞ로 ᄒᆞ야 赶권간着쨥죠馬마마 ○ 물 모라 那너나裏려리放방방

去큐큐 ○ 게다가노 ᄒᆞ라가라 頭뜽투到닾단明밍밍 ○ 새도록 이시면 不붕부

喫킹치的딩디飽밮반了렴랴 ○ 아니 먹여도 ᄇᆡ브르리라 不붕부須슈슈糴

띵디 草참찬料령랴 ○ 구티여 콩딥 밧고디 말라 這저저們믄믄時씽스 ○ 이러

면 哥거거 哥거거 說숴쉏 的디딍 是스씃 ○형의 닐옴이 올타 我오어 車

쳐쳐 房방빵 裏리례 去큐큐 ○내 술윗방의 가거니와 沒무뭉 甚슴씸 麽마뭐

火호훠 ○아므란 블이 업ᄉᆞ니 教갸걓 小샾셯 孩해햬 兒술싱 ○아희 ᄒᆞ여 拿

나나 箇거거 燈등딍 來래레 ○등잔블 가져오게 ᄒᆞ라 這져져 們믄믄 時스씃

○이러면 如슈슈 今긴깅 教갸걓 將쟝쟝 來래레 ○이제 ᄒᆡ여곰 가져오게 ᄒᆞ

마 咱자쟝 們믄믄 喫치칭 了랴럏 飯반빤 時스씃 ○우리 밥먹기 ᄆᆞᆺ차든 這

져져 裏리례 留루릴 兩량량 箇거거 看간권 行힝헝 李리례 ○여긔 둘흘 머믈

워 짐들 보게 ᄒᆞ고 先션션 着죠쟣 兩량량 箇거거 放방방 馬마마 去큐큐 ○

몬져 둘흐로 ᄒᆞ여 ᄆᆞᆯ 노흐라 보내고 到도당 半번뤈 夜여여 前쳔쪈 後후흫 ○밤듕

만 다ᄃᆞᆺ거든 却거걓 着죠쟣 這져져 裏리례 的디딍 兩량량 箇거거 ○도ᄉᆞ여

ᄒᆞ긔 여둘 곰로 替 톄티 廻 훼휘 來 래레 ◯ 오마 게라 ᄒᆞ도 여라 大 때다 家 갸가 ◯

ᄒᆞᆫ메 다가 得 듷더 些 셔셔 睡 쒸쉬 時 씋스 ◯ 을젹 자이 면좀 明 밍밍 日 싛ᅀᅵ 不

봉부 渴 컹커 睡 쒸쉬 ◯ 아녀 니일 ᄒᆞ좀 리낫 라브 더 這 져저 的 딓디 燈 덩등

來 래레 了 럏랴 ◯ 오이 나등 다잔 셜 若 샹슈 有 잏우 粥 즇주 將 쟝쟝 來 래레

◯ 든만 가일 져쥭 오잇 라거 是 씋스 椀 원원 都 두두 有 잏우 ◯ 다술 이과 시사 니발

你 녀니 喫 킿치 着 짷죠 ◯ 으네 라먹 咱 쟝자 們 믄믄 飯 빤반 也 여여 喫 킿치

了 럏랴 ◯ 먹우 어리 다밥 도 你 녀니 兩 량량 箇 거거 先 션선 放 방방 馬 마마

去 큐큐 ◯ 몰너 노희 ᄒᆞ둘 라히 가몬 라져 到 닿닾 半 붠번 夜 여여 裡 례리 ◯ 쨩밤

거다 든돗 我 어오 兩 량량 箇 거거 却 캏커 替 톄티 你 녀니 去 큐큐 ◯ 둘우 히리

라녀 가희 마를 줄 我 어오 恰 컇캬 纔 째채 睡 쒸쉬 覺 걓갸 了 럏랴 起 켸키 去

큐큐 来 래레 ○ 아내 다앗 니가 러곳 가즘 자셔 參 슴슨 兒 싕슬 高 강갼 也 여여 ○

하슴 시셩 니이 놉 敢 감간 是 씽스 半 뷘번 夜 여여 了 햘랼 ○ 듯밤 ᄒᆞ뜽 다인 戒

어오 先 션션 去 큐큐 ○ 져내 가몬 替 톄티 那 너나 兩 량량 箇 거거 来 래레 瞧

쒸쉬 ○ 자뎌 게둘 ᄒᆞᆯ을 새ㄱ 시라 니와 你 녜니 却 캏커 来 래레 那 너나 裏 례리 ○

로네 오ᄯᅩ 나뎌 라러 咱 장자 們 문믄 兩 량량 箇 거거 看 컨칸 着 쨯죠 馬 마마 ○

믈우 들리 보둘 자이 這 져져 們 문믄 時 씽스 你 녜니 去 큐큐 ○ 네이 가러 라면 你

녜니 兩 량량 箇 거거 去 큐큐 瞧 쒸쉬 些 셔셔 箇 거거 ○ 젹녀 이희 자둘 라히 가

到 댷닾 那 너나 裏 례리 時 씽스 ○ 거게 든가 教 걓갼 那 너나 箇 거거 火 훠호

伴 뻔번 来 래레 着 쨯죠 ○ 여뎌 오벗 게으 ᄒᆞ로 라ᄒᆞ 你 녜니 来 래레 了 럏랼 ○

나네 다오 你 녜니 赶 건간 過 궈고 馬 마마 来 래레 ○ 라네 다믈 가들 모 在 째재

一 잉이 處 츄츄 着 쟢죠 ◯ 게흔 ᄒᆞ더 야잇 容 융융 易 이이 照 졍쟢 管 권권 ◯

쉽보 게ᄉᆞᆸ ᄒᆞ히 라기 月 웡워 黑 헝허 了 렬랴 ◯ 두돌 오이 니어 恐 쿵쿵 怕 파파 迷

며미 失 싱시 走 증주 了 렬랴 ◯ ᄃᆞ迷 라失 나ᄒᆞ 야 悞 우우 了 렬랴 走 증주 路

루루 ◯ 가갈 저길 페머 라믈 올 明 밍밍 星 싱싱 高 갈간 了 렬랴 ◯ 이새 놉별

니하 시 天 텬텬 道 땋닾 待 때대 明 밍밍 也 여여 ◯ 붉하 으늘 리도 로ᄒᆞ 다마 咱

향자 們 문믄 赶 권간 將 쟝쟝 馬 마마 去 큐큐 来 래레 ◯ 모우 라리 가몰 到 닿닾

下 햐햐 處 츄츄 ◯ 가하 서쳐 의 收 싱수 拾 씽시 了 렬랴 行 힝힝 李 레리 時

씽스 ◯ 노짐 라들 ᄒᆞ收 면拾 ᄒᆞ 恰 캬캬 明 밍밍 也 여여 ◯ 리마 로치 다붉 으 這

저저 馬 마마 們 문믄 都 두두 拴 쏸솬 住 쮸쥬 着 쟢죠 ◯ 미이 야몰 두들 고을 다

教 걀갸 那 너나 兩 량량 箇 거거 起 키키 来 래레 ◯ 야뎌 널둘 게흐 ᄒᆞ로 라ᄒᆞ 你

녜니 兩량량 箇거거 疾찡지 快쾌쾌 起켜키 來래레 ○ 너희둘히 섈리니러 收

싱싀 拾씽시 行힝힝 李례리 打다다 馱떠토 ○ 잡은것서러 저짐시르라

但딴단 是씽스 咱장자 們믄믄 的딩디 行힝힝 李례리 ○ 물읫우리 짐들흘

收싱싀 拾씽시 到닿닾 着쨯죠 ○ 收拾ᄒᆞ기를 극진히ᄒᆞ고 主쥬쥬 人신신 家

갸갸 的딩디 東둥둥 西셰시 ○ 쥬인집 거스란 休힣후 錯촣초 拿나나 了럏랴

去큐큐 ○ 그릇가져 가디말라 馳떠토 馱떠토 都두두 打다다 了럏랴 ○ 짐다

시러다 叫걓갼 主쥬쥬 人신신 家갸갸 辭쏘ᄎᆞ 了럏랴 去큐큐 來래레 ○

쥬인블러하 딕ᄒᆞ라가쟈 主쥬쥬 人신신 家갸갸 哥거거 ○ 主人 兄아 休힣후 恠

괘괘 ○ 허믈말라 我어오 去큐큐 也여여 ○ 우리가 노라 這져져 裡례리 定

띵딩 害해해 了럏랴 ○ 여긔널 이패라 你녜니 有잉우 甚씸슴 麼뭐마 定띵딩

害햬해處츄츄○너희므슴널인곳이이시리오你녜니休힣휘怪괘괘○허네

믈말고好함한去큐큐着쟢죠○됴히가라※咱잠자們믄믄前쪈쳔頭

뜰투到담닾夏햐하店뎜뎬時씃스○우리앏흐로夏店의가든買매매飯빤반

喫캉치了럎랖○밥사먹고儘진진晩완완到담닾了럎랖京깅깅城찡칭

○ᄀᆞ장늣게아京城의가자這져져裡례리到담닾夏햐하店뎜뎐○에셔夏店

가기有임우多뎌도少셩샾路루루○언멋길히잇ᄂᆞ뇨敢감간有임우三

삼산十씽시里례리多뎌도地띠디○三十里남즉ᄒᆞᆫᄯᅡ히잇ᄂᆞᆫ둧ᄒᆞ다你녜니

夜여여來래레怎즘즘麽뭐마說숴쉬十씽시里례리來래레路루루○

네어제엇디十里ㅅ길히라니르더니今긴긴日ᅀᅵᅀᅵ却걍거怎즘즘麽뭐마說

숴쉬三삼산十씽시里례리地띠디○오ᄂᆞᆯ은ᄯᅩ엇디三十里ᄯᅡ히라니ᄅᆞᄂᆞᆫ다我

어오夜여여來래레錯챵초記계기了럏랸○내어제그릇싱각ᄒᆞ엿더니今
김긴日싕시再재재想샹샹起킈키來래레○오ᄂᆞᆯ다시싱각ᄒᆞ니有임우三
삼산十씽시里례리多더도地뎨디○三十里남즉ᄒᆞᆫᄯᅡ히잇다咱장자們묜믄
休힝휘磨뭐모拖터토○우리믄그ᄋᆞ디말고趁친친涼량량快쾌쾌○서늘
ᄒᆞᆫ제밋처馬마마又잉우喫칭치的딩디飽밤반時씃스○믈이또먹어비브른
제赶갼간動뚱둥着짭죠○모라녜자日싕시頭뜽투又잉우這져저早
잠잔晚뫈완了럏랸○ᄒᆡᄯᅩ이리느졋ᄂᆞᆫ듸那너나望왕왕着짭죠的딩디黑
흥허林림린子즈ᄌᆞ○뎌ᄇᆞ라ᄂᆞᆫ黑林이便뼌변是씃스夏햐하店뎜뎐○
곳夏店이리這져저裡례리到당단那너나裡례리○예셔뎨감이還환환
有잉익七칭치八방바里례리路루루○당시롱七八里길히잇고나你녜니

在째재 先션션 也여여 曾쯩층 北븨버 京깅깅 去큐큐 來래레 ○ 래비 일아

녀줍 / 시北 / 되京 / 돈 怎즘즘 麽뭐마 不붕부 理려리 會훼휘 的듸디 ○ 아엇 디디

논못 / 다ᄒᆞ 這져져 夏햐하 店뎜뎐 我어오 曾쯩층 走즘주 了럏랴 一힝이 兩

량량 遭장잔 ○ 두이 / 번夏 / 도店 / 녀을 / 건내 / 마아 / 는래 / ᄒᆞᆫ 都두두 忘망왕 了럏랴 ○

시다 / 나니 / 저 那너나 裡려리 記계기 得듸더 ○ ᄒᆞ어 / 리되 / 오싱 / 각 店뎜뎐

子즈즈 待때대 到닾닾 也여여 ○ 므店 / 를도 / 이ᄒᆞ / 로마 / 다다 咱자자 們문믄 喫

캉치 些셔셔 甚씸슴 麽뭐마 茶쨔차 飯빤반 好항호 ○ 식우 / 을리 / 먹므 / 어슴 / 야음

고됴 / ᄒᆞᆯ 我어오 高강간 麗려리 人신신 ○ ᄉᆞ우 / 사리 / 름高 / 은麗 不붕부 慣관관

喫캉치 濕씽시 麵면면 ○ 디즌 / 못국 / ᄒᆞ슈 / 여먹 / 라기 / 니 咱자자 們문믄 只징즈

喫캉치 乾건간 的듸디 如슈슈 何허허 ○ 먹우 / 음리 / 이그 / 엇저 / 더므 / ᄒᆞᄅᆞ / 뇨니 這

져셔 們믄믄 時씃스 ○이러면 咱장자 們믄믄 買매매 些셔셔 燒샾샾 餅

빙빙 ○燒우 餅리 사져 고이 炒찬찬 些셔셔 肉숳수 喫칭치 了럏랴 ○고져 기이

먹복 고가 過궈고 去큐큐 ○가디 자나 咱장자 們믄믄 這져져 裏레리 ○라우

그여 當당당 住쮸쥬 馬마마 拴솬솬 着쨯죠 ○미몰 고잡 아 卸셔셔 下햐하

行힝힝 李레리 着쨯죠 ○오짐 고브 리 飯빤반 店뎜뎐 裏레리 去큐큐 来래

래레 ○틈음 에식 하푸 자는 過궈고 賣매매 ○사음 룸식 아푸 는 先션션 將쟝쟝

一힝이 椀훤원 温훈운 水쉬쉬 来래레 ○온몬 믈져 가혼 져사 오발 라더 我어오

洗세시 面면면 ○서내 지낫 라시 客킹켜 人인인 們믄믄 洗세시 面면면 了

혈랴 ○낫나 시그 서내 라들 過궈고 賣매매 ○덧음 사식 룸푸 아는 抹뭥마 卓쫗조

見싱슬 ○서상 라쓰 客킹켜 人인인 喫칭치 些셔셔 甚씸슴 麽뭐마 茶쨔사

飯뽠반 ○ 나그내들므슴차반먹을고 我어오 四ᄉᆞ스 箇거거 人신인 ○ 우리
네사ᄅᆞᆷ의게 炒챰챺 着짭죠 三삼산 十씽시 箇거거 錢쪈쳔 的딩디 羊양양
肉ᅀᅮᆼ수 ○ 셜흔낫돈엣羊肉을봇고 將쟝쟝 二싱을 十씽시 箇거거 錢쪈쳔 的
딩디 燒셯샾 餠빙빙 來래레 ○ 스므낫돈엣燒餠을가져오라 這져져 湯탕탕 淡
땀단 ○ 이탕이슴거오니 有잉우 鹽옌연 醬쟝쟝 拿나나 些셔셔 來래레 ○
소곰장잇거든젹이가져오라 我어오 自쯔즈 調뗠탸 和훠호 喫킹치 ○ 내손조섯
거먹어지라 這져져 燒셯샾 餠빙빙 ○ 이燒餠이 一힝이 半붠번 兒ᅀᅵᆼ슬 冷
링릉 ○ 반은ᄎᆞ고 一힝이 半붠번 兒ᅀᅵᆼ슬 熱셔여 ○ 반은덥다 熱셔여 的딩디
留릳루 下햐하 着짭죠 ○ 더오니란두라 我어오 喫킹치 ○ 우리먹자 這져져
冷링릉 的딩디 你니니 拿나나 去큐큐 ○ 이ᄎᆞ니란네가져가 爐루루 裏레리

熱셩여 着짭죠 来래레 ○화로에 티 위오라 咱장자 們믄믄 飯빤반 也여여

喫컹치 了렴랴 ○우리 밥도 먹어다 與유유 了렴랴 飯빤반 錢쪈쳔 去큐큐

○밥갑 주고 가쟈 過궈고 賣매매 ○음식 프는 사름아 来래레 會휘휘 錢쪈쳔

○와 돈 모도라 通퉁퉁 該개개 多터도 少셩샤 ○대되 언머고 二싱을 十

씽시 箇거거 錢쪈쳔 燒샹샤 餅빙빙 ○스므낫 돈엣 燒餅이오 三삼산 十씽시

箇거거 錢쪈쳔 羊양양 肉슝슈 ○설흔낫 돈엣 羊肉이니 通퉁퉁 是씽스 五

우우 十씽시 箇거거 錢쪈쳔 ○모도 쉰낫 돈이로다 咱장자 們믄믄 打

다다 駞떠토 馱떠토 行항힝 ○우리 짐 시러 티쟈 日싀싀 頭뚤투 正징징 晌

샹샹 午우우 也여여 ○히 졍히 나지나 有잉우 些셔셔 熱셩여 ○젹이 덥다 早

잠잔 来래레 ○아츰의 喫컹치 了렴랴 乾건간 物웅우 事씽스 ○므론 것 먹

읏니 有우잉 些셔셔 渴커컹 ○젹이목 ᄆᆞᄅᆞ다 前쳔젼 頭투ᄠᅳᇢ 不부붕 遠원웬

○앏희아 니멀리 有우잉 箇거거 草찬창 店뎐뎜 兒ᅀᅳᆯᅀᅵᆯ ○ᄒᆞᆫ조가로 지은텀이

이시 니 到단담 那나너 裏리례 ○테 가 咱자쟝 們믄문 喫치칭 幾기계 盞

잔잔 酒쥬짇 ○우리여러잔 술을먹어 解계갸 渴커컹 ○목ᄆᆞᄅᆞᆫ ᄃᆡ 헤왓고 歇

히형 住쥬쥬 頭투ᄠᅳᇢ 口쿠킇 着죠쟣 ○즘싱쉬 오되 暫잔짬 時스씃 間견갼

○잠산뎟 이나 卸셔셔 下하햐 行힝형 李리례 來레래 ○짐브리 옛다가 喫

치칭 幾기계 盞잔잔 酒쥬짇 ○여러잔 술먹고 便변뼌 過고궈 去큐큐 ○문 득

디나 가쟈 賣매매 酒쥬짇 的디딩 ○술풀 리아 拿나나 二ᅀᅳᆯᅀᅵᆼ 十시씽 箇거거

錢쳔젼 的디딩 酒쥬짇 來레래 ○스므낫 돈엣 술 을가져오라 客커킹 人ᅀᅵᆫ인

們믄문 ○나그 내들 這져져 二ᅀᅳᆯᅀᅵᆼ 十시씽 箇거거 錢쳔젼 的디딩 酒쥬짇

○엇이 술스 이므 라낫 돈 酒 짇작 好 할화 麼 뭐마 ○ ᄒᆞᆫ술 나이 됴 好 할화 酒
징작 ○ 이됴 니ᄒᆞᆫ 술 你 니니 嘗 쨩샹 看 컨칸 ○ 보네 라먹 어 酒 징작 不 붕부
好 할화 時 씽스 ○ 아술 니이 거됴 든티 不 붕부 要 영야 還 환환 錢 쪈쳔 ○ 술갑
말갑 라다 將 장장 就 찧직 喫 킹치 的 딩디 過 거고 ○ 먹두 자어 라 有 잉우 甚
씸슴 麼 뭐마 好 할화 菜 채채 蔬 수수 ○ 므므 새슴 잇됴 거ᄒᆞᆫ 든ᄂᆞ 拿 나나 些 셔셔
箇 거거 來 래레 ○ 져젹 오이 라가 這 져져 們 문믄 時 씽스 ○ 면이 러 有 잉우
塩 염연 瓜 파파 兒 싈슬 ○ 이저 시린 니외 如 유슈 今 김긴 便 뻔변 將 장장 來
래레 ○ 가이 져제 오즉 라제 客 킹커 人 인신 們 문믄 ○ 내나 들그 熱 영여 喫 킹치
那 너나 凉 량량 喫 킹치 ○ ᄎᆞ더 니오 먹니 을먹 다을 다 罷 빠바 罷 빠바 ○ 어두
어두 休 힝후 旋 쒼쓘 去 큐큐 ○ 디데 말오 라라 가 我 어오 只 징즈 凉 량량 喫

칭치 ○ 나우 먹리 을그 이저 라ᄎ 大 때다 哥 거거 ○ 아큰 형 先 션션 喫 칭치

一 힝이 盞 잔잔 ○ 먹몬 으져 라ᄒᆞᆫ 잔 大 때다 哥 거거 受 씽식 禮 례리 ○ 형큰

를아 바몬 드져 라네 你 녜니 敢 감간 年 년년 紀 계기 大 때다 ○ 돗네 ᄒᆞ나 나히 한

怎 즘즘 麽 뭐마 受 씽식 禮 례리 ○ 례엇 ᄒᆞ디 료내 슈 大 때다 哥 거거 你 녜니

貴 귀귀 壽 씽식 ○ 히형 엇아 머네 고나 小 셜샨 人 인인 年 년년 紀 계기 三 삼산

十 씽시 五 우우 歲 쉬쉬 ○ ᄒᆞᆫ小 다ᄉ ᄉᆞᆺ은 시나 라히 셜 小 셜샨 人 인인 纔 째채

三 삼산 十 씽시 二 싱을 歲 쉬쉬 ○ ᄒᆞᆫ小 둘ᄉ 히은 라ᄀ 셜 大 때다 哥 거거 ○

아큰 형 你 녜니 年 년년 紀 계기 大 때다 ○ 하네 도나 다히 受 씽식 禮 례리 ○

ᄒᆞ슈 라례 小 셜샨 人 인인 雖 쉬쉬 年 년년 紀 계기 大 때다 ○ 록小 나ᄉ 히이 하비

나 怎 즘즘 麽 뭐마 便 뻔변 受 씽식 禮 례리 ○ 례엇 ᄒᆞ디 료꼿 슈 咱 짱자 們

믄믄 都두두 起키키 来래래 ◯ 니우 러리 아다 大때다 家갸갸 自쯔즈 在째재

◯ 호대 이되 로ᄆᆞ 다옴 노 那너나 般뷘번 時씽스 ◯ 면그 러 教걍갸 伱녜니

受씽식 禮례리 ◯ ᄒᆞ녀 ᄒᆞ 라여 호 디受 禮 堅견견 執징지 不봉부 肯킹큰 ◯

다堅 아執 니ᄒᆞ ᄒᆞ고 니듯 滿먼먼 飲임인 一힝이 盞잔잔 ◯ 이ᄒᆞᆫ 먹잔 고마 드 休

힝후 留릳릭 底뎨디 酒징직 ◯ 다술 마올 쟈흘 리 咱장자 們믄믄 都두두 休

힝휘 講걍걍 禮례리 ◯ 춤우 히리 디다 말禮 고를 喫킹치 一힝이 盞잔잔 酒징직

◯ 을ᄒᆞ 먹잔 자술 喫킹치 了럄랴 酒징직 也여여 ◯ 어술 다먹 會휘휘 了럄랴

酒징직 錢젼젼 去큐큐 来래래 ◯ 라술 가갑 쟈혜 賣매매 酒징직 的딩디

◯ 라술 아ᄑᆞᆯ 来래래 會휘휘 錢젼젼 ◯ 혜와 라돈 這져져 的딩디 五우우 分

분븐 銀인인 子즈즈 ◯ 은이 이五 니分 貼뎡텨 六룽릭 箇거거 錢젼젼 饋뀌귀

我오어 ◯ 여숫낫돈을거스려날주고려 大다때 哥거거 與유유 些셔셔 好화항
的디딩 銀인인 子즈즈 ◯ 큰형아표흔은을주고려 這저져 銀인인 只즈징 有
우임 八바방 成칭쩡 銀인인 ◯ 이은이八成은이니 怎즘즘 麽마뭐 使스싀 的
디딩 ◯ 엇디쓰리오 這저져 銀인인 子즈즈 嫌현혐 甚슴씸 麽마뭐 ◯ 이은
을무서슬새리눈다 細시세 絲스숫 兒을잉 分븐분 明밍밍 都두두 有우임 ◯
細絲ㅣ分明히다이시니 怎즘즘 麽마뭐 使스싀 不부붕 得더딍 ◯ 엇지쓰디못ᄒᆞ
리오 你니녜 不부붕 識시싱 銀인인 子즈즈 時스씽 ◯ 네은을아디못ᄒᆞ거든
敎갸걒 別벼뼝 人신인 看칸권 ◯ 다른사ᄅᆞᆷᄒᆞ여뵈라 我오어 怎즘즘 麽마뭐
不부붕 識시싱 銀인인 子즈즈 ◯ 내엇디은을아디못ᄒᆞ여 要얀염 甚슴씸 麽
마뭐 敎갸걒 別벼뼝 人신인 看칸권 去큐큐 ◯ 므슴아라다른사ᄅᆞᆷᄒᆞ여뵈라가라

오 換 환환 錢 쳔쳔 不 부부 折 셔셔 本 븐븐 ○ 돈밧고와맛디다 아니면호거시니

你 니니 自 ᄌᆞ즈 別 뼤벼 換 환환 與 유유 五 우우 分 분븐 好 할한 的 디디 銀

인인 子 즈즈 便 뼌변 是 씃스 ○ 비각별이五分됴흔은을 고와줌이곳올커니ᄯᅥ녀밧

要 양얀 甚 씸슴 麽 뭐마 合 거 口 쿠큰 ○ 므슴힘아리오입 흘홈ᄒᆞ리리 這 져져 賣

매매 酒 쥐쥐 的 디디 ○ 이술 프 여 ᄒᆞ 快 쾌쾌 纏 쪈젼 ○ 시갈ᄒᆞ 구ᄂᆞ 기

나고 這 져져 們 믄믄 的 디디 好 할한 銀 인인 子 즈즈 ○ 이런됴 흔은을 怎 즘즘

麽 뭐마 使 스스 不 부부 得 디디 ○ 엇디ᄡᅳ디 못ᄒᆞ리오 今 긴긴 早 자잔 起 키키

喫 치치 飯 반빤 處 츄츄 ○ 오놀 아ᄎᆞᆷ밥 먹은 곳에셔 貼 텨덩 將 쟝쟝 來 래리 的

디딩 銀 인인 子 즈즈 ○ 다 바 가 져 ᄃᆞᆫ 이라 罷 바빠 罷 바빠 ○ 두두어어 將

쟝쟝 就 짐짐 留 릭링 下 햐하 着 죠쟝 ○ 두어 두라 ᄒᆞ 便 변벼 使 스스 不

붕부 得 듷더 也 여여 罷 빠바 ○ ᄡᅳ디 몯ᄒᆞ여도 무던ᄒᆞ다 你 녜니 說 숴쉬 甚 씸심
麽 뭐마 話 화회 ○ 네 므슴 말을 니ᄅᆞ는다 使 ᄉᆞ스 不 붕부 得 듷더 時 ᄉᆞ스 ○
ᄡᅳ디 몯ᄒᆞᆯ ᄡᅥ시면 你 녜니 肯 킁큰 要 ᅙᅸ얀 麽 뭐마 ○ 네 즐겨 바들ᄯᆞ 打 다다
了 령랖 馲 떠토 馱 뗘토 着 짷죠 行 힝힝 ○ 짐 시러 녜쟈 日 ᅀᅵᇰ시 頭 뜽투 後
흫후 晌 샹샹 也 여여 ○ 날이 낫계엇다 這 져져 裏 례리 離 례리 城 쪙칭 有 잉우
的 딩디 五 우우 里 례리 路 루루 ○ 예셔 잣ᄲᅳᆷ이 五里ㅅ 길히 이시니 着 짷죠 兩
량량 箇 거거 後 흫후 頭 뜽투 趕 건간 將 쟝쟝 頭 뜽투 口 킇쿠 來 래레 ○ 둘흐
로 ᄒᆞ여 뒤헤 즘ᄉᆡᆼ 모라 오게 ᄒᆞ고 我 어오 和 허호 一 힝이 箇 기거 火 훠호 伴 뻔번
先 션션 去 큐큐 ○ 나와 ᄒᆞᆫ 벗이 몬져 가 尋 씸신 箇 거거 好 할한 店 뎜뎐 安 한안
下 햐하 着 짷죠 ○ 됴흔 店 어더 부리오고 却 갸키 來 래레 迎 잉잉 你 녜니 ○

자ᄉ도 가와 리너 라마 咱 장자 們 믄믄 先 션션 說 숴쉬 定 띵딩 着 쨯죠 ◯ 몬우 저리

야날 시녀 나명 ᄒ 只 짛즈 投 뚷투 順 쓘슌 城 찡칭 門 문믄 官 권권 店 뎜뎐 裏

례리 下 햐햐 去 큐큐 ◯ 드그 려저 가順 브城 리門 오官 자店 에 那 녀나 們 믄믄 時

씽스 ◯ 면그 려 你 녜니 兩 량량 箇 거거 先 션션 去 큐큐 ◯ 몬너 져희 가둘 라히

我 어오 兩 량량 箇 거거 後 흫후 頭 뜽투 慢 만만 慢 만만 的 듸디 赶 긴간 將

쟝쟝 頭 뜰투 口 큫쿠 去 큐큐 ◯ 여우 즘리 싱둘 모흔 라뒤 가허 마날 회 咱 장자 們

믄문 疾 찡지 快 쾌쾌 行 행힝 動 뚱둥 着 쨯죠 ◯ 리우 녜리 쟈샐 比 비비 及 낑기

到 답도 那 녀나 裏 례리 尋 씸신 了 럎랴 店 뎜뎐 時 씽스 ◯ 드뎨 매가 미뎜 ᄎ어

면 那 녀나 兩 량량 箇 거거 到 담도 來 래레 了 럎랴 也 여여 ◯ 오뎌 리둘 라도

店 뎜뎐 主 쥬쥬 人 인인 家 갸가 哥 거거 ◯ 형뎜 아쥬 인 後 흫후 頭 뜰투

還 환환 有 잉우 幾 계기 箇 거거 火 훠호 伴 뽠번 ○ 러뒤 벗헤 이또 여 趕 권간
着 짭죠 幾 계기 疋 핑피 馬 마마 來 래레 也 여여 ○ 라여 오러 누몰 니을 모 你
녜니 這 져져 店 뎜뎐 裏 례리 ○ 뎜비 에이 下 햐하 的 딩디 我 어오 麼 뭐마 ○
리우 올리 ㅅ다를 브 你 녜니 通 퉁퉁 幾 계기 箇 거거 人 신신 幾 계기 箇 거거 馬
마마 ○ 룸너 에희 몃대 몯되 ㅍ몃 사 我 어오 共 궁궁 通 퉁퉁 四 승스 箇 거거 人
신신 ○ 네우 사리 룸대 에되 十 씽시 箇 거거 馬 마마 ○ 이열 라몰 車 처쳐 子 줏즈
有 잉우 麼 뭐마 ○ 누술 냐위 잇 車 처쳐 子 증즈 沒 뭉무 ○ 업술 다위 這 져져
們 문믄 的 딩디 時 씃스 ○ 면이 러 下 햐하 的 딩디 你 녜니 ○ 브너 리희 오를
마 那 너나 東 둥둥 邊 변변 有 잉우 一 힝이 間 갼견 空 쿵쿵 房 빵방 子 즈즈
○ 뷘뎌 방동 이녁 이겻 시틔 니ᄒᆞᆫ 간 你 녜니 看 컨칸 去 큐큐 ○ 가비 라보 라 你

녜니 릐ㅣ 인인 我어오 看컨칸 去큐큐 來래레 ○ 비 날을 드려 보라 가쟈 我어오

忙망망 ○ 내 밧바 沒몽무 功궁궁 夫부부 去큐큐 ○ 결을 어더 가지 못ᄒᆞ리로

다 你녜니 自쯩ᄌᆞ 看컨칸 去큐큐 着쨯죠 ○ 네 보라 가라 悞우우 了럏랴

你녜니 多더도 少셯샤 功궁궁 夫부부 ○ 네 언마 功夫ᄅᆞᆯ 머므로료 到당도 那

너나 裏례리 看컨칸 了렿랴 房빵방 子쯩ᄌᆞ 中즁중 不붕부 中즁중 ○ 게가

방이 맛당ᄒᆞᆫ가 맛당치 몯ᄒᆞᆫ가 보고야 我어오 說숼쉬 一힁이 句규규 話화화 ○

내 ᄒᆞᆫ 말을 니ᄅᆞ리라 這져져 們믄믄 時씽스 去큐큐 來래레 ○ 이러면 가마 你

녜니 這져지 房빵방 兒ᅀᅵᆼᅀᆞᆯ 也여여 下햐하 的딍디 我어오 ○ 네 이 집의 우리

를 부리오거니와 茶짜차 飯뽠반 如ᅀᅲᅀᅲ 何ᅘᅥ허 ○ 차반은 엇디ᄒᆞ려뇨 茶짜차

飯뽠반 時씽스 我어오 店뎜뎐 裏례리 家갸가 小셯샤 ○ 음식은 우리 뎜에 집

사ᄅᆞᆷ이 新신신 近긴낀 出츄츙 去큐큐 了랴럏 ○요ᄉᆞ이 나가시니 委위위
實시씽 沒무몽 人인인 整징징 治치찡 ○진실로 ᄃᆞᆯ홀 사ᄅᆞᆷ이 업ᄉᆞ니 你니녜
客켜킹 人인인 們믄문 自즈쯔 做주주 飯반빤 喫치킹 ○너희 나그내들 손조
밥지어 먹으라 我오어 們믄문 自즈쯔 做주주 飯반빤 喫치킹 時스씽 ○우리
손조 밥지어 먹으면 鍋고궈 竈잔짶 椀권뤈 楪뎌뎡 都두두 有우잉 麽마뭐 ○
가마와 노고 자리와 사발 뎝시 다 잇ᄂᆞ냐 那나너 的디딩 你니녜 放방방 心신심 ○
글란 ᄇᆡ ᄆᆞᄋᆞᆷ 노화시라 都두두 有우잉 ○다 잇다 這져져 們믄문 便변뼌 ○
이러면 我오어 迎잉잉 火호훠 伴번뻔 去큐큐 ○내 벗을 마ᄌᆞ라 가마 你니녜
去큐큐 着죠쨩 ○비가라 【又】 你니녜 兩량량 箇거거 到도당 這져져 裡
리례 多도더 少샤셩 時스씽 ○너희 둘히 예 오난디 언머나 ᄒᆞ뇨 我오어 纔채째

到닿닾這져저裏례리 ○ 우리 ᄀᆞᆺ 여긔 오롸 待때대要얗얖尋씸신你녀니

去큐큐來래레 ○ ᄒᆞ마 니희 ᄎᆞᄌᆞ라 가려 ᄒᆞ더니 你녀니却캬겨來래레了럎랖

○ 비ᄉᆞ도 오나다 店뎜뎐在째재那너나裏례리 ○ 뎜이 어ᄃᆡ 잇ᄂᆞ뇨 那너나

西셰시頭뜰투有읭우 ○ 뎌 셧녁 귿틔 잇ᄂᆞ니라 行ᅘᅵᆼ힝李례리都두두搬

뷘번入슝슈來래레着쨯죠 ○ 짐 돌다 옴겨 드려오고 把바바馬마마們믄믄

都두두鬆숭숭了럎랖 ○ ᄆᆞᆯ돌다 오랑을 서운이 ᄒᆞ고 且쳐쳐休힉후摘징져

了럎랖鞍헌안子ᅎᆞᆼ즈 ○ 아직 기르마 벗기디 말라 你녀니去큐큐問룬운主

쥬쥬人신신家갸가 ○ 네 主人ᄃᆞ려 무러 要얗얖幾계기箇거거席씽시子

ᅎᆞᆼ즈藁갈갇薦젼젼來래레 ○ 여러 돗과 지즑을 달라 ᄒᆞ야 오고 就찧직拿나나

苕떃댶帚징주來래레掃삼산地띠디 ○ 임의셔 빗 가져다가 ᄡᅡ흘 ᄡᅳᆯ라 行

힝ᅘᅵᆼ 李 리례 且 쳐쳐 休 후힣 搬 번뵌 入 슈ᅀᅲᆼ 去 큐큐 ○ 짐으란 아직 옴겨드리디

말고 等 등듕 鋪 푸푸 了 랴령 席 시씽 薦 젼젼 時 스씽 ○ 돗과 지즑 ᄭᆞᆯ믈기 ᄃᆞ려

一 이힝 發 바봥 搬 번뵌 入 슈ᅀᅲᆼ 去 큐큐 ○ ᄒᆞᆫᄢᅴ 옴겨 드려가라

客 켜킹 人 싄신 們 믄믄 ○ 나그내들 你 니네 這 져져 馬 마마 要 얀얌 賣 매매 麼 마뭐 ○ 네 이 ᄆᆞᆯ을 ᄑᆞᆯ고져 ᄒᆞᄂᆞ냐

可 커커 知 지징 我 오어 要 얀얌 賣 매매 裏 리례 ○ 그리어 내 ᄑᆞᆯ고져 ᄒᆞ노라

你 니네 既 기긔 要 얀얌 賣 매매 時 스씽 ○ 네 이믜 ᄑᆞᆯ고져 ᄒᆞ거든

也 여여 不 부붕 須 슈슈 你 니네 將 쟝쟝 往 왕왕 市 스씽 上 샹썅 去 큐큐 ○ 또 모로미 네 가져 져제 가디 말고

只 즈징 這 져져 店 뎐뎜 裏 리례 放 방방 着 쟢쨩 ○ 그저 이 뎜에 두라

我 오어 與 유유 你 니네 尋 신씸 主 쥬쥬 兒 ᅀᅳᆯᅀᅵᆼ 都 두두 賣 매매 了 랴령 ○ 내 너를 위ᄒᆞ야 님자 어더 다 ᄑᆞᆯ게 ᄒᆞ마 罷 바빠 罷 바빠

○ 두두 어어 到 닿닾 明 밍밍 日 싱이 再 재재 說 셔숴 話 화화 ○ 시닉 말일 ᄒᆞ다

쟈 咱 잠자 這 져저 馬 마마 們 믄믄 路 루루 上 샹샹 來 래래 ○ 몰우 돌리 하이

노길 라히 오 每 믜믜 日 싱이 走 즉주 路 루루 子 즈즈 辛 신신 苦 쿠쿠 ○ 일믹

고길 ᄒᆞᄃᆞ 고티 슈 喂 위위 不 붛부 到 당닾 ○ 못먹 ᄒᆞ키 야기 시를 니마 장 都 두두

沒 뭉무 甚 씸슴 麼 뭐마 膘 뱡반 ○ 짐다 이아 엽ᄆᆞ ᄉᆞ란 니술 便 뼌변 將 쟝쟝 到

당됴 市 씌스 上 샹샹 ○ 져주 졔제 가가 면져 市 씌스 上 샹샹 人 인신 也 여여 出

츙츄 不 붛부 上 샹샹 價 갸갸 錢 쪈쳔 ○ 도져 내젯 디사 아룸 니도 ᄒᆞ갑 리슬 라도 咱

창자 們 믄믄 捨 셔셔 着 쟣죠 草 참찬 料 럏랴 ○ 콩우 울리 브집 려과 好 핳화 生

싱승 喂 위위 幾 게기 日 싱이 發 봥바 落 랍로 ○ 여마 디장 쳐여 ᄒᆞ러 여날 도먹 也

여여 不 붛부 遲 쯔치 裏 레리 ○ 니또 ᄒᆞ티 리듸 라디 아 你 비니 說 셔숴 的 딩디

是씃스○네님옴이올타我어오也여여心심신裏리리這저져們믄믄想

샹샹着쟐죠○나도므옴애이리싱각ᄒ엿노라我어오又일우有일우人신신

蔘슴슨毛맘만施싀스布부부○내ᄯᅩ人蔘과모시뵈이시니明밍밍日싀시

打다다聽텅텅價가갸錢젼쳔去큐큐來래레○닉일갑슬듯보라가셔有

일우價가갸錢젼쳔時씃스賣매매了럏랴着쟐죠○갑시이시면풀고시怕

파파十씃시分분븐的디디賤쪈젼時씃스○저권대ᄀ장쳔ᄒ면且처쳐停

댱팅些서셔時씃스○아직잠간머믈워두리라你녜니那나나裏리리打다다

聽텅텅去큐큐○비이ᄃᆡ듯보라갈ᄯᆡ吉깅기慶킹킹店텸텬裏리리有일우

我어오相샹샹識씽시○吉慶店에내서르아는이이시니那나나裏리리問

윤문去큐큐○티각무로라가리라這저져們믄믄時씃스○이리면到당닷

明밍밍日싕싀咱잠자們믄믄同뚱퉁去큐큐○닉일 다ᄃᆞᆺ거든 우리 ᄒᆞᆫ번의 가쟈

伱비니兩량량箇거거看컨칸着쨯죠頭뜰투口큳쿠○너희 둘히 즘ᄉᆡᆼ 보라

我어오兩량량箇거거到담단城찡칭裏리리去큐큐便뼌변來래래

○우리 둘히 잣안희 가셔 즉제 오마

老랑랖乞킹킈大때다諺연연解걔계上샹샹

老乞大諺解

平安監營重刊本

增刊老乞大 坤

老랄랖乞킹키大때다諺연연解걔계下쨔햐

拜배배揖힝이大때다哥거거 ○ 읍ᄒᆞ노이다 큰형아 這져져店뎜뎐裏리리賣매매毛맣마施싀스布부부的디디高강간麗례리客킈커人인신李리리舍셔셔有잉우麽머마 ○ 이 뎜에 모시뵈 ᄑᆞᆯ 高麗ㅅ 나그내 李새 잇ᄂᆞ냐 你네니尋씬신他터타怎즘즘麽머마 ○ 네 뎌를 ᄎᆞ자 므슴ᄒᆞᆯ다 我어오是씌스他터타親친친眷권권 ○ 내 뎌의 권당이러니 纔째채從쭝충高강간麗례리地띠디面면면来래레 ○ 앗가ᄀᆞᆺ 高麗ㅅ ᄯᅡ흐로셔 오롸 恰캬갸纔째채出추츄去큐큐了랴랴 ○ 앗가ᄀᆞᆺ 나가시니 往왕왕羊양양市씌스角갸교頭뜰투去큐큐了럏랴 ○ 羊져제 보롱이를 향ᄒᆞ야 가니라 他터타說쉬슈便변변来래레 ○ 제 닐오디 즉제 오마 ᄒᆞ여시니 你네니且쳐쳐出추츄去큐큐 ○ 네 아직 나갓다

-가 等딍등 一힝이 會훠휘 再재재 來래레 ○ 훈디위 기드려 다시 오라 旣계기

他터타 羊양양 市씋스 角갸교 頭뜰투 去큐큐 時씋스 ○ 이믜 제 羊 져제 모롱

이에 가시면 又잉우 不붕부 遠원원 ○ 또 머디 아니ᄒᆞ니 我어오 只징즈 這

져저 裏레리 等딍등 ○ 내 그저 예셔 기ᄃᆞᆯ오리라 隨쒸취 你니니 等딍등 着쨥죠

○ 네 대로 기ᄃᆞᆯ오라 他터타 在째재 那너나 箇거거 房빵방 子즈즈 裏레리

下햐햐 ○ 제 어늬 방의 브리워 잇ᄂᆞ뇨 那너나 西셔시 南남난 角갸교 上썅샹

○ 뎌 西南 모해 爸바바 籬레리 門문믄 南남난 邊변변 ○ 바조문 남녁 小

샨 板반반 門문믄 兒싱술 便뺸변 是씋스 ○ 죠고만 널문이괴라 他터타 出

츄츄 去큐큐 了럏랴 ○ 제 나가시면 看컨칸 家갸갸 的딍디 有잉우 麼뭐마

○ 집 보리 잇ᄂᆞ냐 有잉우 箇거거 後흫후 生싱승 來래레 ○ ᄒᆞᆫ 져므니 잇ᄂᆞ니

這저져裏례리不붕부見견견○예업스니敢감간出츄츄去큐큐了랴랸

○나간듯ᄒᆞ다

你니네高갇간麗례리地띠디面면면裏례리將장장

甚씸슴麼머마貨훠호物우우來래레○네高麗ᄯᅡ희셔므슴貨物가져온다我

오어將장장的디디幾기기疋피피馬마마來래레○내여러필ᄆᆞᆯ을가져오라

再재재有우우甚씸슴麼머마貨훠호物우우○또므슴貨物잇ᄂᆞ뇨別볘베

没무무甚씸슴麼머마○다ᄅᆞᆫ아모것도업고有우우些셔셔人신신參슴슨

毛모마施스스布부부○져기人蔘과모시뵈잇다如유유今김긴價갸갸錢

쳔쳔如유유何허허○이제갑시엇더ᄒᆞ뇨價갸갸錢쳔쳔如유유常쨩챵○

갑시常ᄒᆞ되人신신參슴슨正징징缺퀑퀘着쟣쟈裏례리○人蔘은졍히업

스니最쥐쥐好핳한價갸갸錢쳔쳔○갑시ᄆᆞ장됴ᄒᆞ니라如유유今김긴賣

매메 的딩디 多더도 少셯샾 ○ 이제 언머에 ᄑᆞᄂᆞᆫ고 往왕왕 年년년 便뼌변 只

징즈 是씃스 三삼산 錢쪈쳔 一힝이 斤긴긴 ○ 往年은 그저 서 돈에 ᄒᆞᆫ 근식 이러니

如슈슈 今김긴 為위위 沒몽무 有잉우 賣매매 的딩디 ○ 이제 ᄑᆞᆯ리 업ᄉᆞ므로

五우우 錢쪈쳔 一힝이 斤긴긴 家갸갸 也여여 沒몽무 處츄츄 尋씸신 裏

례리 ○ 닷 돈에 ᄒᆞᆫ 근식이라도 어들 디 업스니라 你녜니 那너나 蔘슴순 那너나 裏

례리 蔘슴순 ○ 네 뎌 蔘이 어딧 蔘고 我어오 的딩디 是씃스 新신신 羅러로 蔘

슴순 ○ 내 하ᄂᆞᆫ 新羅蔘이라 新신신 羅러로 蔘슴순 時씃스 又잉우 好향한 ○

新羅蔘이면 ᄯᅩ 됴타 愁쯩추 甚씜숨 麽뭐마 賣매매 ○ 므슴 ᄑᆞᆯ기 근심ᄒᆞ료 那

녀나 箇거거 不봉부 是씃스 李례리 舍셔셔 來래레 了럎랴 ○ 뎌 아니 李개 오

ᄂᆞ냐 好향한 麽뭐마 好향한 麽뭐마 ○ 이대 이대 幾계기 時씃스 來래레 ○

2b

這 저져 裏 례리 不 붕부 見 견견 ○ 예 업스니 敢 감간 出 츙츄 去 큐큐 了 령랴

○ 나간ᄃᆞᆺᄒᆞ다 你 니녜 高 강간 麗 례리 地 띠디 面 면면 裏 례리 將 쟝쟝

甚 씸슴 麼 뭐마 貨 훠호 物 뭉우 來 래레 ○ 네 高麗ᄯᅡ히셔 므슴 貨物 가져온다 我

어오 將 쟝쟝 的 딩디 幾 계기 疋 핑피 馬 마마 來 래레 ○ 내 여러 필 ᄆᆞᆯ을 가져오라

再 재재 有 잉우 甚 씸슴 麼 뭐마 貨 훠호 物 뭉우 ○ ᄯᅩ 므슴 貨物 잇ᄂᆞ뇨 別 뼝벼

沒 뭉무 甚 씸슴 麼 뭐마 ○ 다른 아모것도 업고 有 잉우 些 셔셔 人 신신 蔘 슴ᄉᆞᆫ

毛 망마 施 싀스 布 부부 ○ 젹이 人蔘과 모시뵈 잇다 如 슈슈 今 김긴 價 갸갸 錢

쪈쳔 如 슈슈 何 혀허 ○ 이제 갑시 엇더ᄒᆞ뇨 價 갸갸 錢 쪈쳔 如 슈슈 常 쨩챵 ○

갑시 如常ᄒᆞ되 人 신신 蔘 슴ᄉᆞᆫ 正 징징 缺 퀑쿼 着 짱죠 裏 례리 ○ 人蔘은 졍히 업

스니 最 쥐쥐 好 함한 價 갸갸 錢 쪈쳔 ○ 갑시 ᄀᆞ장 됴ᄒᆞ니라 如 슈슈 今 김긴 賣

매메 的 뎡디 多 더도 少 셩샤 ◯ 에이 곡제 는언 고며 往 왕왕 年 년년 便 뼌변 只

징즈 是 씽스 三 삼산 錢 쪈쳔 一 힝이 斤 긴긴 ◯ 에往 ᄒᆞᆫ年 근은 식그 이저 러서 니돈

如 슈슈 今 김긴 為 위위 没 몽무 有 잉우 賣 매매 的 딩디 ◯ 업이 숨제 으ᄑᆞᆯ 로리

五 우우 錢 쪈쳔 一 힝이 斤 긴긴 家 갸갸 也 여여 没 몽무 處 츄츄 尋 씸신 裏

례리 ◯ 도닷 어돈 들에 되ᄒᆞᆫ 업근 스식 니이 라라 你 녜니 那 너나 蔘 숨순 那 너나 裏

례리 蔘 숨순 ◯ 어비 덧터 蔘蔘 고이 我 어오 的 딩디 是 씽스 新 신신 羅 러로 蔘

숨순 ◯ 羅새 蔘하 기는 라新 新 신신 羅 러로 蔘 숨순 時 씽스 又 잉우 好 항한 ◯

면新 산羅 됴蔘 타이 愁 쯤추 甚 씸숨 麼 뭐마 賣 매매 ◯ 곤므 심숨 ᄒᆞᆫᄑᆞᆯ 료기 那

녀나 箇 거거 不 붕부 是 씽스 李 례리 舍 셔셔 來 래레 了 력랴 ◯ 李테 개아 오니

낭낙 好 항한 麼 뭐마 好 항한 麼 뭐마 ◯ 이이 대대 幾 계기 時 씽스 來 래레 ◯

오언 뇨제 家 가갸 裏 례리 都 두두 好 할화 麽 뭐마 ○ 대집 ᄒᆞ의 텬셔 가다 이 都
두두 安 현안 樂 랑로 来 래레 ○ ᄒᆞ다 더이 라대 我 어오 下 햐햐 處 츄츄 去 큐큐
○ 의내 가하 쟈쳐 請 칭칭 請 칭칭 ○ 노청 나ᄒᆞ 裏 례리 頭 뜰투 坐 쬐조 的 딩디
○ 즈안 라해 안 伱 녜니 從 쭝중 幾 계기 時 씽스 離 례리 了 럏랴 王 왕왕 京
깅깅 ○ 의네 셔언 벼제 난王 다京 我 어오 七 칭치 月 웡워 初 추추 頭 뜰투 離 례리
了 럏랴 ○ 애내 벼七 나月 롸초 싱 却 캬키 怎 즘즘 麽 뭐마 這 져져 時 씽스 間
갸뎌 纔 쨰채 来 래레 到 댷됴 ○ 에ᄯᅩ 아엇 굿디 온이 다즈 음 我 어오 沿 연연 路
루루 慢 만만 慢 만만 的 딩디 来 래레 ○ 날내 회길 혀홀 오조 롸차 我 어오 家 갸갸
裏 례리 有 잉우 書 슈슈 信 신신 麽 뭐마 ○ 뮈우 잇리 ᄂᆞ집 나의 유 有 잉우 書
슈슈 信 신신 ○ 잇유 다뮈 這 져져 書 슈슈 上 샹샹 寫 셔셔 着 쨥죠 ○ 무이 에유

시븐 거 沒 몽무 甚 씸슴 麽 뭐마 備 삐비 細 세시 ○ 아므란 조셔ᄒᆞᆫ 줄이 업다 你
녜니 来 래레 時 씽스 ○ 네 올 저긔 我 어오 父 뿌부 親 친친 ○ 우리 父親 母 무무
親 친친 ○ 母親 伯 빙버 父 뿌부 ○ ᄆᆞᆺ아자비 叔 슝수 父 뿌부 ○ 아ᄋᆞ아자비
伯 빙버 娘 냥냥 ○ ᄆᆞᆺ아자비쳐 嬸 심신 子 즈즈 ○ 아ᄋᆞ아자비쳐 姐 져져 姐
져져 ○ ᄆᆞᆺ누의 姐 져져 夫 부부 ○ ᄆᆞᆺ누의 남편 二 싱을 哥 거거 ○ 둘재 형
三 삼산 哥 거거 ○ 셋재 형 嫂 삼삼 子 즈즈 ○ 형의 쳐 妹 뮈믜 子 즈즈 ○
아ᄋᆞ누의 兄 휭훙 弟 떼디 們 문믄 ○ 아ᄋᆞ들히 都 두두 安 헌안 樂 랍로 好 함화
麽 뭐마 ○ 다 이대 ᄒᆞ더가 都 두두 安 헌안 樂 랍로 ○ 다 이대 ᄒᆞ더라 那 너나 般
뷘번 好 함화 時 씽스 ○ 그리 됴히 이시더 休 힝휘 道 땅닾 黃 황황 金 김긴 貴
귀귀 ○ 黃金이 귀ᄒᆞ다 니ᄅᆞ디 말라 安 헌안 樂 랍로 直 찡지 錢 쪈쳔 多 더도 ○

편안홈이 쓰미 하니라 아 빗 怪 괘괘 道 닿닿 ○ 괴이 후다 今 김긴 日 싱이 早 잫잫

起 키키 ○ 오놀 아춤의 喜 히히 鵲 챺챵 見 슬싱 噪 삼삼 ○ 가치 울고 又 우잉

有 우잉 噠 디티 噴 픈픈 来 래레 ○ 또 조치 음 후더니 果 고궈 然 연연 有 우잉

親 친친 眷 권권 来 래레 ○ 果然 권당이 오고 又 우잉 有 우잉 書 슈슈 信 신신

○ 또 書信이 이시니 却 거갸 不 부붕 道 닿닿 ○ 또 아니 니ᄅᆞ나냐 家 갸갸 書

俆 슈슈 直 지징 萬 완완 金 긴긴 ○ 家書ㅣ 萬金 다 훈ᄂᆞ니라 ᄊᆞ 小 샤샹 人 신신 拙

婦 부뿌 和 호훠 小 샤샹 孩 해해 兒 슬싱 們 믄믄 ○ 小人의 계집과 아ᄒᆡ들히

都 두두 安 안언 樂 로랖 麼 마뭐 ○ 다 이대 훈더가 都 두두 安 안언 樂 로랖 ○

다 安樂 훈더라 你 니네 那 나너 小 샤샹 女 뉴뉴 兒 슬싱 ○ 네 그 ᄯᆞᆯ이 져근 出 츄츙

疹 친친 子 즈즈 来 래레 ○ 되야 낫더니 기 我 오어 来 래레 時 스씽 都 두두 完

痊痾了 ○ 내 올 제 다 됴하 암그랏더라

〔你〕你將甚麼貨物來 ○ 네 므슴 貨物을 가져온다

我將着幾匹馬來 ○ 내 여러 필 ᄆᆞᆯ을 가져오고

又有些人參毛施布 ○ 또 人蔘과 모시뵈이

如今價錢如何 ○ 이제 갑시 엇더ᄒᆞ뇨

馬的價錢和布價只依往常 ○ ᄆᆞᆯ 갑과 뵛 갑슨 그 저녁 ᄀᆞᆺ거니와

人參價錢十分好 ○ 人蔘 갑슨 ᄀᆞ장 됴ᄒᆞ니라

說的是 ○ 닐옴이 올타

恰纔這店裏那客人也這般說 ○ 앗가 이 店엣 나그내도 이리 니ᄅᆞ더라

你

有 우잎 幾 기게 箇 거거 火 호훠 伴 번뻔 ◯ 네 몃 벗이 잇ᄂᆞ뇨 又 우잎 有

兩 량랑 箇 거거 火 호훠 伴 번뻔 ◯ 또 두 벗이 이쇼ᄃᆡ 이 都 두두 是 씃스 親

친친 眷 권권 ◯ 다 권당이니 一 잏이 箇 거거 是 씃스 姑 구구 舅 낑구 哥 거거

哥 거거 ◯ ᄒᆞ나ᄒᆞᆫ 姑舅의게 난 형이오 一 잏이 箇 거거 是 씃스 兩 량랑 姨 이이

兄 휭훙 弟 뗴디 ◯ ᄒᆞ나ᄒᆞᆫ 兩姨의게 난 아이라 在 쨰재 那 너나 裏 례리 下 햐하

◯ 어ᄃᆡ 부리엿ᄂᆞ뇨 在 쨰재 順 쓘슌 城 쪙칭 門 믄믄 官 권권 店 뎜뎐 街 개계

北 븨버 一 잏이 箇 거거 車 쳐쳐 房 빵방 裏 례리 下 햐하 着 쟢죠 ◯ 順城門官

店 거릿 븍녁 ᄒᆞᆫ 술윗 방의 부리워 잇노라 從 쭝충 幾 게기 時 씃스 來 래레 到 당닿 ◯

언제 오뇨 我 오어 只 장즈 夜 여여 來 래레 到 당닿 ◯ 내 그저 오라 어 這 져져

火 호훠 伴 번뻔 是 씃스 誰 쒸쉬 ◯ 이 벗은 누고 到 당닿 遼 럎랖 東 둥둥 這

這져져邊변변 ○遼東이 뎌킈와 合갛거將장장他타타來래레 ○못드라 왓노라

他터타也여여有임우幾계기匹핑피馬마마 ○뎨ᄯᅩ여러필 ᄆᆞᆯ이이시니 一

이힝處츄츄趕권간將장장來래레 ○ᄒᆞᆫᄃᆡ 모라오라 他터타是씽스漢현한

兒싱ᅀᅳᆯ人신신 ○뎌는漢 人이니 在째재遼럏럎東둥둥城찡칭裏례리住

쮸쥬 ○遼東잣안해 셔사ᄂᆞ니 我어오沿연연路루루來래레時씽스 ○내 길

흘조차 올적의 好함한生싱승多더도得듷더他터타濟졔지 ○ᄀᆞ장만 히뎨의

구졔홈을 어드라 我어오漢현한兒싱ᅀᅳᆯ言연연語유유 ○내한 말을 不붕부

理례리會휘휘的딩디 ○아디못 ᄒᆞ니 路루루上썅샹喫칭치的딩디馬

마마匹핑피草찰찬料럎랖幷빙빙下햐하處츄츄 ○길헤먹을새 시며ᄆᆞᆯ돌의

草料와다 ᄆᆞᆺ하쳐를 全쭨췐是씽스這져져大때다哥거거辛신신苦구쿠 ○

전혀 이 큰 형이 슈고ᄒᆞ더니라 說쉬숴的디딍是스씅 ○ 날오미 올타 我오어
且쳐쳐到다당下하햐處츄츄去큐큐 ○ 내 아직 하쳐의 가노라 再재재廝
스ᄉᆞ見견견 ○ 다시 서ᄅᆞ 보쟈 且쳐쳐停팅띵些셔셔時스씽 ○ 아직 머므러든
咱자짱們믄문聊랸럏且쳐쳐喫치킹一이힝盃븨뷔酒쥐짐 ○ 우리 잠ᄭᅡᆫ
ᄒᆞᆫ잔 술 먹어 不부붕當당당接져졍風붕봉 ○ 마지아니ᄒᆞᆯ셧가 不부붕要
얀혐 ○ 마다 今긴김日ᅀᅵᅀᅵᆼ忙망망 ○ 오ᄂᆞᆯ은 밧브니 明밍밍日ᅀᅵᅀᅵᆼ再재재
廝스ᄉᆞ見견견 ○ ᄂᆡ일 다시 서ᄅᆞ 보와 喫치킹酒쥐짐也여여不부붕遲치찡
裏리레 ○ 술 먹어도 늣디 아니커니ᄯᆞ녀 這저저們믄문時스씽 ○ 이러면 明
밍밍日ᅀᅵᅀᅵᆼ就직찡店뎐뎜裏리레尋신씸伱니녜去큐큐 ○ ᄂᆡ일 이믜셔 店
에 너를 ᄎᆞ자 가셔 一이힝發바봥和호ᅘᅯ那나너親친친眷권권們믄문 ○

당흠 들셔 과뎌 권 一 횡이 處 츄츄 喫 칭치 一 횡이 兩 량량 盃 븨븨 ○ 셔훈 흔뒤

두먹 잔자 我 어오 送 숭숭 你 녜니 到 당닫 外 왜왜 頭 뜰투 去 큐큐 ○ 보내 내너

가라 마밧 씌 不 붕부 要 협얀 你 녜니 送 숭숭 ○ 기비 말보 라내 你 녜니 這 져져

房 빵방 裏 례리 沒 몽무 人 인인 ○ 름네 업이 ᄉᆞ방 니의 사 不 붕부 要 혐얀 去

큐큐 ○ 말가 라디 這 져져 們 문믄 時 씽스 ○ 면이 러 你 녜니 却 갸캬 休 힘후

恠 패괘 ○ 믈네 말ᄉᆞ도 라허 小 셩샤 人 인인 沒 몽무 甚 씸슴 麽 뭐마 館 권권 待

때대 ○ 밧小 논ᄉᆞ 일이 이아 업므 ᄉᆞ란 니이 恠 패매 甚 씸슴 麽 뭐마 ○ 허므 믈서 ᄒᆞ술

오리 咱 쨩자 們 문믄 一 횡이 家 갸갸 人 인인 ○ 사우 름리 이ᄒᆞᆫ 오짓 又 임우 不

봉부 是 씽스 別 뼝벼 人 인인 ○ 니ᄯᅩ 어ᄯᅳᆫ 니사 ᄉᆞ름 녀이 아 [illegible] 不 봉부 多

時 씽스 ○ 오아 라니 却 캬갸 到 당닫 店 뎜뎐 裏 례리 見 견견 ○ 가ᄯᅩ 보뎜 니에

店뎜뎬主쥬쥬人신신和훠호三삼산箇거거客킹커人신신立리리地
뎨디看컨간馬마마○店主人과 세 나그내 셔셔 믈 보디니店뎜뎬主쥬쥬人신신
說숼숴○店主人이 닐오되這져저三삼산箇거거火휘호伴뻔번○이 세
벗이兩량량箇거거是씽스買매매馬마마的딩디客킹커人신신○둘흔
믈 살 나그내오一힝이箇거거是씽스牙야야子즈즈○ᄒᆞ나흔 즈름이러라你
니니這져저馬마마○네 이 믈을他타타們믄믄都두두一힝이發봥바買
매매將쟝쟝山산산東둥둥賣매매去큐큐○뎌들히 다 홈ᄢᅴ 사 山東ᄯᅡ히 ᄑᆞᆯ라 가
져 가려 ᄒᆞᄂᆞ니便뼌변到당닾市씽스上썅샹○곳져제 가도也여여只징즈
一힝이般붠번○또ᄒᆞᆫ 가지라千쳔쳔零링링不붕부如ᅀᅲᅀᅲ一힝이頓
문둔○일쳔 ᄇᆞᆫ 거시 ᄒᆞᆫ 무둘기만 ᄀᆞᆺ디 몯ᄒᆞ니倒당닾不붕부如ᅀᅲᅀᅲ都두두賣

매매 與 유유 他 타터 ○ 도로혀뎌를다프라줌만ᄀ디못ᄒ니 你 니녜 旣 기게 要

얀양 賣 매매 時 스씃 ○ 네이믜풀려ᄒ면 咱 자쟘 們 믄믄 商 샹샹 量 량량 ○

우리헤아리쟈 這 져져 箇 거거 靑 칭칭 馬 마마 多 도더 少 샤쌰 歲 쉬쉬 數 수수

○ 이총이믈이나히언머고 你 니녜 只 즈지 拿 나나 着 죠쟈 牙 야야 齒 츠치 看

관권 ○ 네니를자바보라 我 오어 看 권권 了 랴럎 也 여여 ○ 내보아다 上 샹썅

下 햐햐 衢 큐뀨 都 두두 沒 무뭉 有 우잉 ○ 아래웃골이다업스니 十 시씽 分

분분 老 랖람 了 랴럎 ○ ᄀ장늙다 你 니녜 敢 간감 不 부붕 理 리레 會 휘회 的

디딩 馬 마마 歲 쉬쉬 ○ 네믈나흘모르는듯ᄒ다 這 져져 箇 거거 馬 마마 如 슈슈

何 허혀 ○ 이믈이엇더ᄒ뇨 今 긴김 春 츈츈 新 신신 騸 션션 了 랴럎 的 디딩

十 시씽 分 분분 壯 좡장 的 디딩 馬 마마 ○ 올봄의새로불틴ᄀ장져믄믈이라 這

저져 好핳 的디 歹대 的디 ◯ 이 됴흐니 사오나오니 都두 一이

發바 商샹 量량 ◯ 다흔디 혜아리자 這저 兒슬 馬마 ◯

이 아질게 몰 騸션 馬마 ◯ 악대 몰 赤치 馬마 ◯ 졀다몰 黃황

馬마 ◯ 공골 몰 鷰연 色서 馬마 ◯ 오류마 栗리 色서 馬

마마 ◯ 구렁 몰 黑허 鬃중 馬마 ◯ 가리운 몰 白버 馬마 ◯ 셜아

몰 黑허 馬마 ◯ 가라 몰 鎖소 羅로 青칭 馬마 ◯ 츄마 골

土투 黃황 馬마 ◯ 고라 몰 繡시 膊바 馬마 ◯ 쇠느래 브튼골

破포 臉련 馬마 ◯ 간자 몰 五우 明밍 馬마 ◯ 가라간 쟈수족

빅이 몰 撒타 花화 馬마 ◯ 도화잠 불몰 青칭 白버 馬마 ◯

털청총 이몰 豁호 鼻비 馬마 ◯ 코 뻐 몰 騍코 馬마 ◯ 암 몰 懷

홰홰 駒 규규 馬 마마 ○ 삿기 빈 물 環 환환 眼 연얀 馬 마마 ○ 골희 눈 물 劣 례렬

馬 마마 ○ ᄆᆞ래ᄂᆞᆫ 물 這 져져 馬 마마 牛 닉잉 行 힝힝 花 화화 搭 타탕 步 부부

○ 이 ᄃᆞᆯ이 쇠거름ᄀᆞᆺ티 즈ᄂᆞ즈ᄂᆞ 것ᄂᆞᆫ다 又 우잉 竄 촨춴 行 힝힝 的 디딩 馬 마마

○ 또 잘 건ᄂᆞᆫ 물 鈍 둔둔 馬 마마 ○ ᄯᅳᆫ 물 眼 연얀 生 승싱 馬 마마 ○ 놀라ᄂᆞᆫ 물

撒 사상 蹶 궤궤 的 디딩 馬 마마 ○ 베ᄂᆞᆫ 물 前 쳔쪈 失 시싱 的 디딩 馬 마마

○ 앏거티ᄂᆞᆫ 물 口 쿠쿵 硬 잉잉 馬 마마 ○ 아귀 센 물 口 쿠쿵 軟 원원 馬 마마

○ 아귀므른 물 這 져져 些 셔셔 馬 마마 裏 리레 頭 투뜰 ○ 이 물 ᄉᆡᆼ에 歹 대대

的 디딩 十 시씽 箇 거거 ○ 사오나오니 열히니 一 이힝 箇 거거 瞎 하향 ○ ᄒᆞ나

ᄒᆞᆫ 눈 멀고 一 이힝 箇 거거 跛 보뷔 ○ ᄒᆞ나ᄒᆞᆫ 발 절고 ᄒᆞᆫ 一 이힝 箇 거거 蹄 티뎨

歪 와왜 ○ ᄒᆞ나ᄒᆞᆫ 굽 기울고 一 이힝 箇 거거 磨 모뭐 硯 연언 ○ ᄒᆞ나ᄒᆞᆫ ᄆᆞ리고

一 힝이 箇 거거 打 다다 破 풔포 脊 징지 梁 량량 ○ 등ᄒᆞ 헐나 고흔 一 힝이 箇

거거 熟 쑹수 瘸 꿔쿼 ○ 폐ᄒᆞ 디나 고흔 지 一 힝이 箇 거거 疥 개개 ○ 흔ᄒᆞ 비나

고ᄅᆞ 먹 三 삼산 箇 거거 瘦 승수 ○ 위세 니흔 여 只 징즈 有 잉우 五 우우 箇

거거 好 함하 馬 마마 ○ ᄒᆞᆫ다 ᄆᆞᆯ은 이다 잇ᄉᆞ 다됴 你 니니 這 저저 馬 마마 ○

믈네 을이 好 함하 的 딩디 歹 대대 的 딩디 ○ 오됴 나ᄒᆞ 오니 나사 大 때다 的 딩디

小 셯샤 的 딩디 ○ 그크 니니 자 相 샹샹 滚 군군 着 쟣죠 ○ 와모 도 要 얗얀

多 더도 少 셯샤 價 갸갸 錢 쪈쳔 ○ 고언 져머 ᄒᆞ갑 논슬 다밧 一 힝이 箇 거거 家

갸갸 說 숴쉬 了 럏랴 價 갸갸 錢 쪈쳔 ○ 슬ᄒᆞ 니나 ᄅᆞ식 라갑 通 퉁퉁 要 얗얀 一

힝이 百 빅버 四 ᄉᆞ스 十 씽시 兩 량량 銀 인인 子 즈즈 ○ 十대 兩되 은一 을百 바四

노드 라려 ᄒᆞ 你 니니 說 숴쉬 這 저저 般 붠번 價 갸갸 錢 쪈쳔 怎 즘즘 麽 뭐마

○네 이런 갑슬 닐러 므슴ᄒᆞ려 ᄒᆞᄂᆞᆫ다 你니네 只즈징 說쉬숭 賣매매 的디딍 價
갸갸 錢천쳔 ○네 그저 ᄑᆞᆯ 갑슬 니르라 沒무뭉 來레래 由우잉 這져저 般번뷘
胡후후 討탄탕 價갸갸 錢천쳔 ○쇽절업시 이리 간대로 갑슬 ᄭᅬ오ᄂᆞ다 我오어
不부붕 是스씽 纔갸경 商샹샹 量량량 的디딍 ○내 너모 혜아리ᄂᆞᆫ 이 아니라
你니네 說쉬숭 的디딍 是스씽 時스씽 ○네 닐옴이 올ᄒᆞ면 兩량량 三산삼
句규규 話화화 ○두세 말애도 交갸걍 易이잉 便변뼌 成칭찡 了랴령 ○
흔정이 즉제 일ᄊᆡ시니 不부붕 要야향 你니네 這져저 般번뷘 胡후후 討탄탕
價갸갸 錢천쳔 ○네 이리 간대로 갑슬 바드려 말라 怎즘즘 麼마뭐 還환환 你
니네 的디딍 是스씽 ○엇디 너를 주어야 올ᄒᆞ료 牙야야 子즈즈 說쉬숭 ○즈름
이 닐오되 客커킹 人신인 們믄문 ○나그내 너 你니네 不부붕 要야향 十시씽

分분븐多더도討탕탄◯비ᄀ장너모바드려말라你녜니兩량량箇거거枉

왕왕自쯔즈成찡칭不붕부得듸더◯너희둘히속절업시일우더못ᄒ리로다我

어오是씅스箇거거牙야야家갸갸◯나ᄂ즈름이니也여여不붕부向향향

買매매主쥬쥬◯또살님자도셔다아니ᄒ며也여여不붕부向향향賣매매

主쥬쥬◯또ᄑ님자도셔다아니ᄒ야我어오只징즈依이이直찡지說숴숴

◯내다ᄆ바론대로니ᄅ리라你녜니要얗야一힁이百븽버四ᄉ스十씽시

兩량량銀인인子즈즈時씽스◯네百四十兩은을바드려ᄒ면這져져五

우우箇거거好항할馬마마◯이다ᄉ됴ᄒ물과十씽시箇거거歹대대馬

마마◯열사오나온물새你녜니算쉰쉰多더도少섬샤◯비언머식혜ᄂ다

這져져五우우箇거거好항할馬마마◯이다ᄉ됴ᄒ물게ᄂ我어오算쉰쉰

的딍디該개개六룽루十씽시兩량량○내혜옴은예슌냥이오這져져十
씽시箇거거歹대대馬마마○이열사오나온물게는我어오算숸숸的딍디
該개개八빵바十씽시兩량량○내혜옴은여든냥이라似쓰스這져져般
뻔번價갸갸錢쪈쳔○이러틋ᄒᆞᆫ갑세ᄂᆞᆫ其끼키實씽시賣매매不붕부得
듸디○진실로ᄑᆞ디못ᄒᆞ리로다如유유今김긴老랖랖實씽시的딍디價갸갸
錢쪈쳔○이제고디식ᄒᆞᆫ갑슬說숴쉬與유유你녜니○너ᄃᆞ려니ᄅᆞᆯ새시니兩
량량家갸갸依이이着쟢죠我어오說숴쉬○둘히내말을조차交걒걒易
잉이了럎랖如유유何허허○흥졍홈이엇더ᄒᆞ뇨我어오且쳐쳐聽팅팅
你녜니定띵딩的딍디價갸갸錢쪈쳔○내아직비뎡ᄒᆞᆫ갑슬ᄃᆞ르마這져져
五우우匹핑피好항핳馬마마○이닷필됴ᄒᆞᆫ믈게는每뮈믜一힝이匹핑피

八 빠바 兩 량량 銀 인인 子 즈즈 ○ 미ᄒᆞᆫ 필의 여듧 냥 은식 ᄒᆞ면 通 퉁퉁 該 개개

四 쓰스 十 씽시 兩 량량 ○ 대되 마은 냥이오 這 져저 十 씽시 箇 거거 歹 대대

馬 마마 ○ 이 열 사오나온 물게는 每 뮈믜 一 힝이 箇 거거 六 룽루 兩 량량 銀 인인

子 즈즈 ○ 매 ᄒᆞᆫ 나희 엿 냥 은식 ᄒᆞ면 通 퉁퉁 該 개개 六 룽루 十 씽시 兩 량량

○ 대되 예쉰 냥이니 共 궁궁 通 퉁퉁 一 힝이 百 빙비 兩 량량 ○ 대되 一百 냥이

니 成 찡칭 了 럏랴 罷 빠바 ○ 흥졍ᄒᆞ미 므던ᄒᆞ다 似 쓰스 這 져저 般

번번 定 띵딩 價 갸가 錢 쪈쳔 ○ 이리 뎡ᄒᆞᆫ 갑 곳트면 就 찍주 是 씽스 高 갈가

麗 례리 地 띠디 面 면면 裏 례리 ○ 곳 高麗ㅅ 싸히셔도 也 여여 買 매매 不 붕부

得 더더 ○ 또 사디 못ᄒᆞ리라 那 나나 裏 례리 是 씽스 賓 씽시 要 얖야 買 매매

馬 마마 的 디디 ○ 어디 진실로 물 사고져 ᄒᆞᄂᆞᆫ 이고 只 즈즈 是 씽스 胡 후후 商

상샹 量 량량 的 딩디 ○그저간대로혜아리는이로괴야 這 져져 箇 거거 客 킈커

人 신인 ○이나그내 你 녜니 說 숴쉬 甚 씸슴 麼 뭐마 話 화화 ○네므슴말ᄋᆞᆯ니

ᄅᆞ는다 不 붕부 買 매매 時 씽스 害 해해 風 붕붕 那 녀나 ○사디아니ᄒᆞ면ᄇᆞᄅᆞᆷ

ᄡᅬ이라 做 주주 甚 씸슴 麼 뭐마 來 래레 這 져져 裏 례리 商 상샹 量 량량 ○

므슴ᄒᆞ라예와혜아리리오 大 這 져져 馬 마마 恰 캬갸 纔 쨰채 牙 야야 家 갸가

定 띵딩 來 래레 的 딩디 價 갸갸 錢 쪈쳔 ○이ᄆᆞᆯ을앗가즈름의뎡ᄒᆞᆫ갑시 還 ᅘᅪᆫ환

虧 퀴퀴 着 쨯죠 我 어오 了 럏랴 ○다홈내게셜웨라 你 녜니 這 져져 般 뷘번

的 딩디 價 갸갸 錢 쪈쳔 不 붕부 賣 매매 ○네이런갑싀ᄑᆞᆯ디아니ᄒᆞ고 你 녜니

還 ᅘᅪᆫ환 要 얗얀 想 상샹 甚 씸슴 麼 뭐마 ○네다홈므시술ᄉᆡᆼ각ᄒᆞ는다 你 녜니

兩 량량 家 가갸 休 힣휘 只 징즈 管 권권 爭 졍쟝 嚷 훤훤 ○너희둘히술리아짓

말게 고디 買매매 的뎌디 添텸뎐 些셔셔 箇거거 ○이사 더리 ᄒᆞᄂᆞᆫ 고적 賣매매

的뎌디 減감견 了럏랴 些셔셔 箇거거 ○이풀 뎔리 ᄒᆞᄂᆞᆫ 야적 再재재 添텸뎐

五우우 兩량량 ○만다 더시 ᄒᆞ닷 면냥 共ᄁᆞᆼ궁 一힝이 百븨버 零링링 五우우

兩량량 ○ᄇᆞ대 니되 닷一 냥百 이이 니오 成쪙칭 交걓갸 了럏랴 罷빠바 ○졍흥

뎐못 ᄒᆞ춤 니이 므 天텬텬 平삥핑 地띠디 平삥핑 ○이天 로平 다地 平 買매매

主쥬쥬 係녜니 不부부 添텸뎐 價갸갸 錢쪈쳔 ○더살 ᄒᆞ님 더재 아네 니갑 면슬

也여여 買매매 不부부 得더 ○못또 ᄒᆞ사 고디 賣매매 主쥬쥬 多더도 指

징즈 望망왕 價갸갸 錢쪈쳔 ○만풀 히님 ᄇᆡ재 라갑 면슬 也여여 賣매매 不부부

得더 ○ᄒᆞ또 리프 라디 못 邊변변 頭뚜투 立릿리 地띠디 閑한현 看칸칸

的더 人신인 說숴쉬 ○ᄂᆞᆫ마 사애 ᄅᆞᆷ셔 이셔 닐힘 오힘 되히 보 這져져 牙야야

家갸갸說숴쉬的디디價갸갸錢쳔쳔 ○이즈음 닐으ᄂᆞᆫ 갑시 正징징是씃스

本븐븐分뻔븐的디디言연연語유유 ○정히 고ᄃᆞᆫ 말이로다 罷빠바罷빠바

○두워 두워 咱장자們믄므只즈즈依이이牙야야家갸갸的디디言연연

語유유成칭칭了럏랴罷빠바 ○우리 그저 즐음의 말대로 못ᄎᆞᆷ이므뎐ᄒᆞ다 既

ᄀᆡ기這져져般번번時씃스 ○임의 이리면 價갸갸錢쳔쳔還환환虧퀴퀴

着쟣죠我어오 ○갑시 다 홈내 게 설웨라 ▨ 只징즈是씃스一이잉件견견

○다만 ᄒᆞᆫ 가지ᄂᆞᆫ 低데디銀인인子즈즈不부부要얀요與유유我어오 ○

ᄂᆞᄌᆞᆫ 은으란 날 주디 말고 好한한銀인인子즈즈與유유我어오些서셔 ○됴ᄒᆞᆫ

은을 날 주고려 咳개해低데디銀인인我어오也여여沒무무 ○해 ᄂᆞᄌᆞᆫ 은ᄂᆞᆫ 내

게도 업고 我어오的디디都두두是씃스細시시絲스스官권권銀인인 ○

絲니官히銀는이다라細既기是씅스好함한銀인인時씅스○흔임銀익이됴

면라흐咱잠자先션션看칸칸了럎랴銀인인子즈즈○은우을리보몬고저

寫서셔契키키○쓰글자월這져져們믄믄便뻔변布부부帒때대裏례리

取츄츄銀인인子즈즈来래레○銀이을러가면저布다帒가엣着쟢죠牙야야

人인인先션션看칸칸○몬졀져음뵈으끄로你니니賣매매主쥬쥬自쯔즈

家갸갸看칸칸○손녀조곡보는라님재裏례리頭뜰투沒뭉무有읻우一

흥이錠띵딩兒싈슬低뎨디的듕디○조속니애업흐스뎡니이라도ᄂ這져져

銀인인子즈즈雖쉬쉬是씅스看칸칸了럎랴○록이보은나을비眞진진

假갸갸我어오不붕부識싱시○디眞몯假ᄒ를니내아你니니記계기認

인신着쟢죠○두네라보람久김귀後흫후使싱스不붕부得듕디時씽스

○오랜후의쓰되몯ᄒᆞ면 我어오 只짐즈 問운운 牙야야 家갸갸 攙훤훤 ○

내그저즐음드려무러밧고리라 我어오 有잉우 認인인 色싀서 了렬랴 ○내보

람을두어시니 不봉부 揀간견 幾계기 時씽스 要얌얀 攙훤훤 ○아모제라업시

밧고리라 文문운 契켸키 着쨮죠 誰쒸쉬 寫셔셔 ○글월을ᄒᆞ여눌로쓰이료

牙야야 家갸갸 就찍쥐 寫셔셔 ○즐음이임의셔쓰라 這저저 契켸키 寫셔셔

時씽스 ○이글월을쓰면 一힝이 總중중 寫셔셔 麼뭐마 ○ᄒᆞᆫ듸쓰라 分분븐

開캐캐 着쨮죠 寫셔셔 ○ᄂᆞᆫ화쓰고 休힝후 總중중 寫셔셔 ○ᄒᆞᆫ듸쓰다말라

總중중 寫셔셔 時씽스 ○ᄒᆞᆫ듸쓰면 怎즘즘 麼뭐마 轉쥰쥰 賣매매 與유유

人인인 ○엇디옴겨ᄑᆞ라ᄂᆞᆷ을주리오 你니니 各갑거 自쯔즈 寫셔셔 着쨮죠

○네각각쓰라 你니니 這재저 馬마마 是씽스 一힝이 箇거거 主쥬쥬 見

싱슬的디딩那나너 ○ 네이믈이ᄒᆞᆫ 님자의것가 是스씽各거갑自ᄌᆞᄍᆞ的디딩

○ 이각 치가각 這져져馬마마是스씽四ᄉᆞ스箇거거主쥬쥬兒ᅀᅵᆯ슬的

디딩 ○ 이믈이네님 자의거시니 各거갑自ᄌᆞᄍᆞ有우잉數수수目무뭉 ○ 각각

數ᄂᆞ 目이 니라이 잇 你니니從츙쯍頭투뚱寫셔셔我오어的디딩馬마마契

키켸 ○ 네첫머리로내 믈글월을쓰라 你니니的디딩馬마마是스씽家갸갸生

승싱的디딩那나너元원원買매매的디딩 ○ 네이믈집의셔사 힌가본더니

가 我오어的디딩是스씽元원원買매매的디딩 ○ 내하ᄂᆞᆫ본 더사니라 你

니네在재째那나너裏리례住쥬쮸 ○ 네어듸 셔살며 이 姓싱싱甚슴씸麼

마뭐 ○ 셩이므 셧고 我오어在재째遼랴럍東둥둥城칭찡裏리례住쥬쮸

○ 내遼東잣안 해셔사노라 姓싱싱王왕왕 ○ 셩이王 개니 寫셔셔着쟢쨩王

왕왕 某 무무 着 쨯죠 ○ 王아뫼라 쓰라 【大】我 어오 寫 셔셔 了 럏랴 這 져져 一

힝이 箇 거거 契 캐키 了 럏랴 ○ 내 이 ᄒᆞᆫ 글월 쓰패라 我 어오 讀 똥두 你 녜니 聽

텅텅 ○ 내 닐거든 네 드르라 遼 럏랴 東 둥둥 城 찡칭 裏 례리 住 쮸쥬 人 인인 王

왕왕 某 무무 ○ 遼東 잣 안해셔 사는 사ᄅᆞᆷ 王아뫼 今 김긴 為 위위 要 햫양 錢 쪈젼

使 싱스 用 융융 ○ 이제 돈 ᄡᅳ고져 ᄒᆞ야 遂 쒸쉬 將 쟝쟝 自 쯔즈 己 계기 元 원원

買 매매 到 닿닫 ○ 드듸여 내 본디 사온 赤 칭치 色 싀저 騸 션션 馬 마마 一 힝이

匹 핑피 年 년년 五 우우 歲 쉬쉬 ○ 졀다 악대ᄆᆞᆯ ᄒᆞᆫ 필 이 나히 다ᄉᆞᆺ 이오 左 저조 腿

튀튀 上 썅샹 有 잏의 印 힌인 記 계기 ○ 왼녁 뒷다리 우희 인 마존 보람 잇ᄂᆞ니를 憑

삥핑 京 깅깅 城 찡칭 牙 야야 家 갸갸 羊 양양 市 씽스 角 갸ᇢ교 頭 뜰투 街 개계

北 븡버 住 쮸쥬 坐 쭤조 張 쟝쟝 三 삼산 ○ 京城 즈름ᄒᆞᄂᆞᆫ 양쳐 제거리 븍녁 킈셔 사

ᄂᆞᆫ 張三을 의빙ᄒᆞ여 作조작 中즁즁 人신신 ○ 中人을 삼아 賣매매 與유유 山

산샨 東둥둥 濟지졔 南난남 府부부 客커킈 人신신 李리레 五우우 ○ 山東

濟南府엣 나그내 李五의게 프라 주어 永융윙 遠원원 為위위 主쥬쥬 ○ 永遠히 님

자 삼아 兩량량 言연연 議이이 定딩띵 ○ 두녁 말로 議定ᄒᆞ야 時스씃 直지찡

價가갸 錢쳔쪈 ○ 時直 갑ᄉᆞ로 白버뻥 銀인인 十시씽 二ᅀᅳᆯᅀᅵᆼ 兩량량 ○

십푼은 열두 냥애 ᄒᆞ야 其키끼 銀인인 立리링 契키계 之즈징 日ᅀᅵᅀᅵᆼ ○ 그 은

을 글월 ᄒᆞᆫ 날의 一이힝 并빙빙 交갸걍 足주죵 ○ 홈ᄭᅴ 주믈 ᄎᆞ게 ᄒᆞ고 外왜왜 沒

무뭉 欠컨켬 少샤샹 ○ ᄠᅡ로 벼ᄅᆞᆷ이 업게 ᄒᆞ리라 如ᅀᅲᅀᅲ 馬마마 好화항 歹대대

○ 만일 믈의 됴쿠즘으란 買매매 主쥬쥬 自ᅎᆞᅏᆞ 見견견 ○ 살 님재 재보고 如

ᅀᅲᅀᅲ 馬마마 來레래 歷리링 不부붕 明밍밍 ○ 만일 믈의 來歷이 不明ᄒᆞ거든 賣

매매 主 쥬쥬 一 잉이 面 면면 承 찡칭 當 당당 ○ 자ᄑᆞ 맛는 ᄃᆞ님 리재 라혼 成 찡칭
交 걍갸 己 이이 後 흫후 ○ 츤흥 후졍 에ᄆᆞ 各 갛거 不 붕부 許 휴휴 番 환반 悔
휘휘 ○ 들각 허각 티므 마르 쟈기 如 슈슈 先 션션 悔 휘휘 的 딩디 ○ 져만 므일 르몬
란ᄂᆞᆫ 이 罰 빵바 官 권권 銀 인인 五 우우 兩 량량 ○ 냥구 을의 벌나 ᄒᆞ기 야은 닷
與 유유 不 붕부 悔 휘휘 之 짖즈 人 신신 ○ 는므 사르 룸쟈 주아 어니 ᄒᆞ 使 싱스
用 융융 無 무우 詞 쓰스 ○ 말ᄡᆞ 못게 ᄒᆞᄒᆞ 리야 라도 잡 恐 쿵쿵 後 흫후 無 무우
憑 빙핑 ○ 업후 슬에 가의 저빙 허홀 ᄃᆡ 故 구구 立 링리 此 츠츠 文 운운 契 계키
爲 위위 用 융융 者 져져 ○ 그부 라러 ᄡᆞ이 게문 ᄒᆞ긔 노를 라밍 某 무무 年 년년 月
웡위 日 싱싀 ○ 돌아 아모 모히 날아 모 立 링리 契 계키 人 신신 王 왕왕 某 무무
押 햡야 ○ 아글 모월 일밍 홈근 두사 고롬 王 牙 야야 人 신신 張 장장 某 무무 押

야향 ○ 즈름張아뫼일홈두엇다 其키끼 餘유유 的디딩 馬마마 契키계 ○ 그나
믄믈글월도 都두두 寫셔셔 了랴럏 也여여 ○ 다써다 咱자장 們믄문
羨쉰쉰 了랴럏 牙야야 稅쉬쉬 錢쳔쪈 着죠쨯 ○ 우리즈름갑글월벗긴갑혜아
리쟈 舊구끙 例리례 買매매 主쥬쥬 管권권 稅쉬쉬 ○ 舊例예는살님재글월벗
긴갑슬ᄀᆞ옴알고 賣매매 主쥬쥬 管권권 牙야야 錢쳔쪈 ○ ᄑᆞᆯ님재즈름갑슬ᄀᆞ
옴아ᄂᆞ니 你니녜 各거갛 自즈ᄍᆞ 羨쉰쉰 將쟝쟝 牙야야 稅쉬쉬 錢쳔쪈 來
리래 ○ 네각각즈름갑글월갑슬혜라 我오어 這져저 一이힝 百배빙 零링링 五
우우 兩량량 ○ 우리이一百이오ᄇᆞᆫ이닷냥애 該개개 多도더 少샤셯 牙야야 稅
쉬쉬 錢쳔쪈 ○ 혜오니즈름갑글월벗기ᄂᆞᆫ갑시언머나ᄒᆞ뇨 你니녜 自즈ᄍᆞ 羨쉰쉰
○ 네손조혜라 一이힝 兩량량 該개개 三산삼 分븐뷴 ○ ᄒᆞᆫ냥애서픈식이오

十씽시两량량該개개三삼산錢쪈쳔 ○ 열냥에서 돈식ᄒᆞ니 一힝이百빙버

零링링五우우两량량 ○ 一百이오 반닷냥에 牙야야稅쉬쉬錢쪈쳔該개개

三삼산两량량一힝이錢쪈쳔五우우分분븐 ○ 즈름갑글월갑시히오니석냥

ᄒᆞᆫᄃᆞᆫ오푼이로소니 牙야야稅쉬쉬錢쪈쳔都두두筭쉬원了럎랸 ○ 즈름갑글

월갑슬다혜어다 我어오這져져馬마마契캐키 ○ 우리이물글월을 幾계기

時씽스稅쉬쉬了럎랸 ○ 언제벗기료 這져져的딩디有임우甚씸슴麼

뭐마難난난 ○ 이야므슴어려옴이이시리오 伱녜니着쨭죠一힝이箇거거火

회호伴뻔번 ○ 네ᄒᆞᆫ벗으로ᄒᆞ여 跟근근我어오去큐큐來래레 ○ 날조차가

到댱단那너나裏례리便뼌변了럎랸 ○ 톄가면곳ᄒᆞ리라 更긩긍不봉부

時씽스 ○ 또그리아나거든 伱녜니都두두只징즈這져져裏례리等딩등

候후흫 着죠쨯 ○ 너희다그저예 셔기ᄃᆞ리라 我오어 去큐큐 稅쉬쉬 了랖령

○ 내가 벗거 送숭숭 將쟝쟝 來래래 與유유 你니녜 ○ 보내여너 를주마

我오어 不부봉 曾층쯩 好한함 生승싱 看칸칸 ○ 내일즙ᄀᆞ장보 더아니ᄒᆞ엿더

니 這저져 箇거거 馬마마 元원원 來래레 有우잉 病빙뼝 ○ 이믈이 본ᄃᆡ병

이잇 고나 有우잉 甚슴씸 麼마뭐 病빙뼝 ○ 므슴병이 잇ᄂᆞ뇨 那나너 鼻비삐

子즈즣 裏리례 流루륭 膿눙눙 ○ 뎌코희셔 코ᄒᆞ르나 ○ 是스씅 顙상상 馬

마마 ○ 코내ᄂᆞᆫ믈 이로ᄭᅩ나 我오어 怎즘즘 麼마뭐 敢간감 買매매 將쟝쟝 去

큐큐 ○ 내엇디감히사 가져가리오 不부봉 爭중징 將쟝쟝 去큐큐 時스씅 ○

ᄃᆞ토지아니 코가져가면 連련련 其키끼 餘유유 的디등 馬마마 ○ 다ᄅᆞᆫ믈 조차

都두두 染션셤 的디등 壞해해 了랖령 ○ 다뎐염ᄒᆞ여해 아더리로다 這저져

們문믄的딍디你녜니要햫얀番환반悔휘휘○이러면네므ᄅ ᄭᅳ저ᄒᆞᄂᆞᆫ다

我어오委위위實싱시不붕부要햫얀○내진실로말 고져ᄒᆞ노라你녜니既

계기不붕부要햫얀時씅스○네임의마 다ᄒᆞ면契켸키上썅샹明밍밍白

뼝버寫셔셔着쨯죠○글월에明白 히ᄡᅥ시되如슈슈馬마마好함학歹대대

○만일믈의됴 쿠즘으란買매매主쥬쥬自쯔즈見견견○살님재 제보고先

션션悔휘휘的딍디罰빵바銀인인五우우兩량량○몬져믈으자 ᄒᆞᄂᆞ니란은

닷냥벌ᄒᆞ쟈 ᄒᆞ얏ᄂᆞ니官권권憑빙핑印힌인信신신○구의ᄂᆞᆫ인 신을밋고私

스승憑빙핑要햫얀約햡요○ᄉᆞᄉᆞᄂᆞᆫ언약을 미들쟤시니你녜니罰빵바下

햐하銀인인五우우兩량량○네은닷냥을 벌로내여與유유他터타賣매매

主쥬쥬○뎌ᄑᆞᆫ님자 를주고悔휘휘將쟝쟝去큐큐便변변是씃스○믈 러

가면 거니 ᄭᅩᆺ올 녀 不 부붕 須 슈슈 惱 난낭 懆 잔잠 ○ 구ᄒᆞᆫ 티여 야말 노라 這 저져

們 믄믄 時 스씽 ○ 이면 러 你 니니 拿 나나 出 츄츄 這 저져 箇 거거 馬 마마

契 키켸 來 레래 ○ 네ᄅᆞᆯ 이내 몰여 글다 월가 問 운문 他 타터 們 믄믄 ○ 톄ᄃᆞ 들려

무러 元 원원 定 딩띵 價 갸갸 錢 쳔쪈 內 뉘뉘 中 중즁 ○ 서갑 엄새 뎡서 ᄒᆞᆫ 除

슈쥬 了 랴령 五 우우 兩 량량 銀 인인 子 즈즈 ○ 닷더 냥러 은내 을여 做 주주 番

반븐 悔 휘휘 錢 쳔쪈 ○ 므솔 르삼 ᄂᆞᆫᄑᆞ 갑 扯 처처 了 랴령 文 운운 契 키켸 着

죠짭 ○ 글보 월리 믜라 여 這 저져 箇 거거 馬 마마 悔 휘휘 了 랴령 ○ 이믈 믈러

다 該 개개 着 죠짭 八 바방 兩 량량 銀 인인 價 갸갸 錢 쳔쪈 ○ 희온 오여 니됨

냥시 갑니 你 니녜 要 얀열 過 고귀 的 디딍 牙 야야 錢 쳔쪈 ○ 네ᄂᆞᆫ 바ᄌᆞ 다름 잇갑

도 道 투퉁 該 개개 着 죠짭 一 이힝 錢 쳔쪈 二 을싕 分 븐븐 ○ 모ᄒᆞᆫ 도돈 와두

ᄂᆞᆫ니 이 你 녜니 却 캮거 迴 휘휘 將 쟝쟝 來 래레 ○ 가비 져ᄉᆞ도 오도 라로 那 너나

們 믄믄 時 씽스 迴 휘휘 與 유유 你 녜니 ○ 너그 를러 주면 마도 로 你 녜니 都

두두 這 져져 裏 례리 等 딍등 候 ᅘᆗᅘᆗ 着 쟣죠 ○ 기비 ᄃᆞ다 리예 라셔 我 어오 稅

쉬싀 契 켸키 去 큐큐 ○ 기우 라리 가글 노월 라벗 要 햠얀 甚 씸슴 麼 뭐마 等 딍등

你 녜니 ○ 를므 기숨 돌ᄒᆞᆫ 오라 ᄂᆞ너 我 어오 赶 건간 着 쟣죠 馬 마마 ○ 믈우 모리

라 下 ᅘᅣ햐 處 츄츄 兌 뛰뒤 付 부부 草 챨찬 料 럏랴 去 큐큐 ○ ᄎᆡᆨ하 ᄎᆡ쳐 장에

가만 노ᄒᆞᆫ 라라 你 녜니 稅 쉬쉬 了 럏랴 契 켸키 時 씽스 ○ 빗비 거글 든월 到 닿ᄃᆞᆺ

明 밍밍 日 ᅀᅵᆼᅀᅵ ○ ᄃᆞ니 리일 다 我 어오 下 ᅘᅣ하 處 츄츄 送 숭숭 來 래레 ○

보우 내리 여하 라셔 로 相 샹샹 別 뼈벼 散 산산 了 럏랴 ○ 호서 터로 디여 쟈희 여

你 녜니 這 져져 人 신인 蔘 슴ᄉᆞᆫ 布 부부 疋 핑피 ○ 파비 布이 疋人 을蔘 不

붕부 曾쯩층發봥바落랗로○일즙 더쳐 아니ᄒᆞ야시니 還훤환有잉우些셔셔
時씃스住쮸쥬裏례리○당시롱 젹이 머믈미 이실로다 我어오別뼝벼沒뭉무
甚씸슴買매매賣매매○내 다ᄅᆞᆫ 아므란 흥졍 업스니 比비비及낑기伱녜니
賣매매布부부的딩디其끼키間갼견○베 뵈 ᄑᆞᆯ믈미 처그ᄉᆞ이예 我어오買
매매些셔셔羊양양○내 羊을 사 到당닾涿좝조州직주地뗴디面면면賣
매매去큐큐○涿州ᄯᅡ희 가 ᄑᆞᆯ라 가 走즘주一힝이遭쟝잔廻휘휘来래레○
ᄒᆞᆫ 디위 ᄃᆞᆫ녀 오리라 咱쨩자們믄믄商샹샹量량량別뼝벼買매매貨훠호物
뭉우如슈슈何허허○우리 별로 살 貨物을 의논홈이 엇더ᄒᆞ뇨 這져저們믄믄時
씃스也여여好함한○이러면 됴토다 ᄯᅩ 伱녜니買매매羊양양時씃스○
네 羊을 사거든 咱쨩자們믄믄一힝이處츄츄去큐큐来래레○우리 ᄒᆞᆫᄃᆡ 가자

我어오也여여閑햔현看컨칸價갸가錢쪈쳔去큐큐○갑나슬도보놀라며

자가到당닾街개계上쌍샹立링리地띠디的딩디其끼키間갼견○리거

소예이가예셔 실一잉이箇거거客킝커人신인赶건간着쨯죠一잉이羣

균균羊양양過궈고来래레○을훈모나라그디내나훈오무거리늘양大때다哥

거거○아큰 형伱녜니這져저羊양양賣매매麽뭐마○을네풀이다羊可

커커知짖지賣매매裏례리○풀그리리라어 니伱녜니要혐얀買매매時

씽스○져네거사든고咱잠자們믄믄商샹샹量량량○논우ᄒᆞ리자의 這

져저箇거거羝데디羊양양○양이 수臊삼산胡후후羊양양○개아양질

羯경겨羊양양○양악 대羖구구䍽링리羔강간兒싈슬○샷염기쇼母

무무羖구구䍽링리○쇼암 염共궁궁通퉁퉁要혐얀多더도少셤샾價

갸갸 錢젼쳔 ○ 모도아 언머갑시 폴려ᄒᆞᄂᆞ다 我어오 通퉁퉁 要얗얀 三삼산 兩
량량 銀인인 子ᄌᆞ즈 ○ 내 대되 석냥 은을 바드리라 量량량 這져져 些셔셔 羊
양양 ○ 혜아리건대 이만ᄉᆞᆫ 양에 討탕토 這져져 般붠번 大때다 價갸갸 錢젼쳔
○ 이런 큰갑슬 바드려ᄒᆞ면 好함한 綿면면 羊양양 却캏거 賣매매 多더도 少
샿샤 ○ 됴ᄒᆞᆫ 소옴티양은 ᄯᅩ 언머에 폴다 討탕토 的딩디 是씽스 虛휴휴 ○ ᄭᅬ오
ᄂᆞ니ᄂᆞᆫ 거즛거시오 還환환 的딩디 是씽스 實씽시 ○ 갑ᄂᆞᆫ이아 진짓거시라 你
녜니 與유유 多더도 少샿샤 ○ 네 언머나 줄다 你녜니 這져져 們믄믄 胡후후
討탕토 價갸갸 錢젼쳔 ○ 네 이리 간대로 갑슬 바드려ᄒᆞ니 我어오 還환환 你
녜니 多더도 少샿샤 的딩디 是씽스 ○ 내 너를 언머나 갑하야 올ᄒᆞᆯ고 你녜니 說
숴숴 的딩디 是씽스 ○ 네 니ᄅᆞᆷ도 올타 這져져 們믄믄 便뼌변 ○ 이러면 我

어오 減 감견 了 령랴 五 우우 錢 젼쳔 着 쟣죠 ○ 덜내 오닷 마돈 만 你 녜니 来

래레 ○ 바이 你 녜니 休 흥휘 減 감견 了 령랴 五 우우 錢 젼쳔 ○ 을비 더닷 디돈

고말 你 녜니 說 숴숴 老 랄랖 實 씽시 價 갸갸 錢 젼쳔 ○ 갑네 슬고 니디 ᄅᆞ식 면ᄒᆞ

只 징즈 一 힝이 句 귀귀 兒 싱슬 話 화화 還 환환 你 녜니 ○ 에그 네저 게ᄒᆞᆫ 갑말

마ᄒᆞ 我 어오 與 유유 你 녜니 二 싱슬 兩 량량 銀 인인 ○ 은내 을비 줄를 새두 시냥

니 肯 킹큰 時 씽스 便 뼌변 賣 매매 ○ 든즐 폴기 고거 你 녜니 不 붕부 肯 킹큰 모

時 씽스 赶 건간 將 쟝쟝 去 큐큐 罷 빠바 ○ 라베 감즐 이겨 므아 던니 ᄒᆞ거 다든

休 흥휘 要 얗얀 只 징즈 說 숴숴 二 싱슬 兩 량량 ○ 니다 ᄅᆞ만 디두 말냥 고만 你

녜니 再 재재 添 뎜뎐 五 우우 錢 젼쳔 ○ 디네 ᄒᆞ또 야닷 든돈 만 賣 매매 與 유유

你 녜니 ○ 폴비 마게 添 뎜뎐 不 붕부 得 딍더 ○ ᄒᆞ디 리주 로디 다못 肯 킹큰 時

싱스肯킁큰○즐즐기기고거든 不붕부肯킁큰時씽스罷빠바○듣슬말거

라我어오是씽스快쾌쾌性싱싱的딩디○사나롬는이셩라바른撿겸견

好항한銀인인子즈즈來래래○히됴저호오은라을로臨림린晩완완也

여여○다나ᄒ죵라애我어오濫람란賤졘젼賣매매與유유你니니○녀내

손ᄀ라더주디마위火훠호伴뻔반○아벗你니니再재재下햐하處츄츄好

항하去큐큐坐쭤조的딩디着쨯죠○허네가도안하자쳐시에라됴我어오赶

건간着쨯죠羊양양○모내라걍到닾닾涿쭣조州짇주賣매매了럏랴便

뻔변廻훼휘來래래○시涿도州라가오풀리고라주■我어오恰햐캬尋씬신

思슷스來래래○각내ᄒ앗니가싱這져저幾개기箇거거羊양양也여여

○양이도여러當당당走줗주一힝이遭잠잘○됴호날디거위시마니가旣

계기 要 향얀 去 큐큐 時 씅스 ◯ 려이 ᄒᆞ미 면가 我 어오 有 일우 些 셔셔 餘 유유

剩 씽싱 的 딩디 銀 긴인 子 즈즈 ◯ 이내 이게 시남 니은 은 開 햔현 放 방방 着

짭죠 怎 즘즘 麽 뭐마 ◯ 워힘 므힘 숩이 ᄒᆞ노 됴하 두 一 이이 發 봥바 買 매매 段

뛴뒨 子 즈즈 將 쟝쟝 去 큐큐 ◯ 사이 갸믜 져셔 가비 자단 咱 쟘자 們 믄믄 鋪 푸푸

裏 려리 商 샹샹 量 량량 去 큐큐 來 래래 ◯ 아우 리리 라푸 가즈 자에 혜 賣 매매

段 뛴뒨 子 즈즈 的 딩디 大 때다 哥 거거 ◯ 큰비 형단 아프 ᄂᆞᆫ 你 녜니 那 너나

天 텬텬 青 칭칭 胷 훙훙 背 뷔비 ◯ 훙녀 븨뎌 ᄒᆞᆫ련 비쳥 단빗 과체 柳 릳류 青 칭칭

膝 싱시 欄 란란 ◯ 리류 로쳥 믄빗 ᄒᆞᆫ체 비무 단룹 도 鴉 향아 綠 룽루 界 개계 地

떼디 雲 윤윤 ◯ 르압 혜두 운록 믄빗 ᄒᆞᆫ체 비벅 단드 鸚 잉잉 哥 거거 綠 룽루 寶 방반

相 샹샹 花 화화 ◯ 샹연 화초 믄록 ᄒᆞᆫ빗 비쳐 단보 黑 흥허 綠 룽루 天 텬텬 花 화화

嵌 캄켬 八 방바 寶 발봐 ○ 팔연 보야 새토 ᄒᆞᆫ록 문빗 엣체 비텬 단화 의 草 참찬 綠
릉루 蜂 봉봉 赶 건간 梅 뮈믜 ○ ᄠᆞ초 로록 논빗 문체 엣버 비리 단미 화 栢 빙버 枝
징즈 綠 룽루 四 슾스 季 계기 花 화화 ○ 계더 화튼 문초 ᄒᆞᆫ록 비빗 단체 ᄉᆞ 葱 충충
白 뼝버 骨 공구 朶 더도 雲 윤윤 ○ 구옥 룸식 문빗 ᄒᆞᆫ체 비굴 단근 뼤 桃 땅탄 紅
훙훙 雲 윤윤 肩 견견 ○ 구桃 룸紅 문빗 ᄒᆞᆫ체 비엇 단게 예 大 때다 紅 훙훙 織 징지
金 김긴 ○ 드다 려홍 뻔빗 비체 단금 銀 인인 紅 훙훙 西 셰시 番 빤반 蓮 련련 ○
蓮은 문홍 ᄒᆞᆫ빗 비체 단西 蕃 肉 숭수 紅 훙훙 纏 쪈쳔 枝 징즈 牡 믕무 丹 단단 ○
모肉 란紅 문빗 ᄒᆞᆫ체 비너 단출 閃 셤션 黃 황황 筆 빙비 管 권권 花 화화 ○ 황연 빗뉴
ᄒᆞᆫ체 비붓 단곳 문 鵝 어오 黃 황황 四 슾스 雲 윤윤 ○ 四더 雲튼 문뉴 ᄒᆞᆫ황 비빗 단체
柳 링루 黃 황황 穿 춴춴 花 화화 鳳 뽕봉 ○ 鳳노 문론 ᄒᆞᆫ빗 비체 단穿 花 麝 셔셔

二十二

香 향향 褐 헣허 膝 싱시 襴 란란 ○ 란샤 문향 ᄒᆞᆫ빗 비셰 단슬 艾 애애 褐 헣허 玉

융유 塼 쥰쥰 堦 개계 ○ 르박 문빗 ᄒᆞᆫ체 비벽 단드 蜜 밍미 褐 헣허 光 광광 素 수수

○ 셰노 뮌른 비차 단할 빗 鷹 깅잉 背 뷔븨 褐 헣허 海 해해 馬 마마 ○ 빗매 셰등

ᄒᆞᆫ회 비마 단문 茶 짜차 褐 헣허 暗 함안 花 화화 ○ 뮌감 문찰 ᄒᆞᆫ빗 비체 단스 這 저저

們 문믄 的 딍디 紵 쮸쥬 絲 숭스 和 ᄒᆡ호 紗 사사 羅 러로 都 두두 有 잉우 麽

뮈마 ○ 羅이 ㅣ런 다비 잇단 ᄂᆞ과 나紗 客 킝커 人 인신 侬 녜니 要 얗야 南 남난 京

깅깅 的 딍디 那 너나 杭 항항 州 짛주 的 딍디 那 너나 蘇 수수 州 짛주 的 딍디

那 너나 ○ 를나 ᄒᆞ그 려내 ᄒᆞ비 는南 다京 蘇치 쎄를 치ᄒᆞ 를려 ᄒᆞᄒᆞ 려는 ᄒᆞ다 는杭 다쎄 치

大 때다 哥 거거 ○ 아큰 형 南 남난 京 깅깅 的 딍디 顔 연연 色 싱서 好 핳하

又 길우 光 광광 細 셰시 ○ 빗南 나京 고치 ᄀᆞ는 눈빗 거치 ᄂᆞ됴 와코 ᄉᆞ도 只 징즈 是

(스 씽) 不(부 붕)耐(내 내)穿(춴 춴) ○ 다만 오래 닙디 못ᄒᆞᆯ셔시오 杭(항 ᅘᅡᆼ)州(직 징)的

(디 딩) 經(깅 깅)緯(위 위)相(샹 샹)等(등 딩) ○ 杭州치는 뵈 ᄂᆞᆯ히 ᄀᆞᆺ고 蘇(수 수)州(직 징)

的(디 딩)十(시 씽)分(븐 분)澆(갸 걍)薄(보 빵) ○ 蘇州치는 ᄆᆞ장 엷고 又(우 임)有(우 임)

粉(븐 분)飾(시 싱)不(부 붕)牢(랖 람)壯(좡 장) ○ 도ᄆᆞᆫ조 먹엿고 질긔디 아니ᄒᆞ니라

你(니 녜)有(우 임)好(한 함)綾(링 링)子(즈 즈)麽(마 뭐) ○ 네게 됴ᄒᆞᆫ 綾이 잇ᄂᆞ냐 你

(니 녜)要(얀 염)甚(슴 씸)麽(마 뭐)綾(링 링)子(즈 즈) ○ 네 므슴 綾을 ᄒᆞ려 ᄒᆞᄂᆞ다 我(오 어)

要(얀 염)官(권 권)綾(링 링)子(즈 즈) ○ 내 구의나기 綾을 ᄒᆞ려 ᄒᆞ노라 那(나 너)嘉(가 갸)

興(힝 힝)綾(링 링)子(즈 즈)不(부 붕)好(한 함) ○ 뎌 嘉興綾은 됴티 아니ᄒᆞ니라 客(커 킹)

官(권 권)你(니 녜)要(얀 염)絹(권 권)子(즈 즈)麽(마 뭐) ○ 나그내아 네 깁을 ᄒᆞᆯ다 我

(오 어)有(우 임)好(한 함)山(산 산)東(둥 둥)大(다 때)官(권 권)絹(권 권) ○ 내게 됴ᄒᆞᆫ 山東

셔난큰구의ㅅ나가갑과 謙겸견 涼량량 絹견견 ◯ 열민갑과 易잉이 州짐직 絹

견견 ◯ 易州갑과 倭워오 絹견견 ◯ 왜갑과 蘇수수 州짐직 絹견견 ◯ 蘇州

깁과 水쉬쉬 光광광 絹견견 ◯ 제믈엣갑과 白뻥버 絲스ᇫ스 絹견견 ◯ 흰싱

깁이잇다 我어오 只징즈 要형얀 大때다 官권권 絹견견 白뻥버 絲스ᇫ스 絹

견견 蘇수수 州짐직 絹견견 水쉬쉬 光광광 絹견견 ◯ 내다만大官絹과白絲絹

과蘇州絹과水光絹을ᄒᆞ려ᄒᆞ노라 其끼키 餘유유 的딍디 都두두 不붕부 要형얀

◯ 그나믄이는다마다 你니니 有임우 好함한 絲스ᇫ스 麽뭐마 ◯ 네게됴흔실인

ᄂᆞ나 我어오 多텨도 要형얀 些셔셔 ◯ 내만히ᄒᆞ고져ᄒᆞ노라 要형얀 甚씸씸

麽뭐마 絲스ᇫ스 ◯ 므슴실을ᄒᆞ려ᄒᆞᄂᆞ다 我어오 要형얀 白뻥버 湖ᅘᅮ후 州

직짐 絲스ᇫ스 ◯ 내흰湖州셔난실과 花화화 拘긍구 絲스ᇫ스 ◯ 굵고겻다ᄅᆞᆫ실을ᄒᆞ

고져ᄒᆞ노라 那 나나 定 띵딩 州 짐직 絲 ᄉᆢ스 不 붕부 要 양얀 ○ 뎌 定州ᄉ 실은

마다 【 這 져져 段 뚠뒨 匹 피피 綾 링링 絹 권권 紗 사사 羅 뤄로 等 등등 項

향향 ○ 이 비단과 綾과 깁과 사과 로들헷 거슬 你 니니 都 두두 看 칸간 了 럄랴 ○

네 다 보왓ᄂᆞ니 你 니니 端 뒨둰 的 딩디 要 양얀 買 매매 甚 씀심 麽 뭐마 段 뚠뒨

子 즈즈 ○ 네 ᄐᆞᆼ히 므슴 비단을 사고져 ᄒᆞᄂᆞᆫ다 別 뼝볘 箇 거거 不 붕부 要 양얀 ○

다른 거슨 마다 只 징즈 要 양얀 深 심신 青 칭칭 織 징지 金 김긴 胷 흉흉 背 뷔븨

段 뚠뒨 子 즈즈 ○ 다만 디튼 아청 직금 흉븨 ᄒᆞᆫ 비단을 ᄒᆞ고져 ᄒᆞ노니 我 어오 老 랑랖

實 싱시 對 뒤뒤 你 니니 說 숴쉬 ○ 내 고디식이 너ᄃᆞ려 닐으마 不 붕부 是 씅스

我 어오 自 쯔즈 穿 춴쵠 的 딩디 ○ 내 니브려 ᄒᆞ논 줄이 아니라 要 양얀 拿 나나

去 큐큐 別 뼝볘 處 츄츄 轉 좬좐 賣 매매 ○ 다른 ᄃᆡ 가져가 옴겨 ᄑᆞ라 尋 씸신 些

서셔 利 례리 錢 쪈쳔 的 딩디 ◯ 니쳔 엇고져 ᄒᆞ노라 你 녜니 老 랗랖 實 싱시 討

탕탚 價 갸갸 錢 쪈쳔 ◯ 네 고디식이 갑슬 바드라 這 져져 織 징지 金 김긴 胸 흉흉

背 븨븨 要 햫얖 七 칭치 兩 량량 ◯ 이 직금 흉븨예 닐곱 량을 바드리라 你 녜니 休

흫흐 這 져져 般 뷘번 胡 훟후 討 탕탚 ◯ 네 이리 간대로 바드려 말라 倒 닿닾 悞

우우 了 럏랖 你 녜니 買 매매 賣 매매 ◯ 도로혀 네 흥졍을 머믈울이로다 我 어오

不 봉부 是 씃스 利 례리 家 갸갸 ◯ 내 흥졍바치 아니라도 這 져져 段 뒨뒨 子

즈즈 價 갸갸 錢 쪈쳔 ◯ 이 비단 갑슬 我 어오 都 두두 知 짓지 道 땋닾 ◯ 내 다

아노라 這 져져 織 징지 金 김긴 胸 흉흉 背 븨븨 是 씃스 蘇 수수 州 쥐주 來

래레 的 딩디 草 참찬 段 뒨뒨 子 즈즈 ◯ 이 직금 흉븨 비단은 蘇 쎄셔 온 사오나온 비단

이니 你 녜니 討 탕탚 七 칭치 兩 량량 時 씃스 ◯ 네 닐곱 냥을 바드려 ᄒᆞ면 這 져져

南난남京깅깅来레래的디딩○이南京의셔온清칭칭水쉬쉬織지징金
긴김絨슝슝段된된子즈즈○픈즈씌엽슨직금흔ㄱ논도흔비단으란却거캉賣
매매多도더少샤셩○또언머의풀ᄡᅡ不부봉須슈슈多도더說쉬숴○구티
ᄯᅧ말한양말라你니녜既기계知지징道닾땅價기갸錢쳔쪈○네임의갑슬알
거니你니녜與유유多도더少샤셩○비언머를줄ᄯᅡ這져져織지징金긴김
胷흉흉背븨뷔○이직금흉븨비단을與유유你니녜五우우兩량량是스씽
實시싱實시싱的디딩價갸갸錢쳔쪈○너를다ᄉᆞᆺ냥만줌이이진짓갑시니你
니녜肯큰컹時스씽我오어買매매○네즐기거든내사고不부봉肯큰컹時
스씽我오어別벼뼝處츄츄商샹샹量량량去큐큐○즐기디아니거든내다른
고듸의논ᄒᆞ라가리라你니녜既기계知지징道닾땅價가갸錢쳔쪈○네임

의갑슬 알면 要얀영 甚슴씸 麽마뭐 多도더 說쉬숴 ○ 므슴ᄒᆞ라 말 한양ᄒᆞ리오

揀견간 好한힘 銀인인 子즈즈 來레래 ○ 됴흔 은ᄀᆞᆯ 히여오라 賣매매 與유유

你니녀 ○ 네손ᄃᆡ 플마 這저져 段된돤 子즈즈 買매매 了랸럏 也여여 ○

이비단 사다 ✕ 咱자장 們믄문 再재재 商샹상 量량량 ○ 우리ᄯᅩ혜 아리쟈

這저져 箇거거 柳루릳 青칭칭 紵쥬쮸 絲스승 ○ 이류쳥 비단이 有우임 多

도더 少샤셯 尺치칭 頭투뜰 ○ 자히언 마고 勾구긓 做주주 一이힝 箇거거

襖오항 子즈즈 麽마뭐 ○ ᄒᆞᆫ오ᄉᆞᆯ조 라지을ᄉᆡ 你니녀 說쉬숴 甚슴씸 麽마뭐

話화화 ○ 네므슴말을 니ᄅᆞ는다 滿먼뭔 七치칭 托토탑 有우임 餘유유 ○

ᄀᆞ독ᄒᆞᆫ날픔 발남즉ᄒᆞ니 官권권 尺치칭 裏리례 二ᅀᅳᆯᅀᅵᆯ 丈장쨩 八바방 ○ 구읫

자ᄒᆞ로ᄂᆞᆫ ᄉᆞ믈 여듧자히오 裁새째 衣이이 尺치칭 裏리례 二ᅀᅳᆯᅀᅵᆯ 丈장쨩 五

우우 ○바ᄂᆞᆯ질자ᄒᆞ로ᄂᆞᆫ 스믈대자히니 你니녜 一이ᅙᅵᆼ 般번뷘 身신신 材채ᄍᆡ

○너희ᄒᆞᆫ가지 身材예는 做주주 襖와항 子즈ᄌᆞ 時스씡 ○옷슬 지으면 細

시세 褶져졍 兒슬ᅀᅵᆼ 也여여 儘진진 勾구긍 了랸령 ○ᄀᆞᄂᆞᆫ주룸도 유여ᄒᆞ고

若요샵 做주주 直지찡 身신신 襖와항 子즈ᄌᆞ ○만일에 딕녕 옷곳 지으면 也

여여 有우잉 剩싱씽 的디딩 ○ᄯᅩ 남음이 이시리라 你니녜 打다다 開캐캐 ○

네 펴라 我오어 托토탑 看칸권 ○내 발마 보자 那나너 裏리례 滿먼뭔 七

치칭 托토탑 ○어듸 날곱 발이ᄎᆞ뇨 剛강강 剛강강 的디딩 七치칭 托토탑 少

샨셤 些셔셔 ○계요 닐곱 발이 낫브다 你니녜 身신신 材채ᄍᆡ 大다때 的디딩

人신싄 ○네몸 큰 사름은 一이잉 托토탑 比비비 別벼뼈 人신싄 爭증ᄍᆞᆼ 多

도더 ○ᄒᆞᆫ발도 남과뎐조 면만히 ᄠᅳ리라 這져져 段돤뚠 子즈ᄌᆞ 地디ᄯᅵ 頭투ᄠᅳᆷ

是씽스那너나裏례리的딩디○이비단이엇다치가어딋치고你녜니說숴쉬
是씽스我어오識싱시貨훠호物뭉우○네닐ᄋᆞ되내貨物아노라호되却걍겨
又잉우不붕부識싱시○또모로논고나這져져段뒨돤子즈즈是씽스南
난남京깅깅的딩디○이비단은南京치오不붕부是씽스外왜왜路루루的
딩디○외방치아니니你녜니仔즈즈細세시看컨칸○네ᄌᆞ셔히보라沒뭉무
些셔셔箇거거粉븐븐飾싱시○됴곰도픈ᄌᆞ싀업고好항한淸칭칭水쉬쉬
段뒨돤子즈즈○됴ᄒᆞᆫ淸水엣비단이라要얗얀多더도少샿샤價갸갸錢
쳔쳔○갑슬언머나바ᄃᆞᆯ다這져져段뒨돤子즈즈價갸갸錢쳔쳔○이비단갑
슬誰쉬쉬不붕부知징지道땅도○뉘모ᄅᆞ료要얗얀甚씸슴麽뭐마討
탕토價갸갸錢쳔쳔○므슴아라갑ᄉᆞᆯ쐬오리오着쟣죠討탕토時씽스討탕토

五우우兩량량○만일ᄢᅴ오면닷냥을ᄢᅴ오려니와老랖랖實싱시價갸갸錢
쳔쳔四숭스兩량량○고디식ᄒᆞᆫ갑슨넉냥이니拿나나銀인인子ᄌᆞ즈來래레
便뼌변是씽스○銀을가져옴이곳올ᄒᆞ니라這져져段둰둰子ᄌᆞ즈也여여
買매매了럏랖○이비단도사다[illegible]你니니這져져鞍언안子ᄌᆞ즈○비이
기ᄅᆞ마轡비피頭뜨투○구레鞦칭칙○고ᄃᆞᆯ개攀판펀胷흉흉○가ᄉᆞᆷ
거리韂쳠쳔○ᄃᆞᆯ애鞍언안橋꺙갸子ᄌᆞ즈○기ᄅᆞ마가지鴈얀연翅ᄎᆞᆼ츠
板반반○둥울鐙딩등鞓쪙져皮삐피○등피肚뚜두帶대대○오랑接
졍져絡랍로○혁籠룽룽頭뜨투○바구레包빵바糞뿐븐○밋마기
編변변繮걍걍○다ᄒᆞᆫ혁繮걍걍繩씽싱○쥬리올兜듣두頦해해○
ᄌᆞ가미閘쟝자口큫쿠○마함汗헌한替톄티○ᄯᆞᆷ언치皮삐피替톄티

○갓치언 替톄티 子즈즈 ○핫치언 都두두 買매매 了랴렬 ○다다 사

再재재 買매매 一이힝 張쟝장 弓궁궁 去큐큐 ○또사 ᄒᆞ라 당가 활자 到

단당 賣매매 弓궁궁 的디딩 房방빵 子즈즈 裡리례 問운문 道단땅 ○활풀

집의 무로 뒤가 有우잉 賣매매 的디딩 好할할 弓궁궁 麽마뭐 ○풀활 됴잇 ᄒᆞᄂᆞ

나 可커커 知지징 有우잉 ○그인 리ᄂᆞ 어니 니라 沒무뭉 時스씽 做주주 甚

슴씸 麽마뭐 買매매 賣매매 裡리례 ○업흥 스정 면ᄒᆞ 므리 습오 你니녀 將쟝쟝

這져져 一이힝 張쟝장 黃황횅 樺화홰 弓궁궁 上샹썅 弦현현 着쟢쨥 ○

네가 이져 ᄒᆞ다 당가 누시 론옭 봇언 납즈 흰라 활 我오어 試스싀 扯처처 ○내리 ᄃᆞ여

보와 氣키켸 力리링 有우잉 時스씽 我오어 買매매 ○힘내 이사 잇리 거라 든

新신신 上샹썅 了랴렬 的디딩 弓궁궁 ○굿활 언이 즌니 慢만만 慢만만 的

디딍 扯 쳐쳐 ○ 날회여 ᄃᆞ리라 是 스씅 好 할핳 弓 궁궁 時 스씅 ○ 이됴ᄒᆞ 활이면
怕 파파 甚 슴씸 麽 마뭐 扯 쳐쳐 ○ 므ᄃᆞ기저 를습프리오 這 져져 弓 궁궁 弝
바바 裏 리례 軟 원숸 ○ 이활이좀 이므ᄅᆞ니 難 난난 扯 쳐쳐 ○ ᄃᆞ리기 어렵다 沒
무몽 迴 휘휘 性 싱싱 ○ 돌셩이 업다 這 져져 弓 궁궁 你 니녜 却 커캽 是 스씅
胡 후후 駁 밧방 彈 탄딴 ○ 이활을네ᄯᅩ간대로 흔나므라ᄂᆞᆫ피야 這 져져 的 디딍
弓 궁궁 你 니녜 還 환훤 嫌 현혐 甚 슴씸 麽 마뭐 ○ 이런활을네다 홈므서슬나므
라 다ᄂᆞᆫ 由 우임 他 타터 說 쉬숴 ○ 제대로니 ᄅᆞ나마나 駁 밧방 彈 탄딴 的 디딍
是 스씅 買 매매 主 쥬쥬 ○ 흔나므라ᄂᆞᆫ이 아살님재라 這 져져 一 이잉 張 쟝쟝
弓 궁궁 為 위위 甚 슴씸 麽 마뭐 不 부붕 擇 화쫘 了 랴럏 ○ 이ᄒᆞᆫ댱활 은엇디봇
아니닙 햣ᄂᆞ뇨 你 니녜 不 부붕 理 리례 會 휘훼 的 디딍 ○ 네모ᄅᆞ ᄂᆞᆫ고야 這 져져

弓궁궁最쥐쥐好할한 ○ 이활이ᄀ장됴ᄒ니 上샹샹等둥등弓궁궁 ○ 上等

엣활이니 若샹쇼樺화화了랸랴時스씃 ○ 만일봇닙히면 買매매的디디人

인인不부부信신신 ○ 살사름이밋디아니흘새시니 敎갸걓人인인看칸간了

랸랴面면면子즈즈上샹샹的디디角꾜갸背븨븨子즈즈上샹샹鋪푸푸

的디디筋긴긴 ○ 사ᄅᆞᆷ으로희여面에올닌슬파등우희션힘을뵈고 商샹샹量량량

了랸랴價갸갸錢쳔쳔然연연後후후 ○ 갑슬의논흔후에 樺화화了랸랴

也여여不부부遲치칭裏리리 ○ 봇닙혀도더듸디아니리라 這져져弓궁궁

卸셔셔下하하 ○ 이활브리오라 彄쿠쿠子즈즈小샤셤些셔셔箇거거 ○

온니적ᄯᅩ 弰샾샾兒슬싕短뒨뒨 ○ ᄭᅩ재뎌르다 弓궁궁也여여買매매了

랸랴也여여 ○ 활도사다 有우잍賣매매的디디弓궁궁弦현현時스씃

將장장來래레○플활시욹잇거든가져오라我어오一잉이發봥바買매매

一힝이條뗭됴○내ᄒᆞᆫ번의ᄒᆞᆫ오리사就찧직這져져裏리리上썅샹了럏랴

這져져弓궁궁着쟣죠○임의셔예셔이활을짓자弦현현有임우○시욹이시

니你니니自쯔즈揀갼견着쟣죠買매매○네손조골히여사라這져져的

딩디忒특태細셰시○이ᄂᆞᆫ너모ᄀᆞᄂᆞᆯ고這져져的딩디却캬커又임우麤

추추笨뿐본○이ᄂᆞᆫᄯᅩ굵고둔박ᄒᆞ다似쏘ᄉᆞ這져져一힝이等등등兒싱ᅀᅳᆯ

着쟣죠中쥼중○이ᄒᆞᆫ가지치야맛더恰컁캬好황화○맛치됴타這져져弓

궁궁和훠호弦현현○이활과시욹을都두두買매매了령랴也여여○다사

다 [再]再재재買매매幾계기隻징지箭젼젼○ᄯᅩ여러낫살사자這져져

鈚피피子즈즈○이셔보조虎후후爪장잔○거리살鹿룽루角걓교樸

붕부頭뜽투○도노리각 고響향향撲봉부頭뜽투○도뎌리오艾애애葉

영여○艾箭葉柳륭류葉영여○柳箭葉迷몌미針짐진箭젼젼○迷針

箭這져져箭젼젼簳건간是씽스竹즁주子즈즈的딍디○는이대살오대

這져져的딍디是씽스木몽무頭뜽투的딍디○기이로는다남再재재買

매매這져져弓궁궁箭젼젼撒상사袋때대○되ᄯᅩ동화개살사녀쟈흘궁諸

쥬쥬般번번的딍디都두뚜買매매了랼랴也여여○것여다려사가다짓

再재재買매매些셔셔揔원원子즈즈什씽시物웅우○그ᄯᅩ릇사벼발들과

자사鍋궈고兒싱슬○마가鑼러로鍋궈고○고노荷뻐허葉영여鍋궈고

○틴헤가너마러兩량량耳싱슬鍋궈고○틴두가귀마가甑증즈楪텽텨子즈

즈즈○텹소시긔木몽무楪텽텨子즈즈○텹나시므漆칭치楪텽텨子즈즈

○옷칠ᄒᆞᆫ뎝시 這저져 紅훙훙 漆칭치 匙씅ᄎᆞ ○이블근 칠ᄒᆞᆫ 술 黑흥허 漆칭치 匙씅ᄎᆞ ○검은 칠ᄒᆞᆫ 술 銅뚱퉁 匙씅ᄎᆞ ○놋술 紅훙훙 漆칭치 筯쮸쥬 ○블근 칠ᄒᆞᆫ 져 銅뚱퉁 筯쮸쥬 ○놋져 三삼산 脚갸ᄀ ○세 아리 甑징증 兒잉ᅀᆞᆯ ○시르 這저져 盤뿬편 子즈즈 ○이 반 是씅ᄉᆞ 大때다 盤뿬편 子즈즈 ○이 큰 반 小셥샾 盤뿬편 子즈즈 ○져근 반 漆칭치 椀원원 ○칠ᄒᆞᆫ 사발 這저져 漆칭치 器키키 家갸갸 火훠호 ○이 칠ᄒᆞᆫ 그릇벼ㅣ 一힝이 半번번 兒잉ᅀᆞᆯ 是씅ᄉᆞ 通통퉁 布부부 裏리리 的딩디 ○반은 대되 뵈로 ᄡᅡᆫ니오 一힝이 半번번 兒잉ᅀᆞᆯ 是씅ᄉᆞ 膠걒갸 漆칭치 的딩디 ○반은 아교 칠ᄒᆞᆫ 거시라 再재재 有임우 些셔셔 薄빱보 薄빱보 的딩디 生싱숭 活훵호 ○또 사오나온 셩녕이 잇다 其끼키 餘유유 的딩디 都두두 是씅ᄉᆞ 布부부 裏리리 的

딩디 ○ 그나은이는다 뵈로밧거시니 是 씽스 主 쥬쥬 顧 구구 生 싱승 活 훵호 ○ 이는마최옴 성녕이오 其 끼키 餘 유유 的 딩디 都 두두 是 씽스 市 씽스 賣 매매 的 딩디 ○ 그나은이는다저 재ᄑᆞᄂᆞ니로다

今 김긴 日 싕이 備 삐비 辦 반반 了 럏랴 些 서서 箇 거거 茶 쨔차 飯 빤반 ○ 오늘차반 여토와 請 칭칭 咱 쟝자 們 문믄 衆 즁중 親 친친 眷 견견 閑 햔현 坐 쭤조 的 딩디 ○ 우리모드 권당을청 ᄒᆞ야힘힘 이안젓쟈

公 궁궁 公 궁궁 ○ 한아 비 婆 뽀포 婆 뽀포 ○ 할 미 父 뿌부 親 친친 ○ 아 비 母 무무 親 친친 ○ 어 미 伯 븨비 伯 븨비 ○ 아비 몯형 叔 슉수 叔 슉수 ○ 아븨 아ᄋᆞ 哥 거거 哥 거거 ○ 형 兄 휭흉 弟 띠디 ○ 아 ᄋᆞ 姐 져져 姐 져져 ○ 못누 의 妹 뮈믜 子 즈즈 ○ 아ᄋᆞ 누의 外 왜왜 甥 싱승 ○ 누의게 난 아ᄃᆞᆯ 姪 찡지 兒 싱ᅀᆞᆯ ○ 동싱형데 의난아ᄃᆞᆯ 姪 찡지 女 뉴뉴 ○ 동싱형데 게난아촌

ᄯᆞᆯ 舅 구낑 舅 구낑 ○ 어믜오라비 女 뉴뉴 壻 시셰 ○ 사회 妗 긴낌 子 즈ᄌᆞ

○ 어믜오라비쳐 又 우잉 嬸 심심 母 무무 ○ 아ᄋᆞ아ᄌᆞ비쳐 姨 이이 姨 이이 ○

어믜겨집동싱 姑 구구 姑 구구 ○ 아븨동싱누의 姑 구구 夫 부부 ○ 아븨동싱누의

남편 姨 이이 夫 부부 ○ 어믜겨집동싱의남편 姐 져져 夫 부부 ○ 뭇누의남편

妹 믜위 夫 부부 ○ 아ᄋᆞ누의남편 外 왜왜 甥 승싱 女 뉴뉴 壻 시셰 ○ ᄯᆞᆯ의사회

叔 수슉 伯 버븽 哥 거거 哥 거거 兄 흉휭 弟 디뗴 ○ 同姓四寸형아ᄋᆞ 姑 구구

舅 구낑 哥 거거 哥 거거 兄 흉휭 弟 디뗴 ○ 異姓四寸형아ᄋᆞ 房 방빵 親 친친

哥 거거 哥 거거 兄 흉휭 弟 디뗴 ○ 同姓六寸형아ᄋᆞ 兩 량량 姨 이이 哥 거거

哥 거거 兄 흉휭 弟 디뗴 ○ 어믜겨집동싱의게셔난형뎨 親 친친 家 갸갸 公 궁궁

○ 사돈집아비 親 친친 家 갸갸 母 무무 ○ 사돈집어미 親 친친 家 갸갸 伯

버빙 伯 버빙 ○ 사돈집아자비 親 친친 家 갸갸 舅 구낑 舅 구낑 ○ 사돈집어미오

라비 親 친친 家 갸갸 姨 이이 姨 이이 ○ 사돈집어믜겨집동싱 使 스싱 喚 훤훤

的 디딍 奴 누누 婢 비삐 ○ 브리는奴婢를 都 두두 請 칭칭 將 장장 來 레래 ○

다請ᄒ야오라 欄 란란 門 믄문 盞 잔잔 兒 슬ᅀᅵ 都 두두 把 바바 了 랸령 ○ 믄드

림잔다ᄌ오라 밧 請 칭칭 家 갸갸 裏 리례 坐 조쬐 的 디딍 ○ 청ᄒ노니집의드러

안ᄌ쇼셔 今 긴김 日 ᅀᅵ싕 些 셔셔 小 샾셤 淡 단땀 薄 보뽱 禮 리례 ○ 오ᄂᆞᆯ잠간

담박ᄒᆞᆫ네로 虛 휴휴 請 칭칭 親 친친 眷 권권 ○ 속절업시권당을청ᄒ야 酒 쥐짐

也 여여 醉 쥐쥐 不 부붕 得 더듸 ○ 술도취티못ᄒ고 茶 차짜 飯 반뽠 也 여여

飽 반빨 不 부붕 得 더듸 ○ 차반도비브르디못ᄒ여다 休 후힝 怪 괘괘 ○ 허믈

말라 休 후힝 這 져쪄 般 번번 說 쉬쉉 ○ 이리니르디말라 不 부붕 當 당당 ○

당티못ᄒᆞ여라 敎갸걍 你니늬 一이힝 日ᅀᅵᅀᅵᆼ 辛신신 苦쿠쿠 ○ 널로ᄒᆡ여곰ᄒᆞᆯ

ᄂᆞᆯ유고ᄒᆞ여다 我오어 們믄문 酒직짐 也여여 醉쥐쥐 了랴럏 ○ 우리술도ᄎᆔᄒᆞ

고 茶차짜 飯반빤 也여여 飽밮밯 了랴럏 ○ 차반도ᄇᆡ브르다 你니늬 休

후흫 恠괘괘 ○ 네허믈말라 ❖ 如슈슈 今긴김 正징징 是스씋 臘라랑 月

유윻 ○ 이제졍히섯ᄃᆞᆯ이니 天텬텬 氣키킹 寒한ᅘᅡᆫ 冷릉링 ○ 하ᄂᆞᆯ히칩다 拾

시씽 来래래 的디딩 糞븐뿐 將쟝쟝 来래래 ○ 주어온믈똥가져다가 熰우흥

着조쟣 些셔셔 火호훠 ○ 불무휘워 熱셔셩 手싀싱 脚교걓 ○ 손발이쟈데

糞븐뿐 拾시씽 在재째 筐광광 子즈ᄌᆞ 裏리레 頭투뚷 ○ 믈똥을주어광조리

안히시니 이 收슈싱 進진진 来래래 ○ 거두어드려오고 休후흫 敎갸걍 別

비뼝 人신ᅀᅵᆫ 將쟝쟝 去큐큐 了랴럏 ○ 다른사ᄅᆞᆷ가져가게말라 這져져 車처쳐

子즈즈○이술위折셔썽了료령車쳐쳐輞왕망子즈즈○술위박회도

리해야디거다輻부봉條탸뗭將쟝쟝来래래○살들가져오라可거거惜시싱

了랴ᇢ령○앗가올샤咱자장們믄뮨後후흫頭투뜰不부붕修식싱理리례

那나너○우리후의다니修理ᄒᆞ라車쳐쳐軸주쭝○술위통車쳐쳐釧춴춴

○술윗통엣구무부리도리로박은쇠車쳐쳐鐗견갼○술윗통안히달티아니케기조

치로박은쇠車쳐쳐頭투뜰○술윗압피온는나모車쳐쳐梯티톄○술윗뒤괴

오는나모車쳐쳐廂샹샹○술윗두틱난간車쳐쳐轅원원○술윗ᄂᆞᄅᆞᆺ繩싱씽

索소상都두두好한함○바돌다됴타樓루릏子즈즈車쳐쳐○집지은술

위庫쿠쿠車쳐쳐○잡은것뎐는술위驢류류騾로러大다때車쳐쳐○

나귀노새돌메오는큰술위坐조쭤車쳐쳐兒ᅀᆞᆯᅀᅵᆼ○ᄐᆞᄂᆞᆫ술위都두두好한함

生싱숭房빵방子즈즈裏레리放방방着쨩죠◯려다노됴하히두집고의드

休힝후教걓갸雨유유雪숴슈濕씽시了령랴◯게雨말雪라에젓似

쓰스這져져般븐번冷링릉時씽스◯우이니리치咱쟝자們믄믄遠원원

垜더도子즈즈放방방着쨩죠射씽시◯티우고리봐멀아리솔賭두두一

흥이箇거거羊양양◯던ᄒᆞ으羊자을咱쟝자們믄믄六룽루箇거거人신신

◯사우룸리이여솟三삼산掤빙븡兒싈슬箭젼젼◯살세로젼동勾긓구

射씽시了령랴◯리유로여다히봐那너나邊변변先션션射씽시過궈고

来래레◯져뎌봐편라이몬人신신며경갼嬰현현大때다了령랴◯룸사

크이게짓ᄒᆞ괴더기니를纔째채射씽시的딍디歪왜왜了령랴◯를ᄀᆞᆺ기봐우기

여로다ᄒᆞ高걍갈些셔셔箇거거射씽시◯봐놉고즈기休힝후小셩샤了

랴령 ○ 벼더게 말라 低 디뎨 射 시씽 時 스씽 ○ ᄂᆞ즈기 쏘면 竄 춴춴 到 닾닿

了 랴령 ○ 근드겨 가ᄂᆞ니라 誰 쉬쒸 嬴 잉잉 誰 쉬쒸 輸 슈슈 ○ 뉘 이긔며 뉘 졋

ᄂᆞ뇨 由 우잉 他 타터 ○ 더져두고 你 니녀 看 칸컨 ○ 네 보라 早 잔잠 裏 리례

○ 일럿다 一 이힝 會 휘훠 兒 슬싱 ○ ᄒᆞᆫ디위 再 재재 添 텬텸 一 이힝 枝

조징 箭 젼젼 時 스씽 ○ ᄯᅩ 살 ᄒᆞ나만 더ᄒᆞ면 咱 자장 們 믄문 滿 먼뭔 了 랴령 ○

우리 ᄎᆞ긔로다 我 오어 嬴 잉잉 了 랴령 ○ 우리 이긔여다 輸 슈슈 了 랴랴 的 디딩

○ 지니ᄂᆞᆫ 做 주주 筵 연연 席 시씽 着 죠쨯 ○ 이바디ᄒᆞ라 ◆ 咱 자장 們

믄문 做 주주 漢 한헌 兒 슬싱 茶 차짜 飯 반뽠 着 죠쨯 ○ 우리 한 차반 밍그자 頭

투뜸 一 이힝 道 닾땋 團 퉌퉌 攛 춴춴 湯 탕탕 ○ 첫ᄒᆞᆫ 도ᄂᆞᆫ 團攛湯이오 ○ 制法未詳

第 디뗴 二 슬싱 道 닾땋 鮮 션션 魚 유유 湯 탕탕 ○ 第二道ᄂᆞᆫ ᄉᆡᆼ션탕이오 第

뎨디三삼산道땅닾鷄계기湯탕당○第三道는둙탕이오第뗴디四쓰스道

땅닾五우우軟숸원三삼산下햐햐鍋궈고○製法未詳第뗴디五우우道

땅닾乾견간按헌안酒찡직○第五道는무론안쥬第뗴디六룽릭道땅닾灌

권권肺비빙○第六道는폐권ᄒᆞ니 납蒸징징餅빙빙○증편脫퉁토脫퉁토

麻마마食씽시○멋투 투第뗴디七칭치道땅닾粉분븐湯탕당○第七

道는스면과饅뭔먼頭뜰투○상화니打다다散산산○각산ᄒᆞᆯ새시라咱

장자們믄믄點뎜뎐看칸칸這져져果궈고子즈즈菜채채蔬수수○우리

이과실과치소를뎜고ᄒᆞ여보자整징징齊쪄치麼뭐마不붕부整징징齊쪄치

○정제ᄒᆞᆫ가정졔티아니ᄒᆞᆫ가這져져藕우우菜채채○이년근치黃황황瓜

과과○외茄꺄겨子즈즈○가지生싱승葱충충○파薤해혜○부치

蒜 숸숸 ○ 마늘 蘿 로러 蔔 부뿡 ○ 댓무우 冬 둥둥 瓜 과과 ○ 동화 葫 후흐

蘆 루루 ○ 박 芥 게개 子 즈즈 ○ 계ᄌᆞ 蔓 먼원 菁 징징 ○ 쉿무우 赤 치칭

根 근근 ○ 시근치 海 해해 帶 대대 ○ 다ᄉᆞ마 這 져져 按 안헌 酒 직징 ○

이쥬 안눈 煎 젼젼 魚 유유 ○ 믈젼 고ᄒᆞ 기니 羊 양양 雙 솽상 膓 챵쨩 ○ 양챵 의ᄌᆞ

頭 투뜽 ○ 머리 蹄 티뎨 ○ 발 肚 두뚜 兒 슬싱 ○ 양 睛 징징 ○ 눈올 망

脆 취취 骨 구궁 ○ 삭ᄲᅧ 삭뭇 ᄒᆞᆫ 耳 슬싱 朶 도뎌 ○ 귀 這 져져 果 고거 子

즈즈 ○ 이실 과은 棗 잔쟝 兒 술싱 ○ 대쵸 乾 간견 柿 스씅 ○ 무감 ᄅᆞᆫ 核 허흥

桃 토뚱 ○ 호도 乾 간견 葡 푸뿌 萄 토뚱 ○ 모포 ᄅᆞᆫ도 龍 룽룽 眼 연얀 ○ 룡안

荔 리례 芰 즈징 ○ 녀지 杏 힝힝 子 즈즈 ○ 술고 西 시셰 瓜 과과 ○ 유박 甜

뎐뎜 瓜 과과 ○ 참외 柑 간감 子 즈즈 ○ 감ᄌᆞ 石 시씽 榴 릭링 ○ 석뉴 梨 리례

兒 술이 ○ 비 李 리례 子 즈즈 ○ 외앗 松 숭슝 子 즈즈 ○ 잣 砂 사사 糖

탕땅 ○ 사당 蜜 미밍 栗 리링 子 즈즈 ○ 꿀에 조린 밤이라 這 져쪄 肉 수숭 都

두두 煮 쥬츄 熟 수쓩 了 랴려 ○ 이고기다 마닉어다 솔 脖 보뽀 項 항향 骨 구궁

○ 새목 당 背 비뷔 皮 피삐 ○ 운겁지 肋 리릉 扇 션션 ○ 처녑 팔 前 쳔쳔

膊 바방 ○ 압엇게 後 후흫 腿 튀튀 ○ 뒷다리 胷 흉흉 子 즈즈 ○ 가슴 却

거캉 怎 즘즘 麽 마뭐 不 부붕 見 견견 一 이잉 箇 거거 後 후흫 腿 튀튀 ○ 또엇

더ᄒᆞᆫ 뒷다리 업ᄉᆞ뇨 饅 먼뭔 頭 투뜽 餡 현햠 兒 술싕 裏 리례 使 스싕 了 랴려 ○

상화소에 ᄡᅳ니라 湯 탕탕 水 쉬쉬 茶 차쨔 飯 반빤 ○ 湯水茶飯이와 都 두두 完

원훤 備 비삐 了 랴려 ○ 다ᄀ자다 日 이싕 頭 투뜽 落 로랍 了 랴려 ○ 히녀 시니

疾 치찡 忙 망망 擡 태때 肉 수숭 時 스씅 散 산산 着 죠쨯 ○ 셜리 대육 드러든 홋

터다자 咱자짱 們믄믄 今긴김 日이싕 筵연연 席시씽 ○우리오ᄂᆞᆯ이바디에
喫치킹 了랴렬 多도더 少샤셯 酒쥐짇 ○언멋술을먹어뇨 喫치킹 了랴렬
二슬싱 兩량량 銀인인 的디딩 酒쥐짇 ○두냥은엣술을먹어다 咱자짱 們
믄믄 通퉁퉁 是스씽 十시씹 數수수 箇거거 人신인 ○우리대되여라믄사ᄅᆞᆷ이
怎즘즘 麼마뭐 喫치킹 二슬싱 兩량량 銀인인 的디딩 酒쥐짇 ○엇디두냥
은에술을먹으료 也여여 不부붕 只즈즐 十시씹 數수수 箇거거 人신인 喫
치킹 ○도여라믄사ᄅᆞᆷ만먹을분이아니라 下하햐 頭투뜰 伴번뻔 當당당 們믄믄
偏편편 不부붕 喫치킹 ○아랫반당은독별이먹디아니라 這저져 筵연연 席
시씽 散산산 了랴렬 ○이이바더흐터디거다 我오어 有우임 些셔셔 腦
난낭 痛퉁퉁 頭투뜰 眩현현 ○내적이끌치알ᄒᆞ고마리도어즐ᄒᆞ다 請칭칭 太

大대대醫이이來래레診진진候후후脈믁머息싀시○다의가원脈셩잡ᄒ혀여

보지아라看칸컨甚씸슴麽뭐마病삥빙○고므보슴라병太태태醫이이說

숴쉬○닐의오원ᄃᆡ이你니니脈믁머息싀시浮뿌부沉쳄친○浮비ᄒ脈락이

沉ᄒ니ᄒ락你니니敢깐간傷샹샹着쟢죠冷릥릉物우우來래레○冷네

物에ᄃᆞᆺᄒ다샹ᄒ我어오昨쪼조日싀시冷릥릉酒짇직多더도喫킈치了

탈럼○만내히어먹제으춘뢰술을那너나般뻔번時씌스○면그러消샾셮

化화화不부부得더더○消못化ᄒ여티因인인此츠츠上샹샹○젼이ᄎ런

로腦난납痛퉁퉁頭뚜투眩쒼쉰○마ᄃ리골어이즐랍ᄒ호ㅍㅍ不부부思

숨스飮인인食씌시○음나식ᄒ싱ᄂ각니아라我어오這져져藥얀요裏레리

頭뚜투○내듀이에약與유유你니니些서서剋커크化화화的디더藥

요얗 餌술싱 ○ 너ᄅᆞᆯ쇼화ᄒᆞᆯ약을줄새시니 喫치킹 了랴ᇢ려ᇢ 便변뼌 敎갸ᇢ갸ᇢ 無

우무 事스씅 ○ 먹으면꼿ᄒᆞ여곰일업ᄉᆞ리라 消샤ᇢ셔ᇢ 痞피피 丸원훤 ○ 消痞丸

木무뭉 香향향 分븐분 氣키켸 丸원훤 ○ 木香分氣丸 神신씬 芎쿵쿵 丸

원훤 ○ 神芎丸 檳빈빈 榔랑랑 丸원훤 ○ 檳榔丸 這저저 幾기계 等등딍

藥요얗 裏리레 頭투뜽 ○ 이여러가지약둥에 堪칸캄 服부뿡 治치찡 飮인힘

食시씽 停팅띵 滯지쩨 ○ 음식머믄것곳틸거슬먹엄즉ᄒᆞ니 只즈징 喫치킹 一

이힝 服부뿡 檳빈빈 榔랑랑 丸원훤 ○ 오직檳榔丸ᄒᆞᆫ복만먹을새시니 食시씽

後후ᅘᅳᇢ 喫치킹 ○ 食後에먹으되 每미뮈 服부뿡 三산삼 十시씹 丸원훤 ○

ᄆᆡᄒᆞᆫ복에설흔환식ᄒᆞ여 生승싱 薑걍강 湯탕탕 送숭숭 下햐ᅘᅣ ○ 生薑湯에ᄂᆞᆯ이

오라 喫치킹 了랴ᇢ려ᇢ 時스씽 ○ 먹으면 便변뼌 動둥뚱 臟장쨩 腑부부 ○

또 臟腑ㅣ 動ᄒᆞ여 動뚱둥 一힝이 兩량량 次ᄎᆞᄎᆞ 時씽스 ○ ᄒᆞᆫ두 번 動ᄒᆞ면 便

뼌변 思ᄉᆞ스 量량량 飯뽠반 喫킹치 ○ ᄀᆞᆺ 밥 먹기를 ᄉᆡᆼ각ᄒᆞ리니 先션션 喫킹치

些셔셔 薄뽱보 粥쥼주 補부부 一힝이 補부부 ○ 몬져 믈근 쥭 먹어 보ᄒᆞ고 然

연연 後흫후 喫킹치 茶짜차 飯뽠반 ○ 그런 후에 차반 먹으라 明밍밍 日ᅀᅵᇰ이

太태태 醫이이 來래레 問문운 ○ 이틋날 太醫ㅣ 와 무로ᄃᆡ 你녜니 好할한 些

셔셔 箇거거 麽뭐마 ○ 네 져그나 나으냐 됴ᄒᆞ냐 今긴긴 日ᅀᅵᇰ이 早잫잔 晨씬친 ○

오ᄂᆞᆯ 아ᄎᆞᆷ에 纔째채 喫킹치 了럏랖 些셔셔 粥쥼주 ○ ᄀᆞᆺ 쥭 먹으니 較걓갸

好할한 些셔셔 了럏랖 ○ 져기 됴해라 明밍밍 日ᅀᅵᇰ이 病삥빙 痊춴춴 可

커커 了럏랖 時씽스 ○ ᄂᆡ일 병이 다 됴커든 太태태 醫이이 上샹샹 重쭝중 重

쭝중 的디다 酬칙 謝써셔 ○ 太醫ᄅᆞᆯ 만히 은혀 갑하 샤례호리라 [大] 咱잠자 們

문은 每 뮈믜 年 년년 每 뮈믜 月 웨웨 每 뮈믜 日 싀ㅣ 快 쾌쾌 活 홯호 ○ 리우

日每年每月每 에 즐기고 春 츈츈 夏 햐햐 秋 칠칙 冬 둥둥 一 힝이 日 싱이 也 여여

不 붕부 要 햘야 撇 평펴 了 럏랴 ○ 도春 보夏 리秋 디冬 마에 자ᄒᆞ ᄅᆞ 咱 장자 人

인인 今 깅긴 日 싀ㅣ 死 ᄉᆞ스 的 딩디 明 밍밍 日 싀ㅣ 死 ᄉᆞ스 的 딩디 ○ 리우

ᄯᅩᆼ사 니ᄅᆞᆷ 일이 주오 을ᄂᆞᆯ ᄯᅩᆼ죽 을 不 붕부 理 례리 會 휘휘 的 딩디 ○ ᄒᆞ아 니더 못

安 헌안 樂 랍로 時 씽스 不 붕부 快 쾌쾌 活 홯호 時 씽스 ○ 의편 즐안 기ᄒᆞ 디적

ᄒᆞ아 면니 眞 진진 箇 거거 呆 여여 人 신인 ○ 사진 ᄅᆞᆷ짓 이어 라린 死 ᄉᆞ스 的 딩디

後 ᅘᅳᇢ후 頭 ᄐᆞᇢ투 ○ 에죽 ᄂᆞᆫ은 후 不 붕부 揀 간견 甚 씸슴 麽 뭐마 ○ 것아 도모

못글 ᄒᆞ희 여디 都 두두 做 주주 不 붕부 得 딩더 主 쥬쥬 張 장장 ○ 티다 못쥬 ᄒᆞ댱

여 好 함한 行 힝힝 的 딩디 馬 마마 ○ 든됴 물히 도것 別 뼝벼 人 신인 騎 끼키

了렬랴○이다트른며사롬好함한襖함오子증즈○옷됴도흔別뼝벼人

인인穿춴춴了렬랴○이다니른브사며롬好함한媳싱시婦뿡부○겨됴집흔

도別뼝벼人인인娶츄츄了렬랴○이다어른느사니름活횡호時씽스節

쩡져○적사의라신着쨥죠甚씸슴麼뭐마來래레由임위不붕부受씽식

用융융○다므아슴니전ᄒᆞ초리로오브 大때다槩개개人인인的딍디孩

해해兒싱슬○의대조개식사이롬從쭝충小셯샾來래레○브젹터어셔好

함한教걒갼道땋닾的딍디成쩡칭人인인時씽스○사잘롬ᄀᆞ되ᄅᆞ면처官

권권人인인前쪈쳔面면면行혱힝着쨥죠○든판니원다앏가희他터타有

임우福봉부分뿐븐時씽스○이제시복면분이官권권人인인也여여做

주주了렬랴○느판니원라도되若샹쇼教걒갼道땋닾他터타○에만저일

처를 도ᄀ ᄅ 不붕부 立립리 身신신 成찡칭 不붕부 得듸더 人신인 ○ 身立

되못 디ᄒᆞ 못고 ᄒᆞ사 면ᄅᆞᆷ 也여여 是씅스 他터타 的딩디 命밍밍 也여여 ○ 제ᄯᅩ

나명 ᄯᅳ이 녀어 ᄆ 咱장자 們믄믄 盡찐진 了럎랴 爲위위 父뿌부 母무무 的딩디

心심신 ○ 는우 ᄆᆞ리 음는 을부 다모 ᄒᆞ되 여여 잇 不붕부 曾쯩층 落랍로 後훟후

○ 디ᄂᆞᆷ 말의 ᄉᆡ게 시벼 라디 你녜니 這져져 小셯샤 孩ᅘᅢ해 兒싈슬 ○ 아네 히이

히들 若샾쇼 成찡칭 人신인 時씅스 ○ ᄅᆞᆷ만 곳일 되에 면사 三삼산 條땽탼 路

루루 兒싈슬 中즁중 間갼견 裡례리 行힝힝 着쟣죠 ○ 가세 온오 대리 로길 ᄃᆞᆫ헤

시닐 라거 別뼝벼 人신인 東둥둥 西셰시 休힣휘 愛애애 ○ 의다 거ᄅᆞᆫ 슬사 ᄉᆞᄅᆞᆷ

말랑 며티 別뼝벼 人신인 折졍져 針짐진 也여여 休힣휘 拿나나 ○ 것ᄂᆞᆷ 근의

지바 디ᄂᆞᆯ 말도 며가 別뼝벼 人신인 是씅스 非빙븨 休힣휘 說숴쉬 ○ 是ᄂᆞᆷ 非의

닐으디 말라 若요샵 依이이 着죠쟢 這져져 般번뷘 用용융 心신심 行힝휭

時스씽 ○ 만일에 이며로 용심ᄒᆞ여 ᄃᆞᆫ니면 不부붕 揀견갼 幾기계 時스씽 ○

아모제라 업시 成칭쪙 得디딍 人인인 了랼령 ○ 사ᄅᆞᆷ되리라 常챵쨩 言연연

道닾땋 ○ 샹언에 니로되 老랖랗 實시씽 常챵쨩 在재쨰 ○ 고디식ᄒᆞ니ᄂᆞᆫ 샹샹

에 잇고 脫토퇑 空쿵쿵 常챵쨩 敗배배 ○ 섭섭ᄒᆞ니ᄂᆞᆫ 샹샹에 패ᄒᆞᆫ다 ᄒᆞᄂᆞ니라

休휘힣 做주주 賊즤쯱 說쉬쒕 謊황황 ○ 도적ᄒᆞ기와 거즛말 니ᄅᆞ기 말며 休

휘힣 姦견갼 猾화황 懶란란 惰도뙤 ○ 姦猾ᄒᆞ기와 懶惰티 말라 官권권 人신인

們믄믄 前쳔쪈 面면면 ○ 관원의 앏픠 出츄츙 不부붕 得디딍 氣키캐 力

리릥 行힝힝 時스씽 ○ 氣力을 내디 못ᄒᆞ여 ᄃᆞᆫ니면 一이힝 日이ᅀᅵᆼ 也여여 做

주주 不부붕 得디딍 人인인 ○ ᄒᆞᄅᆞ도 사ᄅᆞᆷ되디 몯ᄒᆞ리라 〔火〕 火호휘 伴번뽠

中중중間갼견○이번 예들ᄉ 自ᄌᆞ즈家갸갸能ᄂᆞᆼ능處츄츄休힉후說
쉉숴○내내 ᄅᆞ능 더ᄒᆞᆫ 말곳 며을 休힉후自ᄌᆞ즈誇콰과○랑내 말몸 며자 別뼝벼
人싄신落랍로處츄츄休힉후笑셯샤○웃놈 더의 말던 라곳 船쭨촨是씽스
從쭝충水쉬쉬裏려리出츄츄○조비 차는 나믈 고에 셔 旱뻔한地때디裏
려리行뻥힝不붕부得듷더○디무 못티 ᄒᆞᄂᆞᆫ 여든 니 須슈슈要향야車쳐쳐
子즈ᄌᆞ載재재着쨥죠○로모 시롬 ᄅᆞ이 며술 위 車쳐쳐子즈ᄌᆞ水쉬쉬裏
려리去큐큐時씽스○에술 가위 면는 믈 水쉬쉬裏려리行뻥힝不붕부得
듷더○디믈 못에 ᄒᆞ든 야니 須슈슈用융융船쭨촨裏려리載재재着쨥죠○
야모 싯롬 ᄂᆞ이 니비 라로 一힝이箇거거手싱식打다다時씽스響향향不붕부
得듷더○나ᄒᆞᆫ 다손 아을 니티 ᄒᆞ면 고소 리 一힝이箇거거脚갸ᄀᆞ行뻥힝時

씽스 去큐큐 不붕부 得딍더 ○ ᄒᆞᆫ 발로 거르면 가디 못ᄒᆞᄂᆞ니라 咱쟝자 們문믄 人신인 廝ᄉᆞᆼ스 將쟝쟝 就찍직 廝ᄉᆞᆼ스 附뿌부 帶대대 行힝힝 時씽스 好항화 ○ 우리 사ᄅᆞᆷ이 서르 두워라 ᄒᆞ여 서르 더브러 ᄃᆞᆫ니면 됴ᄒᆞ니라 又임우 這저저 火훠호 伴뻔번 們문믄 ○ ᄯᅩ 이 벗들희 好항화 的딍디 歹대대 的딍디 ○ 됴ᄒᆞ니 구즈니를 都두두 廝ᄉᆞᆼ스 扶뿌부 助쭈주 着쨮죠 行힝힝 ○ 다 서르 잡드러 ᄃᆞᆫ니자 人신인 有임우 好항화 處츄츄 揚양양 說쉉쉬 着쨮죠 ○ 사ᄅᆞᆷ이 됴ᄒᆞᆫ 곳이 잇거든 내며 니르며 人신인 有임우 歹대대 處츄츄 掩염연 藏짱창 着쨮죠 ○ 사ᄅᆞᆷ이 사오나온 곳이 잇거든 곰촐새시니라 常짱챵 言연연 道땅도 ○ 샹언에 닐오되 隱힌인 惡항어 揚양양 善쎤션 ○ 사오나온 일란 그이고 됴ᄒᆞᆫ 일란 들어나게 ᄒᆞ라 ᄒᆞ니라 若샿쇼 是씽스 隱힌인 人신인 的딍디 德딍더 ○ 만일에 사ᄅᆞᆷ의

어딘일란 ᄀᆞ리고 揚양양人인인的딍디非비뷔○사오나온일란 드러냄이 最

쥐쥐是씽스歹대대勾긍구當당당○ᄀᆞ장사오나온일이라 咱잠자們

문믄做주주奴누누婢삐비的딍디人인인○우리종되여잇ᄂᆞᆫ사ᄅᆞᆷ이 跟근근

着짭죠官권권人인인們문믄行헝힝時씽스○官人들조차ᄃᆞᆫ닐제 這저저

裏례리那너나裏례리下쌰햐馬마마處츄츄○여긔뎌긔ᄆᆞᆯᄂᆞ리ᄂᆞᆫᄃᆡ 將

쟝쟝官권권人인인的딍디馬마마牽켠켠着짭죠○官人의ᄆᆞᆯ을 잇그리다가

好핳할生싱승拴솬솬着짭죠○됴히미고 肥뼤뵈馬마마涼량량着짭죠

○술진ᄆᆞᆯ란서 ᄂᆞᆯ게ᄒᆞ고 瘦승수馬마마鞍헌안子즈즈摘징저了럄랴○

여윈ᄆᆞᆯ란기 ᄅᆞ마벗기고 絆뿬번了럄랴脚걍교○발에지 달ᄊᆞ고 草찰찬地떼디

裏례리撒삼사了럄랴○플기은다 히노하ᄉᆞ 敎걍갸喫킹치草찰찬○여ᄒᆞ

곰플먹게ᄒᆞ고 布부부帳쟝쟝子즈ᄌᆞ疾지징忙망망打다다起키켜着죠쟢

○布帳을 ᄉᆞᆯ리티고 鋪푸푸陳친쪈整징징頓둔둔着죠쟢○鋪陳을 정제히

ᄒᆞ고 房방빵子즈ᄌᆞ裏리례搬번뻔入슈싱去큐큐着죠쟢○방의 올마들거

든 鞍안헌子즈ᄌᆞ轡피비頭투뚱○기ᄅᆞ마과 굴에란 自즈ᄍᆞ己기계睡

쉬쒸卧오어房방빵子즈ᄌᆞ裏리례放방방着죠쟢○내 자ᄂᆞᆫ 방의노코 上

샹썅頭투뚱着죠쟢披피피氈젼젼蓋개개着죠쟢○우희 안롱으로 덥고 那

나너的디딍之즈징後후흫○그리ᄒᆞᆫ 후의 鑼로러鍋고궈安안헌了랴럏

着죠쟢○노고 안치고 疾지징忙망망茶차쨔飯반뽠做주주着죠쟢○

ᄲᆞᆯ리 차반 밍글고 肉수숳熟수숳了랴럏○고기 니거든 撈랖랑出츄츙來

레래○건뎌내여와 茶차쨔飯반뽠喫치킹了랴럏時스씽○茶飯 먹어든

椀원원子즈즈家가갸具ᄁᆔ규收싱식拾씽시了럏랴 ○ 사발과 그릇뼈를 슈
습ᄒᆞ고 官권권人신신們믄믄睡쉬쉬了럏랴時씽스 ○ 官人들히 자거든
教걓갸一힝이箇거거火훠호伴뻔번伺ᄉᆞᄎᆞ候ᅘᅳᇢ후着쟣죠 ○ ᄒᆞᆫ 벗으로
ᄒᆞ여 伺候ᄒᆞ게 ᄒᆞ라 若샿ᅀᅣ這져져般번번謹긴긴愼씬신行ᅘᅵᇰ힝時씽스 ○
만일 이리 조심ᄒᆞ여 ᄃᆞ녀면 便뼌변是씽스在째재下ᅘᅡ햐人신신 ○ 곳 이 아랫
사ᄅᆞᆷ의 扶뿌부侍씽스官권권長쟝쟝的딩디道ᄐᆞᇢ댜理례리 ○ 官長 모시
ᄂᆞᆫ 道理어니ᄯᆞ녀 咱쟝자們믄믄結겨겨相샹샹識싱시行ᅘᅵᇰ힝時씽스
○ 우리 벗지어 ᄃᆞ닐쟉시면 休힣후說숴슈你녜니歹대대我어오好함한 ○
너 사오나오며 나 어딜롸 니ᄅᆞ디 말라 朋뻥픙友잉우的딩디面면면皮삐피 ○
벗의 ᄂᆞᆺ갓출 休힣후教걓갸羞싷식了럏랴 ○ 부그럽게 말라 親친친熱셔셔 ○

和훠호順쓘슌行힝힝時씃스○스랑ᄒᆞ고화동ᄒᆞ여ᄃᆞ니면便뼌변是씃스

一잉이箇거거父뿌부母무무生싱승的딍디弟뗴디兄휭흉一잉이般

번뷘○곳ᄒᆞᆫ父母의게난형뎨과ᄒᆞᆫ가지니相샹샹待때대相샹샹顧구구盼판판

着쨯죠行힝힝○서ᄅᆞᄃᆡ접ᄒᆞ며서ᄅᆞ보숣혀ᄃᆞ니라朋뻥픙友잉우們문믄○

벗들히若샵숖困쿤쿤中쥬중沒뭉무盤뿐펀纏쪈쳔時씃스○만일에어

려온제쁠것업슨적의自쯔즈己계기錢쪈쳔物웅우休힘휘愛애애惜싱시

○내쳔을앗기디말고接졍져濟졔지朋뻥픙友잉우們문믄使씃스着쨯죠

○벗들주어ᄡᅳ게ᄒᆞ자朋뻥픙友잉우若샵숖不붕부幸힝힝○벗이만일不幸

ᄒᆞ야遭장잔着쨯죠官권권司ᄉᆞ스口콩쿠舌쎵셔時씃스○官司口舌을만

나거든衆쥬중朋뻥픙友잉우們문믄○모든벗들히向향향前쪈쳔救

구깋 濟지졔 着죠쨯 ○ 나아가 구졔ᄒᆞ라 若ᅀᅭ샹 不부붕 救구깋 時스씽 ○

만일에 구티 아니ᄒᆞ면 傍팡빵 人ᅀᅵᆫ신 要얀ᅙᅧᇰ 唾토터 罵마마 ○ 겨틔 사ᄅᆞᆷ이 춤

밧고 ᄭᅮ지ᄌᆞ리라 有우잉 些셔셔 病빙삥 疾지찡 時스씽 ○ 병드러 잇거든 休

후힣 迴휘ᅘᅱ 避비삐 ○ 에도디 말고 請칭칭 太태태 醫이이 下하ᅘᅡ 藥요약

看칸컨 治치찌 着죠쨯 ○ 太醫를 청ᄒᆞ야 약ᄡᅥ 보ᅀᆞᆲ혀 곳티여 早잔장 起키켸 晩

완환 夕시씽 ○ 아ᄎᆞᆷ 나조히 休후힣 離리례 了랸령 ○ ᄠᅥ나디 말고 煎젼젼

湯탕탕 煮쥬쥬 水쉬쉬 ○ 탕 달히며 믈 데이며 問운문 候후ᅘᅮᇢ 着죠쨯 ○ 병증

무로라 若ᅀᅭ샹 這져져 般번번 相샹샹 看칸칸 時스씽 ○ 이러트시 서ᄅᆞ 보ᅀᆞᆲ

히면 便변뼌 有우잉 十시씽 分분뿐 病빙삥 也여여 減견갼 了랸령 五우ᅌᅮ

分분뿐 ○ 곳 十分만흔 병이 잇다가도 五分이나 덜리라 朋픙뻥 友우잉 有우잉 些

벼 病뼝빙疾찡지◯벗이 병이 잇거든 你녜니不봉부照졍쟈覷츄츄他
타터◯네려로 보숣히디 아니ᄒᆞ면 那너나病뼝빙人신신想샹샹着쨥죠没
무뭉朋뻥픙友잉우的딩디情찡칭分뿐븐◯뎌 병든 사ᄅᆞᆷ이 싱각ᄒᆞ되 벗인 ᄠᅳᆺ이
업다 ᄒᆞ여 悽치치惶황황時씨ᇫ스◯슬허ᄒᆞ면 縱즁중有잉우五우우分뿐븐
病뼝빙◯비록 五分만 ᄒᆞᆫ 병이라도 添텸텬做주주十씽시分뿐븐了럎랴◯
더 十分이 되ᄂᆞ니라 ◯ 咱잠자們믄믄世씽시上썅샹人신신◯우리 셰샹 사ᄅᆞᆷ
이 做주주男남난兒ᅀᅵᆼᅀᅳᆯ行ᅘᅵᆼ힝時씨ᇫ스◯男兒ㅣ 되여 ᄃᆞᆫ닐션대 自ᄍᆞ즈
己계기祖주주上썅샹的딩디名밍밍聲씽싱◯내 조샹 명셩을 休힣후壞
홰홰了럎랴◯ᄒᆞ여ᄇᆞ리디 말고 凡빰반事씨ᇫ스要얗얀謹긴긴愼씬신行
ᅘᅵᆼ힝時씨ᇫ스◯믈읫 일을 조심ᄒᆞ여 ᄃᆞᆫ니면 卓잪조立링리的딩디男남난子

朴通事 下 四十三

즘즈 ○ 어던男子ㅣ어니ᄠᆞ녀 父뿌부 母무무 的딍디 名밍밍 聲싱싱 ○ 父母
의名聲을 辱숭수 磨뭐모 了렬랸 時씽스 ○ 辱磨ᄒᆞ면 別뼝벼 人신신 嚁터토
罵마마 也여여 ○ ᄂᆞᆷ이춤밧고셔지즈리라 父뿌부 母무무 在쨰재 生싱승 時
씽스 ○ 父母ㅣ사라신적의 家갸갸 法빵바 名밍밍 聲싱싱 好함한 来래레 ○
家法名聲이됴ᄒᆞ며 田뎐텬 産찬찬 家갸갸 計계기 有임우 来래레 ○ 텬더
가산도이시며 孳쯔즈 畜흉휴 頭뜰투 口큳쿠 有임우 来래레 ○ 孳畜ᄒᆞᄂᆞᆫ즘싱
도이시며 人신신 口큳쿠 奴누누 婢삐비 有임우 来래레 ○ 人口와奴婢도잇다
가 爺여여 娘냥냥 亡뫙왕 沒몽무 之징즈 後뽕후 ○ 부뫼업슨후에 落랑로
後뽕후 下햐하 的딍디 孩해해 兒싷올 們뭄믄 ○ 훗ᄌᆞ식들히 不붕부 務
무우 營윙잉 生싱승 ○ 살올일일오기힘ᄡᅳ디아니ᄒᆞ고 教걍갸ᇢ 些셔셔 幫방방

閑 ᅘᅧᆫ현 的 디디 潑 풩포 男 난난 女 뉴뉴 ○ 노ᄅᆞᆺᄒᆞ며 흥ᄉᆞᆼ여 놀며 보피로온 男女로

ᄒᆞ여 孤 후후 朋 ᄈᆞᆼ픙 狗 긓구 黨 당당 ○ 여ᄋᆞ 벗지으며 가히와 무리지어 舞 뮈믜

日 ᅀᅵᆼ시 穿 췬췬 茶 ᄍᆞ차 房 ᄈᆞᆼ방 ○ 每日 차ᄑᆞᄂᆞᆫ 집의 셰나ᄃᆞᆫ며 入 ᅀᅵᆸ슈 酒 쥥쥐

肆 ᄉᆞᆼ스 妓 끼기 女 뉴뉴 人 ᅀᅵᆫ신 家 갸갸 ○ 술ᄑᆞᄂᆞᆫ 져제와 녀기의 집의 드러가 胡

ᅘᅮ후 使 ᄉᆞᆼ스 錢 쪈쳔 ○ 간대로 쳔을 ᄡᅳ거든 衆 즁중 親 친친 眷 권권 街 걔계 坊

방방 老 랄랖 的 디디 們 문문 勸 퀀퀀 說 숴숴 ○ 모든 권당과 이웃지늘근이들히 말

로려 ᄃᆡ니 你 니니 為 위위 甚 씸슴 麽 머마 省 싱싱 不 부부 得 더더 ○ 네 엇디 ᄉᆞᆲ

히 다 못ᄒᆞᄂᆞᆫ다 ᄒᆞ면 執 징지 迷 메미 着 쨯죠 心 심신 ○ ᄆᆞᄋᆞᆷ을 어리워 가지고셔 迴

ᅘᅱ휘 言 연연 道 땅단 ○ ᄃᆡ답ᄒᆞ여 니로ᄃᆡ 使 ᄉᆞᆼ스 時 씽스 使 ᄉᆞᆼ스 了 럎랴 我

오어 的 디디 錢 쪈쳔 ○ 버도 내 쳔을 ᄡᅳ고 壞 ᅘᅫ홰 時 씽스 壞 ᅘᅫ홰 了 럎랴 我

오어 的더딩 家갸갸 私ᄉᆞ소 ○ ᄒᆞᆫ ᄇᆡ려도 내 ᄌᆞᆺ거 슬 히여ᄇᆞ리ᄂᆞ니 干간건 你

니녀 甚슴ᄊᆞᆷ 麼마뭐 事ᄉᆞᄊᆞ ○ 비게 므슴 일 이 브트뇨 因인힌 此ᄎᆞᄎᆞ 上샹쌍

○ 이런 젼 ᄎᆞ로 衆즁즁 人ᅀᅵᆫᅀᅵᆫ 再재재 不부붕 曾층쯩 勸퀀퀀 他타터 ○

모든 사ᄅᆞᆷ이 다시 뎌 ᄅᆞᆯ 말리디 아니ᄒᆞ니 隨취쒸 着죠쨩 他타터 胡후ᅘᅮ 使ᄉᆞᄉᆞ 錢

쳔쪈 ○ 제 ᄆᆞᄋᆞᆷ오로 쳔 을 간대로 ᄡᅳ니 每믜뭐 日ᅀᅵᅀᅵᆼ 十시씸 數수수 箇거거 幫

방방 閑현ᅘᅧᆫ 的디딩 家갸갸 裏리레 ○ 每日 열아믄 노 ᄅᆞᆺ바치 집의 媳시싱 婦

부뿡 孩해ᅘᅢ 兒ᅀᅳᆯᅀᅵᆼ ○ 겨집과 아ᄒᆡ의 喫치킹 的디딩 穿쳔춴 的디딩 ○ 먹 ᄂᆞᆫ

것 닙ᄂᆞᆫ 거시 都두두 是ᄉᆞᄊᆞ 這져져 呆여여 廝ᄉᆞᄉᆞ 的디딩 錢쳔쪈 ○ 다 이

어린 놈의 쳔이라 騎키끼 的디딩 馬마마 三산삼 十시씸 兩량량 一이힝 匹

피삥 好핲항 竄춴춴 行힝ᅘᅵᆼ 馬마마 ○ ᄐᆞᄂᆞᆫ ᄆᆞᄅᆞᆫ 셜흔 냥 ᄡᆞᆫ ᄒᆞᆫ 필 ᄆᆞ장 것ᄂᆞᆫ ᄆᆞᆯ이오

鞍언안子즈즈是씽스時씽스樣양양減감견銀인인事씽스件껸견的

딩디好함화鞍언안轡비피 ○ 기ᄅᆞ마ᄂᆞᆫ 시톄예 은입ᄉᆞ흔 ᄉᆞ견엣 됴흔 기ᄅᆞ마 구레니

通퉁퉁是씽스四ᄉᆞ스十씽시兩량량銀인인 ○ 대되 마은 냥 은을 ᄡᅥᆺ더라

穿쉰춴衣이이服뿡부時씽스 ○ 오ᄉᆞᆯ 니블 ᄉᆡᆫ대 按헌안四ᄉᆞ스時씽스穿

춴춴衣이이服뿡부 ○ ᄉᆞ절을 조차 옷 니브되 每뮈미日싱이脫퉁토套탕탄

換훤훤套탕톼 ○ 날마다 ᄒᆞᆫ 불 벗고 ᄒᆞᆫ 불 ᄀᆞ라 닙ᄂᆞ니 春츈츈間간견好항한青

칭칭羅러로衣이이撒상사 ○ 봄의ᄂᆞᆫ 됴ᄒᆞᆫ 야쳥 노이삭 덕녕에 白뻥버羅러로

大때다搭당다胡후후 ○ 흰 노큰더 그레예 柳릿리綠룽루羅러로細세시

褶정저兒싱슬 ○ 프른 뉴청 노ᄀᆞᄂᆞᆫ 줄움 털릭이오 到당닫夏햐하間간견 ○

녀름 다ᄃᆞᆺ거든 好항한極끵기細세시的딩디毛망뫄施씽스布부부布부부

衫삼산 ○ 시고 뵈장 젹ᄀᆞ 삼ᄂᆞᆫ 에모 上샹샹 頭뜽투 繡심식 銀인인 條댱탼 紗

사사 搭당다 胡후후 ○ 믠우 사희 티ᄂᆞᆫ 그슈 레노 예흔 흰 鴨향야 綠룽루 紗사사

直찡지 身신신 ○ 덕아 녕토 이록 오사 到닿단 秋칭착 間간견 是씽스 羅러로

衣히이 裳썅샹 ○ 든ᄀᆞ 노올 오히 시다 오듯 거 到닿도 冬둥둥 間간견 ○ 을겨

거이 든다 듯 界걔계 地뗴디 紵쮸쥬 絲ᄉᆞᆷ스 襖함오 子즈즈 ○ 문벽 엣드 비르

과단 옷 綠룽루 紬쯯추 襖함오 子즈즈 ○ 핫초 옷록 과면 듀 織징지 金김긴

膝싱시 襴란란 襖함오 子즈즈 ○ 襴금 ᄒᆞᆫ으 핫로 옷ᄇᆞᆺ 과膝 茶짜차 褐헝허 水

쉬쉬 波뷔보 浪랑랑 地뗴디 兒ᅀᅵᆯ슬 四ᄉᆞ스 花화화 襖함오 子즈즈 ○ 찰감

화비 문치 ᄒᆞᆫ믈 비셜 단바 핫탕 옷에 파ᄉᆞ 青칭칭 六룽릭 雲윤윤 襖함오 子즈즈 ○

紋야 비청 단빗 핫헤 옷六 과雲 茜천천 紅훙훙 氈전젼 段뛴된 藍람란 綾링링 子

 45b

즈즈褡쿠쿠兒슬싈○곡도송믈드린블근빗칫텰릭 조차ᄣᅠᆫ비단과남능고의에白버삥

絹권권汗한ᄒᆞᆫ衫산삼○흰깁한 삼과銀인인褐허ᄒᆡᆼ紵쥬쮸絲스ᄉᆖ板

반반摺져졍兒슬싈○은빗체비단너 븐주름텰릭과短둰둰襖안핲子즈즈○

티른핫 옷과黑허흥綠루룽紵쥬쮸絲스ᄉᆖ比비비甲갸걍○黑綠빗 쳬비단

비게를 ᄒᆞ여這져져般번번按안헌四스ᄉᆖ時스씽穿춴춴衣이히裳샹샹

○이러트시ᄉᆞ졀을 조차오ᄉᆞᆯ닙드라〔下〕繫기계腰야햫時스씽○도ᄃᆡ也여여

按안헌四스ᄉᆖ季기계○또ᄉᆞ졀을조 차히오되春츈츈裏리려繫기계金

긴김條탈턀環환환○봄에는금 됴환섯고夏하햐裏리려繫기계玉유융鉤

구ᄒᆞᆼ子즈즈○녀름에는옥으로ᄆᆡᆫᄀᆞᆫ데 갈구리ᄒᆞ니를ᄭᅵ오되最쥐쮜低디뎨的

디딩是스씽菜채채玉유융○마장ᄂᆞᄌᆞ니 아菜玉이오最쥐쮜高갚걓的디딩

是스씽羊양양脂즈징玉유융○마장 놉ᄒᆞ니는 羊脂玉이오 秋칙칭裡리례

繫기계減켠갼金긴김鉤구궁子즈즈○마ᄋᆞᆯ히ᄂᆞᆫ 금 입ᄉᆞ ᄒᆞᆫ구조를 ᄯᅴ니 尋

신씸常창쨩的디딩不부붕用융융○샹녜 새ᄉᆞᆫ 브ᄉ 더 아니코 都두두是스씽

玲링링瓏룽룽花화화樣양양的디딩○다ᄉᆞᆯ 피게 곳 사 긴 거시러라 冬둥둥

裏리례繫기계金긴김廂샹샹寶밮밤石시씽鬧난낭裝좡장○겨울 이어

든 금으로 보석에 전메워 위 전조러니 ᄉᆞ민 ᄯᅴ를 ᄯᅴ며 又우잉繫기계有우잉綜중중

眼연얀的디딩烏우후犀시세繫기계腰얀영○ᄯᅩ 죵구무 잇는 오서 각으로 밍

근 ᄯᅴ를 ᄯᅴ 엇드라 ○ 頭투뜽上샹썅戴대대的디딩好한함貂댶댱鼠슈슈

皮피삐披피피肩견견○마리에 쁜 거손 됴흔 돈피 이엄이오 好한함纏쳔젼

중증金긴김頂딩딩大다때帽맢밥子즈즈○됴흔 종나모 실로 밋고 금 뎡 즈브틴

갓이니 這져져 一힝이 箇거거 帽망마 子즈즈 ○ 이흔 갓은 結경겨 裹궈고

四ᄉᆞ스 兩량량 銀인인 子즈즈 ○ 넉냥은을드 려민그랏고 又임우 有임우 紵

쥬쥬 絲ᄉᆞ스 剛강강 叉차차 帽망마 兒ᅀᅵᆯ슬 ○ ᄯᅩ비단으로드르 두텨가ᄅᆞ빠ᄃᆞᆯ마

기ᄃᆞᆯ온 갓에 羊양양 脂지즈 玉융유 頂딩딩 子즈즈 ○ 양지옥당조 브텨시니

這져져 一힝이 箇거거 帽망마 子즈즈 ○ 이흔 갓은 結경겨 裹궈고 三삼산

兩량량 銀인인 子즈즈 ○ 석량은을드려 밍그라내엿고 又임우 有임우 天텬텬

靑칭칭 紵쥬쥬 絲ᄉᆞ스 帽망마 兒ᅀᅵᆯ슬 ○ ᄯᅩ텬쳥비 단갓과 雲윤윤 南

남난 氈젼젼 帽망마 兒ᅀᅵᆯ슬 ○ 雲南에셔난젼 으로ᄒᆞᆫ갓과 又임우 有임우 貂

댱됴 鼠슈슈 皮삐피 狐후후 帽망마 ○ ᄯᅩ돈피 털갓에 上썅샹 頭뜰투 都두두

有임우 金김긴 頂딩딩 子즈즈 ○ 우희다금당 조잇드라 又 穿쳔쳔 靴훠훠

老乞大諺解 下

時스씽 ○ 휘ᄅᆞᆯ신을띤대 春츈츈 間견간 穿쳔쵠 皂잔짱 麂기계 皮피삐 靴
훠훠 ○ 봄에는거믄기ᄌᆞ피훠ᄅᆞᆯ신오되 上샹썅 頭투뜽 縫봉뽕 着죠쨯 倒닾담
提티뗴 雲윤윤 ○ 우희구룸갓고로ᄃᆞ리웟게호와잇고 夏하햐 間견간 穿쳔쵠
猠텬텬 皮피삐 靴훠훠 ○ 녀름에는텬피훠ᄅᆞᆯ신고 到닾담 冬둥둥 間견갼 穿
쳔쵠 嵌켠캼 金긴김 線션션 藍란람 條탸뚈 子즈즘 白버뻥 麂기계 皮피삐
靴훠훠 ○ 겨울에는금션조차남비단갸품션흰기ᄌᆞ피훠ᄅᆞᆯ신오되 氈젼젼 襪와왕
穿쳔쵠 好한함 絨숭슝 毛모망 襪와왕 子즈즘 ○ 시욹청은됴흔보드라온털로
미론청신어쇼ᄃᆡ 都두두 使스싱 大다때 紅훙훙 紵쥬쮸 絲스ᄉᆞᆼ 緣연연 口
쿠큼 子즈즘 ○ 다다홍비단으로깃ᄃᆞ라이시니 一이힝 對뒤뒤 靴훠훠 上상썅
○ 흔빵훠에 都두두 有우임 紅훙훙 絨숭슝 鴈연안 爪잔장 ○ 다블근실로고

더두 라라 잇 那 니나 靴 훠훠 底 뎌디 ○ 창뎌 이휘 都 두두 是 쓰스 兩 량량 層

찡층 淨 찡징 底 뎌디 ○ 한다 창두 에층 조 上 쌍샹 的 딩디 線 션션 ○ 잇드 는라

은실 蠟 랑라 打 다다 了 럎랴 ○ 잇밀 고려 錐 쥐쥐 兒 싈슬 細 셰시 線 션션 麤

추추 ○ 노송 흔곳 굴소 그마 니놀 고 上 썅샹 的 딩디 分 분분 外 왜왜 的 딩디 牢

랑랑 壯 장좡 ○ 븐두 와라 에잇 구는 드양 니이 好 함한 看 컨칸 ○ 트보 라기 됴

喫 킹치 飯 뻔반 時 쓰스 ○ 제밥 는먹 을 揀 갼견 口 큳쿠 兒 싈슬 喫 킹치 ○

슬입 굴에 흐먹 여엄 먹즉 더훈 라거 淸 칭칭 早 장잔 晨 쎤친 起 켜키 來 래레 ○ 른일

니아 러춤 나의 梳 수수 頭 뜰투 洗 셰시 面 면면 了 럎랴 ○ 낫마 식리 고빗 고 先

션션 喫 킹치 些 셔셔 箇 거거 醒 싱싱 酒 짇쥐 湯 탕탕 ○ 눈몬 당져 을술 먹씨 고오

或 횅휘 是 쓰스 些 셔셔 點 뎜뎐 心 심신 ○ 화혹 먹효 고근 상 然 연연 後 흫후

打다다餅빙빙熬암앞羊양양肉숭수 ○ 후에 셕밍글며 羊肉고으며 或횡휘

白뼁버煮쥬츄着쨯죠羊양양腰열얀節졍져肯훙훙子즈즈喫킹치了

랴時씽스 ○ 혹 민물에 양의 즌등과 가슴을 솔마 먹고 騎끼키着쨯죠鞍헌안馬

마 ○ 안마 트고 引인인着쨯죠伴뻔번當당당 ○ 반당 두리고 着쨯죠幾

기箇거거幫방방閑뺜현的딩디盤뻔펀弄룽룽着쨯죠 ○ 여러 노롯바치

로 흐며 놀이흐거든 先션션投뜰투大대다酒짇직肆숭스裏례리坐쮜조下햐하

○ 몬져 큰 술져재 안해 가셔 一힝이二싱슬兩량량酒짇직肉숭수 ○ 훈 두 냥엣

술 고기를 喫킹치了럏랴時씽스 ○ 먹어 酒짇직帶대대半번번酣함한 ○

술을 반만 취흐여 가지고 引인인動뚱둥淫임인心심신 ○ 淫心을 내여 唱창창

的딩디人신인家갸가裏례리去큐큐 ○ 놀애 브르는 사르믜 집의 가 到닿다

那 너나 裏 례리 ○ 뎌긔 가셔 敎 걓갸 那 너나 彈 딴탄 絃 햔현 子 즈즈 的 딩디

謊 황황 厮 슨스 們 믄믄 ○ 뎌 줄 풍뉴ᄐᆞ고 거즛 말ᄒᆞᄂᆞᆫ 놈ᄆᆞᆯ로 ᄒᆞ여 捉 잡조 弄 룽룽

着 쟣죠 ○ 노리ᄒᆞ면셔 假 갸갸 意 이이 兒 ᅀᅵᆯᅀᆞᆯ 뫼 경갸 幾 계기 聲 싱싱 ○

거즛 여러 소리로 부르되 舍 셔셔 人 신신 公 궁궁 子 즈즈 ○ 사인 공ᄌᆡ야 早 잠잔

開 캐캐 手 싛식 使 싀스 錢 쪈쳔 也 여여 ○ 일ᄌᆞ이 손 여러 돈 ᄡᅳ라 ᄒᆞ여든 那 너나

錢 쪈쳔 物 웅우 只 지즈 由 잉우 那 너나 掯 방방 閑 현현 的 딩디 人 신신 支

징즈 使 싀스 ○ 그 錢物을 ᄃᆡ노릇ᄒᆞ는 놈들의 ᄆᆞ음대로 ᄡᅳ게 ᄒᆞ고 他 터타 只 징즈 粧

장좡 孤 구구 ○ 저는 그저 얼운다이 正 징징 面 면면 兒 ᅀᅵᆯᅀᆞᆯ 坐 쭤조 着 쟣죠 ○

졍면으로 안자 做 주주 好 핳한 漢 헌한 ○ 어딘 남진 톄ᄒᆞ거든 那 너나 厮 슨스 們

믄믄 ○ 뎌 놈들흔 將 쟝쟝 着 쟣죠 銀 인인 子 즈즈 花 화화 使 싀스 了 럏랴 ○

은을가져서간대로쓰고 中즁즁 間견갼 剋킈킝 落로랑 了랴럏 一이힝 半번뷘

兒슬싀 ◯ 즁간에반이나골여내여 養양양 活호횧 他타터 媳시싀 婦부뿌 孩

해해 兒슬싀 ◯ 제겨집과식을치니 조 一이힝 箇거꺼 日싀싀 頭투듷 ◯ 흔날

애 比비비 及기깅 到도닿 晩완완 出츄츙 來래래 時스씽 ◯ 나조히다드라

나오매미처는 至즈징 少샾셯 使스싕 三산삼 四스亽 兩량량 銀인인 子즈즈

◯ 국장적어야서너량은을쓰느니 後후흫 來래래 使스싕 的디딩 家갸갸 私

스숭 ◯ 후의집의벌거시 漸젼졈 漸젼졈 的디딩 消샾셯 乏바빵 了랴럏 ◯

졈졈업서 人신신 口쿠큫 頭투둫 匹피핑 家갸갸 財채째 金긴깅 銀인인 器

키칗 皿밍밍 ◯ 사롬모쇼가지금은긔명을 都두두 盡진찐 賣매매 了랴럏 ◯

다풀머 田텬텬 產찬찬 房방빵 舍셔셔 也여여 典텬텬 當당당 了랴럏 ◯

뎐디며 집을 볼모드리니 身 신신 上 썅샹 穿 쳔춴 的 딩디 也 여여 沒 뭉무 ◯ 몸애
니블 것도 업ᄉᆞ며 口 큳쿠 裏 례리 喫 킹치 的 딩디 也 여여 沒 뭉무 ◯ 입에 먹을
것도 업ᄉᆞ니 拿 방방 閑 현현 的 딩디 那 너나 廝 ᄉᆞᆼ스 們 문믄 ◯ 노롯ᄒᆞ던 그놈
들히 更 깅긍 沒 뭉무 一 힝이 箇 거거 肯 킹큰 偢 칭추 倸 채채 的 딩디 ◯ 다시
ᄒᆞ나토 긔수ᄒᆞ리 업서 如 유유 今 김긴 跟 근근 着 짱죠 官 권권 人 신신 拿 나나
馬 마마 ◯ 이제는 관원을 조차ᄃᆞ녀 물을 잡아 且 쳐쳐 得 딩더 煖 눤눤 衣 히이 飽
방반 飯 빤반 ◯ 아직 아므려나 옷 덥고 밥 ᄇᆡ브르고져 ᄒᆞᄂᆞ니라 我 어오 買 매매
這 저져 貨 훠호 物 웅우 ◯ 내 이 황호엣 것들 사 要 향얀 涿 좁조 州 징주 賣 매매
去 큐큐 ◯ 涿州로 폴라 가려ᄒᆞ더니 這 저져 幾 게기 日 싕시 為 위위 請 칭칭 親
친친 眷 편편 筵 연연 席 씽시 ◯ 요ᄌᆞ음 권당 청ᄒᆞ여 이바디ᄒᆞ며 又 잉우 為 위위

病뼝빙疾찡치耽담단閣갛거 ○ ᄯᅩ병으로머믈어 不붕부曾쯩층去큐큐

的딩디 ○ 가디못ᄒᆞ엿더니 我어오如ᅀᅲ슈今김긴去큐큐也여여 ○ 내이

제가노라 火훠호伴뻔반你녜니落랗로後흫후好함한坐쭤조的딩디着

짱죠 ○ 벗아너ᄂᆞᆫᄩᅥ뎌됴히안자시라 我어오到담단那너나裏례리 ○ 내뎌긔가

賣매매了럏랴貨훠호物웋우便뻔변來래레 ○ 황호ᄑᆞᆯ고즉시오마 你녜니

好함한去큐큐着짱죠 ○ 네됴히가라 我어오賣매매了럏랴這져져人

ᅀᅵᆫ신參ᄼᅳᆷ손毛망만施싱스布부부時씽스 ○ 내이ᄉᆞ參파모시뵈풀면 不붕부

揀간견幾계기日ᅀᅵᆼ시 ○ 아므날이라업시 好함한歹대대等딩등你녜니

來래레 ○ 모롬이너를기ᄃᆞ려셔 咱짱자商샹샹量량량買매매廻휘휘去

큐큐的딩디貨훠호物웋우 ○ 우리도라갈貨物사기ᄅᆞᆯ의논ᄒᆞ리니 你녜니是

씽스 必 삥비 早 쨩잔 来 래레 ○ 네 모롬이 일오라

店 뎜뎐 主 쥬쥬 人 신인 家 갸갸 ○ 뎜쥬인아 引 인인 着 쨯쟢 幾 계기 箇 거거 鋪 푸푸 家 갸갸 来 래레

○ 여러 젼사ᄅᆞᆷ을 ᄃᆞ려오라 商 샹샹 量 량량 人 신인 參 슴슨 價 갸갸 錢 쪈쳔 ○ 人參갑슬 의논ᄒᆞ쟈

這 져져 參 슴슴 是 씽스 好 항하 麽 뭐마 ○ 이 參이 됴ᄒᆞ나 將 장장 些 셔셔 樣 양양 參 슴슨 来 래레 我 어오 看 컨간 ○ 본볼 參 가져오라 내 보쟈

這 져져 參 슴슨 是 씽스 新 신신 羅 러로 參 슴슨 也 여여 ○ 이 參은 新羅ㅅ 參이라

着 쨯쟢 中 즁중 ○ 듕품이로다 你 녜니 說 숴쉬 甚 씸슴 麽 뭐마 話 화화

○ 네 므슴 말을 니ᄅᆞ는다 這 져져 參 슴슨 絶 쮀줘 高 강간 ○ 이 參이 ᄀᆞ장 됴ᄒᆞ니

怎 즘즘 麽 뭐마 做 주주 着 쨯쟢 中 즁중 的 딩디 看 컨간 ○ 엇디 듕품으로 보는다

牙 야야 家 갸가 說 숴쉬 ○ 즈름이 닐오되 你 녜니 兩 량량 家 갸갸 不 붕부

須 슈슈 折 졍져 辨 뻔변 高 감간 低 뎨디 ○ 너희 둘히 구틔여 됴홈 구즘을 분변티 말

라 如 ᅀᅲᅀᅲ 今 김긴 時 씃스 價 갸갸 五 우우 錢 쪈쳔 一 힝이 斤 긴긴 ○ 이제

시개 닷 돈애 훈 근식이니 有 임우 甚 씸슴 麽 뭐마 商 샹샹 量 량량 ○ 므슴 혜아림이

이시리오 你 녜니 這 져져 蔘 슴슨 多 더도 少 셤샾 斤 긴긴 重 쭝중 ○ 네 이 蔘이

몃 근 므긔고 我 어오 這 져져 蔘 슴슨 一 힝이 百 빙비 一 힝이 十 씽시 斤 긴긴

○ 내 이 蔘이 일빅 열 근이라 你 녜니 稱 칭칭 如 ᅀᅲᅀᅲ 何 허허 ○ 네 저울이 엇더훈뇨

我 어오 的 딩디 是 씃스 官 권권 稱 칭칭 ○ 내 하는 구읫 저울이라 放 빵방 着

짭죠 印 힌인 子 ᄌᆞᄌᆞ 裏 례리 ○ 인 녓느니 誰 쒸쉬 敢 감간 使 싀스 私 ᄉᆞ스 稱

칭칭 ○ 뉘 감히 아름 저울 ᄡᅳ리오 這 져져 價 갸갸 錢 쪈쳔 一 힝이 定 띵딩 也 여여

○ 이 갑시 일뎡 거다 我 어오 只 징즈 要 얌얀 上 썅상 等 뜽등 官 권권 銀 인인

◯ 내 샹녯 됴흔 은을 바ᄃᆞ되 見 현헌 要 얗야 銀 인인 子 즈즈 ◯ 앏희셔 즉제 은을 밧고 不 붕부 賒 셔셔 ◯ 드리오디 아니호리라 怎 즘즘 那 너나 般 뵌번 說 숑숴 ◯ 엇디 그리 니ᄅᆞᄂᆞ뇨 銀 인인 子 즈즈 與 유유 你 니니 好 할화 的 딩디 ◯ 은은 너를 됴흔 이를 주려니와 買 매매 貨 훠호 物 우우 的 딩디 ◯ 황호 사ᄂᆞᆫ 이 那 너나 裏 례리 便 뼌변 與 유유 見 현현 銀 인인 ◯ 어듸 앏희셔 즉제 은을 주리오 須 슈슈 要 얗야 限 혠현 幾 계기 日 ᅀᅵᆼᅀᅵ ◯ 모롬이 여려 날 그음ᄒᆞ쟈 你 니니 兩 량량 家 갸갸 休 힝후 爭 징증 ◯ 너희 둘히 싯구디 말고 限 혠현 十 씽시 箇 거거 日 ᅀᅵᆼᅀᅵ 頭 뜰투 ◯ 열흘만 그음ᄒᆞ야 還 환환 足 죵주 價 갸가 錢 쪈쳔 ◯ 갑슬 ᄎᆞ게 갑흘새 시라 這 져져 般 뵌번 時 씽ᄉᆞ ◯ 이러면 依 이이 着 쨯죠 牙 야야 家 갸갸 話 홰화 ◯ 즈름의 말대로 ᄒᆞ쟈 這 져져 參 ᄉᆞᆷ슨 稱 칭칭 了 럏랴 ◯ 이 蔘을 ᄃᆞ

나

只짛즈有잉우一힝이百빙버斤긴긴○다만 일빅 근이로다你녜니說쉉쉬一힝이百빙버一힝이十씽시斤긴긴○네 닐오ᄃᆡ 일빅 열 근이라 ᄒᆞ더니

那너나一힝이十씽시斤긴긴○뎌 열 근은却컁커在재재那너나裏례리○ᄯᅩ 어ᄃᆡ 잇ᄂᆞ뇨

我어오家갸갸裏례리稱칭칭了령랴一힝이百빙버一힝이十씽시斤긴긴○내 집의셔 ᄃᆞ니 일빅 열 근이러니你녜니這져져稱칭칭

大때다○네 이 저울이 세니因힌인此층츠上썅상○이런 전ᄎᆞ로折쎵셔了령랴十씽시斤긴긴○열 근이 ᄯᅳ도다那너나裏례리稱칭칭大때다○어ᄃᆡ 저울이 세리오

這져져蔘슴슨你녜니來래레時씌스節졍져有잉우些셔셔濕씽시○이 蔘이 비 올 제 적이 저젓다가如유유今김긴乾건간了령랴○이제 물라시니

因힌인此층츠上썅상○이런 전ᄎᆞ로折쎵셔了령랴這져져

十씽시斤긴긴○이 열근 이 這져져蔘슴슨做주주了럏랴五우우
分뿐븐兒싈슬分뿐븐了럏랴○이 蔘을 다ᄉᆞᆺ一힝이箇거거人
인인二싈슬十씽시斤긴긴家갸갸○ᄒᆞ나ᄒᆡ 야스므 每뮈믜一힝이
斤긴긴五우우錢쪈쳔○미 ᄒᆞᆫ 근에 닷 二싈슬十씽시斤긴긴該
개개十씽시兩량량○스므 근에 通퉁퉁計계기五우우十씽시兩
량량○대 되니 又잉잉店뎜뎐主쥬쥬人신신家갸갸○
인도 아름 쥬 引인인將쟝쟝幾계기箇거거買매매毛맘먀施싕스布부부
的딩디客킈킈人신신來래레○여러 모시뵈 사라 가노 니 這져져
毛맘먀施싕스布부부○네 모시뵈 細세시的딩디價갸갸錢쪈쳔○
마ᄂᆞᆫ이 麤추추的딩디價갸갸錢쪈쳔○굴근이 값슬 要얗약多도더

少샾셩 ◯ 언머식 밧고져 ᄒᆞᄂᆞ다 細시세 的디딍 上샹썅 等등딍 好한함 布

부부 ◯ ᄆᆞᄂᆞᆫ 上等엣 됴ᄒᆞᆫ 뵈ᄂᆞᆫ 要얀얌 一이힝 兩량량 二ᅀᅵᆯᅀᅵᆼ 錢쳔젼 ◯ ᄒᆞᆫ냥

두돈 밧고 麤추추 的디딍 要얀얌 八바방 錢쳔젼 ◯ 굴근이ᄂᆞᆫ 여듧 돈 밧고져 ᄒᆞ노

라 這져져 黃황황 布부부 ◯ 이 뵈예 가믄 好한함 的디딍 多도더 少샾셩

價가갸 錢쳔젼 ◯ 됴ᄒᆞ시언 메ᄂᆡ며ᄂᆞᆫ 갑 低디뎨 的디딍 多도더 少샾셩 價

가갸 錢쳔젼 賣매매 ◯ 사오나온이ᄂᆞᆫ 먼 멋갑세 폴다 這져져 一이힝 等등딍 好

한함 的디딍 一이힝 兩량량 ◯ 이ᄒᆞᆫ 등엣 됴ᄒᆞᆫ이ᄂᆞᆫ ᄒᆞᆫ 냥이오 這져져 一이힝 等

등딍 較갸걍 低디뎨 些셔셔 的디딍 七치칭 錢쳔젼 家가갸 ◯ 이ᄒᆞᆫ 등엣 져기

ᄂᆞᆺ즉ᄒᆞᆫ이ᄂᆞᆫ 닐곱 돈식이라 你니니 休휘힝 胡후후 討토탕 價가갸 錢쳔젼 ◯

네 간대로 갑 ᄢᅵ오디 말라 這져져 布부부 如슈슈 今긴김 見현현 有우잉 時스씃

價갸가 ○ 時이 價뵈 ㅣ이 이제 시번 니듯 시 我어오 買매매 時씽스 ○ 면내 사

不붕부 是씽스 買매매 自쑿스 穿훤춴 的딩디 ○ 시이 아내 니니 라블 것 一

횡이 發봥바 買매매 將쟝쟝 去큐큐 ○ 가흥 져ᄢ 가사 要햫야 覓밍미 些셔셔

利례리 錢쪈쳔 ○ 져리 ᄒᆞ쳔 노을 리엇 고 我어오 依히이 着쟣죠 如슈슈 今

김긴 的딩디 價갸가 錢쪈쳔 ○ 스내 로이 조젓 차갑 還환환 你녜니 ○ 주너 리를

라 這져져 毛망마 施싱스 布부부 高깜간 的딩디 一힝이 兩량량 ○ 모이

눈시 ᄒᆞᆫ뵈 냥됴 이ᄒᆞᆫ 오이 低뎨디 的딩디 六룽루 錢쪈쳔 ○ 엿ᄂᆞ 돈ᄌᆞᆫ 이이 오ᄂᆞᆫ 這

져져 黃황황 布부부 高깜간 的딩디 九김기 錢쪈쳔 ○ ᄒᆞᆫ이 이가 눈믄 아뵈 흡됴

오돈 이 低뎨디 的딩디 五우우 錢쪈쳔 ○ 돈ᄂᆞ 식존 ᄒᆞ이 야ᄂᆞᆫ 닷 我어오 不

붕부 除셔셔 你녜니 的딩디 ○ 오내 디네 아것 니드 코리 一힝이 頓둔둔 兒싛술

還환환你녜니好핳하銀힌인子즈즈○은흠을ᄢᅵ주너리롤라됴흔牙야야

家갸갸說숴쉬○니즈ᄅᆞ름되이他터타們문믄還환훤的딩디價갸갸錢

쫜쳔是씽스着쨯죠實씽시的딩디○갑더시의올주ᄒᆞ려니ᄒᆞ는你녜니客

킹키人인신們문믄○ᄂᆡ너들나은그遼령랴東둥둥新신신来래레○동됴

로으와로시셔니새不봉부理례리會휘휘得둥더這져저着쨯죠實씽시的

딩디價갸갸錢쪈쳔○디이몯바ᄒᆞ론ᄂᆞ갑니슬아你녜니休힝후疑이이惑

횡휘○말비고의심成찡칭交걍갸了럏랴罷빠바○무흥뎐졍ᄒᆞ몯다ᄒᆞᆷ이

這져저們문믄時씽스○면이리價갸갸錢쪈쳔依히이着쨯죠你녜니

○조갑츠스려란니너와를銀힌인子즈즈依히이的딩디我어오時씽스○

대은로으ᄒᆞ란뎐내말成찡칭交걍갸○몯흥고졍을依히이不봉부得딩더

我어오時씃스○내 말대로 아니면 我어오不붕부賣매매○내 ᄑᆞᆯ디 아니리

라 我어오這져져低뎌디銀인인子ᅎᆞ즈都두두不붕부要얗얀○내 이

사오나온 은으란 다 마다 你녜니只ᅎᆞᅀ饋뀌긔我어오一힝이樣양양的딩디

好함한銀인인子ᅎᆞ즈○네 날ᄅᆞᆯ ᄒᆞᆫ가지 됴ᄒᆞᆫ 은을 주고려 似ᄊᆞ스你녜니這

져져般번번都두두要얗얀官권권銀인인時씃스○네 이러ᄐᆞ시 다 구읫나기

은으로 바ᄃᆞ면 虧퀴퀴着쨯죠我어오○내게 셜웨라 待대대虧퀴퀴你녜니

多더도少셯샾○네게 언머나 셜오노 肯킁큰時씃스成찡칭交걓갸○즐기

거든 흥졍을 ᄒᆞ고 不붕부肯킁큰時씃스你녜니別뼝벼處츄츄買매매去

큐큐○슬커든 비다른 되사라가라 這져져們믄믄時씃스○이러면 與유유

你녜니這져져好함한銀인인子ᅎᆞ즈買매매○너를 됴ᄒᆞᆫ 은을 주고 사리라

你니닉這져져布부부裏리리頭투뜰○네 이 뵈 둘에 長챵짱短돤된
不부봉等등딍○長短이 ᄀᆞᆺ디 아니ᄒᆞ야 有잇읻勾구급五우우十시씽尺
치칭的디딍○도쉰 이자 남은이 이시며 也여여有잇읻四스ᄉᆞ十시씽尺치칭
的디딍○ᄯᅩ 마은 자 치 이시며 也여여有잇읻四스ᄉᆞ十시씽八바빵尺
치칭的디딍○ᄯᅩ 마은 여ᄃᆞᆲ 자 치도 이시니 長챵짱短돤된不부봉等등딍○
長短이 ᄀᆞᆺ디 아니ᄒᆞ다 這져져布부부都두두是스씅地디띠頭투뜰織지징
來래레的디딍○이 뵈 다 사셔 오다고 미ᄭᅥ 我어오又우잉不부봉曾층쯩
剪젼젼了랴렬稍산상子즈즈○ᄯᅩ 일즙 버혀내디 아니ᄒᆞ고 兩량량頭투뜰
放방방着죠짱印인힌記기계裏리례○두 머리예 보람 두엇ᄂᆞ니라 似스ᄊᆞ
這저져一이힝箇거거布부부○이 ᄀᆞᄐᆞᆫ 뵈ᄂᆞᆫ 經깅깅緯위위都두두一

힝이 般 뻔번 ○ 굿뻐 트ᄂᆞᆯ 여히 다 便 뼌변 是 씽스 魚 유유 子 즈즈 兒 싱슬 也
여더 似 쓰스 匀 윤윤 淨 찡징 的 딩디 ○ 고곳 긋고 긋기 ᄒᆞ알 거긋 니티 와고 로 似
쓰스 這 져져 一 힝이 等 딩등 經 깅깅 緯 위위 不 붕부 等 딩등 ○ 지이 긋ᄒᆞᆫ 트가
다니 아ᄂᆞᆫ 니뻐 ᄒᆞᄂᆞᆯ 고히 굿 織 징지 的 딩디 又 잉우 鬆 숭숭 ○ 얼쁜 미거 여시 ᄯᅩ
却 갸거 不 붕부 好 할한 ○ 니ᄯᅩ ᄒᆞ됴 니티 아 買 매매 的 딩디 人 신신 多 더도
少 샾샨 駁 방박 彈 딴탄 ○ 남살 으사 라ᄅᆞᆷ 홀이 거ᄀᆞ 시장 니흔 急 깅기 且 쳐쳐 難
난난 着 쟢죠 主 쥬쥬 兒 싱슬 ○ 기과 어갈 려이 오님 리자 라엇 似 쓰스 這 져져 等
딩등 布 부부 ○ 튼이 뵈둥 ᄂᆞᆫ굿 寬 퀀퀀 時 씽스 好 할한 ○ 거너 니브 와니 됴 這
져져 幾 계기 箇 거거 布 부부 忒 틍티 窄 징저 ○ 너이 모여 좁러 다뵈 ᄂᆞᆫ 窄 징저
時 씽스 偏 편편 爭 징ᄌᆞᆼ 甚 씸슴 麼 뭐마 ○ 므조 서븐 시들 ᄇᆞ독 리별 오히 也 여여

一잉이般번번賣매매了랼랴 ○ 또ᄒᆞᆫ가지로 폴리라 你니니怎즘즘麽뭐마

說숴숴那나나等등등的디디話화화 ○ 네 엇디 뎌런 말 닐으는다 寬퀀퀀時

씽스做주주衣이이裳쌍샹有임우餘유유剩씽싱 ○ 너브면 옷 지으매 남음이

잇고 又임우容융융易잉이賣매매 ○ 또 폴기 쉽거니와 窄쩡저時씽스做

주주衣이이裳쌍샹不봉부勾긓구 ○ 조브면 옷 지음애 ᄌᆞ라더 못ᄒᆞ여 若샤쇼

少셩샤些셔셔時씽스 ○ 만일에 젹이 모조라면 又임우要햠얀這져저一

잉이等등등的디디布부부零링링截쪙져 ○ 또 이ᄀᆞᆺ튼 뵈 ᄯᅳ니언노라 ᄒᆞ면 又

임우使싱스一잉이錢쪈천銀힌인 ○ 또ᄒᆞᆫ 돈 은을 ᄡᆞᄂᆞ니 為위위這져저上

썅상 ○ 이런 젼ᄎᆞ로 買매매的디디人신신少셩샤 ○ 살 사ᄅᆞᆷ이 젹으니라 要

햠얀甚씸슴麼뭐마閑현현講걍걍 ○ 므슴 아라 쇽졀업시 ᄀᆞᆺ고료 算쉰쉰了

렬랸 價갸가 錢쪈쳔 ○혜갑 고슬 看컨칸 了렬랸 銀인인 子즈즈 ○보은 자을

你녜니 是씽스 牙야야 家갸갸 ○름너 이는 니즈 你녜니 筭숸숸 了렬랸

着쨯죠 ○라비 혜 該개개 多더도 少썋샤 ○머희 나오 ᄒᆞᆫ녀 뇨언 上쌍샹 筭

둥등 毛맘마 施싱스 布부부 一힝이 百빙버 疋핑피 ○뵈샹 일등 빅엣 필모 은시

每뮈믜 疋핑피 一힝이 兩량량 ○냥每 식ᄒᆞᆫ ᄒᆞᆫ필 니에 ᄒᆞᆫ 共궁궁 該개개 一

힝이 百빙버 兩량량 ○냥대 이되 오일 빅 低뎌디 的딩디 三삼산 十씽시 疋

핑피 ○흔ᄒᆞ 필조 은이 설 每뮈믜 疋핑피 六룽루 錢쪈쳔 ○엳每 돈ᄒᆞᆫ 식필 ᄒᆞᆫ에

니 共궁궁 通퉁퉁 一힝이 十씽시 八빵바 兩량량 ○둛대 냥되 이열 니여 都

두두 與유유 好함화 銀인인 子즈즈 是씽스 ○미다 올됴 ᄒᆞᆫᄒᆞᆫ 니은 라을 주 委

휘위 實씽시 沒뭉무 許휴휴 多더도 好함화 銀인인 子즈즈 ○뎌진 대실 도로

큭만히도ᄒᆞᆫ은이업세라 敢간감 只즈징 到단당 的디딩 九긱깅 十시씽 兩량

◯九十兩이왓는듯ᄒᆞ다 那나너 零링링 的디딩 二ᅀᅳᆯᅀᅵ 十시씽 八바방 兩

량량 ◯그ᄃᆞ니스믈여ᄃᆞᆲ냥으란 與유유 你니너 青칭칭 絲스ᄉᆞ 如ᅀᅲ유 何허허

◯너글구품은을주미엇더ᄒᆞ뇨 客켜킹 人신인 看칸컨 ◯나그내아보라 這저져

偺여셔 多도더 交갸걒 易이잉 ◯이대도록ᄒᆞᆫ흥졍애 만 要얀혐 甚씸씸 麼

마뭐 爭증징 競깅깅 ◯므슴아라싯구ᄂᆞ뇨 這저져 些셔셔 箇거거 銀인인 子

즈ᅎᆞ 是스씨 好한할 青칭칭 絲스ᄉᆞ ◯이은이됴ᄒᆞᆫ구품이니 比비비 官권권

銀인인 一이이 般번번 使스시 ◯구윗나기은을글와ᄒᆞᆫ가지로ᄡᅳᄂᆞᆫ것시라 這저져

們믄믄 時스씨 依이이 着죠쟝 你니너 ◯이러면네로ᄒᆞ리라 대 將장쟝 好

한할 青칭칭 絲스ᄉᆞ 来레래 ◯됴ᄒᆞᆫ구품은가져오라 這저져 銀인인 子즈ᅎᆞ

都두두看컨칸了령랴○이 은 다 보아다 我어오數수수將쟝쟝布부부去

큐큐○나는 뵈 혜여 가져가노라 天 你녜니且쳐쳐住쮸쥬着짭죠○네 아직 날

회라 這져져銀인인子즈즈裏려리頭뜰투○이 銀ㅅ 듕에 真진진的딩디

假갸갸的딩디○진짓거신동 거즛거신동 我어오高갈고麗려리人신인不

붕부識싱시○우리 高麗ㅅ 사ᄅᆞᆷ이 아디 못ᄒᆞ니 你녜니都두두使싱스了령랴

記계기號향한着짭죠○네 다 보람 두라 牙야야家갸갸眼얀연同뚱퉁看

컨칸了령랴着짭죠○즈름과 眼同ᄒᆞ여 보라 後흫후頭뜰투使싱스不붕부

得듸더時씽스○후에 쓰디 못ᄒᆞ거든 我어오只짛즈問문운牙야야家갸갸

換훤훤○내 즈름ᄃᆞ려 무러 밧고리라 却캬커不붕부當당당面면면看컨칸

了령랴見현현數수수○또 낫 출당ᄒᆞ야셔 잇ᄂᆞᆫ 수를 보디 아니ᄒᆞ엿ᄂᆞ냐 出츙츄

門믄문不봉부管권관退퉤퉈換훤훤○문에 나면 므ㄹ기를 알라 못ᄒᆞᆯ 셰시라

怎즘즘麼뭐마說숴쉬○므서시라 니르ᄂᆞ다 你니니這져져們믄믄慣관관

做주주買매매賣매매的디디人신신○네 이러트시 흥졍ᄒᆞ기 닉은 사ᄅᆞᆷ이 我

어오 一힝이等딍등不봉부慣관관的디디人신신根근근前쳔쳔○우리

ᄒᆞᆫ가지 닉디 못ᄒᆞᆫ 사ᄅᆞᆷ의게 多더도有잉우欺키키瞞먼먼○만히 소기ᄂᆞ니 你

니니 使ᄉᆞ스着쟢죠記기기號항호着쟢죠○네 보람 두워야 大때다家갸갸

把바바穩운운○대되 편안ᄒᆞ리라 這져져一힝이百빅버兩량량做주주

一힝이包밤밮○이 일ᄇᆡᆨ 냥으란 ᄒᆞᆫ ᄲᆞᆷ에 ᄆᆡᆼ글라 這져져的디디是ᄊᆞ스一힝이

百빅버一힝이十씽시八바바兩량량○이는 일ᄇᆡᆨ 열여 돏 냥이로다 那너나

幾기기箇거거客킈커人신신○뎌 여러 나그내 將쟝쟝布부부子ᄌᆞ즈去

큐큐 了 럏랴 ○ 가뵈 거가 다저 咱 쟝자 們 문믄 人 신인 蔘 슴슨 價 갸가 錢 쪈쳔
○ 스우 갑리 도人 蔘 也 여여 都 두두 收 싣수 拾 씽시 了 럏랴 ○ ᄒᆞ다 자收 拾
貨 휘호 物 뭏우 都 두두 發 봐바 落 랄로 了 럏랴 ○ 쳐황 ᄒᆞ호 여다 다디 咱
쟝자 們 문믄 買 매매 些 셔셔 甚 씸슴 麽 뭐마 廻 휘휘 貨 휘호 去 큐큐 時 씽스
好 함할 ○ 발우 황리 효저 룰그 사나 가므 아숨 됴도 홀라 고가 商 샹샹 量 량량 其 끼키
間 갼간 ○ 스의 이논 예홀 涿 좡조 州 짇주 買 매매 賣 매매 去 큐큐 來 래레 的
듕디 火 훠호 伴 뻔번 到 당돠 來 래레 ○ 갓涿 든州 벗여 이홍 오졍 나ᄒᆞ 눌라 相 샹샹
見 견견 ○ 보서 크르 好 함할 麽 뭐마 好 함할 麽 뭐마 ○ 이이 대대 買 매매 賣
마매 稱 칭칭 意 히이 麽 뭐마 ○ 의홍 마졍 즌이 가뜻 托 탕토 着 쨯죠 哥 거거 哥
거거 們 문믄 福 봉부 蔭 힘인 裏 레리 ○ 분형 을들 닙희 어덕 也 여여 有 잊우 些

서셔 利 레리 錢 쪈쳔 ◯ 을또 어적 드이 라니 쳔 你 녜니 的 딩디 貨 훠호 物 웋우
都 두두 賣 매매 了 럎랖 不 붕부 曾 쯩층 ◯ 다비 못황 ᄒᆞ호 엿를 는디 다ᄅᆞᆫ 我 어오
貨 훠호 物 웋우 都 두두 賣 매매 了 럎랖 ◯ 다우 풀리 고항 호 正 징징 要 햫얖
買 매매 廻 휘휘 去 큐큐 的 딩디 貨 훠호 物 웋우 ◯ 호정 사히 려도 ᄒᆞ라 여갈 황
尋 씸신 思 씅스 不 붕부 定 띵딩 ◯ 못헤 ᄒᆞ아 엿림 ᄃᆞ을 니뎡 티 恰 캏햐 好 핳핲
你 녜니 來 래레 到 닿닾 ◯ 네마 올치 샤됴 히 你 녜니 要 햫얖 買 매매 甚 씸슴
麽 뭐마 貨 훠호 物 웋우 ◯ 사비 려므 ᄒᆞ슴 ᄃᆞᆫ황 다호 我 어오 知 짖지 他 더타 甚
씸슴 麽 뭐마 好 핳핲 拿 나나 去 큐큐 ◯ 가내 저몰 가내 기라 됴므 홀스 고거 시 大
때다 哥 거거 你 녜니 與 유유 我 어오 擺 배배 布 부부 着 쨯죠 ◯ ᄃᆞ형 려아 긔날
여길 라ᄒᆞ 我 어오 曾 쯩층 打 다다 聽 팅딩 得 딓더 ◯ ᄃᆞ내 ᄅᆞ일 니즙 高 갛갚 麗

리례 地디뗴 面면면 裏리례 賣미매 的디뎡 貨호훠 物우뭉 ○高麗ㅅ 따히 프

는 황회 十시씽 分븐분 好한함 的디뎡 ○마장 됴흔 거슨 倒단담 賣매매 不

부붕 得더딍 ○도로혀 프디 못ᄒᆞ고 只즈즹 宜이이 將장쟝 就직찍 的디뎡 貨

호훠 物우뭉 ○다만 두어라 홀 황회야 맛당ᄒᆞ여 倒단담 着죠쟣 主쥬쥬 兒ᅀᅳᆯᅀᅵᆼ

快쾌쾌 ○도로혀 님자 어듬이 셔르다ᄒᆞᄃᆞ라 可커커 知지징 ○그리 어니 大다때

哥거거 你니녜 說슈숴 的디뎡 正징징 是스씽 ○형아 네 니ᄅᆞ미 졍히 올타 我

오여 那나너 裏리례 好한함 的디뎡 歹대대 的디뎡 不부붕 識시싱 ○우리

듸그ᄂᆞᆫ 됴흔 것 구즌 것 모ᄅᆞ고 只즈즹 揀견간 賤쳔쪈 的디뎡 買매매 ○다만 쳔ᄒᆞᆫ

거슬 골라 사ᄂᆞ니라 正징징 是스씽 宜이이 假갸갸 不부붕 宜이이 真진진 ○

졍히 거즛 거슨 맛당ᄒᆞ고 진짓 거슨 맛당티 아니ᄒᆞ니라 我오이 引인인 着죠쟣 你

녜니 ○ 리내 고너 ᄃᆞ 買 매매 些 셔셔 零 링링 碎 쉬쉬 的 디디 貨 훠호 物 웅우

○ 사효 리근 라황 호 紅 훙훙 纓 잉잉 一 이이 百 빙버 斤 긴긴 ○ 百상 斤모 一

燒 셩샾 珠 쥬쥬 兒 싈슬 五 우우 百 빙버 串 츈쵄 ○ 긴구 五은 百구 목슬 갓 瑪

마마 瑙 남난 珠 쥬쥬 兒 싈슬 一 힝이 百 빙버 串 츈쵄 ○ 一만 百노 목갓 긴 琥

후후 珀 핑퍼 珠 쥬쥬 兒 싈슬 一 힝이 百 빙버 串 츈쵄 ○ 一호 百박 목갓 긴 玉

융유 珠 쥬쥬 兒 싈슬 一 힝이 百 빙버 串 츈쵄 ○ 一옥 百갓 목긴 香 향향 串 츈쵄

珠 쥬쥬 兒 싈슬 一 힝이 百 빙버 串 츈쵄 ○ 一향 百쥬 목갓 긴 水 쉬쉬 精 징징

珠 쥬쥬 兒 싈슬 一 힝이 百 빙버 串 츈쵄 ○ 一水 百精 목갓 긴 珊 산산 瑚 후후

珠 쥬쥬 兒 싈슬 一 힝이 百 빙버 串 츈쵄 ○ 一珊 百瑚 목갓 긴 大 때다 針 짐진

一 힝이 百 빙버 帖 텅텨 ○ 一큰 百바 밤늘 小 셩샾 針 짐진 一 힝이 百 빙버 帖

텽텨 ○ 百세 빰침 一 鑷 녑녀 兒 싈술 一 힁이 百 븡버 把 바바 ○ 一족 百집 낫게
蘓 수수 木 몽무 一 힁이 百 븡버 斤 긴긴 ○ 百다 斤목 一 鏇 젼젼 帽 망마 兒
싈술 一 힁이 百 븡버 箇 거거 ○ 一시 百긁 낫갓 桃 땅탄 尖 졈젼 椶 중중 帽 망마
兒 싈술 一 힁이 百 븡버 箇 거거 ○ 갓쇠 一롯 百흔 낫총 琥 후후 珀 핑퍼 頂 딩딩
子 즈즈 一 힁이 百 븡버 副 부부 ○ 一호 百박 불당 조 結 붕겨 椶 중중 帽 망마
兒 싈술 一 힁이 百 븡버 箇 거거 ○ 갓총 一으 百로 낫미 존 面 면면 粉 분븐 一
힁이 百 븡버 匣 햐하 ○ 百면 갑분 一 綿 면면 臙 연연 脂 징즈 一 힁이 百 븡버
箇 거거 ○ 一소 百옴 낫연 지 臘 랑라 臙 연연 脂 징즈 一 힁이 百 븡버 斤 긴긴
○ 지밀 一에 百드 근린 연 牛 읗뉴 角 갸교 盒 헝허 兒 싈술 一 힁이 百 븡버 箇
거거 ○ 합쇠 조불 一로 百흔 낫면 鹿 룽루 角 갸교 盒 헝허 兒 싈술 一 힁이 百 븡버

箇 거거 ○ 합노 조각 一으 百로 낫흔 면 繡 싱식 針 짐진 一 힝이 百 븽버 帖 톙텨

○ 눌슈 一ᄯᅳ 百는 빰바 棗 잨좌 木 뭉무 梳 수수 子 즈즈 一 힝이 百 븽버 箇 거거

○ 레대 빗쵸 一나 百모 낫어 黃 황황 楊 양양 木 뭉무 梳 수수 子 즈즈 一 힝이 百

븽버 箇 거거 ○ 빗황 一양 百목 낫어 레 大 때다 篦 삐비 子 즈즈 一 힝이 百 븽버

箇 거거 ○ 一굴 百근 낫츰 빗 密 밍미 篦 삐비 子 즈즈 一 힝이 百 븽버 箇 거거

○ 一빈 百츰 낫빗 斜 써셔 皮 삐피 針 짐진 筒 뚱퉁 兒 싈슬 一 힝이 百 븽버 箇

거거 ○ 눌셔 통피 一로 百흔 낫바 大 때다 小 셜샤 刀 닿댜 子 즈즈 共 꿍궁 一 힝이

百 븽버 副 부부 ○ 되大 一小 百刀 불子 대 雙 쐉솽 鞘 셯샤 刀 닿댜 子 즈즈 一

힝이 十 씽시 把 바바 ○ 칼빵 열가 조플 근흔 雜 짜자 使 싱스 刀 닿댜 子 즈즈 一

힝이 十 씽시 把 바바 ○ 칼잡 열하 조의 근쁠 割 겅거 紙 징즈 細 셰시 刀 닿댜 子

즈즈 一 이ᄒᆡ 十 시씽 把 바바 ○ 죠는 칼히 버열 힐조 마ᄅᆞ 裙 균균 刀 됴닿 子 즈즈
一 이힝 十 시씽 把 바바 ○ 치출 마칼 혀열 리조 예ᄅᆞ 五 우우 事 스씽 兒 ᅀᅳᆯ싱 十
시씽 副 부부 ○ 연밍 장근 다칼 ᄉᆞᆺ열 드블 려 象 샹썅 碁 기끼 十 시씽 副 부부 ○
쟝열 기부 大 다때 碁 기끼 十 시씽 副 부부 ○ 바열 독부 雙 상쌍 六 류룽 十 시씽
副 부부 ○ 상열 륙부 茶 차짜 褐 허헝 欒 런뤈 帶 대대 一 이힝 百 버븽 條 됴뗭
○ 감조 一찰 百알 오롱 리디 紫 즈즈 條 탛탕 兒 ᅀᅳᆯ싱 一 이힝 百 버븽 條 됴뗭 ○
一 조 百다 오됴 리ᄋᆞ 壓 야향 口 쿠쿵 荷 허헝 包 밮밤 一 이힝 百 버븽 箇 거거 ○
못닷 一개 百출 낫누 剃 티톄 頭 투뜽 刀 닿당 子 즈즈 一 이힝 百 버븽 把 바바 ○
一마 百리 조갓 ᄅᆞᄂᆞᆫ 칼 剪 젼젼 子 즈즈 一 이힝 百 버븽 把 바바 ○ 百마 조애 ᄅᆞ一
錐 쥐쥐 兒 ᅀᅳᆯ싱 一 이힝 百 버븽 箇 거거 ○ 百송 낫곳 一 秤 칭칭 三 삼산 十

씽시 連 련련 ○ 큰 저울 설흔 ᄆᆞᄅᆞ 等 딍등 子 즈즈 十 씽시 連 련련 ○ 효근 저울

열 ᄆᆞᄅᆞ 那 나나 秤 칭칭 等 딍등 子 즈즈 都 두두 是 씽스 官 권권 做 주주 的

딍다 ○ 뎌 큰 저울 적은 저울이 다 구의예셔 밍근 이오 秤 칭칭 竿 건간 秤 칭칭 錘 쮜취

○ 저울대 저울 튜 毫 ᅘᅡᇢ호 星 싱싱 秤 칭칭 鉤 긓구 子 즈즈 ○ 저울 눈 저울 갈구리

都 두두 有 임우 ○ 다 잇다 ✕ 再 재재 買 매매 些 셔셔 麤 추추 木 뭉무 綿

면면 一 힝이 百 빙버 疋 핑피 ○ 또 굴근 목면 一百疋과 織 징지 金 김긴 和 훠호

素 수수 段 뚠돤 子 즈즈 一 힝이 百 빙버 疋 핑피 ○ 금으로 ᄧᆞᆫ 니와 믠 비단 一百疋

과 花 화화 樣 양양 段 뚠돤 子 즈즈 一 힝이 百 빙버 疋 핑피 ○ 화문 비단 一百

疋과 更 긩긍 有 임우 小 셜샤 孩 해해 兒 ᅀᅵᆯᅀᅳᆯ 們 믄믄 ○ 또 아ᄒᆡ들의 小 셜샤

鈴 링링 兒 ᅀᅵᆯᅀᅳᆯ 一 힝이 百 빙버 箇 거거 ○ 효근 방올 一百낫과 馬 마마 纓 잉잉

一힝이百븽버顆쿼코○百물낫손과동一減감견鐵텽텨條탕탈環환환

一힝이百븽버箇거거○一쇠百예낫입출ᄉᆞ사ᄒᆞᆫ고됴환更깅긍買매매些

서서文룬운書슈슈一힝이部뿌부○을또사칙되ᄒᆞᆫ불四ᄉᆞ스書슈슈都

두두是씽스晦휘휘庵함안集찡지註쥬쥬○註四내書이란ᄅᆞᆯ다ᄒᆞ晦자菴又

잉익買매매一힝이部뿌부毛망마詩싱스尙쌍상書슈슈周잠직易잉이

禮례리記기기五우우子증즈書슈슈○易또禮ᄒᆞᆫ記불五毛子詩書尙와書周

韓현한文룬운柳릳루文룬운東둥둥坡퍼포詩싱스詩싱스學햡효大

때다成쩡칭押햐아韻윤윤君균균臣찐친故구구事씽스○文韓東文坡柳

韻詩君詩臣學故大事成와押資즈즈治찡지通퉁퉁鑑감견翰현한院원원新

신신書슈슈標뱧뱌題뎨티小셩샤學햡효貞징징觀권권政징징要엳얀

三삼산國궈귀誌징지評삥핑話화화○資治通鑑翰院新書 標題小學貞觀政要

三國誌評話를사자這져져些셔셔貨훠호物우우○이황호들都두두買매매

了럎랴也여여○다다 사 我어오揀간견箇거거好함한日싀시頭

뚱투迴훼휘去큐큐○희우 여리 도됴 라ᄒᆞ 가날 쟈ᄀᆞᆯ 我어오一힁이發봥바待

때대筭쉰숸一힁이卦과과去큐큐○여내 가임 고의 져셔 ᄒᆞ음 노양 라ᄒᆞ 這져져

裏례리有힁우五우우虎후후先션션生싱승○生여 이긔 이됴 시虎 니先 最

쥐쥐筭쉰숸的듸디好함한○잘ᄀ ᄒᆞ장 ᄂᆞ츄 니명 라을 咱장자們문믄那너나

裏례리筭쉰숸去큐큐來래레○떵우 ᄒᆞ리 라뎌 가긔 쟈츄 到담닫那너나卦

과과鋪푸푸裏례리坐쭤조定띵딩○제뎌 가츄 안명 자ᄒᆞ 셔ᄂᆞᆫ 져 問운운先

션션生싱승○무先 로生 되ᄃᆞ 려 你녜니與유유我어오看컨칸命밍밍○

네 날위ᄒᆞ여 팔ᄌᆞ 보고려 你녜니 說숴쉬 将쟝쟝 年년년 月웨웨 日ᅀᅵᅀᅵ 生싱승

時씌스 来래레 ◯ 네 반ᄃᆞ시 돌날 ᄣᅢ룰 니ᄅᆞ라 我어오 是씌스 屬쓩슈 牛닉누 兒

슬싱 的딍디 ◯ 내 쇼히로니 今김긴 年년년 四ᄉᆞ스 十씨시 也여여 ◯ 올히

마은 이오 七칭치 月웡워 十씽시 七칭치 日ᅀᅵᆼᅀᅵ 寅인인 時씌스 生싱승 ◯

칠월 열닐엣날 인시에 낫노라 你녜니 這져져 八바바 字쯔즈 十씽시 分븐븐 好

한함 ◯ 네 이 팔ᄌᆞ ᄆᆞ장 됴타 一힝이 生싱승 不붕부 少샿샤 衣히이 祿룽루 ◯

一生에 옷밥이 낫브디 아니ᄒᆞ고 不붕부 受씌식 貧삔핀 ◯ 가난티 아니ᄒᆞ려니와

官권권 星싱싱 沒뭉무 有잉우 ◯ 官星이 업스니 只징즈 宜히이 做주주 買

매매 賣매매 ◯ 오직 買賣ᄒᆞ기 맛당ᄒᆞ고 出츄츄 入ᅀᅲ슈 通퉁퉁 達따다 ◯ 츌입

이 通達ᄒᆞ다 今김긴 年년년 交걒갸 大때다 運윤윤 丙빙빙 戌슈슈 ◯ 올히

大運이丙戌에 다ᄃᆞ라시니 己 이이 後 ᅘᅮᇢ후 財 ᄍᆡ재 帛 뻥버 大 때다 聚 쮜쥬 ○

이후에ᄂᆞᆫ 쳔량이 만히 모다 強 꺙걍 如 슈유 已 이이 前 쪈쳔 數 수수 倍 쀠븨 ○

이젼 수도곤 나음이 비ᄒᆞ다 這 져져 們 믄믄 時 씽스 ○ 이러면 我 어오 待 때대

近 낀긴 日 싱시 廻 휘휘 程 찡칭 ○ 내 요ᄉᆞ이 도라 가고져 ᄒᆞ니 幾 계기 日 싱시

好 함한 ○ 몃ᄎᆞᆫ 날이 됴ᄒᆞᆫ고 且 쳐쳐 住 쮸쥬 ○ 아직 날회라 我 어오 與 유유

你 녜니 選 쉰션 箇 거거 好 함한 日 싱시 頭 뜽투 ○ 내 너 위ᄒᆞ여 됴ᄒᆞᆫ 날 ᄀᆞᆯᄒᆡ쟈

甲 갸갸 乙 히이 丙 빙빙 丁 딩딩 戊 뭉무 己 계기 庚 긍긍 辛 신신 壬 심신 癸

귀귀 是 씽스 天 텬텬 干 간간 ○ 甲乙丙丁戊己庚辛壬癸ᄂᆞᆫ 이 天干이오 子 즈즈 丑

칙추 寅 인인 卯 망맏 辰 씬친 巳 쏭스 午 우우 未 미위 申 신신 酉 잉우 戌 숭슈

亥 해해 是 씽스 地 띠디 支 징즈 ○ 子丑寅卯辰巳午未申酉戌亥ᄂᆞᆫ 地支라 建 견견

除쮸츄滿뭔먼平삥핑定띵딩執징지破퍼포危위위成찡칭收싱식開
개캐閉비비○建除滿平定執破危成收開閉예你녜니只짛즈這져져二싕슬
十씽시五우우日싕시起켜키去큐큐○네이스므닷쇗날나가되寅인인時
씽스往왕왕東둥둥迎잉잉喜히히神씬신去큐큐○인시예동향ᄒᆞ야喜神을
가마면자大때다吉깅기利례리○大吉利ᄒᆞ리라五우우分분분卦과과錢
쪈쳔留릳루下햐하着짷죠○음양갑五分을두라各걱거自쯔즈散산산了
령랸○각각ᄒᆞ터디자〔到〕담닾二싕슬十씽시五우우日싕시起켜키程
찡칭○스므닷쇗날다드르면起程ᄒᆞ리라辭쏘츠別뼈벼那너나漢헌한兒싕슬
火훠호伴뻔번○텨漢ᄉ벗의게하딕ᄒᆞ자已이이前쪈쳔盤뻔펀纏쪈쳔了
령랸的딍디火훠호帳쟝쟝○이젼의쁘고텩은것들都두두算쉰쉰計계기

明밍밍白버뻥 ○ 다 혜기를 明白히 ᄒᆞ쟈 大다때哥거거我오어們믄믄迴

훼휘去큐큐也여여 ○ 큰형아 우리 도라가노라 你니녜好화항坐조쬐的디딍

着죠짭 ○ 네 됴히 안자 잇거라 我오어多도더多도더的디딍定딩띵害해해

你니녜 ○ 우리 네게 만히 해자ᄒᆞ패라 你니녜休후힐怪괘괘 ○ 네 허믈 말라

咱자짬們믄믄為위위人신싄 ○ 우리 사ᄅᆞᆷ이 되여셔 四스ᄉᆞ海해해皆계개

兄흉휭弟디띠 ○ 四海 다 兄弟어니ᄯᆞ녀 咱자짬們믄믄這져져般번번做

주쭈了랴려數수수月웨웨火호훠伴번쁜 ○ 우리 이러ᄐᆞ시 두어ᄃᆞᆯ 벗지어셔

不부붕曾층쯩面면면赤치칭 ○ ᄂᆞᆺ블키디 아니ᄒᆞ엿더니 如슈슈今긴긴辭

ᄎᆞ츠別벼뼈了랴려 ○ 이제 소별ᄒᆞ거니와 休후힐說숴쉬後후흫頭투뜰再

재재不부붕廝스ᄉᆞ見견견 ○ 후에 다시 서르 보디 몯ᄒᆞ리라 니르디 말라 山산산

也여여 有잉우 相샹샹 逢뿡붕 的딩디 日ᅀᅵᇰᅀᅵ 頭뚷투 ○뫼도 서ᄅᆞ 맛나ᄂᆞᆫ 날

이 잇ᄂᆞ니 今김긴 後ᅘᅳᇢ후 再재재 廝ᄉᆞ스 見견견 時씃스 ○일로 후에 다시 서ᄅᆞ

보면 不붕부 是씃스 好항한 弟뗴디 兄휭훙 那너나 甚씸슴 麽뭐마 ○됴ᄒᆞᆫ

형뎨 아니오 므서시리오

老랄랖乞킹키大때다諺연연解걔계下햐하終즁죵

校正官通訓大夫行司譯院教授臣申聖淵
通訓大夫前司譯院　正臣卞　煜
通訓大夫行司譯院教授臣李天埴
監董
監印
通訓大夫前司譯院　正臣朴道貫
通訓大夫行司譯院訓導臣崔廷欽
書寫官通訓大夫前行司譯院僉正臣林得雨
朝散大夫前行司譯院直長臣金履熙
朝散大夫前行司譯院奉事臣韓啓周

平安監營重刊